姚振汉教授
八十寿辰
庆贺文集

郑小平 陈永强 王福军 主编

清华大学出版社
北京

内容简介

姚振汉先生是清华大学航天航空学院工程力学系教授,是我国知名的力学家、力学教育家。文集包含三部分内容:第一部分介绍了姚振汉教授的教育和工作经历、学术交流、人才培养情况,以及教育理念和学术成就;第二部分为与姚振汉教授长期合作的同事和学生们撰写的有关姚振汉教授的教学、学术的回忆文章;第三部分为"力学与工程-数值计算和数据分析"2019学术会议的研究论文集萃。

出版文集旨在学习姚振汉教授的治学态度和教育理念,在新形势下更好地发挥力学学科的优势和独特作用,为国家建设贡献力量。

版权所有,侵权必究。举报:010-62782989,beiqinquan@tup.tsinghua.edu.cn。

图书在版编目(CIP)数据

姚振汉教授八十寿辰庆贺文集 / 郑小平,陈永强,王福军主编.—北京:清华大学出版社,2023.8
ISBN 978-7-302-63166-8

Ⅰ.①姚⋯ Ⅱ.①郑⋯ ②陈⋯ ③王⋯ Ⅲ.①姚振汉—纪念文集 Ⅳ.①K826.16-53

中国国家版本馆 CIP 数据核字(2023)第 053102 号

责任编辑:	佟丽霞 王 华
封面设计:	傅瑞学
责任校对:	欧 洋
责任印制:	沈 露

出版发行:清华大学出版社
网　　址:http://www.tup.com.cn, http://www.wqbook.com
地　　址:北京清华大学学研大厦 A 座　　邮　编:100084
社 总 机:010-83470000　　邮　购:010-62786544
投稿与读者服务:010-62776969, c-service@tup.tsinghua.edu.cn
质 量 反 馈:010-62772015, zhiliang@tup.tsinghua.edu.cn
印 装 者:涿州市般润文化传播有限公司
经　　销:全国新华书店
开　　本:185mm×260mm　　印　张:28.25　　字　数:649 千字
版　　次:2023 年 8 月第 1 版　　印　次:2023 年 8 月第 1 次印刷
定　　价:239.00 元

产品编号:094222-01

目　　录

第一部分　姚振汉教授的感言与学术成就 ································ 1
　一个清华学子的人生足迹 ·· 姚振汉　3
　姚振汉教授教学、科研、学术活动照片集锦 ·································· 16
　姚振汉教授论著及学术报告目录 ·· 73
　指导的博士和硕士研究生学位论文 ··· 99

第二部分　庆祝姚振汉教授八十寿辰回忆文章 ···················· 103
　东桃西李 ··· 王永辉　105
　我的恩师姚振汉教授 ·· 董春迎　108
　学者姚振汉 ·· 郑小平　109
　在姚老师组里的日子 ·· 齐　航　111
　回忆姚老师给我的教诲 ··· 尹　欣　113
　在清华研究生学习阶段的回忆 ·· 谭国文　115
　星点往事忆师恩 ·· 富明慧　117
　我的学习楷模——姚振汉教授 ·· 周志宏　119
　恩师二三事——沐浴在师恩下的回忆 ··· 袁卫锋　122
　勤栽桃李芬芳树　苦心孤诣常青藤 ·· 施惠基　124
　高尚的品格　低调的为人 ·· 牛莉莎　126
　多彩姚组 ··· 胡　宁　129
　跟姚老师学习的点滴 ·· 王　翔　131
　记我在姚振汉教授课题组的难忘时光 ··· 曹艳平　135
　恭贺恩师八十寿诞 ·· 姚学锋　137
　姚老师研究组回忆杂记 ··· 段小华　139
　春风化雨润物无声——献给姚老师八十诞辰的美好回忆 ·················· 王福军　141
　严谨治学　宽厚育人——庆贺导师姚振汉教授八十寿辰 ·················· 孔凡忠　143
　庆祝姚老师八十寿辰 ·· 陈永强　145
　贺导师姚振汉教授八十大寿 ··· 张见明　147

踏遍青山　精织彩虹	陈永亮	150
良师益友	高雁飞	153
回忆恩师姚老师二三事	张文毅	154
恩师情谊　终身不忘	岑　松	156
忆导师姚振汉教授二三事	王海涛	158
静水流深　高山仰止——感恩导师姚振汉教授一路引领我的学术人生	赵丽滨	161
庆祝姚老师八十岁生日	任旭春	162
回忆那一段快乐而充实的时光	雷　霆	165
师恩如海——恭贺姚振汉教授八十寿辰	张章飞	168
忆清华园	吴宇清	170
乐与师徒共——回忆师从姚振汉教授的日子	王朋波	177
教书育人　快乐生活	钱秀清	180
忆我的导师姚振汉教授	王洪涛	182
姚老师退休后对我的关爱	屈文忠	184
大德无形　大教无痕	徐俊东	186
我和清华的一段缘分	张　希	188
孜孜不倦、和蔼可亲的大先生	黄拳章	190
高山仰止　景行行止——我敬爱的姚振汉老师	冯金龙	193
春风化雨　桃李满园——庆祝姚振汉老师八十寿辰	孙　嘉	197

第三部分　庆祝姚振汉教授八十寿辰代表性学术论文

（力学与工程-数值计算和据分析学术会议，香山饭店，北京，2019年4月）		**199**
高精度/高性能边界元法的基本思想和研究进展	姚振汉	201
两相材料V形切口和裂纹结构应力场的扩展边界元分析	牛忠荣　李　聪　胡　斌　胡宗军　程长征	218
回首台湾边界元四十年	陈正宗　李家玮　高圣凯	227
Towards optimization of acoustic performance using the boundary element method	Zhao Wenchang　Chen Haibo	243
BEM-EDM coupled analysis of multi-scale problems	Gao Xiaowei　Zheng Yongtong	253
A more general interface integral formula for the variation of matrix elastic energy of heterogeneous materials	Dong Chunying	254
非傅里叶热传导问题的微分转换双重互易边界元法	陈豪龙　周焕林　余　波	258
等几何边界元法中几乎奇异积分的计算	程长征　韩志林　胡宗军　牛忠荣	266
边界面法进展	张见明	267
GMRES算法求解细长梁结构边界元方程的收敛性研究	孙　嘉　郑小平　刘应华　姚振汉	275

一个新的高斯求积误差上界公式 ………………………………… 黄君豪　陈永强　281
标量波传播问题的双互易时域边界元法研究 …………………… 周枫林　王炜佳　289
Numerical solution of partial differential equation: strong vs. weak formulation,
　　global vs. local interpolation, and mesh vs. meshless ……… Cheng Alexander H D　299
Application of finite integration method: large deformations of tapered beam ………
　　…………………………………………… Yang J J　Yuan Y　Zheng J L　Wen P H　300
基于二次 Bézier 单元的结构超收敛振动分析 ………… 李希伟　孙庄敬　王东东　307
球壳结构声振耦合响应分析的奇异边界法-有限元耦合模型 ……………………………
　　………………………………………………………… 傅卓佳　习　强　黄　河　314
Numerical modeling of the collective motion of fish schools using cellular automaton
　　………………………………………………………… Lu Xingyuan　Yuan Weifeng　320
Robust topology design optimization based on dimensional decomposition method
　　…………………………………………………… Ren Xuchun　Zhang Xiaodong　325
自组织映射网络（SOM）在游戏用户分类中的应用 …… 孙　菁　张章飞　刘振兴　335
施工模拟分析方法的回顾与进展 ………………………………… 陈　璞　孙树立　343
海洋信道环境中结构声辐射的简单源分析方法 ………… 邹明松　蒋令闻　黄　河　351
Crystal plasticity finite element simulation of fretting fatigue crack formation in Ni-base
　　single-crystal superalloys ………………………… Han Qinan　Li Shaniu　Shi Huiji　357
稳态模式与瞬态模式下斜式轴流泵流动数值计算差异研究 ……………………………
　　………………………………………………………… 汤　远　王超越　王福军　367
基于瞬态响应的汽车车身结构疲劳分析 ……………………………………… 王朋波　376
力学在页岩气开发中的应用 …………………………………………………… 周志宏　384
单向碳纤维增强树脂基复合材料蠕变模型研究进展 …… 赵丽滨　骈　瑢　曹天成　395
金安金沙江大桥隧道锚设计 …………………………………………………… 陈永亮　404
一种拉压转换时泊松比符号反转的超材料 ……………… 吴　昊　钟荣昌　富明慧　413
层状软组织弹性成像方法研究进展 …………………………… 马世育　曹艳平　420
高温气冷堆核电站工程中的力学问题 ………………………………………… 王海涛　425
高眼压作用下鼠眼胶质筛板变形研究 ………………………………………… 钱秀清　437

第一部分
姚振汉教授的感言与学术成就

一个清华学子的人生足迹
（兼作照片集锦说明）

姚振汉

1 概述

1.1 简要经历

1956年高考之前，清华大学派出凌瑞骥老师等到了我们江苏省常熟中学介绍学校概况，特别介绍了当时为国家新科技发展创建的工程物理系，欢迎我们报考。我报了名，只要高考达到成绩要求，就会以第一志愿录取工程物理专业。照片1是我入学时满怀喜悦的心情、带着新生报到证拍摄的照片。从此我和清华大学结下了不解之缘。入学后分在物104班，是反应堆工程专业。照片2是在1957年校庆时的全班合影。1957年重新分配了专业，我被分到物115班固体力学专业。当时这个专业是对口航天航空工程的，因此专门开设飞机结构课程，特聘北航徐鑫福教授为我们授课。照片3是在课程结束时全班同学和徐教授（2排左6）的合影（左5是辅导老师袁维本）。1958年工程力学数学系正式成立，我们班和物114（流体力学）班从工程物理系转过来。我们班改为力12班，班上又来了一些从其他工程系转来的同学。大二第2学期我又被抽调到12人组成的力13小班。这个班的设立是为了满足系里建设服务于航空航天的大型实验室的需求，专门安排学习一系列电工、电子、无线电、测量、自动控制等课程，力学专业课只能按少学时安排。后学制改为6年制，成为力203班。到5年级的时候，由于学校的航天项目下马，我回到了固体力学专业，力202班。这期间国家经历了经济困难时期，1961年开始逐渐好转。毕业前国家决定首次通过考试录取研究生，清华固体力学专业招收4名。我问班主任余寿文老师，像我这样曾经离开固体力学专业的能否报名。余老师告诉我"当然可以"。于是我报名考上了黄克智先生的研究生。照片4是我满怀着通过进一步深造、将来能为国家做出更大贡献的憧憬，郑重地穿着正装拍摄的大学毕业照。照片5是1962年力202班的毕业合影，前排中间为副校长兼系主任张维先生、系党总支书记解沛基同志、副系主任兼固体力学教研组主任杜庆华先生、副主任黄克智先生等，前排除两侧两位是同学外都是老师。

研究生学制本应为3年，导师是黄克智先生。由于我本科曾经学习几年偏于实验的课程，黄先生问我，论文选题是否偏于实验。考虑到如果偏于实验很可能由别的老师辅导，我愿意从黄先生那里学习更多，因此表示愿意选择理论与实验结合的方向。第一年通过导师指导下的自学，在弹性理论、薄壳理论等方面打下了坚实的基础。论文方向是大开孔圆柱壳应力分析的理论与实验研究，实验工作在土木系龙驭球先生结构力学教研组和江爱川老师合作进行。但1965年参加四清工作队去海淀六郎庄工作一年，次年6月还未回校，"文革"就开始了。1966年年末按已有分配方案分到清华大学绵阳分校。由于受运动影响，未进行正规的研究生论文答辩。同时又由于受运动影响，无法到绵阳报到，一直在学校等待报到，和其他未毕业研究生一起活动。照片6是1968年3月和当时在校的全系研究生的合影（我在后排右3，前排右3是比我晚一年入学的高玉臣，后排右4是晚两届的吴有生，两位后来分别当选为中国科学院院士和工程院院士）。当时我虽然十分迷茫，但坚信清华大学一定还是要办下去的，因此从未寻求新的工作。

1968年5月在清华大学本校报到。1969—1971年到清华大学江西鲤鱼洲农场劳动锻炼两年多。干农活时，我插秧一天1亩半、耘田一天1亩3、搬运工作中能扛300斤重的盐包，都在当时的连里名列前茅；后来又被派去开连里唯一的手扶拖拉机。但我内心一直坚信，清华还会办下去，以前所学总会有发挥作用的一天。1971年9月从江西返回清华，才逐渐参加结合工程实际的科研工作和对"工农兵学员"的教学。第一个参加的项目是杜庆华先生主持的葛洲坝水轮机空心大轴的应力分析。照片7为杜先生带队赴新安江水电站调研，研究组还有刘宝琛老师和中国机械院、哈尔滨大电机研究所的合作者。后来我又被分到振动组工作，参加汽轮机叶片振动研究。我参加了北京重型电机厂单缸十万千瓦汽轮机研制项目，该项目1980年获得北京市科技进步奖二等奖。我还参加一机部、水电部联合制定的"叶片振动强度安全准则"研究项目，1980年前后该项目分别获一机部、水电部科技进步奖二等奖。我在研究工作中提出了扭曲长叶片振动分析的一种渐近解法，在1978年北京市科技大会获得北京市先进科技工作者奖励。当时学校在主楼前开全校大会为每个参会代表戴大红花表彰，以推动科研工作的广泛开展。照片8为北京市科技大会后校领导接见留影（第2排右4为刘达校长，左2为何东昌同志，后排右3起是高景德、张维、张光斗三位先生，我在后排左3）。当然，我清醒地认识到我只是作为年轻教师的代表在当时的条件下做出了一点点初步的研究成果。

恢复高考、恢复研究生招生后，我很荣幸开始指导研究生（和杜先生共同指导硕78、硕79各两名学生）。同时，从1979年开始成为杜先生在国内创导、开展工程中边界元法研究的主要合作者。1984年被公派到联邦德国波鸿鲁尔大学进修，3个多月后申请的洪堡基金获批，开始作为洪堡学者开展与Wunderlich教授的合作研究。照片9为1985年在波恩参加洪堡学者聚会时的情景。为了切身体会德国对于工学博士的要求，加上我虽然6年制本科、3年制研究生毕业，但还没有任何学位，我在1985年提出了攻读工学博士学位的申请，并在Wunderlich教授的支持下得到批准。基于我在国内学习和工作的基础，1986年6月通过了答辩，7月领取了工学博士学位证书后我立即返回国内。照片10为在波鸿鲁尔大学土木工程系获得工学博士学位时和夫人及儿子的合影。在高中毕业前，班上就有两位同学加入了中国共产党。当时我才17岁，就有愿望要争取入党。这个愿望到1991年才终于实现。我牢记当时校党委组织部部长和我的谈话，牢记自己首先是一名党员，然后才是一名教授，要为我们的国家培养一批优秀的人才。

1.2 我的恩师

如果说我在几十年的教学与科研工作中取得了一定成绩，都离不开清华大学对自己的培养，特别要感谢几位恩师的教导。首先要感谢我的研究生导师黄克智先生。他为了回国建设清华的工程力学数学系，抛弃了已经唾手可得的苏联博士学位，把祖国的召唤放在第一位。他的严谨的学风、高深的学识，对学生的严格要求，永远是我学习的榜样。一直到我退休多年他都是清华固体力学学科的一面旗帜、全国著名的固体力学专家（中国科学院院士）。虽然我们这届的研究生没有正规完成研究生论文的答辩，但是我把从他那里学到的弹性理论和渐近分析方法用到了汽轮机叶片研究，又把薄壳理论、渐近分析和张量分析用到了我在德国的博士论文。照片 11 是 1999 年在哈尔滨出席全国固体力学学术会议时在生肖雪雕前的合影（我们都属兔，当年他 72 岁，我 60 岁）。照片 12 是黄先生夫妇与我和他的另一个研究生高玉臣 2000 年在清华图书馆新馆前的合影。照片 13 是 2007 年黄先生 80 岁时，在新疆喀纳斯湖黄先生夫妇与我和夫人的合影。照片 14 是 2017 年校庆我和在京的大学同班老同学一起看望黄先生，并庆贺他的 90 岁大寿时的合影，黄先生左边是我们在校时的系党总支书记解沛基同志（当时已经 95 岁）。

德高望重的张维先生（中国科学院、工程院两院院士）也曾经给予我很大的帮助。他关心我的出国进修，确定派我去联邦德国。推荐我申请洪堡基金，并亲自帮我联系有限元创始人之一的 Argyris 教授作为合作教授。虽然后来因为 Argyris 教授年事已高，洪堡基金会给我另外推荐了合作教授，张先生对我的推荐还是举足轻重的。后来在我担任固体力学教研组主任、固体力学研究所所长期间，张先生也多次给我转来有关固体力学的重要研究方向的资料。照片 15 是 1993 年张先生 80 岁寿辰时和黄先生夫妇、徐秉业教授夫妇的合影（我在前排右 2）。

杜庆华先生是几位恩师之中和我接触时间最长的一位。他是国内著名的固体力学家和工程教育家，中国工程院院士。1979 年我开始成为杜先生在国内倡导开展工程中边界元法研究的主要合作者。在他的指导下联名发表了我的第一篇国际学术会议文章和第一篇国际期刊论文。恢复招收研究生之后通过共同指导 1978、1979 届各两名研究生，使我逐步学习了如何指导研究生。我从德国进修回国后继续参加杜先生的研究组，协助负责了他牵头的国家自然科学基金委重大研究项目的子项目。"边界元法和边界元-有限元耦合法及其在弹塑性应力分析中的应用"于 1989 年获得国家教委科技进步奖（甲类）二等奖，我是在他之后的第二获奖人，这是我当年破格晋升正教授的重要条件。"边界积分方程-边界元法的基本理论及若干工程应用"于 1991 年获国家教委科技进步奖（甲类）一等奖，我还是在他之后的第二获奖人，这又是 1993 年正式获批为博士生导师的重要条件。在我正式获批为博士生导师前后十多年内（1987—1998 年）担任副导师指导了博士生 9 名，导师都是杜先生。杜先生放手让我指导他们的博士论文的同时，他们也都从杜先生那里获益匪浅。我还牢记杜先生的教导：研究生选题要考虑到他们毕业后国家的需求，不能全都集中在老师最关注的一个狭小领域。照片 16 是 1988 年国家自然科学基金重大项目杭州年度总结会后在千岛湖和杜先生的合影。照片 17 是 1997 年杜先生与国家自然科学基金重大与重点项目组清华、西安交大和浙大的部分骨干成员的合影（左起为陈绍汀、王勖成、徐秉业、郑兆昌、沈亚鹏、杜先生、许庆余、丁皓江、徐健学、我）。杜先生 1985 年发起创办全国工程中边界元法学术会议,每三年一届。第一届召开时我还没有回国。照片18是1988年在南宁召开的第二届边界元法学术会议上杜先生和我、岑章志及团队中的研究生的合影。在杜先生担任会议主席期间,我协助杜先生做了一些会议的组织工作。照片19是1994年在南京召开的第四届边界元法学术会议的合影。杜先生1987年和日本同行创办中日/日中边界元法研讨会,每三年两届,轮流在日本和中国举办,除第一届我没有去参加外,其他各届我都参加了,并协助杜先生做了会议组织工作。照片20是1990年杜先生带团参加第3届中日/日中边界元法研讨会后在京都的合影。照片21是1993年第5届中日/日中边界元法研讨会前在京都的合影。杜先生在北京力学会创建时就是秘书长,后为第二届后期,第三、四届的理事长。1990年(第三届理事会后期)杜先生推荐我接任秘书长,之后我一直在北京力学会兼职。杜先生1986年发起创办北方七省市区力学会学术会议,每两年一届。照片22是1998年筹备北方七省市区会议的各省市负责人看望杜先生的合影(当时北京力学会理事长是柳春图先生,我是副理事长兼秘书长)。这些学术平台在杜先生退下来后我都继承了下来。照片23是在颐和园听鹂馆庆贺杜先生八十大寿时的合影。

  Wunderlich教授是我为德国洪堡学者期间的合作教授,也是我获得工学博士学位的导师,他在国际计算力学界有很高的声望。没有他的帮助我要在为洪堡学者的短时间内获得博士学位是不可能的。我在德国期间对于下面几点印象特别深刻:德国教授必须亲自讲授本科课程;他们的大部分工学博士学位获得者先担任科研助手,在完成科研任务的过程中培养才干,当取得足够成果后才提炼完成学位论文申请工学博士学位;工科聘任教授职位要求申请者必须有相关工程的实际经验。回国以后我们始终保持着联系,后来又先后访问过三次,也在相关国际会议上多次见面。照片24是2002年在维也纳第5届世界计算力学大会上Wunderlich教授夫妇和我的合影。照片25是2004年在北京第6届世界计算力学大会期间,Wunderlich教授来校访问在我办公室的合影。照片26是我和夫人在东来顺请Wunderlich教授夫妇品尝北京的涮羊肉。

1.3 我的同学

  作为清华学子,我和我的同学们一样在各自的岗位上奉献自己的一分力量。照片27是1996年考入清华大学40周年时老同学校庆相聚。照片28是1998年校庆时和还健在的研究生同班同学合影(左起为王正、秦权、我,王为某型歼击机的发动机研制做出过重要贡献,秦为清华土木系教授,另外一位同班同学江秉琛在重庆大学力学系任教,不幸已经英年早逝)。照片29是百年校庆时和几位都已退休的大学同班老同学的合影(左起为刘学斌、李延苹、徐占久、钱浩生、我、陶崇铸,退休前刘在清华大学、李在中国科学院力学所、徐在盘锦油田、钱在北理工、陶在海军工程部)。

1.4 科研、教学、管理与兼职

  除在杜先生领导下两次申请国家教委科技进步奖之外,我没有自己申请过科技奖励,我总觉得自己的工作做得还不够好,还可以做得更好些。只有在20世纪90年代参与结合航天工程的研究,曾获得国防科学技术奖一等奖、航天工业总公司科技进步奖二等奖。照片 30 是获得国防科学技术奖一等奖的活动发射平台验收会的留影。该项目的具体计算工作是由当时的研究生韩志东、王翔、曹艳平等完成的。

教学是教师的主要职责所在，除指导研究生之外，我一直承担研究生和本科生的课程教学任务。从 1989 年至 2002 年，我一直负责研究生专业基础课"固体力学基础"（后期和郑小平老师各讲一半），和陆明万、薛明德两位教授轮流给本科生讲授"弹性理论"，在徐秉业教授退休后还负责全校工科专业基础课"弹塑性力学"（稍后和岑松老师各讲一半，为了建设校级精品课，在 2003 年退休后还讲了一年，然后交由岑松负责，他的讲课很受欢迎，建成了精品课）。同时，我长期给研究生开设"边界积分方程-边界元法"课程，后来逐步在该课程中扩展了无网格法等新的数值方法的内容。此外，我较早开设了研究生的"结构分析软件"课程，介绍一些有限元分析商用软件。我的教学工作量一直是远远超过学校规定的。不过，这属于本职工作，没有留下任何照片。

除教学科研之外，我还承担一定的管理工作和其他兼职。从 1993 年到 2003 年担任了两届固体力学教研组主任和首届固体力学研究所所长。1993 年我担任固体力学教研组主任时有教职工 75 人，后来随着老教师退休人数就大幅减少了。主观上为了给班子中年轻同志（先后为杨卫、郑泉水、方岱宁，后来他们都先后评为中国科学院院士）减轻行政工作负担，我除了抓总体工作外还兼管研究生工作。1992—2004 年兼任工程力学系学术委员会主任，还曾经兼任清华大学研究生培养委员会副主任、机械工程学院教学委员会主任、校学术委员会委员等职。担任机械学院教学委员会主任期间，2000 年曾参加清华大学机械工程、信息工程两学院赴美国名校考察团西海岸分团的考察工作。照片 31 是考察团在美国旧金山的合影（中间一位是考察团团长、时任研究生院院长的顾秉林教授，中国科学院院士）。照片 32 是 2003 年我已经卸任固体力学研究所所长后研究所的合影，其中有已经退休的博士生导师和当时回聘老师 7 人。

2　学术活动

2.1　国内学术活动

在杜先生的带动下参加并协助组织国内、国际学术会议等学术活动之后，我也积极投身到各种有关的国内外学术活动之中，认识了许多国内外的同行专家，也结交了很多同龄和更年轻的朋友。参加国内国际学术交流，特别是参与组织工作，不仅是为了促进学术交流，也是为了服务于社会，特别是给年轻学者提供更多成长的机遇。照片 33 是 1998 年建系 40 周年接待外单位专家时和著名力学家郑哲敏院士的合影。照片 34 是 2001 年在成都全国力学教学与教改研讨会上的合影。当时我担任中国力学学会教育工作委员会主任（曾先后担任两届，还担任过中国力学学会的理事和常务理事），看到评选全国优秀力学教师和优秀力学学生时有些省力学学会挂靠的主要高校把推荐名额让给其他学校，有违选优原则，我提出了适当增加推荐名额的建议，得到了采纳。照片 35 是 2003 年在秦皇岛和申光宪教授共同主持第七届工程中边界元法学术会议暨全球华人计算力学研讨会时的合影（前排左 2 起为澳大利亚秦庆华，中国牛忠荣、申光宪、陈海波、我、余德浩、岑章志、陈正宗（台湾），新加坡刘桂荣）。照片36是我在该会上讲话，说明我们这个系列会议要继续办下去，要拓展研究领域，还要加强和海外华人专家的交流。该系列会议我从1988年第二届开始协助杜先生从事组织工作，于1997年第五届从杜先生手里接过负责组织的重任，一直坚持到2019年第十二届，顺利交班给年轻同事高效伟等，团结了国内边界元、无网格和高性能有限元法等工程计算方法研究的一大批骨干力量，在该领域国际同行中也占有重要的一席之地。照片37是2006年主持第二届亚太国际工程计算方法学术会议后和来自中国台湾的陈正宗、刘进贤两位教授访问合肥工业大学，正在聆听副校长的介绍。照片38是2007年在南昌出席全国结构动力学学术研讨会时的合影。我长期担任中国振动工程学会结构动力学专业委员会委员，还曾担任中国振动工程学会的理事和常务理事。照片39是2009年我连任北京力学会第八届理事长时新一届理事与监事合影。照片40是2009年在南京召开的第三届亚太国际工程计算方法学术会议暨第九届全国工程计算方法学术会议上为陈文颁发首届杜庆华工程计算方法奖。这是为了纪念该系列会议创始人杜先生，并给在工程计算方法研究中取得突出成绩的中青年学者一点应得的鼓励，由我发起设立的挂靠在北京力学会的荣誉奖项之一。照片41是2014年重庆大学原党委书记祝家麟来访时的合影，他是首届全国工程中边界元法学术会议的东道主（左起为岑章志、杜先生女儿杜宪、祝家麟、我、薛伟民，杜先生是系列会议主要发起人，祝、岑、薛均为该次会议主要骨干，当时我还没有回国）。照片42是2016年大百科全书力学卷第3版部分编委的合影（前排右6为主编李家春院士）。我受李家春主编、方岱宁副主编邀请，作为编委，协助对固体力学的大部分中短条目进行审定。照片43是2018年在南京的全国计算力学大会上被计算力学专业委员会授予中国计算力学终身成就奖。我曾经担任过两届计算力学专业委员会的副主任，承办第六届世界计算力学大会使我国在计算力学界的影响得到显著提高，我当时担任秘书长，但由于当时已经退休，因此没有争取在亚太计算力学协会或国际计算力学委员会中担任任何职务，而把名额留给年轻学者。后来在换届时主动推荐庄茁教授接替我担任副主任，并把委员名额让给更年轻的岑松。照片44是2019年在北京香山饭店举行的力学与工程学术会议上的合影。

照片45是1991年赴香港出席亚太计算力学大会时访问香港科技大学的合影〔左起为岑章志、我、董平（港科大）、王勖成〕。照片46是2006年应邀赴台湾成功大学讲学期间和东道主陈寒涛教授的合影。照片47是2006年访问新竹清华大学时和陈文华副校长在清华园二校门缩比模型前的合影。照片48是2006年访问台湾中原大学时与王宝玺教授夫妇等的合影（左2为王教授，曾来研究组做访问研究半年多）。照片49是2007年在北京九华山庄召开的国际计算力学研讨会上的合影（右起袁明武、刘进贤、我）。这次会上成立了国际华人计算力学协会，作为依托在中国力学学会计算力学专业委员会的联系华人同行的平台（袁明武当选主席，我是秘书长，中国香港、澳门、台湾，新加坡，德国，美国各一名副主席）。照片50是2008年在台北出席海峡两岸计算力学研讨会时在台湾大学傅斯年钟前的合影〔左起为台湾的刘进贤，大陆的我、袁明武（曾任国际计算力学协会副主席）、崔俊芝（中国科学院院士）、隋允康〕。

2.2 国际学术活动

照片 51 是 1993 年和日本田中正隆教授等在韩国汉城（后改称首尔）的亚太计算工程会议期间合影。照片 52 是出席第 5 届中日/日中边界元法研讨会前和小林昭一教授在京都岚山周总理诗碑前的合影。照片 53 是 1993 年出席札幌的第 5 届中日/日中边界元法研讨会时和张楚汉教授的合影（张后来当选为中国科学院院士）。照片 54 是 1996 年我接替杜先生担任中方负责人后在日本福冈出席第 7 届中日/日中边界元法研讨会的合影。照片 55 是 1998 年在北京我和田中正隆教授共同主持第 8 届中日/中日边界元法研讨会。会上商定下一届将扩大为亚太国际工程计算方法学术会议，我建议缩写为 ICOME，隐含"我参加"的意思。具体时间视筹备情况来定，首次会议还是在日本。照片 56 是 2000 年在洛杉矶的国际计算工程与科学学术会议上初次认识刘轶军博士后在美国西海岸的合影。我和他都对快速多极边界元法产生极大兴趣，后来他曾来组里做过访问学者。照片 57 是 2000 年在澳大利亚悉尼参加澳中有限元法研讨会时和澳大利亚著名计算力学家 S. Valliappan 教授的合影。照片 58 是在参加该会期间和我国计算力学家钟万勰院士的合影。照片 59 是 2002 年与英国边界元法著名专家 F. Aliabadi 教授共同主持在北京召开的第 3 届国际边界元技术学术会议（BeTeQ）。照片 60 是我和该会议部分学术委员会成员的合影。照片 61 是该会部分代表参观我校主楼时合影。照片 62 是在新加坡南洋理工大学访问时和美国三院院士 Z. P. Bazant 教授等的合影。恰好 Bazant 教授（左 2）访问苏志强教授（左 1），我（右 3）访问陈江海教授（右 1），在同一个上午做学术报告。照片 63 是 2002 年在维也纳参加第 5 届世界计算力学大会后和袁明武、张传增的合影（张教授后来是德国、欧洲三院院士）。照片 64 是 2002 年在美国 Reno 参加国际计算工程与科学学术会议时和国际著名有限元法大师卞学鐄先生及夫人赵如兰女士的合影。卞先生是杜先生的老朋友、清华校友，我随杜先生曾多次在清华接待过他。在这次会议之前，曾在加州大学洛杉矶校区访问 Atluri 教授，会议期间他和几位亚洲和亚裔教授讨论了创办国际期刊 CMES（《工程与科学中的计算机模拟》）有关事项，我也受邀参会并应邀担任创刊的几名副主编之一。我因编委会名单中有我国台湾教授，涉及署名问题与他交涉。他让我拿出国际期刊编委名单中书写中国台湾的实例。当时在境外出版的国际期刊担任编委的中国学者还不是很多，我拿不出标注中国台湾的满意实例，只能要求采用只列出学校名称的折中办法。除此之外，我还曾担任国际期刊《计算机、材料与连续介质》副主编、《计算力学》编委，至今还是国际期刊《工程设计的应变分析》的编委、《工程分析的边界元法》的副主编。国内还曾担任《力学学报》（中英文版）、《力学进展》的常务编委，《清华大学学报》（自然科学版）、《固体力学学报》、《应用力学学报》、《应用数学和力学》、《强度与环境》的编委，《冲击与振动》的编委会副主任等。这也是为同行服务的一个很好的机会。

我于 2003 年 10 月办了退休手续，因此我参与创办的亚太国际工程计算方法学术会议第 1 届会议于 2003 年冬在日本札幌举行时我也未能参加。不过我很快调整好了心态，继续积极参加国内外相关的学术活动。照片 65 是 2004 年在波兰华沙参加第 21 届世界理论与应用力学大会时和崔尔杰院士、黄黔、邢京堂（英国）教授的合影。照片 66 是 2004 年在葡萄牙马德拉岛出席国际计算工程与科学学术会议时与岑章志、余寿文和张统一教授（香港科技大学，后为中国科学院院士）的合影。照片 67 是 2004 年在北京举行的第 6 届世界计算力学大会上，袁明武教授是大会主席，我是秘书长，携夫人与我的德国导师 W. Wunderlich 教授夫妇和美国 T. Belytchko 教授合影。他们都是国际计算力学协会的执行委员会成员。这次会议是我国力学界首次承办的世界性学术大会，我们做了十分充足的准备，和两年前在维也纳举行的上届世界计算力学大会、不久前在华沙举办的国际理论与应用力学大会相比，我们在参会人数、会议组织接待、论文集等资料准备等方方面面都做得更好，受到国际同行一致赞扬。照片 68 是我和下一届大会的主席美国廖荣锦教授在交谈。他后来曾任国际计算力学协会主席，也曾是国际华人计算力学协会的副主席。照片 69 是在会上和美国边界元界著名的数学家、肖家驹教授的合影。照片 70 是 2005 年在印度金奈召开的国际计算工程与科学学术会议上，正值会议主席 S. N. Atluri 教授 60 岁，特邀嘉宾与到会的印度总统合影留念［前排右 4 为印度总统、右 1 为 Atluri（我校曾聘请他担任兼职教授），第 2 排左 2 为 J. D. Aachenbach、左 3 为 J. W. Hutchinson，都是美国的世界著名力学家，左 5 为董平（中国香港）、左 6 为 D. E. Beskos（希腊），第 3 排右 1 为 J. Sladek（斯洛伐克），左 4 为新竹清华大学的陈文华，我在左 3］。照片 71 是 2006 年在海南三亚的第 10 届 EPMESC 学术大会上会议主席袁明武和我（秘书长）与葡萄牙计算力学元老 E. A. Oliveira 教授的合影。照片 72 是 2007 年赴美国迈阿密出席国际计算工程与科学会议途中参观肯尼迪航天中心与原航天员的合影。照片 73 是 2010 年我在柏林边界元技术学术会议上作报告。照片 74 是在柏林参加国际边界元技术学术会议时与我国和海外华人同行的合影［左起为陈文、高效伟、秦太验、马航、张传增（德国）、我、陈伟球、文丕华（英国）、董春迎］。照片 75 是 2011 年在台北出席国际计算力学研讨会时遇见老朋友 S. Mukherjee 教授夫妇的合影。照片 76 是 2011 年在南京召开的国际计算工程与科学大会上主持庆贺徐秉业教授 80 寿辰的专题研讨会时与我国同行的合影。照片 77 为 2012 年带队去日本京都出席第 4 届亚太国际工程计算方法学术会议 ICOME。这个系列会议是在中日双边边界元法研讨会基础上发展起来的，我是中方主席，日方主席原为田中正隆教授，后为西村直志教授，2003 年起每 3 年一届。第 1 届在日本札幌举行，第 2、3 届分别在中国合肥、南京，第 4 届在日本京都，第 5、6 届分别在中国杭州、大连。第 6 届和第 5 届间隔改为 4 年。以后都是每 4 年一届，并且该系列会议中方主席（以及全国工程计算方法学术会议的负责人）在第 6 届之后由高效伟教授接替。照片 78 是在京都的会议上和日本老朋友小林昭一教授的合影。照片 79 是 2013 年在新加坡出席亚太计算力学大会暨国际华人计算力学协会的国际计算力学研讨会期间与参加其他会议的杜善义院士和朱位秋教授（后来也评为中国科学院院士）的合影。

　　年龄超过 75 岁以后，一般不批准出国出境参加学术会议了，因此只是参加在境内举行的国际学术会议。照片 80 是 2015 年在杭州亚太国际工程计算方法学术会议暨全国工程计算方法学术会议（以及国际 Trefftz 法、基本解法研讨会）上颁发第 3 届杜庆华工程计算方法奖，其中持奖牌者为获奖人，其余为颁奖人［左起为郑耀、我、张传增（德国）、张雄、程宏达（美国）、高效伟、陈正宗（中国台湾）、西村直志（日本）]。照片 81 是 2016 年在杭州全国计算力学大会暨国际华人计算力学协会的计算力学研讨会 ISCM 上为 5 位学者颁发优秀青年学者奖。此次会上国际华人计算力学协会换届，我不再担任秘书长。之前我一直负责了历届的评奖委员会，最后这次推辞不掉，被授予该系列的最高奖——国际华人计算力学协会（ICACM）奖。

2019 年由于出国领奖，得到了特批。照片 82 是 2019 年在葡萄牙科英布拉出席第 42 届国际边界元法、降维方法学术会议和到会的中国学者合影（左 3 起为陈伟球、高效伟、我、陈海波、张见明、傅卓佳）。照片 83 是在这次会议上获得乔治·格林奖章，这是国际边界元界的最高奖之一（左边为巴西的 N. Dumont 教授，右边为葡萄牙的 A. Tadeu 教授，他们都是往届的乔治·格林奖章获得者）。

3 我和我的研究组

3.1 概况

当年上大学的时候，一百个同龄人中只有一人能有机会上大学，上研究生的时候，一百个本科毕业生只有一人能有机会上研究生。当时我就决心不辜负国家和人民对自己的培养，把所学的知识很好地为人民服务、为祖国做贡献。这是一个 10 岁开始在新中国成长起来、17 岁进入清华大学的年轻人的初心。清华的六年制本科、三年制研究生给了我们当时最好的培养，但是"文革"动乱使我们连拿起科技书籍的机会都被剥夺了。不过无论是毕业分配到清华分校后无法报到、有人劝我离开清华，或者后来在清华农场满耳是让一辈子扎根农村的口号，我都坚信清华大学总是还要办的，原来所学还是会有施展的一天。从农场回校后跟随老师开门办学、结合生产实际搞科研，我是全力投入的，所以才能在改革开放之初获得了北京市先进科技工作者等奖励。当打开国门的时候，看到由于我们的停滞与国际先进水平已经产生了很大的差距。当年出国学习有的指导教授比我们派出的教师还年轻。当时就深深体会到我们这一代所肩负的特殊使命：承上启下，使我们培养的毕业学生能够和发达国家的毕业学生站到同一起跑线上，使他们能够超过我们自己。我本人 45 岁获得洪堡学者的资格还是洪堡基金会考虑中国特殊情况的特批，我希望我的学生获得博士学位后就能获得洪堡基金。我本人 50 岁晋升正教授也属于特批，我希望我的学生 40 岁之前就有可能当上正教授。在清华当教授的这些年，主要就是为了实现这个使命、奉献一分力量。

我的学生们所说的姚老师研究组主要包括下列成员：我指导的硕士生 25 名（其中有 4 名转为博士生，1 名中途离开、赴美读博）、博士生 36 名（其中最早的 1 名中途离开、赴美读博），和我一起指导博士生当副导师的副教授 6 位（其中 3 名曾为组里博士后），我担任合作导师的博士后 12 名，另有 1 名双学位本科生（毕业论文在组里一年半），还有 1 名朝鲜进修教师（进修两年），总计 74 人。其中 2000 年前毕业（含肄业）出国、至今在国外工作的有 14 人，2000 年后毕业或出站的 36 人中，出国至今在外工作的仅 3 人。我所发表的论文在 Web of Science 可以检索到 126 篇，在中国知网检索到 202 篇，其中 70 篇是两边都检索到的。其他发表在国际、国内学术会议和未检索到的期刊论文还有 287 篇，总计 545

篇。SCI 论文的 H 指数为 18，SCI 引用 1063 次。这个数据和如今的优秀学者是比不了的，不过这是不同的年代。这些论文大部分都是我和研究组成员合作的成果。

我们组有一些特点：当流行"博转硕，然后出国"之风的时候，我们组的"硕转博"是最多的；我们组从博士后到博士生、硕士生曾经为系里贡献过不少做政治思想工作的辅导员，也有多位在学期间加入了党组织；我们组有较强的凝聚力，同学们不仅尊敬老师，对教研组的几位师傅也最有礼貌。组里同学不仅有本校本科毕业的，也有从其他学校力学专业推荐或考试录取的，还有原来是工程专业的，或者毕业后已经在工程单位工作过多年后考来的，来到组里大多能融入这个集体。由于我一直负责研究生重要课程教学，组里同学对于课程学习都比较重视。以本校本科毕业的同学为例，有好几位在研究生阶段学习的排名与本科时相比有明显进步。在承担工程界的研究项目时，我一贯强调要虚心向工程技术人员学习，将来毕业后到了工程研究单位或设计单位也是一样，首先要学习他们的长处，才能发挥自己的长处和作用。在论文工作和研究课题工作中除老师们的指导外，师兄弟之间经常切磋。我们组的同学在计算机应用上有一定长处，组里有一些在编程等方面特别能干的人才。我们组是较早熟悉商用有限元分析软件的，师兄弟之间在软件应用上也都互相帮助。由于我参与组织国内外学术会议比较多，全组也都能配合为会议服务，并从中增长见识。研究组每周坚持组会交流研究工作，使每位同学不仅仅只关心自己的论文课题，同时让新入学的同学逐渐培养报告的能力。我和组内同学经常谈到的还有：科技的飞速发展要求我们养成终生学习的习惯，我们上大学时候还没有有限元法、边界元法、断裂力学，这些都是后来工作以后才学习的；研究生阶段是一个关键的阶段，决定了在今后的人生中站到什么样的起跑线。我还经常提醒组里的同学们，一个人做出的成绩和每天付出努力的时间积分有关，要持之以恒，但不要超负荷工作、开通宵夜车，那样的尖峰对积分面积贡献不大，却会伤害身体。研究组每学期组织郊游、会餐，还组织过几次以组内人员为主的足球比赛。总之，除了艰苦的学习生活外，我和研究组成员对这段共同度过的岁月还都留下一段美好的记忆。下面是找出的一些代表性照片，以时间为序排列。

3.2 研究组发展阶段

照片 84 是 1992 年研究组成员的合影（左起崔光育、陈超、龚兵、我、郑小平、张明、向家琳、韩志东，当时韩还是本科生）。照片 85 是 1996 年研究组新年聚会（前排左起齐航、王永辉、廖志忠、我、郑小平、赵金平、牛莉莎，后排左起高昀、程建钢、崔光育、谭国文、张明、尹欣、向家琳、富明慧、*①、陈超、遽时胜、刘春阳、庄汉文、韩志东），其中富明慧是在莫斯科大学获博士学位后回国的博士后，在组里曾辅导我教的研究生专业基础课"固体力学基础"课程，出站后到中山大学任教，后因先天性眼疾几乎失明，但仍坚持讲授"弹性力学"等课程，并指导博士生，他先后被评为全国自强模范、全国师德标兵，并独自获得广东省科技奖三等奖。照片 86 是组内第一个从工程研究单位来定向读博的廖志忠的博士论文答辩会合影。他也是我在获校内特批先上岗培养博士生资格之后得到第一个招生名额招收的博士生，我挑选了来自相关工程界的人员，我还是副导师，杜庆华先生为导师。

---

① *表示姓名不详。

论文答辩委员会中有来自该工程研究单位的总工程师（左3）和航天一院的邱吉宝研究员（右2）。他回到单位不久就担任了某型号武器的副总设计师。照片87是1998年新年聚会的合影（第2排左2起都是老师，牛莉莎、胡宁、王波、我、施惠基、郑小平、王永辉、程建钢，其中王永辉是我指导的第一个博士生，已经毕业，当时在电子部六所工作，胡、王波、施、郑、程5位是协助我指导博士生的副导师。第1排左起王翔、*、段小华、袁卫锋、周志宏、郭然、韩志东。第3排左起谭国文、刘永健、曹艳平、尹欣、邃时胜、*、高重阳、蒲军平、王福军、*、陈超）。照片88是1998年研究组新年聚会结束时同声歌唱"友谊地久天长"的场景（左起孔凡忠、王福军、程建钢、蒲军平、段小华、高重阳、张见明、王翔、我夫人、刘永健、我、陈永亮、高雁飞）。照片89是1999年教师节在我西北小区家中的合影（前排左起胡宁、我、我夫人、朝鲜进修教师金泽哲，后排左起蒲军平、黄存军、寇哲君、张文毅、尹欣、我的儿子姚猛、段小华、薛小香、张锐、张见明）。照片90是2000年同一天博士论文答辩的王福军和王翔。照片91为2001年在蓝旗营家中为王翔毕业后赴德国做博士后研究送行时的合影。照片92是2002年袁卫锋在新加坡读博后回来参加我主持的国际边界元技术学术会议时的合影。照片93是2002年主持国际边界元技术学术会议期间和积极参与会务工作的博士后和研究生合影（左起为雷霆、任旭春、林葱郁、我、王洪涛、吴宇清、王海涛，吴为中国台湾本科毕业、在美国获得博士学位后来到清华做博士后研究，出站后在同济大学任教）。照片94是2002年我赴美国参加国际计算工程与科学学术会议时在韩志东家里的合影。他是我当副导师指导的最后一个博士生（1993年他入学不久我获得了博士生导师的正式批准），当时他在加州大学洛杉矶校区做Atluri教授的科研助手，教授对他的学术水平给予了很高的评价，说他解决了他的学生多年没有解决好的某个结合工程的研究任务中的难题。照片95是2002年我和博士后陈丽华（右2）、博士生薛小香（右1）赴大连出席全国固体力学学术会议时的合影，左1是即将入学的我的最后一个博士生高令飞。照片96是2002年赴新加坡出席第2届结构稳定性和动力学学术会议期间，与当时在新加坡南洋理工大学的袁卫锋和其他清华固体力学的毕业研究生合影。后来，袁卫锋（右5）在新加坡南洋理工大学获博士学位，并工作多年后回国到西南科技大学任教；陈天智（右3）回国后在航天五院工作，做出重要贡献，后因劳累过度不幸英年早逝。照片97是2003年4月以研究组成员为主，邀请少数外援后举行足球赛的合影。其中属于本研究组成员的球员和啦啦队队员有：第1排左起林葱郁、尹伟奇、徐俊东、寇哲君、雷霆，第2排左起郭然、张章飞、钱秀清、我和夫人、郑小平、王海涛、李宏光，第3排左起任旭春、刘永健、陈永亮，第3排右1王翔（当时从德国博士后结束回国，短期在清华做博士后研究，稍后就去航天五院工作）。照片98是2003年7月和获得博士学位的4名博士生的合影（左起郭然、刘永健、我、陈永亮、寇哲君）。由于年龄到了，我于2003年10月办理了退休手续。我当副导师的最后一个博士生1998年刚获得博士学位，5年后研究组正在兴旺时期，就要退休了，确实感到遗憾。当时别的学校有教授遇到类似情况和校方起了争执，要求延后退休，否则不再指导研究生。我充分理解自己退休是为年轻人提供机会，对此我没有怨言。退休时还有十多名研究生相伴，是我的福气，也是我的责任，使我可以继续发挥自己的余热。我决心负责到底、继续把组里的研究生指导好。

3.3 从退休到最后一个博士生毕业

照片 99 是 2003 年在香山植物园研究所中秋联欢时，我为研究组老师同学所摄合影（前排左起薛小香、高令飞、雷霆、尹伟奇，后排左起郑小平老师、王海涛、张章飞、李宏光、王洪涛、徐俊东、王翔、岑松老师，王翔即将到航天五院报到）。照片 100 是 2004 年研究组聚会合影，除在校同学外，毕业后在京工作的师兄、师姐们也回来和大家相聚［前排左起谭国文（在美国获得博士学位后回来做博士后研究）、段小华、钱秀清、薛小香、我和夫人、林葱郁、高令飞、张章飞，中排左起尹伟奇、王洪涛、刘永健、王翔、王福军、张文毅、尹欣、任旭春、王朋波、孔凡忠、肖洪波和女朋友、陈永强，后排左起雷霆、李宏光、张希、王海涛、徐俊东］。照片 101 是 2004 年教师节在我家中的合影。这是当时研究组里的大部分博士后、博士生和硕士生。照片 102 是 2005 年研究组春游的合影。其中郑小平老师的研究生和郑老师的夫人、研究生的女朋友也受邀参加了。照片 103 是 2005 年在中国力学学会计算力学专业委员会会议上原来研究组成员的合影［左起为陈永强（北大）、高重阳（浙大）、我、王福军（中国农大，后评为长江学者）、岑松（清华，现为辽宁工程技术大学校长）］。照片 104 是 2005 年王海涛博士论文答辩会的合影。他毕业后去清华大学核能与新能源技术研究院工作，在高温气冷堆核动力厂等工作中表现突出，现为院长助理。照片 105 是 2005 年我和博士、硕士学位获得者的合影（后排右起为钱秀清、王海涛、任旭春、李宏光）。照片 106 是 2006 年研究组新年聚会的合影，除当时在校成员外，邀请了几位在京工作的原研究组成员参加，有的夫人也应邀参加了，此外还有郑小平、岑松两位老师的研究生。照片 107 是 2006 年研究组春游的合影，和往年一样邀请了部分在京的原研究组成员和家属，也有郑小平、岑松两位老师的研究生。照片 108 是 2006 年和博士学位获得者合影（后排左起为雷霆、王洪涛、张希、王朋波）。照片 109 是我和最后一位获得博士学位的"关门弟子"高令飞的合影。从此之后，我进入了发挥余热的一个新阶段。

3.4 最后一个博士生毕业之后

照片 110 是 2011 年赴西安二炮工程学院参加黄拳章的博士论文答辩时和他在西安园博园的合影。他是和我校联合培养的博士，我校方面的合作导师是刘应华教授，郑小平为辅导老师，由于他的论文是边界元法方面的，我也配合他们做了论文辅导。照片 111 是借我 70 岁生日之机研究组成员的一次聚会合影，其中也有一些家属和孩子，看到他们在各个岗位上做出贡献，我倍感欣慰。照片 112 是 2009 年在第 3 届亚太国际工程计算方法学术会议上为张见明教授颁发首届杜庆华工程计算方法奖。他在本组获得博士学位后赴日本合作研究，之后回国在湖南大学任教授。他是我国边界元界持之以恒、付出艰苦努力、研发边界元工程分析软件做得最成功的一位。照片 113 是 2011 年在南京举行的国际计算工程与科学学术会议上原研究组成员的合影（左起为王海涛、胡宁、我、袁卫锋、曹艳平、王洪涛、钱秀清，当时胡宁在日本千叶大学任教授）。照片 114 是原研究组成员 2013 年的新年聚会，大部分在北京工作，袁卫锋是从四川绵阳过来的。照片 115 是 2014 年春天原研究组成员在北京的聚会，其中郭然是从云南昆明过来的。照片 116 是 2015 年我在杭州主持的第 5 届亚太国际工程计算方法学术会议上原研究组成员的合影（从左 2 起为董春迎、袁卫锋、郭然、胡宁、我、郑小平、陈永强、王海涛、冯金龙。胡宁当时已经从日本回国，在重庆大学任航空航天学院院长；冯金龙的博士生导师是刘应华教授、副导师是郑小平副教授，由于研究方向是边界元法，我也协助进行了论文辅导）。照片117是2016年在呼和浩特第16届北方七省市区力学学会学术会议上为北航赵丽滨教授颁发杜庆华力学与工程优秀青年学者奖。她后来为河北工业大学长江学者、机械工程学院副院长。照片118是2017年春节期间部分在京原研究组成员聚会，肖洪波（右1）给大家介绍了他与共同创业的触景无限公司在人工智能研发方面的成果。我们研究组毕业的博士、硕士除一部分在高校任教，一部分在工业研究、设计院所外，还有一部分（主要是计算固体力学的硕士）在计算机软件、互联网信息技术、人工智能的公司工作。照片119是2017年我在北京主持的北方七省市区力学与工程研讨会上邀请王翔做有关航天的报告后的合影（左起王翔、我、陈永强），王翔已经担任航天五院空间站系统的总指挥，肩负重任。照片120是2018年年初在清华、北大、北理工三校第3届边界元法研讨会的合影。清华郑小平和我的研究小组、王海涛的研究小组、北大陈永强的研究小组、北理工董春迎的研究小组定期开展研讨交流，我本人还一直亲自开展高性能边界元法的研究，包括分析软件的研制。照片121是2018年教师节曹艳平（左6，清华大学教授）带着他指导的博士生和硕士生在我家中合影。他近年研究力学与生物医学的结合，取得高水平的学术成果，并在临床医学中有实际应用。他指导的博士生中有获得非常难得的清华大学特等奖学金的青年才俊。照片122是2019年4月在北京香山饭店召开的力学与工程2019会议上，我总结40年的边界元法研究，做"高精度/高性能边界元法的基本思想和研究进展"的报告。并表示这不是终点，还要和大家一起继续前进。照片123是在这次会上大家庆贺我的80岁生日，与原研究组人员的合影。照片124是会议专门安排了原研究组内部的交流，汇报近年来各自在各个岗位上取得的成绩，会前合影留念。2020年、2021年由于新冠疫情的影响，原来准备参加的一些在境内召开的国际会议都没能召开，有些会议只能在线上参会，照片125是在家中通过腾讯会议线上参会。照片126是2021年在山东日照的第18届北方七省市区力学学会学术会议上为胡宁颁发第6届杜庆华力学与工程奖。照片127是2021年我继续在家调试高性能边界元法应用程序的自拍照。照片128是2022年4月校庆之前王翔、高令飞携女儿来看我，送来了中国空间站的模型。今年是他们最忙碌的一年，王翔作为空间站总指挥，年内有空间站建设的6次发射，他即将赴文昌发射场；高令飞是为空间站做通信中继的天链卫星的一名主任设计师，也将赴西昌发射场。我衷心祝愿他们圆满完成任务，我国空间站年内建成。

结语

回顾在清华大学度过的66年，我得益于清华的培养、名师的指导，并且有全国最优秀的学生，教学相长，我欣慰地看到我和我们同一辈人一起实现了我们的初心，承上启下，使我们的学生在毕业时站到了和发达国家的毕业生同样的起跑线上，年轻的一代超过了我们。我以往的学生在各个岗位做出的优良成绩都给我带来由衷的喜悦，我为他们感到无比的自豪。终生学习、默默奉献是我的信条，只要身体许可，我将继续发挥自己的余热，无愧于身为一个清华学子。

姚振汉教授教学、科研、学术活动照片集锦

1 新生入学（1956）

2 物104班合影（1957）

3 物 115 班合影（1957）

4 毕业照（1962）

5 力202班毕业合影（1962）

6 工程力学数学系研究生合影（1968）

7 330大轴课题组赴新安江调研（1973）

8 校领导与北京市科技大会获奖者合影（1978）

9 德国洪堡学者（1985）

10 在德国波鸿鲁尔大学获工学博士学位（1986）

11 和研究生导师黄克智先生合影（1999）

12 和黄先生夫妇、师弟高玉臣（左一）合影（2000）

13 黄先生夫妇和我与夫人的合影（2007）

14 和在京同班老同学庆贺黄先生九十大寿（2017）

15 祝贺张维先生八十大寿时的合影（1993）

16 杜先生和我在千岛湖合影（1988）

17 杜先生与国家自然科学基金重大、重点项目组中清华、西安交大、浙大三校部分骨干（1997）

18 南宁第二届全国工程中边界元法学术会议上的清华团队（1988）

19 南京第四届全国工程中边界元法学术会议合影（1994）

20 随杜先生参加第3届中日/日中边界元法研讨会的部分中方代表和小林教授合影（1990）

21 随杜先生参加第 5 届中日/日中边界元法研讨会的部分中方代表（1993）

22 北方七省市区力学学会部分负责人看望杜先生（1998）

23 庆贺杜先生八十大寿（1999）

24 Wunderlich 教授夫妇和我在维也纳第 5 届世界计算力学大会上的合影（2002）

25 第 6 届世界计算力学大会期间 Wunderlich 教授在我办公室留影（2004）

26 我和夫人邀请 Wunderlich 教授夫妇品尝东来顺涮羊肉（2004）

27 入学40周年校庆和大学老同学相聚（1996）

28 和同届研究生老同学王正、秦权合影（1998）

29 百年校庆时和几位大学同班老同学喜相逢（2011）

30 获国防科学技术奖一等奖的某项目验收（1997）

31 清华机械、信息两学院考察美国名校代表团西海岸分团部分成员在美国洛杉矶合影（2000）

32 我卸任所长后的固体力学研究所（2003）

33 和郑哲敏院士合影（1998）

34 成都全国力学教学与教改研讨会合影（2001）

35 秦皇岛第7届工程中边界元法学术会议合影（2003）

36 在第7届工程中边界元法会议上（2003）

37 第二届亚太国际工程计算方法学术会议后访问合肥工业大学（2006）

38 南昌全国结构动力学学术研讨会合影（2007）

39 第 8 届北京力学会理事会合影（2009）

40 为陈文颁发首届杜庆华工程计算方法奖（2009）

41 和杜先生女儿杜宪及当年组织首届全国工程中边界元法学术会议的几位老朋友合影（2014）

42 中国大百科全书力学卷第 3 版部分编委合影（2016）

43 中国力学学会计算力学专业委员会授予中国计算力学终身成就奖（2018）

44 北京香山饭店力学与工程学术会议合影（2019）

45 访问香港科技大学时和董平教授合影（1991）

46 在中国台湾成功大学讲学时和陈寒涛教授合影（2006）

47 访问新竹清华大学时和陈文华副校长合影（2006）

48 访问中国台湾中原大学时和王宝玺教授夫妇等合影（2006）

49 在发起成立国际华人计算力学协会的北京九华山庄国际计算力学研讨会上和袁明武等合影（2007）

50 和崔俊芝院士、袁明武等在台湾大学傅斯年钟前合影（2008）

51 在汉城（首尔）出席亚太计算工程会议时和日本田中正隆教授等合影（1993）

52 和京都大学小林昭一教授在京都岚山周总理诗碑前合影（1993）

53 和张楚汉教授在札幌（1993）

54 日本福冈第7届中日/日中边界元法研讨会合影（1996）

55 在北京和田中正隆教授共同主持第8届中日/日中边界元法研讨会（1998）

56 在洛杉矶国际计算工程与科学学术会议上初次认识刘轶军博士（2000）

57 在悉尼澳中有限元法研讨会时和 Valliappan 教授合影（2000）

58 在悉尼和钟万勰院士合影（2000）

59 在北京和英国 Aliabadi 教授共同主持第 3 届国际边界元技术学术会议 BeTeQ（2002）

60 和 BeTeQ 会议部分中外组委的合影（2002）

61 BeTeQ 会议部分代表参观清华大学主楼（2002）

62 访问新加坡南洋理工大学时偶遇美国三院院士 Bazant 教授（2002）

63 在维也纳和袁明武教授与德国张传增教授合影（2002）

64 在 Reno 和卞学鐄先生及夫人赵如兰女士的合影（2002）

65 在华沙参加第 21 届世界理论与应用力学大会时和崔尔杰院士等合影（2004）

66 和余寿文、岑章志在马德拉岛国际计算工程与科学学术会议上，后为香港张统一教授（2004）

67 和袁明武教授夫妇陪同 Wunderlich 教授夫妇及美国 Belytchko 教授在北京第 6 届世界计算力学大会上（2004）

68 和下届世界计算力学大会主席美国廖荣锦教授交谈（2004）

69 和美国肖家驹教授在世界计算力学大会上（2004）

70 在金奈国际计算工程与科学学术会议上作为嘉宾与印度总统等合影（2005）

71 在三亚第 10 届 EPMESC 学术大会上和袁明武与葡萄牙 Oliveira 教授等合影（2006）

72 参观肯尼迪航天中心时与美国原航天员的合影（2007）

73 在柏林国际边界元技术学术会议上报告（2010）

74 在柏林参加国际边界元技术学术会议时和我国及海外华人同行的合影（2010）

75 在台北遇见老朋友 Mukherjee 教授夫妇（2011）

76 在南京国际计算工程与科学学术会议上为徐秉业教授主持 80 寿辰专题研讨会（2011）

77 在京都第4届亚太国际工程计算方法学术会议上和我国同行的合影（2012）

78 在京都会上和老朋友小林昭一教授合影（2012）

79 在新加坡偶遇朱位秋和杜善义院士（2013）

80 在杭州第5届亚太国际工程计算方法学术会议上颁发第3届杜庆华工程计算方法奖（2015）

81　在杭州国际华人计算力学研讨会上颁发优秀青年学者奖（2016）

82　在葡萄牙科英布拉出席第 42 届国际边界元法、降维方法学术会议的我国学者（2019）

83 在第42届国际边界元法、降维方法学术会议上获得乔治·格林奖章（2019）

84 研究组合影（1992）

85 研究组新年聚会（1996）

86 廖志忠博士论文答辩（1996）

87 研究组新年聚会（1998）

88 研究组同声歌唱（1998）

89 研究组教师节相聚（1999）

90 王福军和王翔同一天博士论文答辩（2000）

91 送王翔出国（2001）

92 和回国参会的袁卫锋合影（2002）

93 与承担国际边界元技术学术会议会务的研究组成员合影（2002）

94 在美国参加学术会议时和韩志东全家合影（2002）

95 在大连参加全国固体力学学术会议的研究组成员合影（2002）

96 在新加坡参加学术会议后和清华固体力学毕业研究生合影（2002）

97 研究组的足球赛（2003）

98 和新获得博士学位者合影（2003）

99 参加研究所中秋联欢的研究组成员合影（2003）

100 研究组聚会（2004）

101 教师节在家中合影（2004）

102 研究组春游（2005）

103 原研究组成员在计算力学专业委员会会议上合影（2005）

104 王海涛博士论文答辩（2005）

105 和新获得博士、硕士学位者合影（2005）

106 研究组新年聚会（2006）

107 研究组春游（2006）

108 和新获得博士学位者合影（2006）

109 最后一个获得博士学位的高令飞（2009）

第一部分 姚振汉教授的感言与学术成就

110 在西安参加黄拳章博士论文答辩后在园博会合影（2011）

111 70岁生日原研究组成员聚会（2009）

65

112 张见明获首届杜庆华工程计算方法奖（2009）

113 在南京国际计算工程与科学学术会议上合影（2011）

114 原研究组成员新年聚会（2013）

115 原研究组成员春天聚会（2014）

116 原研究组成员在杭州亚太国际工程计算方法学术会议上（2015）

117 赵丽滨在呼和浩特北方七省市区力学学会学术会议上获得杜庆华力学与工程优秀青年学者奖（2016）

第一部分　姚振汉教授的感言与学术成就

118　原研究组部分成员春节聚会（2017）

119　和王翔、陈永强在北方七省市区力学与工程研讨会上（2017）

120 清华、北大、北理工三校边界元法研讨会（2018）

121 教师节和曹艳平研究组合影（2018）

122 在香山力学与工程学术会议上报告40年边界元法研究心得（2019）

第一部分 姚振汉教授的感言与学术成就

123 80岁生日与原研究组成员合影（2019）

124 在香山会议上和部分原研究组成员的合影（2019）

125 新冠疫情期间有些会议只能在线上参会（2021）

126　在日照北方七省市区力学学会学术会议上为胡宁颁发杜庆华力学与工程奖（2021）

127　耄耋之年在家中调试高性能边界元法程序的自拍照（2021）

128　2022年校庆前王翔、高令飞携女儿来看我（2022）

姚振汉教授论著及学术报告目录

一、教科书及专著

[1] 郑兆昌，庞家驹，王勖成，何积范，丁奎元，姚振汉，李德葆，吴建基. 机械振动（上册）[M]. 北京：机械工业出版社, 1980.

[2] 杜庆华，余寿文，姚振汉. 弹性理论[M]. 北京：科学出版社, 1986.

[3] 姚振汉，王海涛. 边界元法[M]. 北京：高等教育出版社, 2010.

[4] GROSS D, SCHNELL W, EHLERS W, WRIGGERS P. 工程力学公式与习题：第2册：弹性静力学和流体静力学[M]. 姚振汉，王宝玺，译. 北京：清华大学出版社, Springer, 2002.（按张维先生要求由德文翻译）

二、Web of Science 收录论文

（作者用英文斜体表示者为非姚振汉教授研究组成员，亦非姚的合作研究人员，他们是第一作者的非本组合作者或原来导师）

[1] DU Q, YAO Z, SONG G. Solution of some plate bending problems using the boundary element method [J]. Applied Mathematical Modeling, 1984, 8(1): 15-22.

[2] ZHENG X, YAO Z. Some applications of the Trefftz method in linear elliptic boundary-value problems [J]. Advances in Engineering Software1995, 24(1/2/3): 133-145.

[3] ZHENG X, YAO Z, DU Q. A new hierarchical boundary element method and its adaptive processes for plate bending problem [J]. Acta Mechanica Solida Sinica, 1995, 8(3): 220-227.

[4] QI H, *FANG D*, YAO Z. FEM analysis of electro-mechanical coupling effect of piezoelectric materials [J]. Computational Materials Science, 1997, 8(4): 283-290.

[5] HU N, WANG B, SEKINE H, YAO Z, TAN G. Shape-optimum design of a bi-material single-lap joint [J]. Composite Structures, 1998, 41(3/4): 315-330.

[6] YAO Z, QU S. Identification of the material parameters of laminated plates [M]//TANAKA M, DULIKRAVICH G S. Inverse Problems in Engineering Mechanics. Oxford: Elsevier Science Ltd. 1998: 179-185.

[7] YAO Z, XIANG J. Boundary element method for SH waves in elastic half plane with stochastic and heterogeneous properties [M]//CHUHAN Z, WOLF J P. Developments in geotechnical engineering. Elsevier, 1998: 175-187.

[8] HU N, *SEKINE H*, *FUKUNAGA H*, YAO Z. Impact analysis of composite laminates with multiple delaminations [J]. International Journal of Impact Engineering, 1999, 22(6): 633-648.

[9] YAO Z, CHEN J, PU J. Some application and new schemes of two-dimensional BEM for contact problem [M]//GAUL L, BREBBIA C A. Computational methods in contact mechanics IV. Southampton: WIT Press, 1999: 251-260.

[10] YAO Z, ZHOU Z, WANG B. Simulation on non-uniform velocity dynamic crack growing by TDBEM [M]//BREBBIA C A, POWER H. Boundary Elements XXI. WIT Press, 1999: 13-22.

[11] HU N, WANG B, TAN G, YAO Z, YUAN W. Effective elastic properties of 2-D solids with circular holes: numerical simulations [J]. Composites Scence and Technology, 2000, 60(9): 1811-1823.

[12] WANG F, CHENG J, YAO Z. A contact searching algorithm for contact-impact problems [J]. Acta Mechanica Sinica, 2000, 16(4): 374-382.

[13] GAO C, SHI H, *LIU C, BAI C*, YAO Z. Measurement of dynamic fracture parameters in the expansion process at high strain rate [J]. Key Engineering Materials, 2000, 183-187: 277-282.

[14] YAO Z, QU S. Identification of the material parameters of laminated plates [J]. Tsinghua Science and Technology, 2000, 5(1): 1-4.

[15] YUAN W, HU N, TAN G, YAO Z. Direct numerical simulation of effective elastic properties of 2D solids with circular holes [J]. Tsinghua Science and Technology, 2000, 5(1): 9-12.

[16] GAO C, SHI H, YAO Z, *WANG X, BAI C*. Numerical simulation and dynamic fracture criteria of thin cylindrical shells under inner explosive loading [J]. Tsinghua Science and Technology, 2000, 5(1): 13-17.

[17] YAO Z, ZHOU Z, WANG B. TDBEM analysis of microbranching in dynamic crack growth [J]. Journal of the Chinese Institute of Engineers, 2000, 23(3): 299-305.

[18] ZHENG X, YAO Z, KONG F. Application of boundary element method to identifying the boundary conditions of pavement-subgrade system [J]. Journal of the Chinese Institute of Engineers, 2000, 23(3): 307-311.

[19] ZHANG J, YAO Z. Meshless regular hybrid Boundary Node Method [J]. CMES-Computer Modeling in Engineering & Sciences, 2001, 2(3): 307-318.

[20] WANG F, CHENG J, YAO Z. FFS contact searching algorithm for dynamic finite element analysis [J]. International Journal for Numerical Methods in Engineering, 2001, 52(7): 655-672.

[21] WANG X, HU N, *FUKUNAGA H*, YAO Z. Structural damage identification using static test data and changes in frequencies [J]. Engineering Structures, 2001, 23(6): 610-621.

[22] HU N, WANG X, *FUKUNAGA H*, YAO Z, *ZHANG H, WU Z*. Damage assessment of structures using modal test data [J]. International Journal of Solids and Structures, 2001, 38(18): 3111-3126.

[23] QI H, *FANG D*, YAO Z. Analysis of electric boundary condition effects on crack propagation in piezoelectric ceramics [J]. Acta Mechanica Sinica, 2001, 17(1): 59-70.

[24] YAO Z, PU J, CHOL S K. Boundary element method for moving and rolling contact of 2D elastic bodies with defects [J]. Acta Mechanica Sinica, 2001, 17(2): 183-192.

[25] ZHAO L, YAO Z, *WANG S*. Two accurate integration methods in structural dynamics analysis [C]//WEN B. Proceedings of Asia-Pacific Vibration Conference 2001. Jilin: Jilin Sci Technol Publ House. 2001: 236-240

[26] ZHANG J, YAO Z, LI H. A hybrid boundary node method [J]. International Journal for Numerical Methods in Engineering, 2002, 53(4): 751-763.

[27] CAO Y, HU N, LU J, *FUKUNAGA H*, YAO Z. A 3D brick element based on Hu-Washizu variational principle for mesh distortion [J]. International Journal for Numerical Methods in Engineering, 2002, 53(11): 2529-2548.

[28] CEN S, *SOH A, LONG Y*, YAO Z. A new 4-node quadrilateral FE model with variable electrical degrees of freedom for the analysis of piezoelectric laminated composite plates [J]. Composite Structures, 2002, 58(4): 583-599.

[29] CEN S, *LONG Y*, YAO Z. A new hybrid-enhanced displacement-based element for the analysis of laminated composite plates [J]. Computers & Structures, 2002, 80(9/10): 819-833.

[30] ZHANG J, YAO Z. Analysis of 2-D thin structures by the meshless regular hybrid boundary node method [J]. Acta Mechanica Solida Sinica, 2002, 15(1): 36-44.

[31] KONG F, YAO Z, ZHENG X. BEM for simulation of 2D elastic body with randomly distributed circular inclusions[J]. Acta Mechanica Solida Sinica, 2002, 15(1): 81-88.

[32] CAO Y, HU N, *LU J, FUKUNAGA H*, YAO Z. An inverse approach for constructing residual stress field induced by welding [J]. Journal of Strain Analysis for Engineering Design, 2002, 37(4): 345-359.

[33] CHEN Y, ZHENG X, YAO Z. Numerical simulation of failure processes in 3-D heterogeneous brittle material [J]. Acta Mechanica Sinica, 2002, 34(3): 351-361.

[34] ZHAO L, YAO Z, *WANG S*. Taylor series method in nonlinear structural dynamics [C]//HU H. Proceedings of the 5th International Conference on Vibration Engineering. Beijing: China Aviation Industry Press, 2002: 72-77.

[35] LI C, CHENG J, HU N, YAO Z. A numerical simulation for impact damage of long-fiber reinforced resin laminates [J]. Acta Mechanica Sinica, 2002, 34(6): 989-996.

[36] ZHANG J, YAO Z, TANAKA M. The meshless regular hybrid boundary node method for 2D linear elasticity [J]. Engineering Analysis with Boundary Elements, 2003, 27(3): 259-268.

[37] CHEN Y, YAO Z, ZHENG X. Theoretical statistical solution and numerical simulation of heterogeneous brittle materials [J]. Acta Mechanica Sinica, 2003, 19(3): 276-284.

[38] CAO Y, HU N, *FUKUNAGA H, LU J*, YAO Z. A highly accurate brick element based on a three-field variational principle for elasto-plastic analysis [J]. Finite Elements in Analysis and Design, 2003, 39(12): 1155-1171.

[39] PU J, YAO Z. Study for 2D moving contact elastic body with closed crack using BEM [J]. Acta Mechanica Sinica, 2003, 19(4): 340-346.

[40] GUO R, SHI H, YAO Z. Simulation of the fracture behavior of inclusion-matrix interface for particle reinforced composites [J]. Journal of Aeronautical Materials, 2003, 23(2): 18-24.

[41] GUO R, SHI H, YAO Z. Modeling of interfacial debonding crack in particle reinforced composites using Voronoi cell finite element method[J]. Computational Mechanics, 2003, 32(1/2): 52-59.

[42] CHEN Y, CEN S, YAO Z, *LONG Y, LONG Z*. Development of triangular flat-shell element using a new thin-thick plate bending element based on semiloof constrains [J]. Structural Engineering and Mechanics, 2003, 15(1): 83-114.

[43] KOU Z, CHENG J, YAO Z, WANG F. A smooth C-1 interpolation for two-dimensional contact problems using parametric curve technique [J]. Acta Mechanica Solida Sinica, 2003, 16(3): 205-209.

[44] WANG H, YAO Z. Simulation of 2D elastic solid with large number of inclusions using fast multipole BEM [M]//BATHE K J. Computational Fluid and Solid Mechanics 2003. Amsterdam: Elsevier Science Bv. 2003: 732-736.

[45] YAO Z, KONG F, WANG H, WANG P. 2D simulation of composite materials using BEM [J]. Engineering Analysis with Boundary Elements, 2004, 28(8): 927-935.

[46] ZHANG J, YAO Z. The regular hybrid boundary node method for three-dimensional linear elasticity [J]. Engineering Analysis with Boundary Elements, 2004, 28(5): 525-534.

[47] WANG H, YAO Z. Application of a new fast multipole BEM for simulation of 2D elastic solid with large number of inclusions [J]. Acta Mechanica Sinica, 2004, 20(6): 613-622.

[48] QIAN X, YAO Z, CAO Y, *LU J*. An inverse approach for constructing residual stress using BEM [J]. Engineering Analysis with Boundary Elements, 2004, 28(3): 205-211.

[49] WANG H, YAO Z, CEN S. A meshless singular hybrid boundary node method for 2-D elastostatics [J]. Journal of the Chinese Institute of Engineers, 2004, 27(4): 481-490.

[50] REN X, YAO Z. Structure optimization of pneumatic tire using an artificial neural network [M]//YIN F L, WANG J, GUO C G. Advances in Neural Networks - ISNN 2004. Berlin: Springer-Verlag. 2004: 841-847.

[51] CAO Y, HU N, *LU J, FUKUNAGA H*, YAO Z. A new scheme for designing the penalty factor in 3-D penalty-equilibrating mixed elements [J]. Communications in Numerical Methods in Engineering, 2004, 20(6): 455-464.

[52] WU Y, *THOMPSON E, HEYLIGER P*, YAO Z. The compaction of blended aggregates of non-spherical

linear viscous particles [J]. Computer Methods in Applied Mechanics and Engineering, 2004, 193(36/37/38): 3871-3890.

[53] WANG H, YAO Z. Large scale simulation of 3D particale-reinforced composites using fast multipole boundary element method [C]//YAO Z, YUAN M, ZHONG W. Proceedings of the Sixth World Congress on Computational Mechanics in conjunction with the Second Asian-Pacific Congress on Computational Mechanics. Beijing: Tsinghua University Press, 2004: 709-714.

[54] WANG H, YAO Z. A new fast multipole boundary element method for large scale analysis of mechanical properties in 3D particle-reinforced composites [J]. CMES-Computer Modeling in Engineering & Sciences, 2005, 7(1): 85-95.

[55] WANG H, YAO Z, WANG P. On the preconditioners for fast multipole boundary element methods for 2D multi-domain elastostatics [J]. Engineering Analysis with Boundary Elements, 2005, 29(7): 673-688.

[56] ZHAO L, YAO Z. Fast multipole BEM for 3D elastostatic problems with applications for thin structures [J]. Tsinghua Science and Technology, 2005, 10(1): 67-75.

[57] QIAN X, YAO Z, CAO Y, *LU H*. An inverse approach to construct residual stresses existing in axisymmetric structures using BEM [J]. Engineering Analysis with Boundary Elements, 2005, 29(11): 986-999.

[58] WANG P, YAO Z, WANG H. Fast multipole BEM for simulation of 2D solids containing large numbers of cracks [J]. Tsinghua Science and Technology, 2005, 10(1): 76-81.

[59] GUO R, SHI H, YAO Z. Numerical simulation of thermo-mechanical fatigue properties for particulate reinforced composites [J]. Acta Mechanica Sinica, 2005, 21(2): 160-168.

[60] LIU Y, YAO Z. Weakly-singular traction and displacement boundary integral equations and their meshless local Petrov-Galerkin approaches [J]. Tsinghua Science and Technology, 2005, 10(1): 1-7.

[61] CAO Y, QIAN X, *LU J*, YAO Z. An energy-based method to extract plastic properties of metal materials from conical indentation tests [J]. Journal of Material Research, 2005, 20(50): 1194-1206.

[62] LIU Y, *NISHIMURA N*, YAO Z. A fast multipole accelerated method of fundamental solutions for potential problems [J]. Engineering Analysis with Boundary Elements, 2005, 29(11): 1016-1024.

[63] KONG F, ZHENG X, YAO Z. Numerical simulation of 2D fiber-reinforced composites using boundary element method [J]. Applied Mathematics and Mechanics – English Edition, 2005, 26(11): 1515-1522.

[64] CEN S, *LONG Y*, YAO Z, *CHIEW S*. Application of the quadrilateral area co-ordinate method: A new element for Mindlin-Reissner plate [J]. International Journal for Numerical Methods in Engineering, 2006, 66(1): 1-45.

[65] ZHANG X, YAO Z, ZHANG Z. Application of MLPG in large deformation analysis [J]. Acta Mechanica Sinica, 2006, 22(4): 331-340.

[66] LEI T, YAO Z, WANG H, WANG P. A parallel fast multipole BEM and its applications to large-scale analysis of 3-D fiber-reinforced composites [J]. Acta Mechanica Sinica, 2006, 22(3): 225-232.

[67] GAO L, ZHENG X, YAO Z. Numerical simulation of elastic behavior and failure processes in heterogeneous material [J]. CMC-Computers Materials & Continua, 2006, 3(1): 25-36.

[68] WANG P, YAO Z, LEI T. Analysis of solids with numerous microcracks using the fast multipole DBEM [J]. CMC-Computers Materials & Continua, 2006, 3(2): 65-75.

[69] WANG P, YAO Z. Fast multipole DBEM analysis of fatigue crack growth [J]. Computational Mechanics, 2006, 38(3): 223-233.

[70] WANG H, LEI T, *LI J*, *HUANG J*, YAO Z. A parallel fast multipole accelerated integral equation scheme for 3D Stokes equations [J]. International Journal for Numerical Methods in Engineering, 2007, 70(7): 812-839.

[71] CEN S, *FU X*, *LONG Y*, LI H, YAO Z. Application of the quadrilateral area coordinate method: a new element for laminated composite plate bending problems [J]. Acta Mechanica Sinica, 2007, 23(5): 561-575.

[72] WANG F, WANG L, CHENG J, YAO Z. Contact force algorithm in explicit transient analysis using finite-element method [J]. Finite Elements in Analysis and Design, 2007, 43(6/7): 580-587.

[73] WANG P, YAO Z. Fast multipole boundary element analysis of two-dimensional elastoplastic problems [J]. Communications in Numerical Methods in Engineering, 2007, 23(10): 889-903.

[74] WANG H, YAO Z. A rigid-fiber-based boundary element model for strength simulation of carbon nanotube reinforced composites [J]. CMES-Computer Modeling in Engineering & Sciences, 2008, 29(1): 1-13.

[75] QIAN X, CAO Y, ZHANG J, *RAABE D*, YAO Z, *FEI B*. An inverse approach to determine the mechanical properties of elastoplastic materials using indentation tests [J]. CMC-Computers Materials & Continua, 2008, 7(1): 33-41.

[76] WANG H, *HALL G*, *YU S*, YAO Z. Numerical simulation of graphite properties using X-ray tomography and fast multipole boundary element method[J]. CMES-Computer Modeling in Engineering & Sciences, 2008, 37(2): 153-174.

[77] YAO Z, WANG H, WANG P, LEI T. Investigations on fast multipole BEM in solid mechanics [J]. Journal of University of Science and Technology of China, 2008, 38(1): 1-17.

[78] YAO Z. A new time domain boundary integral equation and efficient time domain boundary element scheme of elastodynamics[J]. CMES-Computer Modeling in Engineering & Sciences, 2009, 50(1): 21-45.

[79] YAO Z, GAO L. A chain approach of boundary element row-subdomains for simulating the failure processes in heterogeneous brittle materials[J]. CMC-Computers Materials & Continua, 2009, 9(1): 1-24.

[80] YAO Z, XU J, WANG H, ZHENG X. Simulation of CNT composites using fast multipole BEM [J]. Journal of Marine Science and Technology, 2009, 17(3): 194-202.

[81] WANG H, YAO Z. A fast multipole dual boundary element method for the three-dimensional crack problems[J]. CMES-Computer Modeling in Engineering & Sciences, 2011, 72(2): 115-147.

[82] HUANG Q, ZHENG X, YAO Z. Boundary element method for 2D solids with fluid-filled pores [J]. Engineering Analysis with Boundary Elements, 2011, 35(2): 191-199.

[83] WEI Y, *REZGUI A*, YAO Z, WANG P. A comparative analysis of contact algorithms in contact shape optimization problems [J]. Optimization and Engineering, 2012, 13(4): 595-623.

[84] YAO Z, WEI Y. Some ideas and progress on the shape optimization of nonlinear structures [C]//ZHANG L. International Conference on Advances in Computational Modeling and Simulation Procedia Engineering. 2012: 31.

[85] YAO Z, WANG H. Some benchmark problems and basic ideas on the accuracy of boundary element analysis [J]. Engineering Analysis with Boundary Elements, 2013, 37(12): 1674-1692.

[86] WANG H, YAO Z. Large-scale thermal analysis of fiber composites using a line-inclusion model by the fast boundary element method [J]. Engineering Analysis with Boundary Elements, 2013, 37(2): 319-326.

[87] WANG H, YAO Z. ACA-accelerated time domain BEM for dynamic analysis of HTR-PM nuclear island foundation[J]. CMES-Computer Modeling in Engineering & Sciences, 2013, 94(6): 507-527.

[88] WANG H, WANG H, JIN L, YAO Z. Numerical determination on effective elastic moduli of 3-D solid with a large number of microcracks using FM-DBEM [J]. CMES-Computer Modeling in Engineering & Sciences, 2013, 94(6): 529-552.

[89] FENG J, YAO Z, *LIU Y*, *ZOU Y*, ZHENG X. Some spherical boundary elements and a discretization error indicator for acoustic problems with spherical surfaces [J]. Engineering Analysis with Boundary Elements, 2015, 56: 176-189.

[90] FENG J, YAO Z, *LIU Y*, ZHENG X. Some spherical boundary elements and a discretization error indicator for acoustic problems with spherical surfaces [J]. Engineering Analysis with Boundary Elements, 2015, 60: 176-189.

[91] YAO Z. A new type of high-accuracy BEM and local stress analysis of real beam plate and shell structures [J]. Engineering Analysis with Boundary Elements, 2016, 65: 1-17.

[92] WEI Y, *ZHAO C*, YAO Z, *HAURET P, LI X, KALISKE M*. Adjoint design sensitivity analysis and optimization of nonlinear structures using geometrical mapping approach [J]. Computers & Structures, 2017, 183: 1-13.

[93] YAO Z, ZHENG X, YUAN H, FENG J. Research progress of high-performance BEM and investigation on convergence of GMRES in local stress analysis of slender real thin-plate beams [J]. Engineering Computations, 2019, 36(8): 2530-2556.

[94] SUN J, ZHENG X, *LIU Y*, YAO Z. Some investigations on convergence of GMRES in solving BEM equations for slender beam structures [J]. Engineering Analysis with Boundary Elements, 2021, 126: 128-135.

[95] CUI G, *ZHANG X, ZHOU T*, YAO Z. Dynamic analysis of layered piezoceramic and metal composite moderately thick annular plate [J]. 声学学报, 1994, 19(3): 208-215.

[96] CHENG J, YAO Z, *LI M, HUANG W*. Parallel algorithms and implement of explicit integration method for structural dynamic analysis [J]. 清华大学学报（自然科学版）, 1996, 36(10): 80-85.

[97] ZHENG X, YAO Z, DU Q. Calculation of the steady state response of locally nonlinear dynamic systems by harmonic balance method [J]. 清华大学学报（自然科学版）, 1997, 37(8): 36-39.

[98] ZHANG M, YAO Z. Boundary element analysis of small-scale yielding of bimaterial interface crack [J]. 清华大学学报（自然科学版）, 1997, 37(10): 99-102.

[99] CHENG J, GAO Y, ZHENG X, YAO Z. Parallel algorithms for dynamic analysis of structures and their implementations [J]. 清华大学学报（自然科学版）, 1998, 38(11): 77-80.

[100] ZHANG M, YAO Z, DU Q. Elastoplastic boundary element method with bimaterial fundamental solution [J]. 力学学报, 1999, 31(5): 563-573.

[101] ZHOU Z, WANG B, YAO Z. DSIF computation of dynamic crack growth with non-uniform velocity by TDBEM [J]. 清华大学学报（自然科学版）, 1999, 39(11): 42-45.

[102] YAO Z, DU Q. Some recent investigations and new progresses in the application of boundary element methods [J]. 清华大学学报（自然科学版）, 2001, 41(4-5): 89-93.

[103] PU J, YAO Z. Solving two-dimensional moving contact problems with a hole near the contact interface using the boundary element method [J]. 清华大学学报（自然科学版）, 2001, 41(2): 88-91.

[104] WANG F, CHENG J, YAO Z, HUANG C. TUL deformation formulation for explicit dynamic analysis based super-parametric shell elements [J]. 清华大学学报（自然科学版）, 2001, 41(11): 4-7.

[105] CEN S, *LONG Y*, YAO Z. On automatic mesh generation in parallel finite element analysis [J]. 工程力学, 2002, 19(6): 54-57.

[106] CEN S, *LONG Y*, YAO Z. A new element based on the first-order shear deformation theory for the analysis of laminated composite plates [J]. 工程力学, 2002, 19(1): 1-8.

[107] WANG F, CHENG J, YAO Z, HUANG C, KOU Z. A new contact algorithm for numerical simulation of structure crashworthiness [J]. 工程力学, 2002, 19(1): 130-134.

[108] CHEN Y, YAO Z, ZHENG X. Analytical solutions to the constitutive relations of heterogeneous brittle materials [J]. 清华大学学报（自然科学版）, 2002, 42(11): 1515-1518.

[109] KONG F, YAO Z, WANG P. BEM simulation of 2D solids with randomly distributed elliptic inclusions [J]. 清华大学学报（自然科学版）, 2002, 42(8): 1091-1094.

[110] WANG F, CHENG J, YAO Z. Parallel algorithm for explicit integration method in nonlinear dynamic structural analysis [J]. 清华大学学报（自然科学版）, 2002, 22(4): 431-433.

[111] CHEN Y, CEN S, YAO Z, LONG Y. Application of generalized conforming elements in elastic wrinkling analysis of thin plates [J]. 工程力学, 2002, 19(5): 7-11.

[112] YUE Z, CHENG J, YAO Z. Design and implementation of polynomial-preconditioned EBE-PCG parallel algorithm in cluster [J]. 工程力学, 2002, 19(5): 150-155.

[113] CAO Y, HU N, YAO Z. Improved EAS elements [J]. 工程力学, 2002, 19(1): 47-51.

[114] CHEN Y, YAO Z, ZHENG X. Lattice model and statistical numerical methods for reinforced composite materials [J]. 力学季刊, 2002, 23(3): 315-322.

[115] YAO Z, ZHANG R. Numerical simulation of pneumatic moulding process by discontinuous deformation analysis [J]. 工程力学, 2002, 19(5): 24-28.

[116] CHEN L, CHENG J, *HUANG W*, YAO Z. Some 8-node shell elements of relative degree of freedom with hourglass control [J]. 工程力学, 2002, 19(3): 122-127.

[117] CEN S, *LONG Y*, YAO Z. A new displacement-based element for the analysis of laminated composite plates with hydroid-enhanced stress solutions [J]. 工程力学, 2002, 19(2): 7-16.

[118] PU J, *WANG Y*, YAO Z. A double iterative BEM for solving 2D closed crack loaded by a moving contact elastic body [J]. 计算力学学报, 2002, 19(2): 132-136.

[119] CHEN Y, ZHENG X, YAO Z. Explanation of strain softening and numerical modeling to the failure process of laminated composite material [J]. 计算物理, 2003, 20(1): 14-20.

[120] KOU Z, CHENG J, YAO Z. Simulation of automobile crashworthiness using clustered parallel computers [J]. 清华大学学报（自然科学版）, 2003, 43(5): 666-672.

[121] CHEN Y, LIN C, YAO Z, ZHENG X. BEM for numerical simulation of failure process in heterogeneous materials [J]. 工程力学, 2003, 20(3): 19-25.

[122] LI C, CHENG J, HU N, *YANG Z*, YAO Z. Delaminated composite laminates' response under low-velocity impact [J]. 复合材料学报, 2003, 20(1): 38-44.

[123] LIU Y, YAO Z. Direct error estimate for the boundary element method for a 3-D contact problem [J]. 清华大学学报（自然科学版）, 2003, 43(11): 1499-1502.

[124] CHEN L, CHENG J, *HUANG W*, YAO Z, *LI M*. Large deformation study of shell with assumed strain and its application in impact dynamic analysis [J]. 计算力学学报, 2003, 20(1): 23-27.

[125] CHEN L, CHENG J, YAO Z. Mixed time integration parallel algorithm and its application to dynamic impact problem [J]. 工程力学, 2003, 20(2): 15-20.

[126] XIAO H, YAO Z, *CHEN Y*. Residual strength of hatch cover of bulk carriers [J]. 中国造船, 2003, 44(4): 19-26.

[127] GUO R, SHI H, YAO Z. Simulation of the thermal-mechenical fatigue behavior for particle reinforced composites [J]. 材料工程, 2003, 10: 7 8 41.

[128] CHEN Y, CEN S, YAO Z, *LONG Y*. Triangular flat-shell element TSLT18 for analysis of thick and thin shells [J]. 清华大学学报（自然科学版）, 2003, 43(8): 1069-1073.

[129] ZHANG W, YAO Z, YAO X, CAO Y. A numerical model of woven fabric composites [J]. 工程力学, 2004, 21(3): 55-60.

[130] KONG F, *ZHANG J*, WANG P, YAO Z. Numerical simulation of fiber-reinforced composites using similar sub-domain bem scheme [J]. 复合材料学报, 2004, 21(5): 146-152.

[131] LIU Y, YAO Z. A new scheme of BEM for moving contact of 3D elastic solids [J]. 工程力学, 2005, 22(1): 6-11.

[132] QU W, YAO Z, ZHANG Z. Adaptive fuzzy inverse control of piezoelectric actuator with hysteresis and creep [J]. 机械科学技术, 2005, 24(10): 1230-1232.

[133] XUE X, YAO Z, YIN W, *LI P*. Finite element simulation for static load test of radial tires [J]. 工程力学, 2005, 22(4): 196-200.

[134] KONG F, ZHENG X, YAO Z. Numerical simulation of 2D fiber-reinforced composites using boundary element method [J]. 应用数学和力学, 2005, 26(11): 1373-1379.

[135] REN X, YAO Z. A new rubber-cord composite model and the corresponding parameter identification scheme [J]. 工程力学, 2006, 23(12): 180-187.

[136] QIAN X, YAO Z, CAO Y. An inverse approach for constructing planar residual stresses using BEM [J]. 工程力学, 2006, 23(9): 6-11.

[137] REN X, YAO Z. Self-adaptive sequential response surface method in shape optimization of tire tread [J]. 清华大学学报（自然科学版）, 2006, 46(5): 736-739.

[138] LEI T, YAO Z, WANG H. The comparison of parallel computation between fast multipole and conventional BEM on PC cluster [J]. 工程力学, 2006, 23(11): 28-32, 57.

[139] LEI T, YAO Z, WANG H. High performance parallel computations of 3D fast multipole boundary element method [J]. 清华大学学报（自然科学版）, 2007, 47(2): 280-283.

[140] WANG F, WANG L, CHENG J, YAO Z. A contact algorithm for parallel computation of fem [J]. 力学学报, 2007, 39(3): 422-427.

[141] TAN G, WANG H, CEN S, YAO Z. 2D simulation of electrostatic properties of piezoelectric composites using the boundary node method [J]. 清华大学学报（自然科学版）, 2007, 47(5): 734-737.

[142] ZHANG X, YAO Z. MLPG method for large deformations and strain localization of elasto-plastic materials [J]. 清华大学学报（自然科学版）, 2007, 47(5): 718-721.

[143] WANG H, YAO Z. Application of fast multipole boundary element method on large scale thermal analysis [J]. 工程力学, 2008, 25(9): 23-27.

[144] XU J, WANG P, YAO Z, WEI Y, YIN W. Fast multipole bem for analyses of large-scale fracture problems [J]. 清华大学学报（自然科学版）, 2008, 48(5): 896-899.

[145] WANG Y, ZHENG X, YAO F, YAO Z. Dynamic model of the arresting system for aircraft overrun [J]. 清华大学学报（自然科学版）, 2010, 50(7): 1109-1113.

[146] GAO L, ZHENG X, YAO Z. Simulating elastic property and failure process of heterogeneous brittle materials by BE row-subdomain approach [J]. 工程力学, 2010, 27(5): 8-13, 44.

[147] HUANG Q, ZHENG X, WANG B, WANG Y, YAO Z. Boundary element method for linear problems of fluid-saturated porous media [J]. 计算力学学报, 2011, 28(2): 226-230.

[148] HUANG Q, ZHENG X, YAO F, YAO Z. Simulation of effective elastic properties of solids with fluid-filled pores using boundary element method [J]. 清华大学学报（自然科学版）, 2011, 51(4): 471-477.

[149] HUANG Q, *QIANG H*, ZHENG X, YAO Z. Boundary element method for problems with multiple types of inclusions [J]. 工程力学, 2014, 31(11): 17-24.

[150] YAO Z. High-performance boundary element method for the local stress analysis of real beam plate and shell [J]. 工程力学, 2015, 32(8): 8-15.

三、中国知网收录论文

（同时被 Web of Science 收录的不再重复，只有简短摘要的移到其他学术报告部分）

[1] 姚振汉. 汽轮机扭曲叶片的渐近分析[J]. 清华大学学报（自然科学版）, 1978(1): 1-17.

[2] 杜庆华，姚振汉. 边界积分方程-边界元法的基本理论和若干工程应用[J]. 固体力学学报, 1982(1): 1-22.

[3] 宋国书，姚振汉. 用边界积分方程-边界元法计算悬臂三角板的弯曲[J]. 应用力学学报, 1984, 1(1): 75-86.

[4] 杜庆华，姚振汉，岑章志. 我国工程中边界元法研究的十年[J]. 力学与实践, 1989, 11(2): 3-7.

[5] 姚振汉，钟晓光. 边界元法中边界变量的确定与误差直观度量[J]. 华中理工大学学报, 1989, 17(6): 97-103.

[6] 霍同如，杜庆华，姚振汉. 若干综合应用递归二次规划法和边界元法的平面弹性结构形状优化问题[J]. 计算结构力学及其应用, 1991, 8(4): 421-430.

[7] 霍同如，姚振汉. 基于边界元法的弹性结构边界点和近边界点力学量的计算[J]. 数值计算与计算机应用, 1993(1): 38-47.

[8] 郑小平，于龙，王尚文，姚振汉. 机场道面系统力学模型研究[C]//第二届全国结构工程学术会议论文集（上），工程力学, 1993(增刊): 238-243.

[9] ZHENG X P, YAO Z H, JU S S. A model identification method of vibrating structures from incomplete modal information[J]. Applied Mathematics and Mechanics (English Edition), 1995, 16(10): 971-976.

[10] 董春迎，谢志成，姚振汉，杜庆华. 边界积分方程中超奇异积分的解法[J]. 力学进展，1995, 25(3): 424-429.

[11] 韩志东，齐航，姚振汉. 蜂窝夹层壳的模态分析[C]//第八届和第九届全国振动与噪声技术交流会论文集. 202-205.

[12] 郑小平，姚振汉，遽时胜. 根据非完整模态信息进行结构动力模型识别[J]. 应用数学和力学, 1995, 16(10): 903-908.

[13] 郑小平，姚振汉. 弹性地基板广义边值问题的边界元法[J]. 工程力学, 1996, 12(4): 1-8.

[14] 向家琳，姚振汉，杜庆华. 弹性半空间中SH波动问题的随机边界元法及其应用[J]. 清华大学学报（自然科学版），1996, 36(10): 56-61.

[15] YAO Z H, JU S S. Identification of equivalent stiffness parameters of honeycomb sandwich shell using detailed cell structure analysis[J]. Tsinghua Science and Technology, 1997, 2(2): 564-567.

[16] YAO Z H, QI H, FU M H, YAO J J. A kind of super-parametric finite element for geometric nonlinear analysis of plates and shells[J]. Tsinghua Science and Technology, 1997, 2(3): 707-712.

[17] 姚学锋，杨桂，姚振汉，戴福隆，方竞. 先进复合材料自行车架的动力学特性分析[C]//第六届全国结构工程学术会议论文集（第三卷），工程力学, 1997(增刊): 50-55.

[18] 富明慧，姚振汉. 薄壳动力分析的三维半显式迭代算法[J]. 清华大学学报（自然科学版），1997, 37(11): 23-25.

[19] 陈家庆，巩立根，王镇泉，姚振汉. 滑动轴承无摩擦接触参数的边界元分析[J]. 中国石油大学学报（自然科学版），1997, 21(6): 56-58, 119.

[20] 郑小平，姚振汉. 道路系统的物理参数识别[C]//第七届全国结构工程学术会议论文集（第Ⅰ卷），工程力学, 1998(增刊): 202-206.

[21] 胡宁，王翔，姚振汉，王波，吴智深. 利用模态试验数据进行结构损伤评估[C]//第七届全国结构工程学术会议论文集（第Ⅰ卷），工程力学, 1998(增刊): 246-250.

[22] 胡宁，胡彬，姚振汉，福永久雄，关根英树. 带脱层的复合材料层板屈曲分析中的接触问题[J]. 力学学报, 1998, 30(6): 700-710.

[23] 姚学锋，姚振汉，戴福隆，杨桂，杜慧英. 编织结构复合材料动态特性的实验模态分析[J]. 复合材料学报，1998, 15(4): 107-112.

[24] 陈家庆，王镇泉，蔡镜仑，姚振汉. 牙轮钻头滑动轴承接触参数的计算及力学分析[J]. 中国石油大学学报（自然科学版），1999, 23(1): 59-61, 65.

[25] 张明, 姚振汉, 杜庆华, 楼志文. 双材料界面裂纹应力强度因子的边界元分析[J]. 应用力学学报, 1999, 16(1): 21-26.

[26] 程建钢, 任革学, 姚振汉, 郑兆昌. 时变结构动力响应分析的粗粒度并行算法[J]. 清华大学学报（自然科学版）, 1999, 39(4): 10-12, 16.

[27] 寇哲君, 程建钢, 黄文彬, 姚振汉. 结构动力分析显隐式混合积分并行算法及实现[J]. 清华大学学报（自然科学版）, 1999, 39(4): 21-24.

[28] 姚振汉, 袁卫锋. 散货船槽型横舱壁的屈曲后屈曲计算[C]//第八届全国结构工程学术会议论文集（第Ⅲ卷）, 工程力学, 1999(增刊): 386-391.

[29] 胡宁, 王翔, 姚振汉, 吴智深. 利用静态响应并结合频率测试数据进行结构损伤识别[C]//第八届全国结构工程学术会议论文集（第Ⅲ卷）, 工程力学, 1999(增刊): 357-362.

[30] 胡宁, 王翔, 姚振汉. 利用测试数据得到的柔度矩阵进行损伤识别[C]//第十一届、第十二届和第十三届全国振动与噪声高技术及应用会议论文集. 1999: 61-67.

[31] 陈家庆, 姚振汉, 谭春飞, 王镇泉. 滑动轴承二维动态摩擦接触的分析研究[J]. 摩擦学学报, 2000, 20(1): 50-54.

[32] ZHENG X P, YAO Z H, FU Y X. Hierarchical direct time integration method and adaptive procedure for dynamic analysis[J]. Tsinghua Science and Technology, 2000, 5(1): 18-21.

[33] 蒲军平, 姚振汉. 二维接触问题边界元法的研究进展[J]. 天津理工学院学报, 2000, 16(1): 42-50.

[34] 高重阳, 施惠基, 姚振汉, 白春华. 薄壁柱壳在内部爆炸载荷下膨胀断裂的研究[J]. 爆炸与冲击, 2000, 20(2): 160-167.

[35] 陈永强, 孙树勋, 王清, 姚振汉. 裂纹板贴补应力分析[J]. 工程力学, 2000, 17(3): 49-54, 9.

[36] 陈永强, 姚振汉, 郑小平. 三维非均匀脆性材料弹性行为及破坏过程的数值模拟[C]//"力学2000"学术大会论文集. 2000: 577-579.

[37] 王福军, 姚振汉, 程建钢. 一类用于求解大规模冲击接触问题的接触搜索算法[C]//"力学2000"学术大会论文集. 2000: 481-482.

[38] 孔凡忠, 姚振汉, 吕英民. 底部钻具组合的井底实际钻压分析[J]. 石油机械, 2000, 28(8): 4-7, 11.

[39] 姚振汉, 曹艳平, 胡宁. 一种高效的解析刚度阵杂交元[C]//第九届全国结构工程学术会议论文集第Ⅰ卷, 工程力学, 2000(增刊): 92-97.

[40] 姚振汉. 随团访问美国西海岸五所著名学校的思考[C]//世纪之交的力学教学——教学经验与教学改革交流会论文集. 2000: 1-3.

[41] 姚学锋, 杨桂, 姚振汉, 戴福隆, 易金明. 编织结构复合材料热膨胀特性的实验研究[J]. 复合材料学报, 2000, 17(4): 20-25.

[42] 孔凡忠, 郑小平, 姚振汉. 底部钻具组合的二重非线性有限元分析[J]. 工程力学, 2000, 17(6): 32-40.

[43] 孔凡忠, 姚振汉, 郑小平. 模拟含随机分布圆形夹杂弹性体的边界元法[J]. 重庆建筑大学学报, 2000, 22(6): 20-23.

[44] 姚振汉, 段小华, 尹欣, 高雁飞. 边界元法软件及其在工程与教学中的应用[J]. 重庆建筑大学学报, 2000, 22(6): 84-87.

[45] 姚振汉, 蒲军平, 金哲植. 二维移动与滚动接触的边界元数值模拟[J]. 重庆建筑大学学报, 2000, 22(6): 88-91.

[46] 尹欣, 姚振汉, 程建钢. 基于微机机群网络的边界元并行计算[J]. 重庆建筑大学学报, 2000, 22(6): 92-95.

[47] 张见明, 姚振汉, 李宏. 二维势问题的杂交边界点法[J]. 重庆建筑大学学报, 2000, 22(6): 105-107, 111.

[48] 尹欣, 姚振汉, 程建钢. 适于较大规模边界元法计算的网络集群系统[J]. 力学与实践, 2001, 23(1): 43-45.

[49] 姚振汉, 蒲军平, 尹欣, 段小华. 边界元法应用的若干近期研究[J]. 力学季刊, 2001, 22(1): 10-17.

[50] 岑松, 龙驭球, 姚振汉. 位移型板单元内力解的杂交化后处理[J]. 工程力学, 2001, 18(3): 21-27.

[51] 曹艳平, 胡宁, 姚振汉. 一种基于第三类变分原理的三维罚平衡杂交元[J]. 清华大学学报（自然科学版）, 2001, 41(8): 79-82.

[52] 岑松, 龙驭球, 姚振汉. 新型四边形广义协调层合板单元[C]//第十届全国结构工程学术会议论文集（第Ⅰ卷）. 工程力学, 2001（增刊）: 355-363.

[53] 陈永强, 郑小平, 姚振汉, 杜庆华. 应用格形模型和统计方法分析两相材料宏观等效力学性质[J]. 固体力学学报, 2001, 22(4): 394-402.

[54] 程建钢, 王福军, 寇哲君, 姚振汉. 汽车结构耐撞性分析中的冲击接触算法[J]. 郑州轻工业学院学报, 2002, 17(2): 26-32.

[55] 薛小香, 姚振汉, 李鹏, 李强. 子午线轮胎的轴对称非线性有限元分析[J]. 橡胶工业, 2003, 50(5): 292-297.

[56] 郭然, 施惠基, 姚振汉. 颗粒增强复合材料界面开裂力学性能的模拟[J]. 航空材料学报, 2003, 23(2): 18-24.

[57] 寇哲君, 程建钢, 姚振汉. 可扩展的冲击-接触并行计算研究[J]. 计算力学学报, 2003, 20(3): 325-328.

[58] 陈永亮, 岑松, 姚振汉, 龙驭球. 新型广义协调平板壳元厚薄通用性验证及非线性分析[C]//第十二届全国结构工程学术会议论文集（第Ⅰ册）. 工程力学, 2003(增刊): 165-168.

[59] ZHAO L B, YAO Z H, WANG S M. Stability and accuracy analysis for Taylor series numerical method[J]. Tsinghua Science and Technology, 2004, 9(1): 51-56.

[60] 姚振汉, 刘永健. 三维弹性接触问题边界元法的一种误差直接估计[J]. 燕山大学学报, 2004, 28(2): 95-98.

[61] 赵丽滨, 姚振汉. 快速多极边界元法在薄板结构中的应用[J]. 燕山大学学报, 2004, 28(2): 103-106, 140.

[62] 吴宇清, 姚振汉. 有限元法及边界元法应用于复合粘塑性多孔材料模拟[J]. 燕山大学学报, 2004, 28(2): 125-128.

[63] 王洪涛, 姚振汉, 岑松. 二维弹性静力学的奇异杂交边界点法[J]. 燕山大学学报, 2004, 28(2): 133-136.

[64] 王海涛, 姚振汉. 一种新的用于二维弹性静力学的快速多极边界元法[J]. 燕山大学学报, 2004, 28(2): 146-149.

[65] 尹伟奇, 姚振汉, 薛小香, 李鹏, 洪宗跃, 阙元元. 加强筋模型在轮胎有限分析中的应用[J]. 橡胶工业, 2004, 51(9): 543-548.

[66] 雷霆, 姚振汉, 王海涛. 二维弹性力学快速多极边界元法的并行计算[C]//第十三届全国结构工程学术会议论文集（第Ⅰ册）. 2004: 305-308.

[67] 王洪涛, 岑松, 姚振汉. 一种用于杂交边界点法的奇异积分处理方案[C]//第十三届全国结构工程学术会议论文集（第Ⅰ册）. 2004: 431-434.

[68] 王海涛, 姚振汉. 边界元法在颗粒增强复合材料模拟中的应用[C]//第十三届全国结构工程学术会议论文集（第Ⅰ册）. 2004: 386-389.

[69] 王海涛, 姚振汉. 3D快速多极边界元法的一些应用[C]//北京力学会第11届学术年会论文摘要集. 2005: 84-85.

[70] 张希, 姚振汉. MLPG方法在二维几何非线性问题中的应用[C]//北京力学会第11届学术年会论文摘要集. 2005: 88-89.

[71] 王洪涛, 谭国文, 岑松, 姚振汉. 模拟含随机分布圆形孔洞的压电弹性体的边界点法[C]//北京力学会第11届学术年会论文摘要集. 2005: 120-121.

[72] 雷霆, 姚振汉, 王海涛. 弹性力学快速多极边界元法的MPI并行计算[C]//北京力学会第11届学术年会论文摘要集. 2005: 92-93.

[73] 王朋波, 姚振汉. 快速多极对偶边界元法在大规模裂纹分析中的应用[C]//北京力学会第 11 届学术年会论文摘要集. 2005: 116-117.

[74] 李宏光, 姚振汉. 重构核点法在弹性力学问题中的应用[C]//第 14 届全国结构工程学术会议论文集(第一册). 2005: 294-297.

[75] 钱秀清, 曹艳平, 姚振汉. 由球形压入试验提取金属材料塑性特性中摩擦的影响[C]//第 14 届全国结构工程学术会议论文集(第一册). 2005: 363-366.

[76] 王洪涛, 岑松, 谭国文, 姚振汉. 模拟含随机分布圆形孔洞压电弹性体的边界点法[C]//第 14 届全国结构工程学术会议论文集(第一册). 2005: 400-403.

[77] 尹伟奇, 姚振汉, 薛小香, 洪宗跃. 子午线轮胎稳态滚动有限元分析[J]. 橡胶工业, 2005, 52(7): 389-395.

[78] 姚振汉. 关于工科研究生弹塑性力学课程的探索[C]//中国力学学会学术大会 2005 论文摘要集(上). 2005: 635-636.

[79] 孔凡忠, 郑小平, 姚振汉. Numerical simulation of 2D fiber-reinforced composites using boundary element method[J]. Applied Mathematics and Mechanics (English Edition),2005, 26(11): 1515-1522.

[80] 雷霆, 姚振汉, 王海涛, 王朋波. 短纤维增强复合材料的快速多极并行边界元法数值模拟[C]//北京力学会第 12 届学术年会论文摘要集. 2006: 88-89.

[81] 王朋波, 姚振汉. 含大量微裂纹脆性固体有效模量的数值计算[C]//北京力学学会第 12 届学术年会论文摘要集. 2006: 100-101.

[82] 王洪涛, 岑松, 谭国文, 姚振汉. 模拟含随机分布圆形夹杂的压电复合材料的边界点法[C]//北京力学会第 12 届学术年会论文摘要集. 2006: 116-117.

[83] 张希, 姚振汉. 无网格局部彼得洛夫伽辽金法在大变形问题中的应用[C]//北京力学会第 12 届学术年会论文摘要集. 2006: 122-123.

[84] 张希, 姚振汉. 无网格彼得洛夫伽辽金法在大变形问题中的应用[J]. 工程力学, 2006, 23(S1): 16-20.

[85] 徐俊东, 姚振汉, 郑小平. 快速多极边界元法模拟碳纳米管复合材料[C]//北京力学会第 13 届学术年会论文集. 2007: 119-120.

[86] ZHANG J M, TANAKA M, YAO Z H. Singular and regular implementations of the hybrid boundary node method[J]. Tsinghua Science and Technology, 2007, 12(5): 509-519.

[87] WANG H T, YAO Z H. Large scale analysis of mechanical properties in 3-D fiber-reinforced composites using a new fast multipole boundary element method[J]. Tsinghua Science and Technology, 2007, 12(5): 554-561.

[88] WANG P B, YAO Z H, WEI Y T. FM-BEM evaluation for effective elastic moduli of microcracked solids[J]. Tsinghua Science and Technology, 2007, 12(5): 562-566.

[89] 姚振汉. 快速多极边界元法在各类波问题中的应用[C]//2007 全国结构动力学学术研讨会论文集. 2007: 72-80.

[90] 黄拳章, 郑小平, 姚振汉. 含液多孔介质弹性力学问题的边界元求解格式[C]//北京力学会第15届学术年会论文摘要集. 2009: 205-206.

[91] 王朋波, 危银涛, 姚振汉. 橡胶大变形接触分析的新型算法[J]. 橡胶工业, 2009, 56(5): 313-315.

[92] 黄拳章, 郑小平, 姚振汉. 含液多孔介质力学问题的边界元法[C]//中国力学学会学术大会 2009 论文摘要集. 2009: 273-274.

[93] 姚振汉. 对于研究生固体力学基础理论课程的几点拙见[C]//中国力学学会学术大会 2009 论文摘要集. 2009: 407.

[94] 姚振汉. 弹性动力学问题一种新的时空域边界积分方程[C]//2009 全国结构动力学学术研讨会论文集. 2009: 117-125.

[95] 黄拳章, 郑小平, 姚振汉. 用边界元法模拟含液多孔介质的等效力学行为[C]//北京力学会第十六届学术年会论文集. 2010: 233-234.

[96] 姚振汉. 三十年边界元法研究的心得[J]. 力学与工程应用, 2010, 13(期次): 5-9.

[97] 姚振汉. 关于边界元解离散误差的几点思考[C]//中国计算力学大会 2010 暨第八届南方计算力学学术会议论文集. 2010: 6.

[98] 姚振汉, 危银涛. 非线性结构形状优化的若干思考[C]//北京力学会第 17 届学术年会论文集. 2011: 392-393.

[99] 姚振汉, 危银涛. 复杂非线性结构优化的若干关键问题[C]//全国结构振动与动力学学术研讨会论文集. 2011: 41-46.

[100] 姚振汉, 危银涛. 复杂非线性结构形状优化的若干关键问题[C]//北京力学会第 18 届学术年会论文集. 2012: VI-115.

[101] 姚振汉. 复合材料模拟快速边界元法的若干研究[J]. 力学与工程应用, 2012, 3(2): 124-127.

[102] 姚振汉. 用一系列标准考题考核边界元法的计算精度[C]//北京力学会第 19 届学术年会论文集. 2013: 479-480.

[103] 冯金龙, 郑小平, 刘应华, 姚振汉. 不同类型单元求解三维声学边界元问题的精度对比[C]//北京力学会第 20 届学术年会论文集. 2014: 2.

[104] 姚振汉. 梁板壳的边界元应力分析[C]//北京力学会第 20 届学术年会论文集. 2014: 2.

[105] 姚振汉. 高性能边界元法与真实梁板壳局部应力分析[C]//第十五届北方七省市区力学学术会议论文集. 2014: 184-188.

[106] 姚振汉. 真实薄板梁局部应力分析的高精度边界元法[C]//北京力学会第 21 届学术年会暨北京振动工程学会第 22 届学术年会论文集. 2015: V-277-283.

[107] 冯金龙, 郑小平, 刘应华, 姚振汉. 球面单元在求解声学问题中的应用[C]//北京力学会第 21 届学术年会暨北京振动工程学会第 22 届学术年会论文集. 2015: V-183-185.

[108] 姚振汉. 工程数值分析方法的误差分析和不同方法的比较[C]//北京力学会第二十二届学术年会会议论文集. 2016: V-197-206.

[109] 姚振汉. 真实梁板局部应力分析高性能边界元法初步研究[J]. 力学与工程应用, 2016, 16(期次): 213-217.

[110] 姚振汉. 从边界元法研究亲身体验数值方法研究的一些误区[C]//北京力学会第二十三届学术年会会议论文集. 2017: 513-520.

[111] 姚振汉. 高性能边界元法研究进展及若干感悟[C]//北京力学会第二十四届学术年会会议论文集. 2018: 786-789.

[112] 姚振汉. 用于研究高性能边界元法中 GMRES 迭代解法收敛性的两组标准考题[C]//北京力学会第二十五届学术年会会议论文集. 2019: 665-672.

[113] 孙嘉, 郑小平, 刘应华, 姚振汉. GMRES 算法求解细长梁结构边界元方程的收敛性研究[C]//力学与工程——数值计算和数据分析 2019 学术会议论文集. 2019: 214-218.

[114] 姚振汉. 高精度/高性能边界元法的基本思想和研究进展[C]//力学与工程——数值计算和数据分析 2019 学术会议论文集. 2019: 1-15.

[115] 姚振汉. 关于高性能边界元法的两个基本问题[C]//北京力学会第 26 届学术年会论文集. 2020: 6.

[116] 姚振汉. 对基于 Rizzo 型边界积分方程的弹性力学边界元法的若干新认识[C]//北京力学会第 27 届学术年会论文集. 2021: 6.

四、其他论文和学术会议报告

[1] YAO Z. Ringelemente für elastische Rotationsschalen unter instationärer thermischer Beanspruchung[D]. Technischwissenschaftlichen Mitteilunger KIB RUB, BRD, 86-88, 1986.（工学博士学位论文）

[2] DU Q, YAO Z, CEN Z. Some applications of boundary element methods boundary element-finite element coupling techniques in elastoplastic stress analysis [J]. Acta Mechanica Solida Sinica, 1990, 3(3): 327-340.

[3] YAO Z. Some applications of semi-analytical finite element method in static and dynamic analysis of structures [J]. Acta Mechanica Solida Sinica, 1992, 5(1).

[4] ZHENG X, YAO Z, DU Q. A new hierarchical boundary element method and its adaptive processes for plate bending problems [J]. Acta Mechanica Solida Sinica, 1995, 8(3): 220-227.

[5] ZHENG X, YAO Z. Some applications of the Trefftz method in linear elliptic boundary-value problems [J]. Advances in Software Engineering, 1995, 24: 133-145.

[6] CHENG Y, YAO Z, ZHENG X. 3-D Numerical simulation of failure processes in heterogeneous brittle material [J]. Acta Mechanica Solida Sinica, 2002, 15(4): 332-341.

[7] 黄庆平, 杜庆华, 姚振汉. 弹塑性问题边界元法中域内应力计算公式的改进[J]. 固体力学学报, 1989, 2(1): 19-24.

[8] 孔凡忠, 郑小平, 姚振汉. 底部钻具组合的双重非线性有限元分析[J]. 工程力学, 2001, 17(6): 32-40.

[9] YAO Z, DU Q. Some aspects of BEM investigation in China[J]. Electronic Journal of Boundary Elements, 2003, 1(1): 61-67.

[10] YAO Z. Some investigations of fast multipole BEM in solid mechanics[C]//MANOLIS G D, POLYZOS D. Recent advances in boundary element methods: a volume to honor professor Dimitri Beskos. Berlin: Springer, 2009: 433-450.

[11] 姚振汉. 叶片振动的渐近解法[J]. 力学学报, 特刊, 1981.

[12] 杜庆华, 姚振汉. 弹性力学边界积分方程-边界元法的若干基本问题和工程应用[M]. 清华大学科学报告, 1981.

[13] 宋国书, 姚振汉. 板弯曲问题的边界元法[M]. 1983.

[14] 姚振汉, 董春迎. 边界元解误差的一种直接估计[C]//固体力学及其工程应用, 北京: 清华大学出版社, 1993.

[15] 姚振汉, 张明. A kind of nonlinear analysis in solid mechanics using boundary element method[J]. 计算结构力学及其应用, 1995, 12(增刊): 230-236.

[16] 姚振汉, 韩志东. 蜂窝夹层壳的稳定性分析[J]. 工程力学, 增刊, 1995.

[17] 姚振汉. 一类边界非线性问题的边界元法及其误差估计和自适应方案[J]. 计算力学学报, 增刊, 1997.

[18] 姚振汉, 齐航, 富明慧. 蜂窝夹层壳体几何非线性有限元分析[J]. 计算力学学报, 增刊, 1997.

[19] 郑小平, 姚振汉. 弹塑性问题中的自适应有限元方法[J]. 计算力学学报, 增刊, 1997.

[20] 郑小平, 姚振汉, 杜庆华, 尹欣, 高昀. 非线性连接结构的动力计算方法研究[J]. 计算力学学报, 增刊, 1997.

[21] 韩志东, 姚振汉. 矩形薄板的皱曲分析[J]. 计算力学学报, 增刊, 1997.

[22] 程建钢, 姚振汉. 有限元方程求解并行算法与实现[J]. 计算力学学报, 增刊, 1997.

[23] 富明慧, 姚振汉. 轴对称结构三维应力分析的变分差分方法[J]. 计算力学学报, 增刊, 1997.

[24] 牛莉莎, 姚振汉. 构件接口处应力场计算分析[J]. 计算力学学报, 增刊, 1997.

[25] 姚学锋, 姚振汉, 戴福隆, 杨桂. 编织复合材料自行车架的动力学特性分析[J]. 工程力学, 增刊, 1997.

[26] 陈家庆, 姚振汉. 边界单元法在滑动轴承设计分析中的应用[J]. 北方工业大学学报, 增刊, 1998.

[27] 胡宁, 姚振汉. 考虑应力奇异性的接合部件的形状优化[J]. 北方工业大学学报, 增刊, 1998.

[28] 韩志东, 姚振汉. 边界元法在成型仿真中的应用[J]. 北方工业大学学报, 增刊, 1998.

[29] 姚振汉, 王翔. 平面光弹性实验的边界元模拟[J]. 北方工业大学学报, 增刊, 1998.

[30] 郑小平, 姚振汉. 边界元—有限元耦合方法中的自适应技术[J]. 北方工业大学学报, 增刊, 1998.

[31] 郑小平, 姚振汉. 道路系统的物理参数识别[J]. 工程力学, 增刊, 1998.

[32] 姚振汉, 尹欣, 王翔, 段小华. 用边界元数值模拟取代光弹性模型试验[J]. 计算力学学报, 增刊, 1999.

[33] 姚振汉. 清华大学固体力学学科的结构弹塑性分析与计算固体力学研究[C]//张维先生 90 诞辰纪念文集. 北京: 清华大学出版社, 2003.

[34] DU Q, YAO Z. Some stress concentration problems by boundary integral equation - boundary element method[C]//Proc. of the Int Conf on FEM. Shanghai, China, 1982.

[35] DU Q, YAO Z. Application of the boundary element method to two- and three-dimensional stress analysis and plate bending problems in elasticity[C]//Boundary Element Methods in Engineering 4th Int Seminar. Southampton England. 1982.

[36] LU X, YAO Z, DU Q. A boundary element method for the analysis of shallow spherical shells [C]//Proc. of 1st Japan-China Symp on BEM. Tokyo, Pergamon, 1987: 233-240.

[37] DU Q, YAO Z, CEN Z. On some coupled problems in mechanics by the coupling technique of boundary element and finite element[C]//Proc. of BEM 9. Stuttgart: Springer-Verlag, 1987.

[38] YAO Z, ZHONG X. On an objective measurement of the accuracy of boundary element methods[C]//Proc. Of 2nd China-Japan Symp on BEM, Beijing, Tsinghua Univ. Press, 1988, 245-254.

[39] DU Q, YAO Z, CEN Z. One decade of engineering research on BIE-BEM in China[C]//Proc. Of BEM X, Southampton, UK, Springer-Verlag, 1988.

[40] YAO Z, HU C. A sort of ring element for shells of revolution by boundary element method[C]// Proc. of 3rd Japan-China Symp on BEM, Tokyo, Pergamon, 1990: 279-288.

[41] YAO Z. Some recent works on structural dynamics analysis by semi-analytical finite element and boundary element methods[C]//Proc. of Int Conf on Vibration Prob in Eng, Wuhan-Chongqing, Int Acad Pub, 1990.

[42] YAO Z. Two kinds of ring element for shells of revolution[C]//Proc. of Int Conf on Struct Eng and Comput, Beijing, Peking Univ Press, 1990.

[43] WANG Y, YAO Z. Preconditioned Lanczos algorithm for linear equations[C]//Proc. of Int Conf on Struct Eng and Comput, Beijing, Peking Univ Press, 1990.

[44] HUO T, DU Q, YAO Z. Boundary element method for sensitivity analysis of planar elasticity[C]//Proc. of Int Conf on Struct Eng and Comput, Beijing, Peking Univ Press, 1990.

[45] YAO Z. Some applications of a semi-analytical finite element method in static and dynamic analysis of structures[C]//Proc. Finite Elemente - Anwendungen in der Baupraxis - Karlsruhe, Germany, Ernst Sohn, 1991.

[46] YAO Z. A semi-analytical ring element of slender torus shell type for the analysis of elbows[C]//Proc. of Asian Pacific Conf of Comp Mech, Hong Kong, Balkema, 1991.

[47] YAO Z. Transient thermal stress analysis of pipe using semi-analytical ring elements[C]//Proc. of 4th Conf of Asian Pacific Congress on Strength Evaluation, Beijing, Int Acad Pub, 1991.

[48] YAO Z, DONG C. A direct error estimator and adaptive scheme of -boundary element method [C]//Proc of 4th China-Japan Symp on BEM, Beijing, Int Acad Pub, 1991: 95-102.

[49] DU Q, YAO Z, CEN Z. Eigenproblems by boundary element method using component mode synthesis [C]//Proc of 4th China-Japan Symp on BEM, Beijing, Int Acad Pub, 1991: 193-200.

[50] HUO T, DU Q, YAO Z. Shape Optimal Design by Boundary Element Method and Recursive Quadratic Programming [C]//Proc. of 4-th China -Japan Symposium on Boundary Element Methods, Beijing, Oct. 1991, Int. Acad. Pub., 399-406.

[51] YAO Z, DONG C. Boundary element method for 2-D elastic and elasto-plastic contact problem[C]//Proc. of Int Conf Comp Meth in Eng, Singapore, World Sci Pub Comp, 1992.

[52] DU Q, YAO Z, CEN Z. On some recent investigations of the boundary element method and its engineering applications[C]//Proc. of Int Conf Comp Meth in Eng, Singapore, World Sci Pub Comp, 1992.

[53] DONG C, YAO Z. Application of boundary element method in 2D elasto-plastic contact problem[C]//Proc. of Asia-Pacific Symp on Adv in Eng Plasticity and its Appl, Hong Kong, Pergamon, 1992.

[54] YAO Z, XIANG J, DU Q. A time-space domain approach of BEM for elastodynamics of axisymmetric body[C]//Proc. of 5-th Japan-China Symposium on Boundary Element Methods, Sapporo, Japan, June 1993, Elsevier, 3-10.

[55] YAO Z, ZHANG M. Boundary element method for crack problems using dipole type fundamental solution[C]//Proc. of First Pan-Pacific Conf. on Computational Engineering, Seoul, Korea, Elsevier, 1993.

[56] ZHENG X, YAO Z, LIAO Z. An adaptive boundary collocation method for plate bending problem[C]//Proc. of First Pan-Pacific Conf. on Computational Engineering, Seoul, Korea, Elsevier, 1993.

[57] YAO Z, XIANG J. A time-domain approach of BEM for elastodynamics[C]//Proc. of Int. Conf. on Vibration Engineering, Beijing, Int. Acad. Pub, 1994, 47-50.

[58] ZHENG X, YAO Z. Identification of boundary conditions in vibrating structures[C]//Proc. of Int. Conf. on Vibration Engineering, Beijing, Int. Acad. Pub, 1994, 925-928.

[59] YAO Z. A Kind of Direct error estimation and adaptive scheme of boundary element method[C]//Proc. of WCCMIII, Chiba, Japan, 1994.

[60] YAO Z, GONG B. Defect identification using boundary element method for elastostatics[C]//Proc. of Sixth China-Japan Symp. on BEM, Shanghai, China, Int Acad Pub, 1994, 369-374.

[61] XIANG J, YAO Z, DU Q. Stochastic boundary element method for wave propagation[C]//Proc. of 6-th China-Japan Symposium on Boundary Element Methods, Shanghai, 1994, Beijing: Int. Acad. Pub. 211-220.

[62] ZHANG M, YAO Z, DU Q. Boundary element method for determining stress intensity factors of biomaterial interface crack[C]//Proc. of 6-th China-Japan Symposium on Boundary Element Methods, Shanghai, 1994, Beijing: Int. Acad. Pub. 315-320.

[63] ZHENG X, YAO Z, DU Q. Boundary element method for the contact between plate and nonlinear foundation[C]//Proc. of 6-th China-Japan Symposium on Boundary Element Methods, Shanghai, 1994, Beijing: Int. Acad. Pub. 397-400.

[64] DONG C, YAO Z, XIE Z. Analysis of two-dimensional anisotropic bodies with cracks by boundary element method[C]//Proc. of Sixth China-Japan Symp. on BEM, Shanghai, China, Int Acad Pub, 1994, 307-313.

[65] YAO Z, CUI G, HAN Z. Dynamic response and modal analysis of honeycomb sandwich shells [C]//Int. Conf. on Structural Dynamics, Vibration, Noise and Control, Hong Kong, 1995.

[66] YAO Z, ZHANG M. Boundary element method for elasto-plastic analysis of bimaterial including interface crack [C]//IABEM-IUTAM Symp. on BIM. for Nonlinear Problems, May, Siena, Italy, 1995, 215-220.

[67] YAO Z, HAN Z. Numerical analysis for the simulation of superplastic sheet metal forming [C]//First Int. Conf. on Eng. Comp. and Comp. Simu., Changsha, 1995.

[68] YAO Z, ZHANG M. Investigation of small-scale yielding problem of bimaterial interface crack using BEM [C]//7th Japan-China Symp. on Boundary Element Method, Fukuoka, Japan, 1996, 15-24.

[69] YAO Z, QU S. Identification of the equivalent stiffness parameters of honeycomb sandwich shell by using detailed cell structure analysis[C]//Asian-Pacific Conference on Strength of Materials and Structures, Beijing, China, 1996, 420-424.

[70] YAO Z, QI H. A kind of super-parametric finite element for geometric nonlinear analysis of plates and shells[C]//Proc. of the Second China-Australia Symposium on Computational Mechanics, Sydney, Australia, 1997.

[71] YAO Z, HAN Z, QI H. Nonlinear analysis of honeycomb sandwich shell[C]//Proc. of the Second Asian-Pacific Conference on Aerospace Technology and Science, Jiayuguan, 1997.

[72] ZHOU Z, YAO Z. Weakly singular integration in time domain DBEM[C]//Proc. of the 8th China-Japan Symposium on Boundary Element Methods, Beijing, IAP, 1998.

[73] YAO Z, WANG X. Using boundary element method to replace photoelastic experiments[C]//Proc. of the 8th China-Japan Symposium on Boundary Element Methods, Beijing, IAP, 1998.

[74] YAO Z, QU S. Identification of the material parameters of laminated plates [C]//Proc. of Int. Symp. on Inverse Problems in Engineering Mechanics, Nagano, Japan, Elsevier, 1998.

[75] CHENG J, YAO Z. Parallel Algorithms for Dynamic Analysis of Structures in the Clustered Network System[C]//Second Sino-US Joint Symposium on Recent Advancement of Computational Mechanics in Structural Engineering, Dalian, China, 1998.

[76] YAO Z, ZHOU Z, WANG B. Simulation on non-uniform velocity dynamic crack growing by TDBEM[C]//21st World Conference on BEM, Oxford, UK, WIT Press, 1999.

[77] YAO Z, CHEN J, ZHOU Z. Some application and new schemes of two-dimensional BEM for contact problem[C]//4th International Symposium on Contact Problem in Engineering, Stuttgart, Germany, Computational Methods in Contact Mechanics, WIT Press, 1999.

[78] YAO Z, DUAN X, GAO Y, et al. Using boundary element method as a solver in CAI software of the course "theory of elasticity" [C]//8th International Symposium on Enhancement and Promotion of Computational Methods in Engineering and Sciences, Macao, 1999.

[79] YAO Z, HAN Z, QI H, et al. Honeycomb sandwich shell and its nonlinear static and dynamic analysis[C]//European Conference on Computational Mechanics, Munich, Germany, 1999.

[80] YAO Z, HAN Z, CAO Y, et al. Elastic and elasto-plastic wrinkling of thin plate under thermal and mechanical loading[C]//4th Asia-Pacific Conference on Computational Mechanics, Singapore, Proceedings, Elsevier, 1999.

[81] HU N, WANG X, YAO Z. Identification of structural damages using natural frequencies and static data[C]//4th Asia-Pacific Conference on Computational Mechanics, Singapore, Proceedings, Elsevier, 1999.

[82] WANG X, HU N, YAO Z. Structural damage identification using static test data and changes in frequencies[C]//Int. Symposium on Inverse Problems in Engineering, Nagano, Japan, 2000.

[83] YAO Z, ZHOU Z, WANG B. TDDBEM analysis on microbranching during dynamic crack growth in brittle material[C]//Int. Conf. on Computational Engineering and Sciences, 20-25 Aug. Los Angeles, US, 2000.

[84] YAO Z, CHEN Y. Numerical simulation of failure processes in 3-D heterogeneous brittle material [C]//20th Int. Cong. of Theoretical and Applied Mechanics, Chicago, US, 2000.

[85] WANG X, HU N, YAO Z. Structural damage identification based on vibratory data [C]//Int. Conf. on Advanced Problems in Vibration Theory and Applications, Xi'an, China, 2000.

[86] YIN X, CHENG J, YAO Z. Solving large-scale BEM problems in a cluster environment [C]//4th Int. Conf. on High Performance Computing in Asia-Pacific Region, Beijing, China, 2000.

[87] KOU Z, CHENG J, *REN G*, YAO Z. An Arnoldi method for unsymmetric eigenproblems and its parallel implementation [C]//4th Int. Conf. on High Performance Computing in Asia-Pacific Region, Beijing, China, 2000.

[88] CHENG J, *REN G*, KOU Z, Yao Z. A coarse granular parallel algorithm for dynamic responses of time-variant structures [C]//4th Int Conf on High Performance Computing in Asia-Pacific Region. Beijing China. 2000.

[89] CEN S, *LONG Y*, YAO Z. A new hybrid-enhanced displacement- based element for the analysis of laminated composite plates [C]//Proc First MIT Conf on Comp Fluid & Solid Mech Elsevier, 2001, 1: 95-98.

[90] ZHANG J, YAO Z. A new meshless regular hybrid boundary node method [C]//Proc First MIT Conf on Comp Fluid & Solid Mech Elsevier, 2001, 2: 95-98.

[91] YAO Z, PU J. Moving and rolling contact of 2D elastic bodies with defects using boundary element method [M]. Computational Methods in Contact Mechanics V Seville. Spain; WIT Press. 2001: 283-292.

[92] ZHAO L, YAO Z, *WANG S*. Two accurate integration methods in structural dynamics analysis[C]//Proc. of the Asia-Pacific Vibration Conf. 2001, Hangzhou, China, 2001.

[93] CAO Y, HU N, YAO Z. An inverse approach used to construct the residual stress caused by welding[C]//International Symposium of inverse problem in Eng, Nagano, Japan, 2001.

[94] YAO Z, PU J. Boundary element method for moving and rolling contact of 2D elastic bodies with defects [C]//Compilation of Abstract for First MIT Conf on Comp Fluid & Solid Mech, 2001, 143.

[95] YAO Z, KONG F, WANG P. Simulation of 2D elastic solids with randomly distributed inclusions by boundary element method[C]//World Congress on Computational Mech. V, Vienna, Austria, 2002.

[96] ZHANG J, YAO Z. 3D elastostatic analysis with hybrid boundary node method [C]//Int. Conf. Comp. Eng. & Sciences 2002, Reno, USA, 2002.

[97] GUO R, SHI H, YAO Z. Modeling of interfacial debonding crack in particle reinforced composites using Voronoi cell finite element model [C]//Int. Conf. Comp. Eng. & Sciences 2002, Reno, USA, 2002.

[98] ZHANG J, YAO Z. Regular hybrid boundary node method[C]//Proc. 2nd Int. Conf. On Struct. Stability and Dynamics, Singapore, 2002.

[99] YAO Z, WANG P, KONG F. Simulation of 2D elastic solids with randomly distributed inclusions[C]//Proc. BeTeQ 2002, Beijing, 2002, 315-321.

[100] LIU Y, YAO Z. A scheme of boundary element method for 3D elastic moving contact problems[C]//Proc. BeTeQ 2002, Beijing, 2002, 207-212.

[101] ZHANG J, YAO Z. A boundary-type meshless method for 3D potential problems[C]//Proc. BeTeQ 2002, Beijing, 2002, 298-302.

[102] QIAN X, YAO Z, CAO Y, *LU J*. An inverse approach for constructing residual stress caused by welding using BEM[C]//Proc. BeTeQ 2002, Beijing, 2002, 298-302.

[103] WANG H, YAO Z. Application of fast multipole BEM for 2D elastic body with circular inclusions[C]//Proc. BeTeQ 2002, Beijing, 2002, 77-82.

[104] ZHAO L, YAO Z. A study on fast multipole BEM for thin plate structures[C]//Proc. BeTeQ 2002, Beijing, 2002, 89-94.

[105] LIN C, YAO Z. Simulation of elastic heterogeneous material by similar subdomain approach of BEM[C]//Proc. BeTeQ 2002, Beijing, 2002, 353-358.

[106] DONG C, *LO S*, YAO Z, *CHEUNG Y*. An integral equation approach for line inclusions [C]//Proc. BeTeQ 2002, Beijing, 2002: 341-346.

[107] YAO Z, LIU Y. A scheme of boundary element method for moving contact of 3D elastic solids [C]//Contact Mechanics'2003. Crete Greece. 2003.

[108] WANG H, YAO Z. Simulation of 2D elastic solid with large number of inclusions using fast multipole bem [C]//Second MIT Conference on Comp. Mech Boston US. 2003.

[109] WANG H, YAO Z. The evaluation of singular integrals in mls-based and rbf-based boundary- only meshless methods [C]//WCCM VI in conjunction with APCOM'04. Beijing China. 2004.

[110] WANG H, YAO Z. The evaluation of singular integrals in MLS-based and RBF-based boundary- only meshless methods [C]//WCCM VI in conjunction with APCOM'04. Beijing China. 2004.

[111] QIAN X, YAO Z. An inverse approach for constructing residual stress existing in axisymmetric elasticity using BEM [C]//WCCM VI in conjunction with APCOM'04. Beijing China. 2004.

[112] WANG P, YAO Z. Analysis of 2-D cracks using fast multipole BEM [C]//WCCM VI in conjunction with APCOM'04. Beijing China. 2004.

[113] ZHAO L, YAO Z. Application of fast multipole BEM for 3D elastostatics on thin shell structures [C]//WCCM VI in conjunction with APCOM'04. Beijing China. 2004.

[114] WU Y, YAO Z. Geometrically linear and nonlinear behavior of local loaded laminated rubber toroidal shells by a mixed finite element method [C]//WCCM VI in conjunction with APCOM'04. Beijing China. 2004.

[115] YAO Z, WANG H, WANG P, LEI T. Some applications of fast multipole boundary element method [C]//5th International Conference on Boundary Element Techniques. Lisbon Portugal. 2004.

[116] YAO Z, LIU Y. A direct error estimation of 3-D BEM applied to elastic contact problem [C]//5th International Conference on Boundary Element Techniques. Lisbon Portugal. 2004.

[117] YAO Z, WANG H, WANG P. Fast multipole boundary element method for simulation of composite materials [C]//International Conference on Computational & Experimental Engineering and Sciences, 2004.

[118] YAO Z, WANG H, WANG P. Some investigations on FMBEM in solid mechanics [C]//21st International Congress of Theoretical and Applied Mechanics. Warsaw Poland. 2004.

[119] YAO Z, WANG H, LEI T. Some applications of FMBEM on 3D composite materials [C]//Proceedings of International conference on Boundary element techniques. Montreal Canada. 2005: 77-82.

[120] YAO Z, WANG H, LEI T. Some new applications of fast multipole BEM in solid mechanics [C]//Proceedings of International conference on Computational & Experimental Engineering and Sciences. Chennai India. 2005.

[121] YAO Z, ZHANG X. Some applications of MLPG in large deformation analysis [C]//Proceedings of International conference on Computational & Experimental Engineering and Sciences. Chennai India. 2005.

[122] WANG P, YAO Z. Fast multipole boundary element analysis of two-dimensional elastoplastic problems [C]//Proc International Conference on Boundary Element Techniques VII. Paris France. 2006: 295-296.

[123] YAO Z, WANG H, WANG P, LEI T. Some Recent Investigations on Fast Multipole BEM in Solid Mechanics [C]//2nd Asia-Pacific Int Conf on Comp Meth in Engrg. Hefei China. 2006.

[124] WANG P, YAO Z, WEI Y. FM-BEM Evaluation for Effective Elastic Moduli of Microcracked Solids [C]//2nd Asia-Pacific Int Conf on Comp Meth in Engrg. Hefei China. 2006.

[125] YAO Z, ZHANG Z, ZHANG X. Application of MLPG in Large Deformation Analysis of Elasto-plasticity Material [C]//International Conference on Computational & Experimental Engineering and Sciences, 2006.

[126] YAO Z, WANG P, LEI T, WANG H. Large-Scale Boundary Element Analysis in Solid Mechanics Using Fast Multipole Method [C]//Computational Methods in Engineering and Science EPMESC X. 2006: 19-34.

[127] YAO Z, XU J, WANG H. Simulation of CNT composites using Fast Multipole BEM [C]//Proc 2007 Int Symp on Comp Mech. Beijing China. 2007.

[128] YAO Z, ZHANG Z, ZHANG X. Some application of MLPG in large deformation analysis of hyperelasto-plastic material [C]//International conference on Computational & Experimental Engineering and Sciences, 2007, ICCES'07.

[129] WANG H, YAO Z. Numerical Prediction of Strength in Fiber-reinforced Composites by Using BEM [C]//APCOM'07 in conjunction with EPMESC XI. Kyoto Japan. 2007.

[130] YAO Z, XU J, WANG H. Simulation of CNT composite using fast multipole boundary element method [C]//The 7th Int Conf on fracture and strength of solids collaboration with Int Conf on comp sci & Eng. Urumqi. 2007.

[131] YAO Z. Some applications of fast multipole BEM in solid mechanics [C]//Plenary lecture, 2008, ICCES'08.

[132] YAO Z, GAO L. A 2D BEM scheme for simulating failure process of heterogeneous brittle materials [C]//Proc 4th ICCES Meshless & Other novel Computational Methods. Suzhou China. 2008.

[133] YAO Z, XU J, WANG H. Simulation of CNT composite using fast multipole boundary element method [C]//WCCM8 ECCOMAS 2008. Venice Italy. 2008.

[134] YAO Z, GAO L. A chain approach of BE row-subdomains for simulating the failure processes in heterogeneous brittle materials [C]//Proc ISCM II - EPMESC XII. Macau; Hong Kong. 2009.

[135] YAO Z. A new and efficient scheme of time domain boundary integral equations of elastodynamics [C]//Proc 3rd Asia-Pacific Int Conf on Comp Meth in Engrg ICOME 2009. Nanjing China. 2009.

[136] YAO Z, WEI Y. An adaptive postprocess for FE contact analysis of tires [C]//ICCES'2009, Phuket, Thailand, 2009.

[137] YAO Z. Derivation of new time domain boundary integral equations of elastodynamics[C]//International Symposium on Meshfree/Meshless, Particle and Generalized/Extended Finite Element Methods (BICTAM), Nanjing, China, 2009.

[138] YAO Z. A new time domain boundary integral equation of elastodynamics [C]//Int Conf on Boundary Element Techniques. Berlin Germany. 2010.

[139] YAO Z, WEI Y. Some ideas and progress on the shape optimization of nonlinear structures [C]//Int Conf on Advances in Comp Model and Simulation. Kunming China. 2011.

[140] YAO Z, WEI Y. Shape optimization of nonlinear structure using adjoint variable approach and gradient-based Kriging method [C]//ICCES'2011, Nanjing, China, 2011.

[141] YAO Z. Some knowledge gained from my 30 years investigation on conventional and fast BEM [C]//25th EPMESC Anniversary. Macau. 2011.

[142] YAO Z. Some knowledge gained from my 30 years investigation on conventional and fast BEM [C]//Joint Int Workshop on Trefftz method and method of fundamental solutions II. Kaosiung. 2011.

[143] YAO Z. Some ideas on stress analysis of thin structures using BEM [C]//ISCM III CSE II. Taipei. 2011.

[144] YAO Z. Some investigations on the simulation of composite materials using fast BEM [C]//Int Symp on Materials for Wind Energy Applications, Beijing, China, 2012.

[145] YAO Z. Some investigation on the accuracy of fast BE computation using ACA[C]//Global Chinese Workshop in conjunction with 10th National Conference on Computational Methods in Engineering, Changsha, 2012.

[146] YAO Z. Some benchmark problems and basic ideas on accuracy of BEM [C]//ICOME2012/ JASCOME 2012. Kyoto Japan. 2012.

[147] YAO Z, WEI Y. Some investigation on the shape optimization of complex nonlinear structures [C]//XXIII ICTAM, Beijing, China, 2012.

[148] YAO Z, WANG H. Some investigation on the accuracy of BE analysis [C]//BEM/MRM 36, Dalian, China, 2013.

[149] YAO Z. Some benchmark problems and basic ideas for the accuracy of conventional and fast BEM [C]//13th Int Conf on Fracture, Beijing, China, 2013.

[150] YAO Z, WANG H, ZHENG X. Some investigation on the accuracy of BE and fast BE analysis [C]// APCOME & ISCM 2013, Singapore, 2013.

[151] YAO Z, WEI Y. A new approach for the shape optimization of complex nonlinear structures[C]//The 2nd International Conference on Advances in Computational Modeling and Simulation, Kunming, 2013.

[152] YAO Z. High-performance boundary element method and local stress analysis of real beam, plate and shell structures [C]//IABEM, Zhengzhou, China, 2014.

[153] YAO Z. A new type of high-accuracy BEM and local stress analysis of real beam plate and shell structures [C]//5th Asia-Pacific Int Conf on Comp Meth in Eng, Hangzhou, China, 2015.

[154] YAO Z. To be keenly aware of some misunderstanding in research of numerical methods based on my BEM [C]//CCCM-ISCM 2016, Hangzhou, 2016.

[155] YAO Z, ZHENG X. A group of benchmark problems for local stress analysis of real cantilever plate using high accuracy and high-performance BEM [C]//ICCM 2017, Guilin, China, 2017.

[156] YAO Z. Research progress of high-performance BEM and some insights [C]//CCCM-ISCM 2018, Nanjing, China, 2018.

[157] YAO Z. Basic Ideas and Research Progress of a New High-Accuracy and High-Performance Boundary Element Method [C]//BEM/MRM 42, Coimbra, Portugal, 2019.（乔治·格林奖章获得者报告）

[158] YAO Z. Some research progress of HA/HP BEM [C]//ICOME2019, Dalian, China, 2019.

[159] 姚振汉. 叶片的动应力和动强度准则[C]//一机部、水电部"汽轮机叶片动强度安全准则"课题组交流会, 上海, 1978.

[160] 姚振汉. 叶片振动的渐近解法[C]//全国计算结构力学学术会议, 大连, 1978.

[161] 姚振汉. 弹塑性力学的边界积分方程-边界元法[C]//全国弹塑性力学学术会议, 重庆, 1980.

[162] 姚振汉. 用边界积分方程-边界元法求解弹性力学问题[C]//全国计算力学学术会议, 杭州, 1980.

[163] 姚振汉, 钟晓光. 边界元法中边界变量的确定与误差的直观度量[C]//第二届全国工程中边界元法学术会议论文集, 南宁, 1988.

[164] 姚振汉. 一种适用于边界元法裂纹计算的偶极子型基本解[C]//第二届全国工程中边界元法学术会议论文集, 南宁, 1988.

[165] 姚振汉. 关于回转壳的两类环形单元[C]//力学在工程中的应用会议文集, 杭州, 1989.

[166] 杜庆华, 姚振汉, 岑章志. 边界元法和边界元-有限元耦合法及其在弹塑性应力分析中的应用[C]//力学在工程中的应用会议文集, 杭州, 1989.

[167] 杜庆华, 姚振汉. 机械结构不连续区应力分析的若干新进展[C]//固体力学在工程中的应用会议论文集, 上海, 1989.

[168] 姚振汉. 边界积分方程-边界元法的发展概况[C]//第一届全国解析数值结合方法学术会议文集, 长沙, 1990.

[169] 姚振汉, 董春迎. 关于边界元解的精度与误差估计[C]//第一届全国解析数值结合方法学术会议文集, 长沙, 1990.

[170] 姚振汉, 赵金平. 回转壳的半解析环元及其在结构动力分析中的应用[C]//第四届全国振动理论及应用学术会议论文集, 郑州, 1990.

[171] 王永辉, 姚振汉. 有界面及无界面子结构模态综合法[C]//第四届全国振动理论及应用学术会议论文集, 郑州, 1990.

[172] 姚振汉. 平面弹性结构自由振动分析的边界元法[C]//第三届全国工程中边界元法学术会议论文集, 武汉, 西安交通大学出版社, 1991.

[173] 姚振汉. 关于边界元法通用程序 BEM2[C]//第三届全国工程中边界元法学术会议论文集, 武汉, 西安交通大学出版社, 1991.

[174] 杜庆华, 姚振汉, 岑章志. 边界积分方程-边界元法基本理论与工程应用的若干近期工作[C]//第三届全国工程中边界元法学术会议论文集, 武汉, 西安交通大学出版社, 1991.

[175] 董春迎, 姚振汉. 二维弹性接触问题的边界元法[C]//第三届全国工程中边界元法学术会议论文集, 武汉, 西安交通大学出版社, 1991.

[176] 向家琳, 姚振汉. 弹性半无限基础与地表局部结构组合体系中波动问题的边界元法[C]//第三届全国工程中边界元法学术会议论文集, 武汉, 西安交通大学出版社, 1991.

[177] 王永辉, 姚振汉. 用于流体结构耦合问题有限元分析的四结点流体非协调元[C]//结构强度振动测试理论与应用学术会议论文集, 杭州, 1991.

[178] 姚振汉, 赵金平. 大型捆绑式火箭的一种动力分析模型[C]//中国宇航学术第六届结构强度与环境学术交流会, 武夷山, 1991.

[179] 赵金平, 姚振汉. 复杂组合型壳体结构的模态分析[C]//第六届全国模态分析与试验学术会议文集, 福建崇安, 1991.

[180] 姚振汉, 赵金平. 多层回转壳应力分析的半解析环元[C]//第七届全国复合材料学术会议论文集, 大连, 1992.

[181] 姚振汉, 王永辉. 用于流体结构耦合问题有限元分析的四结点流体非协调元[C]//第三届全国计算力学学术会议论文集, 武汉, 1992.

[182] 董春迎, 姚振汉. 二维弹性和弹塑性接触问题的边界元法[C]//第三届全国计算力学学术会议论文集, 武汉, 1992.

[183] 向家琳, 姚振汉. 随机弹性半空间-表面局部构造组合体系中波动问题的随机边界元法[C]//第三届全国计算力学学术会议论文集, 武汉, 1992.

[184] 张明, 姚振汉. 利用偶极子型基本解的裂纹问题边界元法[C]//第三届全国计算力学学术会议论文集, 武汉, 1992.

[185] 龚兵, 姚振汉. 一种确定弹性体中缺陷的反问题边界元法[C]//第三届全国计算力学学术会议论文集, 武汉, 1992.

[186] 郑小平, 姚振汉. 一类薄板广义边值问题的新方法[C]//中国博士后首届学术大会（北京）文集, 1993.

[187] 崔光育, 姚振汉. 一类薄板广义边值问题的新方法[C]//航天基金课题（清华大学）文集, 1993.

[188] 姚振汉, 向家琳. 回转体弹性动力学问题的时域边界元法[C]//第五届全国振动理论及应用学术会议, 安徽黄山市, 1993.

[189] 姚振汉, 廖志忠, 韩志东. 蜂窝夹层壳瞬态动力分析[C]//结构强度、振动、测试理论与应用学术会议文集, 镜泊湖, 1993.

[190] 崔光育, 姚振汉. 蜂窝夹层壳体静动力分析的一种计算模型[C]//结构强度、振动、测试理论与应用学术会议文集, 镜泊湖, 1993.

[191] 姚振汉. 固体力学非线性分析中的边界元法[C]//非线性计算力学学术研讨会, 成都, 1993.

[192] 张明, 姚振汉. 计算双材料界面裂纹应力强度因子的边界元法[C]//第七届全国断裂力学学术会议文集, 武汉, 1993.

[193] 姚振汉, 龚兵. 弹性体中缺陷识别反问题的边界元法[C]//第四届全国工程中的边界元法会议论文集, 南京, 河海大学出版社, 1994.

[194] 郑小平, 姚振汉. 用边界元法识别弹性地基板的边界条件[C]//第四届全国工程中的边界元法会议论文集, 南京, 河海大学出版社, 1994.

[195] 向家琳, 姚振汉, 杜庆华. 非均匀介质波动问题的边界元法[C]//第四届全国工程中的边界元法会议论文集, 南京, 河海大学出版社, 1994.

[196] 张明, 姚振汉, 杜庆华. 双材料界面裂纹问题的边界元法[C]//第四届全国工程中的边界元法会议论文集, 南京, 河海大学出版社, 1994.

[197] 姚振汉. 边界元法的一种自适应方案[C]//北方七省市区力学学会学术会议论文集, 呼和浩特, 山西科学技术出版社, 1994.

[198] 杜庆华, 姚振汉, 岑章志. 近期固体力学边界元法在工程应用上的一些新成果[C]//北方七省市区力学学会学术会议论文集, 呼和浩特, 山西科学技术出版社, 1994.

[199] 姚振汉. 固体力学边界元法的一些新成果[C]//结构分析和CAD学术研讨暨软件展示会论文集, 北京, 1994.

[200] 姚振汉, 崔光育, 韩志东. 蜂窝夹层壳模态及动力响应分析[C]//第七届全国模态分析与试验学术交流会, 山东长岛, 1995.

[201] 姚振汉,崔光育. 蜂窝夹层壳考虑刚体位移的几何非线性动力分析[C]//第五届"结构振动与强度"学术会议,西安,1995.

[202] 廖志忠,姚振汉. 飞行器飞行过程的动画模拟[C]//第一届科学计算与工程设计可视化学术交流会,厦门,1995.

[203] 韩志东,姚振汉. 结构动力响应的活化显示[C]//第一届科学计算与工程设计可视化学术交流会,厦门,1995.

[204] 姚振汉,齐航,富明慧,姚建军[C]//一类适用于板壳大转动分析的超参单元. 第六届振动学术研讨会,湖北宜昌,1996.

[205] 程建钢,姚振汉. 并行计算模型与有限元并行算法设计[C]//第6届北方七省市区力学学术交流会,石家庄,1996.

[206] 牛莉莎,姚振汉. 平面钝缺口应力场的解析计算方法[C]//第6届北方七省市区力学学术交流会,石家庄,1996.

[207] 姚振汉,孔凡忠. 边界元法的若干近期研究及国际新进展[C]//中国计算力学大会,广州,2001.

[208] 曹艳平,胡宁,姚振汉,吕坚[C]//一种系统的焊接残余应力场的构造方法. 中国计算力学大会,广州,2001.

[209] 岑松,龙驭球,姚振汉. 采用一阶剪切变形理论和 SemiLoof 约束条件的三角形复合材料层合板单元[C]//中国计算力学大会,广州,2001.

[210] 陈永亮,岑松,姚振汉,龙驭球. 广义协调平板壳元在非线性分析中的应用[C]//中国计算力学大会,广州,2001.

[211] 张见明,姚振汉. 一种新型无网格法:杂交边界点法[C]//中国计算力学大会,广州,2001.

[212] 赵丽滨,姚振汉,王寿梅. 结构动力分析中 Taylor 级数方法的理论与实施[C]//中国计算力学大会,广州,2001.

[213] 姚振汉,孔凡忠,王朋波,王海涛. 边界元法在复合材料模拟中的应用[C]//全国固体力学学术会议,大连,2002.

[214] 刘永健,姚振汉. 三维弹性体移动接触边界元法的一类新方法[C]//全国固体力学学术会议,大连,2002.

[215] 张见明,姚振汉. 用杂交边界点法求解三维线性问题[C]//全国固体力学学术会议,大连,2002.

[216] 薛小香,姚振汉. 子午线轮胎的非线性有限元分析[C]//全国固体力学学术会议,大连,2002.

[217] 陈丽华,程建钢,姚振汉. 多时间步长并行算法及工程应用[C]//全国固体力学学术会议,大连,2002.

[218] 赵丽滨,姚振汉. 边界元多极快速算法研究进展[C]//北方七省市力学学会学术会议论文集,承德,2002.

[219] 张见明,姚振汉. 一种新型无网格法—杂交边界点法[C]//北方七省市力学学会学术会议论文集,承德,2002.

[220] 姚振汉,孔凡忠,王朋波,王海涛. 边界元法在复合材料二维模拟中的应用[C]//北方七省市力学学会学术会议论文集,承德,2002.

[221] 岑松,陈晓明,龙驭球,姚振汉. 采用四边形面积坐标方法的对网格畸变不敏感膜元[C]//全国计算力学学术会议,北京,2003.

[222] 王洪涛,姚振汉,岑松. 二维弹性静力学的杂交边界点法[C]//全国计算力学学术会议,北京,2003.

[223] 王海涛,姚振汉,王朋波. 预处理在快速多极边界元法中的应用[C]//全国计算力学学术会议,北京,2003.

[224] 王朋波,姚振汉. 快速多极边界元法在二维裂纹模拟中的应用[C]//全国计算力学学术会议,北京,2003.

[225] 吴宇清,姚振汉. 迭代罚有限元法在粘性颗粒结构分析的应用[C]//全国计算力学学术会议,北京,2003.

[226] 姚振汉. 我国边界元法研究的近期进展[C]//全国计算力学学术会议, 北京, 2003.

[227] 赵丽滨, 姚振汉. 三维弹性问题边界元快速算法在薄壳结构中的应用[C]//全国计算力学学术会议, 北京, 2003.

[228] 姚振汉. 力学教学的新挑战和教育工作委员会的任务[C]//全国力学教学与教改交流会, 昆明, 2003.

[229] 姚振汉, 王海涛, 王朋波, 雷霆. 边界元法的大规模计算[C]//北方七省市力学学会第十届学术会议, 郑州, 2004.

[230] 吴宇清, 姚振汉. 有限元法及边界元法应用于复合粘塑性多孔材料模拟[C]//北方七省市力学学会第十届学术会议, 郑州, 2004.

[231] 王洪涛, 谭国文, 岑松, 姚振汉. 模拟含随机分布圆形孔洞的压电弹性体的边界点法[C]//北京力学会第10届学术年会论文摘要集, 2004.

[232] 姚振汉, 徐俊东. 快速多极边界元法在动力问题中的若干应用[C]//2005 全国结构动力学学术研讨会论文集, 海口, 2005.

[233] 陈丽华, 张伟, 姚振汉. 带有多个脱层的复合材料层板低速冲击数值模拟[C]//中国力学学会学术大会 2005 论文摘要集（下）, 北京, 2005.

[234] 姚振汉, 王海涛, 雷霆, 王朋波. 快速多极边界元法研究进展[C]//中国力学学会学术大会 2005 论文摘要集（上）, 北京, 2005.

[235] 姚振汉. 快速多极边界元法的研究进展[C]//第十一届北方七省市力学学会学术会议, 青岛, 2006.

[236] 姚振汉, 王海涛, 徐俊东, 郑小平. 用快速多极边界元法模拟碳纳米管复合材料[C]//庆祝中国力学学会成立 50 周年暨中国力学学会学术大会 2007 论文摘要集（上）, 北京, 2007.

[237] 姚振汉. 快速多极边界元法的研究进展[C]//第十二届北方七省市力学学会学术会议, 天津, 2008.

[238] 姚振汉, 危银涛. 三维接触问题有限元分析的一种自适应后处理方法[C]//海峡两岸计算力学会议, 台北, 2008.

[239] 姚振汉, 危银涛. 轮胎接触有限元分析的一种自适应后处理[C]//中国计算力学大会, 宜昌, 2008.

[240] 姚振汉, 危银涛. 轮胎接触有限元分析的一种自适应后处理[C]//中国力学学会学术大会 2009 论文摘要集, 郑州, 2009.

[241] 姚振汉. 单元选择对于计算的重要性[C]//有限元高性能计算暨纪念卞学鐄先生学术会议, 南京, 2010.

[242] 姚振汉. 柔性构件应力分析边界元法的若干思考[C]//中国力学大会 2011 暨钱学森诞辰 100 周年纪念大会, 哈尔滨, 2011.

[243] 姚振汉, 危银涛. 复杂非线性结构优化的若干关键问题[C]//全国结构振动与动力学学术研讨会, 苏州, 2011.

[244] 姚振汉. 固体力学中快速边界元法计算精度的若干研究[C]//第十三届现代数学和力学学术会议暨钱伟长诞辰 100 周年纪念大会文集, 上海, 2012.

[245] 姚振汉. 复合材料模拟快速边界元法的若干初步研究[C]//全国计算力学大会, 重庆, 2012.

[246] 姚振汉. 近年在计算力学领域的两个成果和一些感悟[C]//北方七省市力学学会专家论坛, 天津（第九届南方计算力学学术交流会, 合肥）, 2013.

[247] 姚振汉. 边界元法精度分析的若干研究[C]//中国力学大会 2013 论文摘要集, 西安, 2013.

[248] 姚振汉. 梁板壳结构的三维边界元静动力分析[C]//全国结构振动与动力学学术研讨会, 广州, 2013.

[249] 姚振汉. 保证边界元分析收敛于高精度解的新方法[C]//2013 工程教育与应用力学校际研讨会, 绵阳, 2013.

[250] 冯金龙, 郑小平, 刘应华, 姚振汉. 一种新型高阶参数单元及其误差指示在求解声学边界元法中的应用[C]//中国计算力学大会 2014 暨第三届钱令希计算力学奖颁奖大会论文集, 贵阳, 2014.

[251] 姚振汉. 高精度边界元法的积分精度研究[C]//中国力学大会 2015 论文摘要集, 上海, 2015.

[252] 姚振汉. 高性能边界元法和真实梁板壳局部应力分析[C]//中国力学大会 2015 论文摘要集, 上海, 2015.

[253] 冯金龙, 郑小平, 刘应华, 姚振汉. 声学问题的高精度边界元法研究[C]//中国力学大会 2015 论文摘要集, 上海, 2015.

[254] 姚振汉. 真实悬臂薄板梁局部应力分析的高精度边界元法[C]//第 11 届全国振动理论与应用学术会议, 北京, 2015.

[255] 姚振汉. 工程数值分析方法的误差分析和不同方法的比较[C]//第十届南方计算力学会议, 昆明（北方七省市区力学与工程研讨会, 张家口）, 2015.

[256] YAO Z. Let BEM to be a necessary supplement to FEM[C]//钱令希院士百年诞辰纪念活动邀请报告会, 大连, 2016.

[257] 姚振汉. 采用高性能边界元法的真实悬臂梁板局部应力分析[C]//全国结构振动与动力学学术研讨会, 南京, 2016.

[258] 姚振汉. 从边界元法研究切身体验数值方法研究的一些误区[C]//清华、北大、北理工三校边界元法研讨会, 2016.

[259] 姚振汉. 发展高性能边界元法成为有限元法不可或缺的补充[C]//2017 边界元法研讨会, 桂林, 2017.

[260] 姚振汉. 从高性能边界元法研究体验数值方法研究的一些误区[C]//2017 中国力学大会, 北京, 2017.

[261] 姚振汉. 高性能边界元法研究进展[C]//2017 南方计算力学大会, 郑州, 2017.

[262] 姚振汉. 对数值方法研究的一些感悟[C]//第 17 届北方七省市区力学学会学术会议, 焦作（第二届无网格粒子类方法研讨会, 西安）, 2018.

[263] 姚振汉. 高性能边界元法研究进展及对于工程数值方法研究的若干感悟[C]//清华、北大、北理工三校边界元法研讨会, 1 月, 2018.

[264] 姚振汉. 从几组标准考题看薄壁结构边界元分析中 GMRES 迭代的收敛性[C]//清华、北大、北理工三校边界元法研讨会, 12 月, 2018.

[265] 姚振汉. 高性能边界元法研究进展及若干感悟[C]//结构振动与动力学研讨会, 上海, 2018.

[266] 姚振汉. 真实梁板壳局部应力高性能边界元分析的一个关键难点和对策[C]//中国力学大会 2019, 杭州, 2019.

[267] 姚振汉. 对基于 Rizzo 型边界积分方程的弹性力学边界元法的若干新认识[C]//第 6 届北京高校边界元法研讨会, 2020.

五、主编的文集

[1] TANAKA M, YAO Z. Boundary Element Methods[C]//Proceedings of the 7th Japan-China Symposium on Boundary Element Methods. Fukuoka, Japan, 13-16 May 1996, Elsevier.

[2] YAO Z, TANAKA M. Theory and Application of Boundary Element Methods[C]//Proceedings of the 8th China-Japan Symposium on Boundary Element Methods. Beijing, China, 10-14 May, 1998, IAP.

[3] YAO Z, ALIABADI M H. Boundary Element Techniques[C]//Proceedings of the Third International Conference on Boundary Element Techniques. Beijing, China, 10-12 Sept, 2002, Tsinghua University Press.

[4] YAO Z, YUAN M, ZHONG W. Computational Mechanics[C]//Proceedings of the Sixth World Congress on Computational Mechanics in conjunction with the Second Asian-Pacific Congress on Computational Mechanics. Beijing, China, 5-10 Sept, 2004, Tsinghua University Press & Springer.

[5] YAO Z, YUAN M, ZHONG W. Computational Mechanics[C]//Abstract (Volume I). Abstracts of the papers presented at the 6th WCCM in conjunction with APCOM'04. Beijing, China, 5-10 Sept, 2004, Tsinghua University Press & Springer.

[6] YAO Z, YUAN M, ZHONG W. Computational Mechanics[C]//Abstract (Volume II). Abstracts of the papers presented at the 6th WCCM in conjunction with APCOM'04. Beijing, China, 5-10, Sept, 2004, Tsinghua University Press & Springer.

[7] YAO Z, YUAN M, ZHONG W. Computational Mechanics[C]//Abstract (CD-ROM). Abstracts of the papers presented at the 6th WCCM in conjunction with APCOM'04. Beijing, China, 5-10 Sept, 2004, Tsinghua University Press & Springer.

[8] YAO Z, YUAN M, CHEN Y. Computational Methods in Engineering & Sciences[C]//Proceedings of the EPMESC X. Sanya, China, Aug. 21-23, 2006, Tsinghua University Press & Springer.

[9] YAO Z, YUAN M. Computational Mechanics[C]//Proceedings of ISCM 2007. Beijing, China, July 30-August 1, 2007, Tsinghua University Press & Springer.

[10] 姚振汉, 王勖成, 岑章志. 力学与工程: 杜庆华院士八十寿辰庆贺文集[M]. 北京: 清华大学出版社, 1999.

[11] 姚振汉, 王乘. 卞学鐄先生纪念文集[M]. 南京: 河海大学出版社, 2011.

[12] 姚振汉, 郑小平. 杜庆华先生百年诞辰纪念文集[M]. 北京: 清华大学出版社, 2019.

作为 Executive Editor 协助主编完成全部电子文档编辑的论文集:

[13] DU Q, TANAKA M. Theory and application of boundary element methods[C]//Proceedings of the 2nd China-Japan Symposium on Boundary Element Methods. Beijing, China, 11-15 October, 1988[C]. Beijing: Tsinghua Univ Press, 1988.

[14] DU Q, TANAKA M. Theory and Application of Boundary Element Methods[C]//Proceedings of the 4th China-Japan Symposium on Boundary Element Methods. Beijing, China, 1-5 October, 1991, Int Acad Pub.

[15] DU Q, TANAKA M, Ji Xing. Theory and Application of Boundary Element Methods[C]//Proceedings of the 6th China-Japan Symposium on Boundary Element Methods. Shanghai, China, 9-12 Nov, 1991, Int Acad Pub.

[16] ZHENG Z. Proceedings of the International Conference on Vibration Engineering, Beijing, China, 15-18 June, 1994, Int Acad Pub.

指导的博士和硕士研究生学位论文

一、指导的博士学位论文

[1] 王永辉. 流体结构耦合系统的有限元法[D]. 清华大学工学博士学位论文. 指导教师: 杜庆华教授, 姚振汉教授, 1990.

[2] 赵金平. 大型捆绑式航天结构的动力分析研究[D]. 清华大学工学博士学位论文. 指导教师: 杜庆华教授, 姚振汉教授. 1991.3.

[3] 董春迎. 弹性及弹塑性边界元法的若干基础性研究及其在接触问题上的应用[D]. 清华大学工学博士学位论文. 指导教师: 杜庆华教授, 姚振汉教授. 1992.2.

[4] 向家琳. 考虑介质随机性和非均匀性的波动问题边界元法[D]. 清华大学工学博士学位论文. 指导教师: 杜庆华教授, 姚振汉教授. 1994.6.

[5] 崔光育. 蜂窝夹层壳的线性与非线性静动力数值分析方法研究[D]. 清华大学工学博士学位论文. 指导教师: 杜庆华教授, 姚振汉教授. 1995.3.

[6] 张明. 弹塑性双材料界面裂纹问题的边界元法[D]. 清华大学工学博士学位论文. 指导教师: 杜庆华教授, 姚振汉教授. 1995.6.

[7] 廖志忠. 空空导弹弹射过程的计算机仿真[D]. 清华大学工学博士学位论文. 指导教师: 杜庆华教授, 姚振汉教授. 1996.1.

[8] 邃时胜. 复合材料多层板有限元法及其参数识别[D]. 清华大学工学博士学位论文. 指导教师: 杜庆华教授, 姚振汉教授. 1996.3.

[9] 韩志东. 金属板材成形的数值模拟[D]. 清华大学工学博士学位论文. 指导教师:杜庆华教授, 姚振汉教授. 1998.1.

[10] 齐航. 壳体几何非线性有限元与三维弹性动力学时域直接积分边界元法[D]. 清华大学工学博士学位论文. 指导教师: 姚振汉教授, 郑小平副教授. 1999.4.

[11] 周志宏. 脆性材料动态裂纹扩展微分叉的边界元分析[D]. 清华大学工学博士学位论文. 指导教师: 姚振汉教授. 1999.11.

[12] 尹欣. 三维弹性问题边界元法并行计算及其工程应用[D]. 清华大学工学博士学位论文. 指导教师: 姚振汉教授, 程建钢副教授. 2000.6.

[13] 蒲军平. 二维含缺陷弹性体移动和滚动接触的边界元法[D]. 清华大学工学博士学位论文. 指导教师: 姚振汉教授. 2000.11.

[14] 高重阳. 内部爆炸载荷下柱壳结构破裂问题的研究[D]. 清华大学工学博士学位论文. 指导教师: 姚振汉教授, 施惠基教授. 2000.11.

[15] 王福军. 冲击接触问题有限元法并行计算及其工程应用[D]. 清华大学工学博士学位论文. 指导教师: 姚振汉教授, 程建钢副教授. 2000.11.

[16] 王翔. 结构损伤识别的数值方法研究[D]. 清华大学工学博士学位论文. 指导教师: 姚振汉教授, 胡宁副教授. 2000.11.

[17] 陈永强. 非均匀材料有效力学性能和破坏过程的数值模拟[D]. 清华大学工学博士学位论文. 指导教师: 姚振汉教授, 郑小平副教授. 2001.11.

[18] 孔凡忠. 边界元相似子域法及其在颗粒复合材料模拟中的应用[D]. 清华大学工学博士学位论文. 指导教师: 姚振汉教授, 郑小平副教授. 2001.12.

[19] 张见明. 一种新的边界类型无网格法: 杂交边界点法[D]. 清华大学工学博士学位论文. 指导教师: 姚振汉教授. 2002.4.

[20] 曹艳平. 几种新的低阶单元及一种系统的焊接残余应力场构造方法[D]. 清华大学工学博士学位论文. 指导教师: 姚振汉教授, 胡宁副教授. 2002.4.

[21] 郭然. 颗粒增强复合材料界面脱层和热机疲劳的数值模拟[D]. 清华大学工学博士学位论文. 指导教师: 姚振汉教授, 施惠基教授. 2003.4.

[22] 寇哲君. 可扩展冲击–接触并行计算及其在汽车碰撞模拟中的应用[D]. 清华大学工学博士学位论文. 指导教师: 姚振汉教授, 程建钢副教授. 2003.4.

[23] 陈永亮. 广义协调平板壳元研究及其非线性分析[D]. 清华大学工学博士学位论文. 指导教师: 姚振汉教授. 2003.6.

[24] 刘永健. 三维弹性体移动接触问题的边界元法研究[D]. 清华大学工学博士学位论文. 指导教师: 姚振汉教授, 施惠基教授. 2003.6.

[25] 王海涛. 快速多极边界元法研究及其在复合材料模拟中的应用[D]. 清华大学工学博士学位论文. 指导教师: 姚振汉教授. 2005.4.

[26] 任旭春. 轮胎有限元分析及优化中的若干问题研究[D]. 清华大学工学博士学位论文. 指导教师: 姚振汉教授. 2005.4.

[27] 钱秀清. 反方法构造残余应力场及提取延性材料的塑性特性[D]. 清华大学工学博士学位论文. 指导教师: 姚振汉教授. 2005.4.

[28] 张希. 无网格彼得洛夫伽辽金法在大变形问题中的应用[D]. 清华大学工学博士学位论文. 指导教师: 姚振汉教授. 2005.4.

[29] 雷霆. 快速多极边界元并行算法的研究与工程应用[D]. 清华大学工学博士学位论文. 指导教师: 姚振汉教授. 2006.4.

[30] 王朋波. 用于断裂分析与弹塑性分析的快速多极边界元法[D]. 清华大学工学博士学位论文. 指导教师: 姚振汉教授. 2006.6.

[31] 王洪涛. 边界型无网格法研究及其在智能复合材料分析中的应用[D]. 清华大学工学博士学位论文. 指导教师: 姚振汉教授. 2006.6.

[32] 徐俊东. 快速多极边界元法及其在碳纳米管复合材料模拟中的应用[D]. 清华大学工学博士学位论文. 指导教师: 姚振汉教授. 2008.12.

[33] 高令飞. 非均匀脆性材料破坏过程模拟的边界元行列子域法研究[D]. 清华大学工学博士学位论文. 指导教师: 姚振汉教授. 2008.12.

二、指导的硕士学位论文

[1] 臧昆. 回转体应力集中问题的边界积分方程-边界元法[D]. 清华大学工学硕士学位论文. 指导教师: 姚振汉, 杜庆华. 1980.12.

[2] 宋国书. 平板弯曲问题的边界积分方程-边界元法[D]. 清华大学工学硕士学位论文. 指导教师: 姚振汉, 杜庆华. 1980.12.

[3] 卢习林. 带横孔园轴三维应力分析的边界积分方程-边界元法[D]. 清华大学工学硕士学位论文. 指导教师: 杜庆华, 姚振汉. 1981.12.

[4] 单文文. 用边界积分方程-边界元法解复杂形状回转体扭转应力集中问题[D]. 清华大学工学硕士学位论文. 指导教师: 杜庆华, 姚振汉. 1982.8.

[5] 钟晓光. 边界元方法中的若干数值问题研究与误差直观度量[D]. 清华大学工学硕士学位论文. 指导教师: 杜庆华, 姚振汉. 1988.11.

[6] 王永坚. 平面弹性体自由振动问题的边界元模态综合法[D]. 清华大学工学硕士学位论文. 指导教师: 杜庆华, 姚振汉. 1989.11.

[7] 闫成勇. 半解析有限元法及模态综合法的若干工程应用[D]. 清华大学工学硕士学位论文. 指导教师: 姚振汉. 1992.5.

[8] 龚兵. 缺陷识别反问题的边界元法. 清华大学工学硕士学位论文[D]. 指导教师: 姚振汉. 1993.2.
[9] 韩志东. 板材成形的接触分析. 清华大学工学硕士学位论文[D]. 指导教师: 姚振汉. 1994.11.
[10] 陈超. 三维自适应边界元法的研究. 清华大学工学硕士学位论文[D]. 指导教师: 姚振汉. 1995.5.
[11] 齐航. 复合材料层合板壳几何非线性分析及机敏材料力电耦合研究[D]. 清华大学工学硕士学位论文. 指导教师: 姚振汉. 1996.9.
[12] 姚建军. 蜂窝夹层壳的静动力分析和一种新型梁单元[D]. 清华大学工学硕士学位论文. 指导教师: 姚振汉. 1997.5.
[13] 谭国文. 颗粒增强复合材料宏观材料特性的研究[D]. 清华大学工学硕士学位论文. 指导教师: 姚振汉. 1998.4.
[14] 王翔. 结构中缺陷与损伤识别的数值方法研究[D]. 清华大学工学硕士学位论文. 指导教师: 姚振汉. 1998.4.
[15] 袁卫锋. 横舱壁剩余强度研究. 清华大学工学硕士学位论文[D]. 指导教师: 姚振汉. 1999.4.
[16] 曹艳平. 两种工程结构的有限元分析[D]. 清华大学工学硕士学位论文. 指导教师: 姚振汉. 1999.4.
[17] 郭然. 多层圆柱壳结构预紧和失效的有限元分析[D]. 清华大学工学硕士学位论文. 指导教师: 姚振汉. 1999.4.
[18] 刘永健. 三维弹性体接触问题的数值模拟[D]. 清华大学工学硕士学位论文. 指导教师: 姚振汉. 1999.10.
[19] 段小华. 二维边界元工程应用软件研制[D]. 清华大学工学硕士学位论文. 指导教师: 姚振汉. 2000.4.
[20] 张见明. 一种求解二维势问题的纯无网格边界点法[D]. 清华大学工学硕士学位论文. 指导教师: 姚振汉. 2000.4.
[21] 张锐. 湿砂造型空气冲击紧实方法砂型应力场数值模拟[D]. 清华大学工学硕士学位论文. 指导教师: 姚振汉. 2000.5.
[22] 肖洪波. 船舱盖剩余强度研究[D]. 清华大学工学硕士学位论文. 指导教师: 姚振汉. 2001.6.
[23] 王小伟. 编织复合材料弹性性能及应力分析[D]. 清华大学工学硕士学位论文. 指导教师: 姚振汉. 2001.6.
[24] 王海涛. 快速多极边界元法在二维弹性力学中的应用[D]. 清华大学工学硕士学位论文. 指导教师: 姚振汉. 2002.10.
[25] 张文毅. 编织复合材料的一种数值模型[D]. 清华大学工学硕士学位论文. 指导教师: 姚振汉. 2002.10.
[26] 王洪涛. 二维弹性力学的边界型无网格法研究[D]. 清华大学工学硕士学位论文. 指导教师: 姚振汉. 2003.10.
[27] 尹伟奇. 子午线轮胎的静力及稳态滚动有限元分析[D]. 清华大学工学硕士学位论文. 指导教师: 姚振汉. 2004.6.
[28] 林葱郁. 多孔非均匀材料性质的边界元重复子域法研究[D]. 清华大学工学硕士学位论文. 指导教师: 姚振汉. 2004.6.
[29] 高令飞. 跨尺度计算中快速多极边界元法和分子动力学模拟耦合分析[D]. 清华大学工学硕士学位论文. 指导教师: 姚振汉. 2004.10.
[30] 薛小香. 子午线轮胎有限元分析及非线性问题无网格法研究[D]. 清华大学工学硕士学位论文. 指导教师: 姚振汉. 2004.12.
[31] 李宏光. 重构核质点法及其应用[D]. 清华大学工学硕士学位论文. 指导教师: 姚振汉. 2005.6.
[32] 张章飞. MLPG方法在断裂力学问题中的应用及并行计算[D]. 清华大学工学硕士学位论文. 指导教师: 姚振汉. 2006.12.

第二部分
庆祝姚振汉教授八十寿辰回忆文章

东 桃 西 李

王永辉

美国 Splunk 公司

    阳春三月，西部的加州李子花映海岸，东方的京城桃子花冒枝头。福军同学发来一条佳讯，《姚振汉教授八十寿辰庆贺文集》（以下简称《文集》）就要出版。《文集》是学生们庆贺姚老师八十寿辰的礼物，也是姚老师科研硕果的综合。福军问我是否写点东西，记叙与姚老师的师生之谊。我远在千里之外，极少写字，文不成章，谨当一叙。

    那年（2010 年）李子成熟的季节，北加的清华校友会发了通知，去参加苏铭德教授的送行会。之前不久，他在旧金山地区归去。宽敞的厅堂里挤满了人，有闻讯而来的清华校友，有他新近结识的教友，还有从欧洲赶来的独子。人们主动发言，漫谈和他的相遇，赞美他极具挑战性的一生。来自力学系的我，讲了一段"苏老万"旧事。20 世纪 60 年代，蒋南翔校长建立三级"科学登山梯队"，因材施教。仅三位本科生进入最高级梯队——万（里挑一）字号。其中一位是力学系的苏铭德，故称"苏老万"。后来，他留校成为流体力学的教授。如此说着，大家对他多了一份敬佩。

    我的导师姚振汉，比苏老万高 3 届，固体力学首届本科毕业，并赶上了 1962 年我国第一批通过考试录取研究生的机会成为研究生。我在 1987 年攻读博士学位，报考的是杜庆华先生名下。入学之后，杜先生光荣退休，系里专门开了庆祝会。杜先生有多位学生在读，姚老师热情地接受了我。很幸运，我是姚老师直接指导的第一个博士生。

    我的论文题目来自航天基金，有关运载火箭的动力学。在飞行过程中，火箭会有振动，一个核心问题是避免共振。众所周知，共振会影响火箭的飞行稳定性，甚至会毁坏整个火箭。火箭是流体燃料和固体结构的组合体。其动力学分析包含固体力学的"硬"性，流体力学的"软"性，还要加上流体与固体的耦合力作用。这是个交叉学科，自然有挑战性。姚老师亲自带着我去航天一院(东高地)调研，拿到了第一手资料，包括项目需求和目前技术现状。我印象特别深刻的是，航天人给我们介绍了如何艰难地建高层实验塔，用实物做火箭的共振测试。那个时候，计算资源有限，没有高性能的计算机，也没有软件做整个火箭的模拟分析。

    在研究过程中体会到，流体与固体的耦合力相当弱。在数学表达上，微分方程相当复杂，而且有不定解。姚老师和我多次讨论，帮助我确立数学模型，成功地找到剔除不定解的方法。然后，我用计算机程序实现新提出的理论公式。终于，求出了矩阵特征值，也就是共振频率。在算法上，跟麻省理工学院（MIT）发表的模型和数据对照作了验证。后来，我又去了航天一院，报告了计算机分析的模拟结果，用图形动画的方式展现了流体与固体相互耦合的动力学。航天一院非常满意，对计算方法感兴趣，当即表态欢迎我去工作。

动力学分析首先要建立力学模型，把整体划分为若干单元——流体单元和固体单元，去分解和重构火箭结构。然后，用有限元方法去求解动力学方程。这会产生巨大的计算量，一算起来就要连续用几十个小时的计算机。当时，固体力学教研组只有三台286兼容机PC。白天学生多，机器不够用。我要改计算机程序去实现不同的算法，算起来时间又长，只能晚上接着干。那时没有笔记本电脑，平板电脑还没问世，人必须在机房。姚老师及时支持，给我配了一把钥匙，终于我可以晚上用计算机了。

我记得，教研组在新水利馆三层东侧。新水利馆楼很大，有个不成文的规定，就是夜晚11点锁门，不过没有人逐楼清人。有一次，我忘了时间，过了11点。楼大门锁了，出不去，又没有电话，心想着该睡地板了。幸好去了趟厕所，看见有窗户。灵机一动，我跑到一楼厕所，想办法打开窗户，然后跳了出去。还好，窗户离地面不高，顺利回到宿舍。第二天，我把前晚的"跳楼"遭遇告诉了大家。姚老师听到后，对学生加班加点，非常体贴，跟系里反映情况。系里跟水利系商量，新水利馆自此不再锁门，那是后话。

还有一次，也是晚上，第一次跟杨卫老师打"交道"。他刚从布朗大学归国不久，白天给学生上课，晚上做计算搞科研。他的办公室在隔壁，偶然到机房来。那天，他遇到一件难题，计算机突然读不出软盘的数据，问大家有没有办法。软盘随带方便，有个缺点是文件在多次读写后容易被破坏，产生乱码。我以前也碰到过，没想到真能帮忙。我帮他除掉了乱码，数据还是丢了一点点，不过绝大部分读出来了。

毕业那年，学校在主楼小礼堂办了个招聘会。我已拟定去航天一院工作，没有打算去看。好多同学上午去了，说来了不少国家部委院所，建议我下午去看看。巧的是，电子部六所来招聘的人下午才到。我如果上午去，就不会有后来的工作机会。我知道这个研究所在清华东路，离学校很近，就跟他们相互问了情况。六所有个国家攻关项目——计算机图形工作站，急需一个做（有限元）计算分析的博士生。恰好跟我的研究课题相关，六所当场要我去工作。这下，我有两个工作机会了。是去航天一院还是去电子部六所？同学感觉都挺好，我有点纠结。我想到了姚老师，他肯定有合适建议。姚老师知道航天一院的情况，听到我介绍六所的项目是研发高级计算机以后，指出计算机模拟应当是航天项目的未来。由于国外技术出口限制，国内计算机主要是低档PC，能力不够，所以航天火箭现在还用实物测试。如果六所的项目成功了，在很大程度上会帮助航天发展，用计算机软件去分析和测试火箭模型，大大提高科研的进展速度。所以，他认为我不妨去电子部六所，可以满足国家两方面的需要。我惆怅地跟航天一院打电话，抱歉地说不能去了。后来，姚老师还跟航天一院702所总工做了具体的解释。再后来，国产的华胜工作站开发成功，获得了部级科技进步奖，航天一院所是主要用户，固体力学教研组也是用户之一。

20多年后，时过境迁，我还是跟航天有点"缘"。在网格计算技术（商业化后称"云计算"）研究的同行，成为美国航空航天局超级计算部门（NASA Supercomputing Division）的主任。他邀请我去Ames研究中心工作，带我参观了世界上最先进的量子计算机。我自然高兴，机会难得，却有些犹豫。一个原因就是当年没去本国的航天一院，怎么好再去彼国的 NASA。慎重考虑了 6 个月，难忘初衷，我放弃了这个机会。

航空航天学院成立以后，我又一次去学校看望姚老师，教研组搬到了新大楼，机房崭新，又大方又漂亮，计算机现代化了。姚老师是固体力学教研组和研究所的领头人，这么大变化让我吃惊也让我自豪，归功于他做了大量的杰出的贡献。迄今，我依然记得姚老师不看备课本，在黑板上连贯地写下的一整版变分方程，字迹工整，准确无误。同学们昵称"姚体"（黑）板书。回想起来，姚老师做事兢兢业业，待人和蔼可亲，让我和大家一样终身受益，无问西东。

我的恩师姚振汉教授

董春迎
北京理工大学

1989年2月我有幸成为姚老师的博士生。姚老师除了学术严谨之外，又热心助人，为人和善。

姚老师治学严谨，我读博期间，恩师亲自指导我开展弹塑性接触问题的边界元法研究。初次学习的边界元程序即由姚老师亲自开发，程序中的编程技巧、解题类型、代码的清晰度等给我留下了极其深刻的印象，并一直影响及指导着我的后续研究工作。

在我申请德国洪堡基金时，恩师又亲自为我力推德方导师，并帮我写推荐信，终使我得以成功申请到洪堡基金。当我决定回国工作时，老师又帮我四处联系相关的高校，老师的热情相助让我永记在心。还有一幕幕回国后的情景让我久久难忘，我第一个申请的国家自然科学基金面上项目离不开老师的亲力亲为相助，他不仅把他曾撰写的申请书样本给我参考，还对我写的基金申请书严格把关、数次修改。

姚老师言传身教，助推弟子成长。诸如推荐我担任 Engineering Analysis with Boundary Elements（《边界元工程分析》）编委，时常邀请我评审相关专业稿件，督促着我不停地熟悉边界元法的最新研究动向。恩师多次担任我培养的多名博士生博士论文答辩委员会主席，他一次次对博士生论文的精准把握给学生们留下深刻的印象。我的师弟陈永强创立的清华北大北理工三校边界元学术会议已举行多次，每次会议上，都可以见到姚老师亲自做报告的身影，听到他对每位报告人的准确到位的点评，字字珠玑。

日常生活中，我没有见过姚老师在课题组里发过火，即使我们在科研工作中遇到诸多不如意处，总是在姚老师耐心温和地给出我们合理的建议和指导下，终使问题得以顺利解决。

直至如今，姚老师仍然自己编写程序、发表学术论文，他对科学的不懈探索是我永远学习的榜样。他对科学的执着、对后辈的悉心关爱使我受益无穷。

谨以此文表达我对恩师的敬仰！

2015年作者（左三）与姚老师同在杭州参加 ICOME&Trefft/MFS 会议

学者姚振汉

郑小平
清华大学工程力学系

我1992年年初来清华做博士后研究，两年后留校一直在姚老师课题组从事教学与科研工作，细算起来整整30年了。在这么多年的交往中，姚老师在科研和教学方面给了我大量的教诲和指导，也在日常生活方面给我了许许多多的关照和帮助。长此以往我与他的许多学生也成为至交，这些都给我带来了不少的快乐，也使我很充实。他的一些特质也给我留下深刻印象。

作为清华著名教授，姚老师的学术头衔、获奖数目和论文著作之多自然不在话下，也无须一一列出。姚老师的主要研究领域是计算固体力学和边界元法，20世纪末至21世纪初他和他的研究生在边界元快速多极算法、边界元复合材料的仿真等方面取得了一系列具有国际水平的成果。他不仅是边界元领域的国际著名学者，同时也带动了我国一批年轻学者长期一直活跃在国际边界元研究的前沿。2019年他荣获国际期刊《边界元工程分析》的乔治·格林奖章，这也是国际边界元研究领域的最高奖。退休后姚老师经常参加国内外的学术会议，经常参加课题组讨论，指导年轻教师的教学和科研工作。姚老师至今还一直活跃在学术前沿，在学术研究方面他致力于所热爱的边界元研究工作，在建立高性能边界元方法研究等方面取得了一系列具有国际影响的成果。姚老师每天下午都要去校园散步锻炼，若路遇熟人总是匆匆打个招呼作别，要赶回家编程算题。对学术研究的热爱已经融入了他的血液，用他自己的话说就是"我是一个三H分子（hobby, habit, happiness），研究工作是我的爱好、习惯，也从中得到快乐"。在科研方面姚老师一贯注重学术研究与工程实际相结合，他在任期间承担了我国许多重大工程技术项目，在机械工程、航空航天工程等领域完成了一系列重要工作。他培养学生主张先打好坚实基础，具有宽广视野，才能有创新。他一贯鼓励自己的学生充分发挥自己的特长全面发展，鼓励研究生毕业后去工程技术部门发挥自己的才能，为国家的建设做出清华人应有的贡献。他的弟子们有的在重大工程中做出了优异成绩成为领军人物，有的在高等院校中成为学术骨干，有的在信息和软件行业成为领头人，有的在国外也得到很好的发展。

姚振汉教授是一个乐于奉献、严于律己、宽以待人的人。我刚来清华的时候，姚老师刚刚开始担任当时的弹塑性与计算力学教研室主任，后来称作固体力学研究所所长，一干就是十年之久，其间清华的固体力学不仅始终排名全国第一，而且研究所的各个方面都能均衡发展。那时主任所长很不简单，办公经费很少，也没有像现在的秘书什么的，大事小事都是他一个人承担。白天上上下下开会、学文件汇报，还有繁重的教学工作，科研方面要写本子、跑项目，还要看文献指导研究生工作，晚上还要写材料备课。其辛苦和劳累大概只有他自己知道，应该说他为清华固体力学的发展付出了很多，做出了很大贡献。他作为大会负责人组织过不少国际国内学术会议，业内朋友都知道姚老师组织的会议倒贴经费是常事。他总是告诉我们"科研经费来之不易，他们愿意参加会议就很不容易了，不能增加他们的负担"。他从来不直接批评学生，而是通过自己的行动来影响学生应该怎样怎样。研究组每年春天要组织春游，姚老师背着双肩包登高爬低，学生们看不过去要替他背，他总是说"自己的事自己来做"。

姚振汉老师的业余爱好也很多。先说说他的字吧，和他的做人一样中规中矩很有特点，具有结合隶书和魏碑的风格。当年学术活动通知一般采用张贴大字报的方式，他书写隶书通告常常得到许多老师称道。同学们都很喜欢姚老师的板书，称为"姚体"板书。姚老师还喜欢摄影，每走一处都要留下重要活动的记录，每到新年他都要将自己喜欢的照片做成精美的贺年卡发给同事朋友和弟子。每年中秋月圆时姚老师总要拍些月亮的照片发在群里，其清晰程度弟子们很是佩服啊。20世纪末流行卡拉OK，师生聚会时大家免不了也要来几段。对于经典传统歌曲姚老师自然是不在话下，奇怪的是对当时一些流行歌曲也唱得惟妙惟肖、有模有样，诸如"新鸳鸯蝴蝶梦""九十九朵玫瑰"等，置身其中我感慨地说：清华教授不简单啊。

在我的心目中，姚振汉教授既是一位兢兢业业的学者，也是和蔼可亲的师长。在他的身上带着他们那一代知识分子的特质与情怀：对祖国的忠诚、对事业的执着追求、对生活的热爱，这些中正地体现了清华精神。我想人各有异，可能有职业的不同、环境和教育的不同，但是如果都能像他一样严于律己、宽以待人，认真做好自己的事情、健康快乐地生活，这世界该有多么美好啊。教授如此，民众如此，清华如此，世界如此。正因为先生有这样的胸怀和情怀，他的学生和朋友愿意在他的引领下为了国家的教育和科研事业努力工作，他的学生们会用他的事迹教育他们的学生去做人做事。最后，我再附上一张合影照片以表达对姚老师的敬仰和祝福。

在姚老师组里的日子

齐　航
美国佐治亚理工学院机械工程系

时间真快，转眼之间离开姚老师的研究组已经 23 年了，姚老师也在清华耕耘了 50 多个春秋。值此姚老师 80 岁生日，我也回忆一下当年在姚老师组里的日子。

1993 年我大四学期结束，需要选择是否直博。我之前一直和韩志东师兄在系里本科生的科技学会做事，在韩师兄的指引下，就决定和姚老师读博士了。于是从大五开始进入组里，1994 年秋天正式当博士生。当时已经在组里的博士生还有向家琳、邃时胜、张明，以及韩志东师兄，他们的导师是杜庆华先生，姚老师是副导师，具体指导他们的研究工作。我入师门虽晚，却有幸成为姚老师名义上的第一位博士生。当时的实验室在新水利馆三楼，博士生宿舍在一号楼，因此每天去实验室、回宿舍都很方便。之后，得益于姚老师的努力争取，计算固体力学组也得到了很大的发展，陆续有很多师弟进来，包括尹欣、王翔、曹艳平、袁卫锋等。

姚老师为人随和，很受学生的尊敬。当时为了给组里增加经费，我们需要做一些横向课题，我和几个师兄弟做的是一个航天一院委托的项目。有一次去东高地进行项目汇报，为了节省经费，我们租了一个面的，就是小型货用面包车改成的那种出租车，在 20 世纪 90 年代很多。姚老师带着我们，一行四五个人挤在这个小货车里，晃晃荡荡一个多小时才到目的地。当时有正教授职称的老师还是很少的，而姚老师却没有教授的架子，和我们一群年轻学生挤在一个小面包车里，其乐融融，现在想想真是有意思。

姚老师很关心自己的学生的发展，对学生的成长总是全力支持。姚老师在德国时的博士论文做的是板壳非线性有限元，但他在国内时一直和杜庆华先生研究边界元，是国内边界元的元老了。我开始读博的时候，先是做非线性板壳的东西，但在 1997 年 3 月，经姚老师的强力推荐和支持，我得以赴日本京都大学，在姚老师的好朋友小林昭一教授的研究组以及西村直志副教授的指导下进行了一年的联合培养，也在边界元方面做了一些工作，这段经历对我的帮助很大。这学期我给研究生上细观力学课，需要用到格林函数，但时隔多年，有些知识已经忘了，于是找出自己的博士论文，又重新仔细学习了一番，真是感慨万千。

1998 年 4 月底我从日本回来，距离博士毕业还有一年。因当时国内的政策，我进入高校基本上不可能，于是产生了去美国再读一个博士的想法。就此和姚老师沟通之后，他虽然表示不太理解，却还是很支持。于是，我"五一"回了一趟家，开始备考英语。由于决定做得比较晚，英语需要加强的东西又很多，随后的 4 个月时间基本花在了英语上，还算运气好，托福和 GRE 的成绩都还比较理想。如果当时没有姚老师的宽容和支持，我不可能集中精力，更不可能取得满意的成绩。

在姚老师的组里学到了很多，让我受益终身。比如，我们当时的工作主要是理论推导新的单元或算法，然后将这些单元或算法嵌入到一些大型软件中，因此需要先读懂软件的大程序，然后再写自己的程序包、再编译，这套流程对我之后做新算法、写新程序帮助极大。记得刚到美国的时候，老板给了我一个博士后师姐写的 UMAT 让我用。用了不久，就发现了一个比较隐蔽的错误，就告诉了老板，结果当天晚上那个博士后师姐就来敲我办公室的门了，说是不可能有错，我只好给她解释了半天，感觉很有意思。

姚老师组里的一个特点就是师兄弟之间的关系都特别好，这应该是和姚老师随和的性格有关。当时和我一起的师兄弟，有韩志东、尹欣、王翔、袁卫锋、曹艳平等，我们经常晚上下班之后去北院或者北门外聚餐一下。现在感觉昔日的时光真是美好，这些师兄弟都是我终生的好朋友。

2007 年之后我回国的次数比较多，也经常在力学系里遇见姚老师。记得 2013 年在北京参加国际断裂力学大会，姚老师说他发现了一个改进边界元精度的办法，还在改程序，我听后感触良多。姚老师活到老学到老，是我们学生一生的榜样。

时间飞逝，转眼间我进入姚组近 30 年了，离开姚组也已经 20 多年了，但从姚老师身上学到的东西，让我受益终身。祝姚老师和师母身体健康，万事如意！

回忆姚老师给我的教诲

尹 欣

神州网信技术有限公司

第一次见到姚老师,是我本科的时候。

那时,系里组织骨干教师,深入宿舍与大家访谈,了解同学的思想动态。印象中姚老师当时从德国留学回来不久,在几位骨干老师里面显得比较年轻,说起话来很温和,不紧不慢,很有条理。

过了一个学期,我们开始上弹性力学,姚老师正是我们的授课教师。我是从上这门课开始,对姚老师心生佩服的。

对力学专业的学生来说,弹性力学是一个很基础也很难的课。但姚老师讲得非常细致、清晰、易懂,把每个概念都讲得很清楚,表述简洁而清晰。姚老师讲课并不是那种口若悬河、激情张扬的风格,而是严谨、清晰、准确,不快不慢、详略得当。偶尔,他也会举一些非常生动的例子,逗得同学们微微一笑。同学们都很喜欢他的课。

也许是因为这个原因,后来我主动报了姚老师的研究生。

进入研究组后,立刻体会到姚老师在学术上的严格要求。每次开组会的时候,师兄弟们轮流做报告。每次讨论都很热烈,有时候甚至是激烈,不认真准备的话,会被问得下不来台。每次轮到我报告的时候,我都很紧张,生怕自己的工作做得不好,过不了关。

有一次在组会上报告时,我搞错了一个很基础的概念,姚老师很严厉地批评了我。我印象中还没有见过姚老师发过那么大的脾气。但下来想了一下,马上就觉得非常服气。觉得自己怎么会钻到牛角尖里,犯了这么一个基础的错误,还自以为是。也幸亏被老师及时发现,在组会上指出。这要是在实际工作中,可能会造成很大的损失,多么丢人现眼。

但姚老师实际上还是很注重学生的情绪和学习热情,后来,我改正了这个错误,再次报告时,他认真地帮我分析了之前的问题,点评了我的改进,和蔼地鼓励了我。我一下子体会到了姚老师作为一位老师细腻而慈祥的一面。

实际上,姚老师对自己的要求更严格。从很多细小的地方都能看出来。

他的办公桌上总体非常干净整洁,各类文件井然有序。他讲课时的板书总是清晰齐整,就连开组会时,偶尔摘下老花镜,都把眼镜腿收好,规规矩矩地摆在桌上,而绝不会随手一放。

我有一次见到大概是他研究生时做的笔记,字迹工整,页面干净,各种公式书写得非常清晰整齐,还带了一些详细的备注说明,有些地方还有插图。我想这一定是课后整理过的,这得花多大工夫啊!足见姚老师对专业的认真和热爱。我当时立刻心生惭愧,对比自己的笔记，对比自己在学业上花的工夫，实在和老师相差太远。真的是要好好向老师学习！

就这样，姚老师不仅仅教授专业知识，更把这种严谨扎实的作风传给了弟子们。以至于后来的工作中，有同事说我的文档写得好，格式和内容都很好，我都很惭愧，心想这种水平的工作，在我老师眼里，也就是刚刚及格的水平。

姚老师对同学的学业、生活都很关心，平时对我们抓得很紧，但工作之余也会和大家聊聊日常的生活。老师平易近人，组内的气氛非常好。有一段时间，实验室搬新楼，大家摆家具，布网线，配置交换机，整个团队忙得不亦乐乎。姚老师会买一些好吃的来慰问大家，师兄弟们干完活，饱餐一顿，又一起去操场踢球，整个研究组打成一片。真是人生中最快乐的时光，现在想起来都觉得非常珍贵难忘。

我毕业后，因为各种缘故，没有再继续本专业的工作。但是姚老师教给我们的严谨认真的工作精神却时刻不敢丢。每当我想起读书的时光，想起姚老师严谨治学、忠厚待人的教导，都十分感激。也十分庆幸自己能遇到这样一位严谨厚重、学识渊博的导师。

谨祝姚老师和师母身体健康！

在清华研究生学习阶段的回忆

谭国文
中核能源科技有限公司

我是 1995 年通过考研进入清华大学工程力学系的，算起来已有 27 年了，那时的经历回忆起来却又感觉历历如昨。我本科阶段是在北京农业工程大学（现中国农业大学东校区）读机械设计与制造专业，考研的时候报考的是清华大学精仪系，专业课是理论力学、材料力学和自动控制。因为英语成绩虽然通过了学校的线但是未达到精仪系的要求，我被告知根据专业课情况可调剂到工程力学系固体力学专业。我记得那时候传闻是因为工程力学系的固体力学专业学术实力太强，导师太多，很难从报考本专业的考生中把指标招满，所以常从其他相关专业调剂考生。

彼时有幸，我到固体力学教研组面试的时候，面试我的正是姚老师。我记得领我进去的行政老师是个胖胖的女老师，介绍说姚老师是固体力学教研组的主任，虽然那时候考研录取并没有计分的面试环节，跟姚老师是一对一的面谈，我心里还是有点紧张，担心专业课的问题答不上来。姚老师看起来严肃，但说话非常和蔼，声音不大但清晰有力，给我的印象很深刻。这次面谈的内容我倒记不太清楚了，姚老师问了我学了哪些专业课，应该还有一些专业课的问题。就这样我进了固体力学教研组，成为姚老师的学生。

随后的三年时间紧张而充实。第一年上课，各科的作业都很多，我们每天写作业的情形很像中学生，跟其他学校读研的同学比起来完全不同，其中最让人记忆深刻的是数学系关治老师的线性代数和固体力学教研组薛明德老师的张量分析，两位老师都是以严格著称，这两门课作业难做，考试难过。

从第二年起，我开始参与组里的课题。我记得经常有仿真分析的横向课题下来，韩志东等一众师兄们的理论水平高，经验也丰富。应该是 1996 年的暑假，在新水利馆三楼的实验室里，姚老师带着大家流水线作业，建模、分析、写报告，用的分析软件是若干张 3 英寸软盘安装的 ALGOR。每天中午会有人出去买午餐和大桶的可乐回来，大家吃完继续奋战。现在回想，还是很怀念那时候组里的氛围。姚老师治学的严谨以及我在组里所受的专业指导和项目训练，也让我后来一直受益。

我的硕士论文题目是"颗粒增强复合材料宏观材料特性的研究"。1997 年 4 月，胡宁老师从日本东北大学回国，进了姚老师的教研组，具体指导我的论文工作。胡老师年长我不多，风格跟姚老师很不一样，感觉亦师亦友，记得我们有时候一起在电脑上看小说看到半夜。我的论文中要用 Fortran 编程序生成不同孔隙率的二维几何模型。胡老师写程序时，逻辑在他脑子里，手下一气呵成，我坐在旁边看着，深感叹服，印象深刻。

翻检我的备份数据，那三年里竟然一张照片都没有留下，很是可惜。找到下面一张照片，是我回到组里做博士后期间，2005 年 5 月大家去京东大峡谷春游时留下的合影。

星点往事忆师恩

富明慧
中山大学航空航天学院

几天前，接到郑小平师兄的电话，得知弟子们将为姚老师出版祝寿文集之事。放下电话，不禁百感交集，思绪万千。一是感叹时间之飞逝，不经意间我离开清华已经整整25年，自己现在年近花甲，而恩师更是步入耄耋之年；二是感叹记忆之顽固，20多年前师门相聚清华园的往事再次被撩起，脑海中浮现的那一幕幕画面，仿佛就发生在昨天。

我是1995年5月起进入力学博士后工作站、跟随姚老师做博士后研究的。刚入师门时，给我印象最深的是师门之兴旺。当时和我几乎同时入站的还有程建刚和牛丽莎两位博士后，郑小平师兄也出站不久，在读的博士、硕士也有七八人。每周的组会，师兄弟们济济一堂，把大大的一张办公桌围得满满的。组会的第一个环节，是姚老师先讲一些学界的新闻和动态，这一环节对扩大弟子们的视野是非常重要的，我自己就从中受益匪浅。第二个环节，是检查学生们的工作进展，并对其中的关键之处给予指导，这期间也鼓励学生们积极参与讨论，有时大家各抒己见，气氛非常活跃。

第一个暑假过后，新学期开始。我记得姚老师那个学期特别忙，每周有11学时的本科和研究生课，其中"弹性力学"这一门，是由我来助课的。相对于其他助课的博士，姚老师对我要求比较高，除批改学生的作业外，还要求我全程旁听每一次课，并参加每周一次的答疑。这期间姚老师曾经出差一周，由我代讲了两次课。这一轮深度参与的教学实践，使我收获颇丰。从姚老师身上我不仅学到了一种兢兢业业、一丝不苟的教学态度，还学到了很多教学技巧。比如，在他出差前，让我反复试讲那两次课，并亲自指点；在我讲课时，还安排郑小平师兄台下"坐阵"，以防一旦出现纰漏，好及时补救。在教学方法上，姚老师常说："对于一些重要的概念，要反复强调，这样才能加深学生的印象"；他还说，讲课不能太刻板，要多结合一些生动形象的例子，比如我那次代课要讲到"欧拉描述"的内容，他说你可以用"长江大河，波涛汹涌"这样的例子来说明，学生们很容易理解采用欧拉描述的必要性。再如，当他讲到连续介质假设时，会风趣地问学生："物质是由分子、原子组成的，那你们认为力是作用到电子上，还是作用到原子核上？"然后言归正传地总结道："有了连续介质假设，就可以把连续函数的微积分工具应用到力学中来了。"经过姚老师这样名师的熏陶，可以说我的教学开端就被定格在了高标准上。我到中山大学讲的第一门课就是弹性力学，虽然当时我的双眼视力已经很微弱，板书可能也很差，但学生们反响一直很好。此后，我还主讲了其他几门本科生专业课，也很受学生们认可，网络评教结果常常名列力学系前茅。2006 年，我还获得全国优秀力学教师称号。我之所以能克服视力障碍，取得如此教学效果，可以说主要是借鉴了姚老师的教学理念和技巧。

博士后的第二年，我参与了姚老师当时承担的卫星整流罩的项目。那时，我的眼病开始恶化，看不清书和电脑上的字，编程更觉困难重重。姚老师也很为我忧心，鼓励我"少看多想"。阅读文献时，遇到重要的公式和结论，我就会停下来，闭上眼睛仔细想，努力去"重建"这些公式和结论。当时，我注意到蜂窝材料面内等效参数的 Gibson 公式存在问题，会导致面内刚度矩阵奇异。在姚老师的启发下，我给出了能考虑蜂窝夹层板壳芯层面内刚度的一种简略方法，以及一种能考虑面板进入塑性的蜂窝夹层板弹塑性简化分析模型。到中山大学后，我还对 Gibson 公式做了进一步修正，相关成果发表在《力学学报》，该文到目前已被他引 300 余次，我还因此获得《力学学报》影响力提升突出贡献奖。

离开清华后，由于视力恶化，我于 2001 年双目失明。虽然依然坚持教学和科研工作，但倍感艰难。这阶段我与姚老师的联系不多，主要是电话和邮件。但每次联系，他都能给我以鼓励和安慰，这也是我能走出困境的一个力量源泉。

和姚老师第一次久别重逢，是 2009 年在郑州举办的全国力学大会上。在由宾馆去主会场的大巴上，我和姚老师不期而遇。当有机会再次坐到老师身边，我非常兴奋。那一次，姚老师看到我开始参与学术活动，很是欣慰。他还利用这短暂的时间，给我讲了一些师兄弟们的近况。会议期间我们还有几次短暂的交谈，虽然时间仓促，但回忆起来我仍然感到十分温暖。

2015 年，在昆明召开的南方计算力学大会上，我再一次见到了姚老师。当时他做了一个大会报告，反响特别好。姚老师讲到了退休生活，仍然坚持科研，主要工作仍然是"推公式、写程序"。他还告诫年轻些的同行，推公式、写程序的基本功千万不能丢，否则退休后没了学生和助手，科研也就难以为继了。对姚老师的教诲，我深以为然。现在虽然学生多了，但我仍然坚持像姚老师那样亲力亲为，为退休后仍然坚持科研打下基础。

2016 年，在《力学学报》建刊 60 周年庆祝大会上，我与姚老师再度相遇。当时，《力学学报》从近 30 年发表的论文中选取了引用率最高的 30 篇，授予"影响力提升突出贡献奖"，我的那篇"蜂窝芯层的等效弹性参数"有幸入选。我出席了颁奖仪式。当时姚老师很高兴，还和我拍了合照，还说"要把这张照片发群里给师弟们看，鼓励一下他们"。

不知不觉间，已经离开清华整整二十五个春秋。这些年来，常常回想起和姚老师以及同门们相聚的情景。那两年时光虽然短暂，但却在心底留下了许多难忘而又美好的回忆。这段生活，是我人生最重要的阶段，它不仅奠定了我人生的高度，同时也是我精神寄托的家园。

最后，我真诚地感谢姚老师，感谢您为我所做的一切！我也衷心地祝愿您身体健康，生活快乐！也祝愿您在祖国的科研和教育事业上做出新的、更大的贡献。

我的学习楷模
——姚振汉教授

周志宏
湖北长江大学机械工程学院

我1996年9月入学,2000年1月毕业,在姚老师身边学习工作了3年半。这几年,亲眼见到了姚老师的待人、处理人际关系的方式,姚老师的学识,姚老师对学术的严谨。毕业后历次参加学术会议又见到姚老师退休后仍对学术不倦地追求。这些都为我树立了很好的榜样。从姚老师身上学到的很多东西,使我终身受益。

姚老师待人和蔼可亲。我第一次见姚老师是1996年3月我准备报考姚老师的博士研究生,找姚老师了解有关报考的相关事项。清华大学是科学神圣的殿堂,在我的想象中,在清华任教的老师一定是非常严肃、不易近人的学者。当时姚老师的办公室在清华大学新水利馆三楼,我带着惴惴不安的心情去见姚老师时,出乎我的意料,姚老师非常亲切和蔼,对我们这些报考博士的学生非常关心爱护,不但从百忙中抽出时间详细地介绍了博士研究生入学考试的有关情况,在我临离开时,还再三叮嘱我要好好准备,舐犊之情,溢于言表。

姚老师不但对组内的学生关怀,与同事相处也十分融洽,有困难一定出手帮助。有一天,姚老师找到我,说:"小周,你教过课,能不能帮一个教授去当助教?"然后,把范钦珊教授教学工作忙,缺一个助教的事跟我讲了。我第一感觉是姚老师对人的尊重,虽然担任助教是博士生培养的一个环节,姚老师只需安排就行,但姚老师不是以命令的口吻,而是以商量的口吻跟我讲,让我心里感到特别温暖;再一个感觉就是姚老师把别人的困难当作自己的困难,该出手时就出手。我愉快地接受了任务,协助范钦珊教授圆满完成了教学任务。

对待工作,尤其学术上,姚老师非常严谨。姚老师他们1986年在科学出版社出版的《弹性理论》是一本经典著作,在我们看来已经是非常好的一本书,但姚老师说,他还不满意,还有不少印刷错误,要不是因为他要去德国学习,如果完全由他来校对,就不会有这些错误,这让我们感叹姚老师的严谨。

同样,姚老师的学识也让我大长见识。姚老师教我们"固体力学基础"和"边界积分方程与边界元法"两门课程,在姚老师的课上,我真正体会到了什么是讲课的艺术。固体力学、积分方程与边界元理论都是理论性很强的课,公式多、繁杂,概念也特别多,讲得不好,容易枯燥,让学生如坠云雾山中。姚老师深入浅出,把理论讲得美轮美奂,引人入胜,通过引入对称性,导出本构关系有几个常数,显出对称性之美;通过边界积分方程,直接导出了旋转体应当满足的弹性力学方程,让我惊诧数学之美;在美的同时,又不失严谨，在讲述最小势能原理和最小余能原理时，归纳和强调了这些原理的几个基本概念。由于课程既能收获很多知识，学到科学分析的方法，又能感觉科学的美，所以，我特别喜欢这两门课。显然，没有对理论的深入了解，无法把握课程教授的精髓。

姚老师的言行就是榜样。受姚老师的熏陶，我们组的老师、学生团结得非常好，生活上互相帮助，团队活动时欢声笑语，在足球场上，以郑小平老师和胡宁老师为队长的足球队进行激烈对抗，大家兄弟相称。对学术却是非常执着，在小组讨论会上各抒己见，常常因为一个问题争论很长时间，一直到争论弄清楚为止，科研上的事尤其不能含糊。我喜欢姚老师团队这种团结紧张严肃活泼的氛围。

为了锻炼我的工程能力，姚老师让我首先跟师兄韩志东做航天的课题，让我吃惊的是，一个很大的商业程序的源代码，韩师兄竟然烂熟于心，将壳体计算部分改造成能做蜂窝夹层的有限元程序，我就拿韩师兄改编的程序用来计算航天的一个模型仓的应力，通过不断调试边界条件，了解了边界条件对解的影响。

1998年，姚老师安排我跟郑小平老师做铺管船滚筒轴的课题。郑老师、庄老师、我、张见明以及中石油勘探院的一位高工去铺管船测量滚筒钢丝绳的拉力，计划用两个卡子卡住钢丝绳，测量钢丝绳在工作时的应变，与截断的钢丝绳的实验室数据对比，计算钢丝绳的实际拉力。由于不能停机影响生产，我们只能在钢丝绳暂时不动的间隙中赶紧安装测量，一共测量了两次，测量的间隙中，我突然想起琴弦调音时，琴弦振动的频率也与张力有关，我顺手将钢丝绳往下拉了一下，待钢丝绳振动平稳后，测了钢丝绳的振动频率（振动20次大约多少秒，具体数值忘了），同时询问了滚筒到第一个滑轮钢丝绳的长度，作为计算钢丝绳张力备用。晚上我和张见明睡一个船舱，睡觉前，张见明跟我说，"老周，我怀疑测量电桥的线接错了"，我说不会吧。回到清华后不久，郑老师找到我，说"老周（郑老师年龄比我小），情况不好，我们测量的两个结果，一个20t，一个只有2t，怎么办？"。我说"不要紧，我还有一组数据"，没想到为好玩临时测量的钢丝绳频率派上用场了，我就把测量的钢丝绳的振动频率计算出了钢丝绳的拉力，结果是19t，显然证明20t是准确的。这时，我才想起张见明在船上睡觉前跟我说的话，看来紧张时，特别容易出错，这个2t的数据，真的有可能是忙中出错，线接错了，张见明细致的作风也正是姚老师组里老师同学的典型风格。这也提醒我，以后在做科学实验时，最好多准备一套方案，或多测几组数据。

燕山石化一个空气压缩机管网振动厉害，为了解决这个问题，我和郑小平老师一起去现场测量了管网的几何参数。我们都知道，减小或消除振动的要点：一是避免共振，二是减小激振力。要避免共振，首先要精确计算系统的固有频率，系统的边界条件尤为重要。系统中有一段穿墙的管线，如何描述管线与墙的关系呢？仔细观察管线在墙中的状况，发现间隙是用石灰填充的。经过推理，我们认为管线在墙中是处于自由状态。理由是，管线较短、较粗，经实际测量，振动位移比较小，最大约0.7 mm，钢管的硬度远大于石灰，经过一段时间，在墙中一定会磨出一个1 mm的间隙，管线基本就处于自由边界了。在这次科研工作中，我从郑小平老师那里学到了处理振动问题的基本方法——避免共振和减小激振力。

用从姚老师和各位老师、师兄弟学到的知识和在博士期间锻炼的能力，毕业后，我在科研工作中上了一个大台阶。我陆续为石油工程成功地解决了一系列重要工程问题，其中包括：①通过计算，将压裂管网的上台管线由 6 m 降为 4 m 用以避开共振，用 U 形管接头将两路管线的末端连接在一起用以短路脉动流量减小激励，解决了困扰石油工程界多年的高压压裂管线的振动问题；②分析了近十几年以来国际上大量出现的连续管表面犁形损伤的问题，提出了产生这种犁形损伤现象的机理，2019 年 3 月在国际会议上发表了一篇论文，2019 年 6 月被美国石油工程师协会（SPE）的一个杂志作为亮点介绍；③对国际刚出现的最新型的全可溶桥塞进行了力学分析，并提出了工程设计建议，目前全可溶桥塞已经成功进行了井下试验，有望为页岩气开采进一步降低开采成本；④2020 年有一口井在施工中发生了连续管沉砂卡钻的工程问题，2700 m 长的连续管被卡在井中，需要进行工程作业，力学分析非常关键，为此，我对现场技术人员提出的穿芯打捞方案进行了分析计算，提出了施工建议，成功地打捞起连续管，避免了几千万元的损失；⑤针对江汉页岩气开采技术服务公司这两年来连续管作业工具陆续出现的断裂问题，通过分析，确定是疲劳断裂，我提出了改进工艺过程和工具设计参数的建议。这些工作，为公司减少损失、降低生产成本做出了贡献。

最近，我和长江大学的一位年轻教师又在合作进行连续管在水平井中延伸的科研工作，期望再次能为我国的页岩气开采降低成本、提高效益做出贡献。

毕业后，我参加了历届借姚老师寿辰的机会召开的学术会议，在学术会议上既增进了与老师、师兄弟姐妹的感情，又进行了学术交流。在这些会议上，看到姚老师如以前一样活跃，仍然在边界元理论上耕耘，仍然在编程，在进行学术交流。真正做到了活到老，学到老，贡献到老。有姚老师这样的榜样激励着我，我也争取像姚老师那样——活到老，学到老，工作到老，为国家建设做更多的贡献。

恩师二三事
——沐浴在师恩下的回忆

袁卫锋
西南科技大学制造科学与工程学院

给每一届研究生上计算力学课程的时候，我都会专门安排一节时间讲师承，从普朗特、铁木辛柯讲到杜庆华先生，再讲到边界元和导师姚振汉教授，也会从普朗特、陆士嘉、黄克智先生这条脉络讲到姚老师。前辈大师们的故事多是从间接渠道得来的，而关于姚老师的，我只讲亲身经历。

1996年，我刚进姚老师研究组不久，就从师兄韩志东那里听到过姚老师"绕行北大"的故事。某次，姚老师、师母和姚猛一家三口从中关村步行回家，途经北大西门，因平时少有机会逛北大，师母提议进去看看，从线路上讲，穿燕园进清华西南门也更近一些。姚老师起初赞同，可到了北大门口却坚决不入，理由是门边挂有一面"禁止穿行"的小牌子。师母不服气：眼看着这么多人进进出出，有游览的，还有骑三轮车卖东西的，怎么我们不能进呢？姚老师则强调：人家都说了"禁止穿行"，我们就不要穿行嘛！说完，径直向北，往圆明园前面的大路上去了，估计要进清华西门。

后来我就此事问过师母，她说那天她和姚猛没有跟随姚老师的脚步，而是坚决"穿行"抄近道回家了，奇怪的是，母子二人到家时，发现姚老师已经"气定神闲"地坐着了。师母说："他路上跑没跑我也不知道！"

2011年，我和家人已经在新加坡生活了十多年，面临回国还是留在海外的选择，我一时半会儿也拿不定主意，于是给姚老师打电话征求意见，师母当时也在电话旁边。我直接问姚老师我该怎么选择，还没等他开口，师母就把电话接了过去："你可不要只听他的，他的建议就一条！国外有国外的好，你们自己可要把主意拿定喽！"我明白师母的关心，她把我们当成自己的孩子，真心希望我们少折腾，过更稳定的生活。于是，我换了一种方式问姚老师："您教过很多学生，他们分布在世界各地，您更喜欢他们中的哪一类呢？"姚老师说："我喜欢我所有的学生，他们都很优秀，非要比较的话，我更喜欢看到他们在国内工作。"我当时激动地说："姚老师，我要争取做您喜欢的学生，我要回国！"

2011年10月，我到南京参加学术会议，会上见到了姚老师、胡宁老师，以及韩志东等多位姚组的师兄弟。当时，西南科技大学人事处的同志也在南京，他们在休会期间找我商谈回国事宜，也面见了姚老师。姚老师不但口头上夸奖了我，而且还给我写了一封分量很足的推荐信，列举了很多我的优点。有姚老师的大力度支持，我自然非常顺利地加入了西南科技大学。

2012 年年初，因科研任务交接问题，我入职西南科大后又回到南洋理工大学工作了几个月，5 月才全职回国。又过了半年，11 月时基本安顿下来，团队也有了雏形，但是我自己和研究组的同事都对国内的科研环境比较陌生，对于如何开展工作心中无底，特别需要老师的指导和支持。姚老师知道我的想法后，愉快地接受了我的邀请，11 月底就抽空到西南科大讲学，除了介绍边界元的最新进展外，还谈到了研究生培养和基金申请注意事项。西南科大有位领导把姚老师的这次访问称为"师生两代人，再续清华缘"，因为西南科大就坐落在"651 工程"——清华大学绵阳分校的旧址上，而姚老师当年毕业后就恰巧被分配到这里工作。姚老师的访问就像一颗定心丸，及时清除了我内心的担忧，我得以安心于从零开始，稳扎稳打开展工作。

姚老师回到北京不久，我就收到一个大包裹。姚老师说绵阳的冬天比较阴冷，办公室里又没暖气，师母给我和团队里的每一位同事买了一条厚棉裤。拆开包裹时，我禁不住流下眼泪：姚老师和师母就像关心自己的孩子一样关心我们呀！

如今，已是耄耋之年的姚老师老骥伏枥，仍然孜孜不倦地从事计算机编程、公式推演和写作、编纂、审核等工作，我在工作和生活中遇到问题时也总是向他求教，有时还会讨论一些世界局势。姚老师年高德劭，热诚爱国，虽然不再开班授课，却一直以他丰富的阅历、渊博的知识和睿智精辟的见解引领、指导着我。韩愈曰："师者，所以传道授业解惑也。"在我眼中，姚老师就是师者楷模。因此，每次在师承课上讲完姚老师，我都会由衷地说一句：

"能够成为姚老师的学生，是我的幸运！"

师恩难忘！我会以姚老师为榜样，把姚组教书育人的优良传统传承下去。

勤栽桃李芬芳树　苦心孤诣常青藤

施惠基
清华大学工程力学系

我和夫人莉莎在法国留学，双双取得博士学位后，于1995年回国，来到心仪的清华大学工程力学系就职。姚振汉教授是我们最早见到的老师之一，他当时任固体力学教研组主任，给我们详细介绍了教研组里的科研和教学情况，以及学科建设和发展前景。作为计算力学方向的学术带头人，他欣然答应作为莉莎的博士后合作导师，开展计算力学方面的研究工作。

在法国留学的八年期间，正是中国改革开放和社会变革的重要阶段，我刚回来时遇到了许多困难，特别是在国外开展的前沿研究领域，怎样才能在国内继续提升和发展。姚老师在这方面给予了最大的支持，他将他的两位博士生郭然和高重阳交我来指导，研究方向也由我来决定，因此在我到清华的初期，形成了有两名博士生和两名硕士生的科研团队，在我熟悉的高温疲劳和冲击力学方向开展研究工作。

我到清华大学后，系里分配我在强度与振动中心实验室工作，当时的实验条件无法满足高温疲劳试验和冲击力学试验的要求，自己心情总是处于一种急躁状态，和姚老师交谈中，他以他的经历为例，做事要适应环境，试验条件不具备时，先在理论研究上多下功夫，逐渐地搭建起研究平台。他做了一个比方，我至今记忆犹新：我们的研究成果要从长远的成效来考虑，就像数学中的积分一样，若求的是积分下的最大面积，就不追求一时的高点，而是追求在较高位置曲线上的平稳发展。这对我来说是很有哲理性的启示，也使我在清华从事的科研工作在不断创新中发展。

我钦佩姚老师踏实稳健的工作作风和为人谦逊低调的品行。姚老师长期担任着北京力学会理事长，在他的提议下我担任了学会的秘书长职务，由于我的科研和教学任务以及每年有多次去国外学术访问，能协助姚老师的时间不多，许多具体的学会工作都是姚老师亲力亲为。当时开展学会的学术活动都比较困难，所需的一点经费都靠大家筹集。然而姚老师总是每年都能按时召开北京力学会学术年会，还要出版年会论文集，至今学术年会已经召开到29届，这几年每当看到年会成为北京科协品牌学术活动时，都感慨姚老师做事的坚韧意志和砥砺前行的勇气。北京力学会还负责召开北方七省市区力学学会学术会议，至今已有18届了。其中有一段时间我也作为这一系列会议的秘书长，记得2004年夏天学术会议在河南洛阳召开，我当时正在湖北参加教育部组织的高校评估专家会议，为了能给学术会议做邀请报告，湖北教育厅派车早上6点出发，下午1点前将我送到会场，赶上了下午的会议。我很高兴能够为学术交流做点贡献。还记得有一次北方七省市区学术会议在天津河北工业大学召开，到会人数只有 20 多人，是历次会议的最低潮。在会后的聚餐时，姚老师致辞一再表明当前的困难是暂时的，学术交流是永恒的主题，只要我们这些骨干能够坚持不懈地努力，一定会有美好的明天。如今，北方七省市区力学学术会议的组织形式更加完善，不仅发展成有几百人参加的学术盛会，还在两次大会之间，召开一次力学与工程研讨会。在姚老师和其他热心教授的影响下，北方七省市区的力学学术活动开展得红红火火，先后诞生了京津鲁冀晋系列实验力学学术会议、京津冀固体力学系列学术会议等衍生品牌。

我们来到清华大学时，姚老师担任中国力学学会教育工作委员会主任，他推荐莉莎担任委员会秘书，在姚老师的领导下教育工作委员会开展了一系列活动。在他任期期满时，推荐我担任教育工作委员会副主任。我在工作中体会到，由于姚老师在任期间认真负责地开展各项活动，留下了宝贵的精神财富，使后任的委员感到有好的样板可以遵循和发扬。

近年来，我仍经常在学术会议上聆听姚老师的精彩论述，遇到他在校园里快步行走锻炼身体，他精神矍铄，乐观豁达，相遇时打个招呼几声问候，话语不多，总给我暖心的感觉。来清华大学，遇到姚老师这样的师长，也是我的荣幸，他遇事沉稳、坚忍实干、不畏艰难的品行一直影响着我，是我学习的榜样。在此谨祝姚老师学术之树长青，身体健康，在桃李芬芳之际，幸福顺遂！

2003 年 7 月和姚老师、郭然、刘永健在博士毕业典礼后的合影

高尚的品格　低调的为人

牛莉莎
清华大学工程力学系

我大学毕业以后，先后遇到了两位好导师，一位是我的硕士和博士的指导老师法国梅斯（Metz）大学校长 G.Pluvinage 教授，另一位就是清华大学固体力学研究所姚振汉教授。姚老师是我的博士后导师。他除了在学术研究方面让我了解更多宽泛的领域外，还用他在清华大学读书、教学、研究工作等几十年的经历引领我认识到作为清华大学教师的工作任务和职责。

姚老师平时话比较少，但他孜孜不倦、严谨治学的精神深深地感动着我。姚老师的师德和为人的宽厚、包容，更是无言胜有声。在做博士后期间，我看到在姚老师身体力行的带领下，他身边的学生们团结友爱、积极向上，并且做出了很多非常有价值的研究工作；众多的学生都成长为国家的栋梁之材……这些都令我受益匪浅。从姚老师那里学习到的使得我能在留校担任硕士生、博士生指导教师时及在计算力学的教学工作中有了学习的榜样。也正因为有了姚老师的榜样，才使我在清华大学 20 多年教授的课程多次被评为清华大学精品课和北京市精品课，我也获得了优秀班主任的奖励。在这里我要深深地向姚老师表示感谢！

另外值得一提的是：在姚老师担任中国力学学会教育工作委员会主任期间，姚老师推荐我担任教育工作委员会秘书长。尽管我个人性格不擅长行政管理方面的工作，但在这项工作中我得到了非常大的锻炼，学习到了很多专业知识以外与人交往和管理的知识，同时还结识了国内其他院校的老师朋友，这段经历对我来说是宝贵的经验，为此再次感谢姚老师给我的机会与信任。

时间飞逝，我女儿也已于 2009 夏季完成了法国航天航空学院计算机系统控制专业的硕士学位的学习，并在法国格勒诺布尔（Grenoble）大学 Joseph Fourier 学院的法国国家 INRA 研究中心获得博士学位，之后在台大和日本做相关领域合作研究，在清华大学完成了博士后阶段的研究工作，现在也已经成为一名大学教师了。希望她也能学习姚老师为人为学的高尚品质和精神，做一名称职的好教师！

我和施惠基真诚地祝愿姚老师及师母身体健康，家庭幸福，青春永驻！

2000年11月8日与台湾中原大学王宝玺教授夫妇

2000年11月8日姚老师与师母

2000年4月22日雁栖湖

2009年4月16日与姚老师

2003年姚老师在给研究生上课

2003年姚老师指导博士生工程计算与分析

多彩姚组

胡 宁

河北工业大学机械工程学院

我是 1997 年 4 月从日本回国加入姚老师研究组的，1999 年 11 月离开。虽然只有两年半的时间，但这段经历让我收获了可以享用一生的财富。

我在日本东北大学时做计算方法研究以及利用计算手段解决复合材料方面的问题，因此回国前就想找一个研究方向相近的团队，而姚老师是国际著名的计算力学，尤其是边界元方法的大专家，所以我就联系了姚老师，幸运的是，我成为了姚组的一员。

姚老师是知名的大教授，为人谦逊、正直，受到青年教师和学生的爱戴，所以当年吸引了不少优秀的研究生到门下学习。我刚到姚组时，年轻的老师有郑小平和程建刚，牛丽莎和富明慧是博士后，学生有韩志东（彼时在日本联合培养）、齐航、尹欣、王翔、袁卫锋、曹艳平，后来又有周志宏、王福军、蒲军平、郭然和高重阳等。这些当年的同事和同学，如今都在各自的岗位上取得了优异的成绩，在工程界和教育界做出了突出贡献。我在如此优秀的团队里工作，不但科研上有较大进步，而且还从姚老师那里学到不少团队管理的经验。

姚组的学生多，但在姚老师的科学管理下一切都有条不紊。比如，组里每周五上午开例会，每位同学都要提交一张表格，书面汇报一周来的工作内容，包括 A、B、C 三类，A 表示查阅的文献，B 代表推导的公式，C 则是编写的程序。根据学期初编排好的轮转次序，每次例会上也总有几位同学作 PPT 报告，向全组介绍自己在课题进行中遇到的困难、解决问题的办法、有什么新的思路等，如此，组里的学术气氛非常好，学生之间彼此了解，一人的研究遭遇瓶颈，大伙儿群策群力共同解决。总之，研究组里可谓是朝气蓬勃、蒸蒸日上。

姚老师对我们青年老师很关照，总是尽自己最大的努力为大家创造更好的环境、搭建更高的平台。记得当年我住在清华大学西北小区的教师宿舍，姚老师也住那里，有时上下班和姚老师一起骑车去办公室或回家，姚老师也都是边走边聊，给我介绍清华大学工程力学系的历史、目前系里的情况、如何提高科研和教学水平的方法等；有时姚老师也给我聊人生，聊他在"文革"期间那段难忘的经历。给我印象特别深的是，我是在进清华一段时间后才知道姚老师是在德国获得的博士学位，当时在清华像姚老师这样年纪的教师在西方发达国家获得博士学位的教师并不多，姚老师并不以此作为炫耀的资本，反而非常的谦虚，经常给我讲解德国求学的经历、德国大学的工程学科的建设经验、德国对学问和技术精益求精的严谨治学态度和求真务实的精神，使我受益很多。即使在我离开清华后，他也仍然持续给我帮助。比如，我到重庆大学组建航空航天学院初期，他就立即访问重庆大学，做学术报告，也正是由于他的无声推介，我得以早日站稳脚跟。现在回忆起来，姚老师身上有很多闪光的优点值得我们学习，如宽厚、谦和、诚实、低调、朴实、严谨、务实、乐观等，但我觉得他身上最重要的优点是他对生活和工作的热爱，可能正是由于有这样的热爱，他的人生总是积极向上、生机勃勃，作为晚辈，我们从姚老师身上的优点中获益良多、受益终身。如今，姚老师已荣休多年，虽然他老骥伏枥，仍旧坚持做科研，但在他生日之际，我还是回忆一下学术之外的趣事，以此恭请姚老师注意劳逸结合，永远保持健康。

大家都知道，清华园里提倡"每天运动一小时，健康工作五十年"，姚组当然也不例外。姚老师本身就很注意锻炼身体，据说他做学生的时候，每天早上从清华西门跑步到颐和园，练就了强健的体魄。有姚老师做榜样，姚组的文体活动自然开展得多姿多彩。组里男生多，最受欢迎的体育项目是踢足球，最积极的有小平、曹艳平、袁卫锋、郭然等，时常还会组织一些小比赛，印象最深刻的是某次周末在西大操场上的"同室操戈"。

参加比赛的两支球队分别由郑小平老师和我带领，场上 22 名队员，除了一位任文敏老师研究组的"外援"，其余的全部来自姚组。比赛很有仪式感，下午 3 点钟，姚老师到中圈为双方开球，之后退到场边，和不能上场的女生以及一些家属站立着观战。在我的队伍中，曹艳平和"外援"李洪波是绝对主力，尤其是艳平，技术好，脚头硬，同学们送他的绰号是"铁腿"。小平自己本就曾是校队的正选门将，属于"练家子"，他出任中场，队伍中郭然和袁卫锋为主力。郭然善于盘带，而袁卫锋的特点是速度快且耐力强，也有个绰号，叫"电跑驴"。所以双方厮杀起来可谓是势均力敌，一时间难分高下。姚老师和"球迷"们在场下不停地给大家加油叫好，场面很是热烈。

"铁腿"果然厉害！他在上半时结束前远距离大力施射，先下一城。中场休息的时候，大家围在一起讨论，他给对方出主意：你们应该利用"袁哥"的速度打身后，他体力好，你们有扳回来的机会。结果，他的建议被"敌人"采纳了，人家下半场不久便由"电跑驴"接小平的长吊打进一粒单刀球扳平比分，后来他又连进两球完成帽子戏法，反超了比分，"铁腿"呢，算是妥妥地坐实了"卧底"！不过他"知耻后勇"，终场前从右侧突破后下底传中，皮球刚好飞到我眼前，我高高跃起，甩头攻门，应声入网！

姚老师宣布："3:2，小平队战胜胡宁队！"

赛后口头颁奖，袁卫锋荣获"金靴奖"，我则因为打进一粒漂亮的头球获得了"金球奖"！

拍照仪式结束以后，姚老师回了办公室，所有的队员按惯例到照澜院划拉吃的喝的。小平说："天热，吃西瓜，我请客，大家尽情地吃吧！"于是，一阵风卷残云后，水果店老板算账，我们吃了 92 斤！

现在回想起来，那真是快乐的时光啊！

我不止一次对朋友说："我在多个国家的大学里工作过，这些大学都很好，不过，清华是唯一的让我在离开后仍想再回来工作的学校。"我想，这主要是因为我内心深处永驻着对姚组的怀念吧。

跟姚老师学习的点滴

王 翔

中国空间技术研究院载人航天总体部

1991年我考入清华大学,1996年本科毕业后开始跟随姚老师读博士,直至2001年完成学业。从1995年确定攻读博士学位开始,在姚老师组里学习了近6年时间。这是对我的成长非常重要、非常难忘的6年。相比较本科期间一门心思单纯的学习,以及后来出去做博士后研究和工作,在组里这段时间不仅让我在学业上有了积累提高,在学习方法上有了新的掌握,而且不夸张地说,是塑造我人生观的一个关键阶段。我后来在航天器研制部门工作,成为一名工程师,看起来好像早已远离了学校的生活和工作方式,但实际上我整个的知识体系基础、分析问题的方法甚至是思维方式,都是当时从姚老师那儿学来的。姚老师言传身教培养了我。

1. 姚老师和姚老师组

说起到姚老师这儿来读博士,特别要感谢尹欣师兄。我在本科期间,姚老师并没有给我们这届学生上过课。尹欣师兄早我一年到了姚老师门下,极力向我推荐姚老师,说老师人特别好,组里也特别融洽。于是我报了姚老师,并被录取。

面试时就感觉到,姚老师果然如尹欣师兄所言,温和、宽厚;来到组里,亦如尹欣师兄所言,郑小平老师、刘春阳老师都是特别真挚、实在的人,韩志东、齐航、尹欣等几位师兄非常优秀也很热心、严格地指导和帮助我。后来组里发展得更好了,胡宁老师、施惠基老师、牛丽莎老师等加入了,老周(周志宏)、袁哥(袁卫峰)、王福军、铁腿(曹艳平)……师兄弟们也越来越多,曾经一度在大机房里十七八个小伙子嘻嘻哈哈,以至于庄汉文老师半真半假地要求姚老师招几个女学生,管管我们这帮不修边幅的"臭小子"。

2. 姚老师教会我用力学解决工程问题

姚老师非常强调力学要与工程结合,也很重视力学用于解决工程问题。在读博士期间,姚老师指导我们做了不少工程课题,特别是韩师兄带着我们做了若干工程问题的有限元分析,让我建立起最初的力学在工程中应用的概念,而且很多理念和思路一直保持到现在。

力学原理是工程建模的基础。姚老师是高校中真正将工程软件应用于实践的先行者。但实际上 Nastran 这样的商业化软件突然出现时,对我这样半懂不懂的人是很大的震撼,当时觉得,哎呀,有限元解题的方法变得如此简单,一个很大很复杂的问题,照着图纸画出来,就可以计算了——其实是完全被图形化前后处理的表象给迷惑了。姚老师会跟我们讨论这些问题的解决方法和进展。我注意到,每次当我得意地展示结果时,姚老师的注意力并不在那些花里胡哨的东西上，而是会问，原始问题是什么样的工程结构，你是如何简化的，边界条件怎么给的，选的什么单元？对于结果，他会定性分析整体的趋势、局部的应力集中是否合理，面对五彩斑斓的云图，他会定量看数值的大小、分布范围，等等。透过计算机屏幕展示的表面，姚老师关注的是其力学本质，并且能一眼看到最根上的问题。

姚老师一直保持着这种用力学原理看问题的习惯和敏感性。2012 年，姚老师曾和北京力学会的前辈们到我工作的航天五院参观，我在总装现场向老师们介绍了当时开始推广应用的壁板式密封结构。姚老师当时即提出，壁板加强筋根部的应力集中问题是需要关注的问题，而且化铣和机铣出来的结构因为几何特征的差异，应力分布也会有不同的特点。姚老师回学校后立即做了相关的研究，以这类壁板为背景用边界元方法获得准确的局部应力。正是从姚老师这儿，我不断地学习并且逐渐学会了透过表象去识别和抓住力学本质，进而寻找解决途径。

工程方法经得起验证和科学评价。再一个记忆深刻的就是我做论文的时候，当时胡宁老师带我做力学特性辨识，用数值方法做反演，需要有数值算例或实验来进行验证。姚老师给我提了两点要求，一是最好有一个实物实验的验证；二是构造一个"有理论解的例子"。最后选择了做一个悬臂梁。实际做下来，他说的两点我都有了切身体会：一是实物实验的干扰，与数值例子中人为设置的噪声是完全不同的特性，换言之，人造的噪声一定很容易被滤波算法处理干净，而实际的结构由于各种因素引入的误差才是真实的有代表性的一类"工程不确定性"。二是悬臂梁是可以用理论方法得到精确解的，那么在这种情况下，不确定性中不论是边界条件假设引入的误差，还是材料特性、模型单元造成的偏差，对计算结果的影响都能够得到很准确的评估。

这个思路和方法让我后来在工程实践中受益匪浅。实际工作中大量用到数值计算和仿真，对工程方法就是靠这种"有理论解的例子"进行验证和校正，模型好坏一目了然，而且例子设计得好会使得修正效率极高。

研究问题要系统规划和解决。跟姚老师还学到了系统规划和解决问题的方法。在讨论我的论文工作时，姚老师说过很多次，论文是一个大的问题，目标选定后，要做系统的规划和分解，不仅是分解出解决问题的步骤，更重要的是梳理清楚并且建立起每个步骤对应的子问题以及这些子问题之间的关联关系。这种相关性决定了达到最终目标的途径，即逐步一个个解决相对独立的子问题，每解决一个都是在为后续的子问题或最终目标服务。表现出来就是，每个子问题的研究可以总结出一篇好的文章，最后这些文章构成各个章节，论文也出来了。

那时候学校刚刚开始对博士论文有发表文章要求，姚老师经常说要达到也不难。按照姚老师教的思路和方法，再加上胡宁老师的直接指导和严格要求，论文工作实践下来的确也做到了。我觉得这个思路一直到现在都影响着我的工作方法，不管是做设计还是做技术管理，体会更加深刻，也形成了思维习惯。

3．胸怀宽广、视野开阔、求知若渴、学习创新，姚老师是我们的表率

姚老师在我的印象中，就是不断地在学习，跟随力学研究的前沿，创新发展工程力学方法，学习新知识，运用新工具。

在工程力学专业方面，姚老师始终跟踪着学科的最新进展和走向，并且坚持把最新的技术结合到研究工作中。从计算机性能提高对大规模数值计算的影响、并行算法的应用到非线性计算方法和应用的进步，姚老师的视野很开阔，并不只是守着和专注着自己钻研的局部。姚老师经常说，力学要发展，同行们有很多新东西，不仅自己坚持学习，也鼓励组里的老师和研究生选题时集思广益。姚老师有这种"大气"，组里的研究工作也因此而保持着多样性，老师们和师兄弟们能够在学术讨论、组会和日常交流中相互学习启发，拓展各自的见解和思路。

包括上面说到的工程课题，姚老师不排斥，但决不为了经济利益去投入过多力量。我记得有一次跟课题提出单位讨论完问题，送走客人后，大家兴高采烈还沉浸在克服了难题、对方很高兴等等的话题中，姚老师很随意地小结了一句，咱就应该去做一些工程单位不好解决的硬骨头问题。再回想，当时的课题的确很有深度和典型性。我们这些学生并不是机械重复地"干活"，而是每拿到一个课题，就在姚老师和师兄们的带领下学习相关的知识，探讨问题的内核，并尝试着用各种方法解决。再加上组里的交流氛围，师兄弟们不论以谁为主负责一个课题，相互之间都有充分的讨论和相互学习帮助。可以说，每完成一个题目，我们都拓展了知识面，了解和学习了新的学科知识和工程背景。

姚老师给我们创造了一个很宽松又很积极向上的环境，让我们在求学的几年中始终在进步，并且养成了学习创新的习惯。

当然，姚老师本人在这方面更是绝对的表率。他早年间学外语学编程的故事早就让我们敬佩不已，从到了姚老师组里开始，才意识到这些故事不是过去时更不是完成时。姚老师和我们一起学习新推出的工业化软件、数值计算工具，甚至新的编程语言，在姚老师组里不可能出现我们会用的新工具而姚老师不会。直到现在，姚老师还在坚持前沿研究和自己编程。2019年的大聚会上，姚老师告诉我们，当年暑假期间，结合当时的研究工作，他编了大约两万行的计算程序。

学术上和生活上都有所谓的"知识老化"现象，但是人是不会老化的。人可以不断地接触新领域，了解并学习新知识，掌握新技术新工具，那么这个人就能始终跟上这个时代的进步。所以说我一直觉得，姚老师为我们做出的表率不是简单的"活到老，学到老"，而真正是保持自己能够跟上这个行业，或者往大些说跟上这个时代的一种良好习惯。这也是我在求学过程中学习到的。

4．姚老师为我们树立了为人的典范

我很敬佩姚老师。姚老师一直在坚持边界元法的研究，但是他始终很从容地对我们说，边界元法是有限元法的重要补充；他是力学大家，但是也总是说，力学是要为工程服务的，力学是解决问题的方面之一。这些话，我当时不以为然，但现在回想，更结合工作和生活中所见与经历，才体会到姚老师作为力学工作者的胸怀和眼界。

姚老师的个人风格非常平和，但又蕴含着非常深厚气质。姚老师始终保持着随和、谦逊的心态，始终在学习和积累。我一直觉得姚老师是个很厉害的老师，他的厉害之处不在于外向的表现和张扬，也不在于呼风唤雨式的影响，而是他的"底气"。一生没有私心杂念的学习和多少年如一日的积累，姚老师就是这样一位底蕴深厚的大家。姚老师的风格影响和塑造了我们。

姚老师也时常提到，从杜先生开始到他们那一代的前辈们，经历很多，但始终在国家需要的领域勤奋钻研，刻苦工作。我们所处，正是姚老师曾经期望现在实现的好时代，我很珍惜，并会像姚老师那样努力坚持。

5. 其他

最后我还想说，姚老师组里真是一个纯净的环境。与最厉害的老师、最聪明的师兄弟们度过几年充满理想、进步向上的学习生活，我永远不会忘记。感谢姚老师，感谢所有的老师和同学们！

记我在姚振汉教授课题组的难忘时光

曹艳平
清华大学工程力学系

我于 1992 年进入清华大学工程力学系固体力学方向力 22 班,开始本科阶段的学习。1996 年赶上了清华大学第一批"4+2"培养模式试点,和我们班上其他 3 位同学一起,完成 5 年制培养计划后,于 1996 年直硕进入姚振汉教授课题组,开始研究生阶段的学习和科研工作,后续直接攻读博士学位,在姚老师组里度过了 6 年的宝贵时光。这 6 年的学习为我后来的职业生涯打下了坚实基础,也对我后来的科研兴趣和科研方向选择产生了深远影响。

我 1996 年进入课题组时,为神舟飞船发射而设计的移动发射平台进入到了攻坚阶段,姚老师课题组承担了移动发射平台的强度和动力学特性仿真分析工作。我从 1996 年到 1999 年在姚老师指导下一直参与这项工作,先是师兄齐航和航天部的邵老师带着我做移动发射平台建模工作,一年后韩志东师兄从日本回国,带着我进一步进行了该结构的设计优化工作,1999 年项目顺利结题,1999 年 9 月"神舟一号"飞船成功发射。通过参与完成这项课题,我对有限元方法本身有了更深刻的理解,也在实际问题力学建模与仿真方面得到了系统训练。其中有些例子让我至今印象深刻,一个例子是我们在大型法兰盘螺栓预紧力分析与设计中,遇到了问题规模过大,在当时的计算条件下无法进行仿真的问题。针对该问题,姚老师提出了分步建模的思想,完成了危险螺栓的识别,以及螺栓预紧力的优化。这一具体问题的力学建模与分析构成了我本科毕业设计论文的核心工作,姚老师在解决这一问题时提出的建模思想和简化方法对我后来解决相关工程和科学问题一直有指导意义,也是我至今在"材料力学"课堂上经常提及的具体案例。另一个例子是我们在完成该课题时遇到的上下两个大型结构中间由滚珠连接的建模问题,在动力学分析时如何合理简化滚珠、减小问题规模是我们当时遇到的难题,姚老师和航天部的邵老师结合他们的经验,提出了巧妙的滚珠近似模拟方法,并得到了合理结果,这一处理方法当时让我印象非常深刻。除了参加航天的课题,1997 年到 1999 年我还和师兄袁卫锋(现西南科技大学教授)一起参与完成了中国船级社提出的散货船横舱壁剩余强度评价课题,以及在胡宁老师指导下对中国石油勘探院提出的石油钻挺新设计方案进行了分析和优化。通过参与完成上述来自航天、航海到地下石油勘探 3 个不同领域的工程问题,让我体会到课堂上扎扎实实学到的东西是可以解决实际问题的,也让我有机会熟悉了 Patran/Nastran、Marc、Abaqus 等当时最先进的商用有限元分析软件。这些软件,特别是 Abaqus 在我后续科研工作中一直都有用到,通过推导 Abaqus 理论手册中的一些相关内容,我了解了课本和文献中学到的有限元方法在工程软件实现过程中的一些细节问题,这对我在后面开展的软材料大变形与失稳分析大有裨益。

1998 年我从直硕转成了直博，开始在姚老师组里攻读博士学位。我在姚老师课题组的那几年可能是组里人员最多的几年，组里的学生加上年轻老师可以组成两支完整的足球队。尽管大家的课题看起来比较分散，但是我体会到姚老师对论文的指导思想是很清晰的，姚老师总是强调论文选题要面向重大需求，根据工程和科技发展的需要来提出科学问题；在充分调研的基础上，立足于广泛扎实的知识基础和对问题的深刻理解，提出解决问题的创新性构想。也正是在这一指导思想下，我当时博士论文是围绕核反应堆中关键结构的力学建模分析以及这些结构焊接和加工等因素产生的残余应力反演这两个问题开展的。论文的基础研究工作是在法国法马通公司资助下完成的。除了姚老师，当时组里的年轻老师胡宁教授（现任河北工业大学副校长）和法国特鲁瓦技术大学的吕坚教授（现任香港城市大学副校长，法国国家技术科学院院士）是我博士论文的副导师。姚老师在力学建模方面的高瞻远瞩，胡宁老师在反问题方面的丰富经验，以及吕坚老师在残余应力分析与测量方面的深厚积累和广泛的国际影响为我完成博士论文工作提供了极大帮助。我回到清华大学航院工作后，协助冯西桥教授指导的博士生郑修鹏同学毕业后进入了中核集团工作，近期通过和他的深入交流了解到核结构中的残余应力测量与反演至今仍然是至关重要的问题，对分析结构的疲劳寿命有决定性影响。通过交流也发现，我们二十年前发展的残余应力分析与测量法在这类问题上可能仍然有用武之地。

　　除了在学期间从姚老师身上学到的严谨、勤奋的学术作风，温良、宽厚的待人风格外，对我影响尤为深远的是姚老师退休后对待工作的态度。新冠疫情来临之前，每逢教师节在姚老师方便的时间我会带课题组的学生到姚老师家里坐坐，每每听姚老师饶有兴致地讲他自己做的科研工作，展示他亲自编写的边界元程序，都会让我感到震撼的同时带给我极大的鼓舞，让我信心满满地面对接下来工作中遇到的诸多挑战。我的学生每次也都收获颇多，受益匪浅。真心希望姚老师对待职业认真、虔诚的态度，也能通过这种交流传承给我的学生以及我学生的学生。

　　姚老师的身体非常好，这应该是和姚老师心态好，作息规律以及坚持锻炼是分不开的，这一点也是我学习的榜样。我在校园里经常看到姚老师健步走的身影，在图书馆、二校门、大礼堂、新清华学堂。姚老师年近八旬依然矫健的身影让我深感欣慰也很受鼓舞，我也时时以此来督促自己，每天拿出半小时到一小时锻炼身体。我有幸在最好的年龄进入姚老师课题组，成为姚门弟子。姚老师对待工作和生活的态度值得我们终身学习，衷心祝愿姚老师身体永远健康，福如东海，寿比南山。

恭贺恩师八十寿诞

姚学锋
清华大学工程力学系

尊敬的姚老师，您好！

我们怀着无限崇敬的心情，迎来了老师八十寿辰。

八十载的风雨沧桑，您在平凡如斯的岁月里操守着自己的责任与品行；八十年的坎坷经历，您用精诚不息的劳作捍卫着一位人类灵魂工程师的声望与荣光。

时光荏苒，岁月如歌。老师栉风沐雨八十载，教书育人，兢兢业业，呕心沥血，深受学生们与全国同行的爱戴与敬仰。如今，桃李满天下，英才辈出，您培养的优秀学子已经在祖国的经济与社会发展中发挥聪明才智，建功立业。师生传承奋斗精神与淳朴友谊，与时代共呼吸！与祖国共命运！

姚老师对待科学研究精益求精，几十年如一日，始终深耕两个方面的科研工作：边界元法计算精度的基础研究和复杂非线性结构形状优化的工程实用算法研究。倡导科研要以国家重大工程需求为基础的创新思维，以实际行动诠释了"把论文写在祖国的大地上，把科技成果应用在实现现代化的伟大事业中"的科研人生。直接对课题组学生的学术发展与人生规划产生了深远影响。如今有许多学生在高等院校、科研院所、国家大型企业等重要工作岗位上都取得了优异的工作成绩，这是对恩师的最真诚回报！迄今您仍在各种学术会议上作学术报告，传授计算固体力学的最新成果与创新科研理念，惠及众多青年学子，体现了您"笔耕不辍一甲子，耄耋之年仍奋蹄"的忘我奉献精神与快乐生活的人生大格局。

姚老师平易近人，蔼然可亲。每年元旦前夕，您都把自己平时拍的美景照片做成电子明信片分享给固体所全体老师，传递爱心，共享幸福。

姚老师热爱生活，阳光积极。我经常在校园里看到您健康走步，积极践行"为祖国健康工作五十年"的清华体育精神，让人更加深刻体会到"自强不息、厚德载物"的清华校训的无穷魅力。

我第一次认识姚老师，是在1996年5月，如今已经23年过去，回想往事历历在目，难以忘怀。由于博士后研究期间我在深圳进行科研工作，每次回校，姚老师都抽时间给我指导工作。博士后出站留校，也是您大力推荐，才有了我在清华工作的机会。工作后，每次在路上或楼道邂逅您，您都微笑着询问我的科研近况，寥寥数语滋润了我的心田，让我充满了斗志与激情。每当我遇到挫折，您都给予鼓励，给我指明发展方向，我能发展到今天，离不开您的亲切关怀与指导。在此，衷心感恩老师的辛勤付出与栽培！

曾记得您让我结合国家重大工程技术问题，开展应用基础研究。如今我已经与中国商飞在 C919、C929 及 ARJ21 等项目开展深度合作近 14 年，在航空橡胶密封件、复合材料、飞机增升装置设计、实验力学与无损检测等领域积累了一定的成果。这些成绩与您当初的谆谆教诲密不可分。"天涯海角有尽处，只有师恩无穷期"，我将秉承您的基础科学与工程应用相结合的创新科研理念，不忘初心，砥砺前行，尽心尽力突破"卡脖子"技术，攻克国家重大工程需求难题。

  尊敬的老师，您践行了"亲其师，信其道"的教书育人理念，体现了老师以德立身、为人师表的高尚情操，以及快乐科研与素质培养相结合的先进教育创新思想。老师，谢谢您！

  恩师的八十寿辰也是所有学生的节日！感恩之情，难以言表。千言万语汇成一句话：衷心祝福姚老师和师母福如东海！寿比南山！健康快乐！长命百岁！

姚老师研究组回忆杂记

段小华
奇安信集团

忽忽回首，从姚老师门下毕业已二十二载！研究生期间许多往事已经逐渐模糊，但有些记忆片段至今却还印象深刻。

初进师门，从姚老师身上感受到的就是，满满的温良平和，是那种极致的内心强大，进而影响到周边环境的那种气场。在姚老师门下三年，还从来没见过姚老师跟谁红过脸，也没见跟谁吵过一句，对我们这些学生，也是从没骂过一句狠话。整个研究组也非常和谐，包括郑老师、胡老师等，跟我们的这些师兄弟姐妹相处的也是气氛非常融洽，平时学习工作之余，也是在一起谈天说地。记得那个时候每年都会有一两次聚会，姚老师知道我们平时吃的油水少，都是尽量多点一些硬菜，让我们过过瘾，吃完了就聊天唱歌，记得那个时候姚老师唱了一首《新鸳鸯蝴蝶梦》，声情并茂，后来成为每次姚老师研究生组聚会的保留节目。其中有一次，郑老师还在上小学的女儿郑歌也参加了聚会，并演唱了一首《让我们荡起双桨》，简直惊为天人，唱得太好了，优美响亮的童声，当时就觉得跟电视里听到的一样好听，至今都记忆深刻。

在姚老师门下待过一段时间后，感受到的就是姚老师严谨的学风。在工作学习中，那是绝对的一丝不苟，不允许有丝毫的疏漏，一个标点符号的错误也会给你指出来。我记得每周研究组师兄弟姐妹汇报工作，有的时候看着姚老师好像闭着眼睛没注意，但只要有一个错误，姚老师马上就会给你指出，什么地方不对，应该是什么。姚老师自己也是言传身教，备课的教案写的都是整整齐齐，跟板书一样，没有一个错误及修改的地方，看着清清爽爽。后来给我们看到他上大学时做的笔记，也是惊呆了一众师兄弟姐妹，就跟印刷出来的一样！看来这种严谨认真的态度，是几十年如一日的，刻在骨子里的。在姚老师门下，我不能说学到了多么高深的知识，但这一严谨认真的工作态度却是我最为身体力行的师门传承，在工作中，认真负责，不应付了事；错的就是错的，不混淆遮掩。我觉得这是我从姚老师身上学到的最重要的一点。

在研究生三年期间，也才慢慢了解到，姚老师早就桃李满天下了，我的师兄师姐们有早就毕业，在各行各业已经取得不小成就的，也有正在日本、美国、德国学习的。有一进师门就认识的尹欣、王翔、刘永健、郭然、曹艳平、袁卫锋等师兄，也有后面陆续认识的后进师门的、回国的师兄师姐、师弟师妹们，在跟师兄弟姐妹们相处中，也经历过不少有意思的事，这些事我觉得袁卫锋师兄可能会写的，也一定会写得很精彩（袁师兄从南非回来后，在我家住了几天，给我讲他在南非的事，那经历真的太精彩了，把我都听傻了，后来还在网上看到过袁哥写的在南非的传记，那文笔，那经历，只能说这就是传奇吧），要让我写，写出来就平淡无趣了。我就帮记几个引子：一是在鼎好聚餐后结账，我们师兄弟几个跟一帮喝醉酒发酒疯的干起来了，都抄椅子上了；二是我们实验室曾经来过一个朝鲜留学生，带过来一本金日成语录送给姚老师，我们借阅了一下，就记得"主题思想"，然后是一些图片，配的文字"我曾经用过的胡椒面瓶子""我曾经到过这里（金刚山）"；三是王翔师兄给我们讲日式发音，问"唔噜吐啦""特啦凌果"是什么，后来才知道是"Ultra"和"Trainning"的发音；四是曹艳平师兄的经典语录："哇，老曹来了！"。

  整个研究组，包括我们师兄弟姐妹，除源自姚老师的严谨认真的学风之外，还有一点就是都非常团结。毕业这么多年，几乎每年都会举行一次研究组的聚会（除了近两年由于新冠疫情无法聚会，感谢陈永强师兄的辛苦付出！），邀请姚老师研究组的老师、同学一起来参加，有时外地的（甚至在国外的）都会赶回来参加，每次聚会都倍感亲切！感谢姚老师给了我们一个这样温暖的组织！感谢各位亲爱的师兄弟姐妹！最后祝姚老师和师母及各位老师、同学身体健康，诸事顺利！

春风化雨润物无声
——献给姚老师八十诞辰的美好回忆

王福军

中国农业大学水利与土木工程学院

我是1997年9月师从姚老师的。当时，我已经33岁。尽管我在1987年就获得了硕士学位，但一直从事水力机械CAD/CAE工作，很喜欢在程序设计中寻找快乐和成就感，虽然CAD编程还可以，但结构应力应变计算就无可奈何了，缺少基本的知识储备。一个偶然机会，在程建钢老师的帮助下，让我走进了清华园，成为了姚老师的博士生，使我有幸跟着这么一位大师级的老师学习。现在回想起来，师从姚老师，开启了我人生的重要转折点。

入学后，姚老师亲自给我们上了"固体力学基础"这门课程。这门课采用连续介质力学的观点介绍固体力学的基本理论。姚老师告诉我们，力学研究队伍有两个层次：一是工匠艺人，主要掌握理论力学、材料力学、结构力学、有限元法和商用软件等；二是专家与大师，精通弹性力学和固体力学，能够建立固体力学问题的数学模型并掌握相关数值算法。第一次让我了解到学习力学还是有层次的。姚老师从张量分析、运动与变形、应力与平衡、材料本构关系，讲到弹性力学和塑性力学基本理论，还讲到了多场耦合问题，姚老师语速不快，声音不高，但用简洁的语言将力学的脉络和分支梳理得极其精致，让我对力学有了全新的认知。姚老师的板书极其工整规范，堪比印刷体，笔笔惊艳，字字潇洒。现在回想起来，当初如果有手机拍个照片，估计是当今年青教师顶礼膜拜的教学珍品。从姚老师的课上，我深刻感觉到了导师博学、严谨和谦虚的大家风范，深刻感受到了姚老师对力学的热爱及其深厚的力学功底，也深深感激自己遇上这样的好老师。这份感激之情，一直持续着，直到现在。

博士论文选题时，姚老师充分尊重我的个人意见，同意我从事有限元领域的研究工作。其实，当时正是边界元发展势头比较好的时期，老师肯定非常希望我从事边界元的相关研究，但姚老师能从我的角度考虑，并没有要求我做边界元。导师的这个决定，既使我能够有机会学习和借鉴姚老师课题组的科研工作，又让我能够在水力机械领域科研工作在原来基础上有质的飞跃，这为我后来的科研工作奠定了坚实的理论和实践基础。从此开始，进入了有限元的天地。由于编程基础还不错，我在比较短的时间内，将计算力学大师 D.R.J. Owen 教授所著 *Finite Elements in Plasticity: Theory and Practice*（《塑性力学中的有限元法：理论与实践》）中的有限元动力分析程序全部输入到计算机中，并顺利在 Linux 系统中调试通过。在此基础上增加了区域分解算法，借助 PVM 实现了并行计算。由于在计算诸如汽车碰撞等带有接触边界的动力学问题时，需要设计专门的接触搜索算法，我就在 Owen

教授程序的基础上，设计了新的接触搜索算法，同时将以前开发的水力机械 CAD/CAE 软件显示输出模块借用过来，在 Linux 环境下完成了 C 和 FORTRAN 的混合编程与输出，从而形成了一套完整的显式动力有限元计算软件。相关的接触算法先在 *Acta Mechanica Sinica* 上发表，后来又在姚老师的指导下，完成了基于样条曲面的接触搜索算法，并发表在 *International Journal for Numerical Methods in Engineering*，得到国际有限元大师 T. Belytschko 教授的高度评价。2000 年 12 月，我完成了在清华园的学习，顺利答辩毕业。

毕业后,在姚老师和程建钢老师的推荐下,于 2001 年年初收到自己的偶像——D.R.J. Owen 教授发来的邀请信，到 Owen 教授团队继续从事有限元方向的博士后研究工作。这样，2001 年春天来到了英国 Swansea University，当时的名称还是 Wales University in Swansea，在 Owen 教授团队开始了新的生活。Owen 教授的得力助手 Y.T. Feng 教授给了我莫大帮助，使我顺利将原来在清华所做的 FORTRAN 程序全部移植到 C 语言环境，完成了 Owen 团队第一个基于 C/C++的显式动力有限元并行计算程序。在我于 2002 年年底接近完成博士后工作，快要离开 Swansea 时，清华的师弟李晨锋来到了 Swansea，并在后来协助搭建起了 Tsinghua-Swansea 双边学术论坛，每年两校师生定期进行互访并举行计算力学论坛。Owen 教授也有了更多机会来清华与姚老师、庄茁老师等开展更为广泛的学术交流，让我也有机会在毕业后时常与姚老师见面，听姚老师讲课题组的故事，聊师兄、师弟和师妹的近况。

正是在清华大学三年半的博士经历，正是有了姚老师的精心指导，以及后来在 Swansea 的历练，让我真正体会到了有限元的奥妙、感受到有限元的强大，后来又从固体拓展到流体，熟悉了有限体积法的理论及其在流动计算中的应用，并成功地用这些知识解决了大型水泵和水轮机设计和运行稳定性分析等相关难题，成果在南水北调工程和三峡工程中得到应用。当我将我取得的重要研究进展、获批长江学者特聘教授、以第一完成人身份获得国家科技进步奖二等奖等消息告诉姚老师时，姚老师总是露出会心的微笑，能够让我感受到他很开心，为学生的进步高兴。姚老师一直鼓励我，要将所学到的知识真正用于解决生产实际问题，这让我感觉总是动力十足。

直到近八旬高龄，姚老师还一直活跃在计算力学第一线，不仅阅读文献、参加学术交流，自己还天天在计算机上调试程序。这是姚老师发自内心的热爱，永远的计算力学。其实，在我的科研路上，不经意间，也一直在遵循着姚老师的样子在工作。

在与姚老师交往的这些年里，让我不得不提的，还有师母。同姚老师一样，师母也一直在关心着我和我的家人。有一次，师母听说我有较严重的花粉过敏症，就特别向我推荐了北京世纪坛医院专治花粉过敏的王学艳医生，将王医生的各种联系方式都发给了我，而且还要亲自带我去找王医生。还有一次，师母给我打电话，说她到了我家楼下，骑自行车将刚刚从海南空运过来的水果送给我家人吃。老师和师母的关心爱护之情，让我时时都在回味……

在此，让我发自内心地说一声，谢谢姚老师！谢谢师母！祝你们健康长寿，生活幸福！

严谨治学　宽厚育人
——庆贺导师姚振汉教授八十寿辰

孔凡忠

新兴际华集团智能装备中央研究院

1998年3月，在中国石油大学（北京）获得硕士学位后，我有幸到清华大学工程力学系攻读博士学位，师从姚振汉教授。姚老师治学严谨，倡导力学与工程相结合，注重因材施教，对待学生非常宽厚，每年都要组织研究组师生春游秋游。博士研究生期间的学习和生活是非常快乐而难忘的，对我的一生产生了深远影响。

1. 对职业生涯选择的影响

在博士研究生学习期间，姚老师亲自指导我的博士论文工作，采用边界元相似子域法模拟颗粒增强复合材料特性，为研究组后续快速多极算法研究做了铺垫。尤为难得的是，姚老师发现我对工程有些偏好，安排郑小平教授做我的副导师，采用大型有限元商用软件完成了几个工程项目，涉及石油工程、航天工程、船舶工程等领域，既积累了力学与工程相结合的实践经验，也激发了投身工业领域的兴趣。

2002年1月，在工程力学系取得博士学位后，我选择到清华大学汽车工程系做博士后。在博士后期间，凭借扎实的力学基础和工程悟性，我逐渐成长为清华大学汽车碰撞实验室的核心骨干，先后完成了四个车型碰撞安全性的改进设计工作，作为博士后代表在汽车安全与节能国家重点实验室全国评估时做工作报告，获得了中国汽车工业科技进步奖二等奖、清华大学优秀博士后奖等荣誉。我作为姚老师指导的一名非常普通的博士毕业生，秉承力学与工程相结合，两年多的时间竟然在汽车工程系做出了不少成绩。

在姚老师倡导力学与工程相结合理念的指引下，2004年7月，我离开清华，调入中国兵器装备集团公司总部工作，从此正式踏入汽车企业集团，赶上了令人振奋的中国汽车工业黄金二十年。

2. 对工作能力和业绩的影响

在汽车工业界工作近二十年来，我逐渐成长为大型汽车企业集团工程研究总院的领导，既有牵头组织混合编队研发平台级车型的经历，也有牵头组织编制国家战略规划的成功经验。我曾经长期工作过的长安汽车已经发展成为中国汽车自主品牌的领头羊，曾经主持开发的车型已经成为月销数万辆的经典车型。我参与编写或者主笔的《国家智能汽车创新发展战略》已由十一家部委联合印发，对我国汽车产业转型升级和发展产生了深远影响。我参与筹划的智能网联汽车创新中心已成长为国家级创新中心。

回想起来，我在读博士研究生期间在严谨治学、逻辑缜密方面得到了很好的锻炼，它为我后来的研究工作奠定了坚实的基础。博士后期间参加了国家重点实验室评估连续两个多月十余次演讲演练对我的锻炼也特别大。中央企业总部机关工作开拓了我的视野、锤炼了我的领导力，自强不息、厚德载物的清华精神更激励我在后来工作中注重团体合作与协同开展工作。

同时，力学作为一门基础学科，容易与工程实践相结合，也易于向智能网联和控制领域扩展。如此，在中国汽车工业的黄金时代，又很幸运地赶上了智能网联和电动化这两个风口，能形成一些工作能力，做出一点成绩，追根溯源还是在清华期间做了足够的知识积淀。

3. 对未来工作的影响

面对职业生涯的最后十年，秉承力学与工程相结合，历经磨难和挫折不堕产业报国之志，我受命筹建新兴际华集团智能装备中央研究院，主攻方向为"新一代单兵综合系统"，既包括力学、材料等传统学科，也包括智能网联和控制等热门风口，相信还可以做些有益的工作。

站在事业的新起点，回望我在姚老师研究组求学和工作后的经历，清华期间打下的知识基础、工程基因、自强不息精神、厚德载物胸怀、产业报国之志，终身受益。师恩难忘，在姚老师八十寿辰之际，衷心祝愿姚老师和师母身体健康，永远年轻，幸福安康！

庆祝姚老师八十寿辰

陈永强
北京大学工学院力学与工程科学系

我 1998 年 9 月从山东工业大学固体力学专业来清华大学工程力学系跟随姚老师读博士研究生。入学的时候在新水利馆。印象中，当时空间不足，老师们都在一个大房间办公，也没有足够的空间给研究生安排工位和电脑。后来很快搬到位于东门外的逸夫楼，极大改善了科研空间和设备条件。教授可以两人一间办公室，研究生也有了固定的工位，进入课题阶段的高年级研究生几乎可以每人能有一台电脑。

那个时候，清华大学实行研究生的副导师制度。整个研究组有 30 多位研究生，还有 6~7 位副导师，所以每周一下午固定组会时间讨论的时候，人数很多，很热闹。研究生在周一的组会上轮流报告。每周一都有 4~6 位研究生作报告。一个月内所有研究生都会报告一次，每学期每人报告 3~4 次。

当时正好国内开始重视发表 SCI 检索的论文，适当调减上课学时，鼓励提高科研水平和发表 SCI 论文。我是在取得硕士学位之后来读博士研究生的，相对于由本科直接读博士研究生的同学，课程量少很多，大概第一学期结束之后，就没有必修课了。当时主要的必修课是姚老师讲授的"固体力学基础"，先由郑小平老师讲授前半学期，姚老师讲授后半学期。那时候正好轮到姚老师给力学系本科生讲授"弹性力学"，我做这门课的助教，负责一个班的记录和批改作业。我批改一次弹性力学作业几乎要用一周时间，尽量比较细致，找出来、标记每份作业错误的地方。每次作业记录、打分，再汇总作业成绩，作为期末总成绩的一部分。

杜庆华先生、余寿文教授和姚老师编写的《弹性理论》，是国内重要的弹性力学著作，是我学习弹性力学的主要参考书。我在山东工业大学本科的时候学过徐芝纶先生写的《简明弹性力学教程》，后来在研究生阶段听孙树勋教授（我的硕士导师）讲授"弹性力学"，再后来又听姚老师讲授"固体力学基础"。后面两门课程的内容都是主要参考这本《弹性理论》。姚老师理论深厚，讲课清晰、透彻，毫无含糊之处，概念、难点、关键都用确定性的语言，让学生听了对问题理解得深入而清晰无误。

姚老师擅长用 Word 做讲义，用 PPT 做报告，水平很高。"固体力学基础"和"边界积分方程-边界元法"两门课，姚老师都做了 Word 版本的电子讲义。每次上课前在教室发给我们。我们再拿去分别复印，学期末装订成厚厚一本。我后来给学生上课也自己用 Word 做讲义。

博士研究生毕业后，姚老师介绍我到北京大学袁明武教授这里做博士后，为我写推荐信。当时中国力学学会正在筹备第六届世界计算力学大会，袁明武教授是大会主席，姚老师担任秘书长。在袁老师和姚老师的指导下，我参与了这次大会的很多组织工作。

姚老师坚持每周固定时间组会讨论，从不间断。偶尔遇上出差，也请组内的副导师代为主持讨论。这对于我们这些研究生的科研工作既有多方面的直接指导，也是督促，同时也增加了很多讨论机会，开拓思路。我后来在北大做老师，也坚持每周给我的研究生开组会。

姚老师不仅坚持亲自指导研究生的论文工作，自己也从未放弃学术研究。有一次我和姚老师一起参加在台湾大学举办的两岸计算力学会议，我和姚老师住一间房间。早上，姚老师一般起得很早，起来之后就在桌子旁边用他的笔记本写边界元代码。

姚老师重视教学，重视给本科生上课，重视指导和讨论。不管是上课还是讨论，不让外界打扰，不接电话。

姚老师在国内有崇高的学术声誉和受尊重的个人品德，高山仰止，德音孔昭。既从严治学，也对学生亲切关心。从来不以发表论文为科研目标，强调和鼓励扎实研究、有所创新。这对我们所有的研究生都是非常好的学习榜样。

姚老师在退休后，还有很多个人的学术创新工作，独立发表了许多研究论文。这种独立创新性的工作，对于我们这些年轻的教学和科研工作者来讲，都是很难的。姚老师有很多重要的工作，是在退休年龄附近和退休后，继续帮助指导研究生完成的，有些重要的工作还是姚老师自己独立完成的。姚老师热爱科研，勤耕不辍，体现了老一辈科研工作者的宝贵精神。我在后来的工作中，还经常组织小型研讨会，姚老师仍然亲自作报告，讲得非常详细，不仅是报告自己的最近工作，尤其把自己的科研经验和重要的理论思想，讲给下面的研究生。同时在听研究生报告的时候，更是给予具体的指导。

姚老师非常热心组织和参与国际、国内学术会议和研讨会，几乎都是全程参与。尤其是他自己领导、组织了一系列学术会议和学术组织，又在适当的时候，把这些会议和组织交给学术界更年轻的教授接手，自己仍然身体力行，积极参与，协助办好会议，事无巨细，包括会议日程。

姚老师有非常好的锻炼习惯，坚持不懈。每天坚持走路。有一次在南京召开计算力学会议，会议结束后我去参观一个原以为不出名的寺庙。刚进去大门，正好看到姚老师从后面也刚刚进来。当时是早上8点多，姚老师给我展示他的走路步数，已经走了两万多步了。原来姚老师起床后就在附近先走了很多的路。在校园内姚老师也是坚持步行，坚持锻炼。有一次在颐和园旁边的餐馆聚餐，我提出要开车去接姚老师。姚老师却坚持自己从蓝旗营走到颐和园门口，与我们会合。

我不仅跟随姚老师学习科研理论和科研方法，更学习了姚老师的治学态度和人格品质，这对于我在工作和人生中，始终都是最好的榜样和指导。

谨以此文恭祝姚老师八十寿辰。

贺导师姚振汉教授八十大寿

张见明
湖南大学汽车车身先进设计制造国家重点实验室

一、赞先生

引领边元功无伦，门出博士卅馀人。
弥陀几世可修得，已是今生佛报身。
算法应藏无限趣，不然耄耋犹迷沉。
我唱先生随天老，年年相聚忆师恩。

二、谢先生

俗务庸身荒九年，赤心原是向塔尖。
慕学重返辟雍地，鸡仰脖挤群鹤间。
幸得先生不我弃，拙讷也能入法眼。
人前称道基础好，择题直达最前沿。
小幸研究小有成，一篇文稿夸半天。
随时随地传心印，亦为秘重亦昌言。
边元确有真境界，灵犀一点蓬莱仙。
世务不通贫伴身，囊空学业不支撑。
博士阶级断学费，借挪帑银扶过埂。
无忧身后专心志，勤奋也因感戴恩。
破例获得家翘奖，毕业推为优秀文。
扶桑旧友居长野，边元领域顶尖人。
力荐追随再深造，过洋飘海新征程。
倭国直简事单纯，恰合象牙塔里人。
惬意五年好时光，梁园毕竟是他乡。
言语道阻身难立，再回名攻利敌场。
先生知我牛根性，托嘱富儿多相帮。
争奈愚顽不开窍，辜负一片慈心肠。
冷炙残羹多得色，不如村头读书强。
廿载不辍曾一日，夜夜挑灯调码忙。
赚袭一身全是病，穷愁潦倒依白杨。

羞缺御制功名业，难为门户争荣光。
恩重心慈何可报，老来身废几无望。
但期做整成软件，法脉嗣承有振扬。

三、从先生所学

边界积分方程赞

解名基本体名空[①] 　流势对称造化功[②]
究竟穷极源奇异[③] 　说强论弱理圆融[④]
微分积替有天运[⑤] 　体域边为无斧工[⑥]
热力电声皆可解[⑦] 　能将有限事无穷[⑧]

注：

①基本解是物理定律（万有引力、库伦力等）在位势理论中的表达式。通过基本解，边界变量可以完全确定物体内部状态。对线性问题，求解方程不需要考虑内域。

②边界积分方程中势和流是对称对等的，因而应力计算精度高。在接触问题中施加平衡条件时，面力也是现成的。

③基本解的奇异性使得系统代数方程组的系数矩阵绝对占优，保证了数值计算的稳定性。

④由于基本解的散度是 Δ 函数，边界积分方程是强形式，但对试函数的连续性要求比弱形式还要低。

⑤由弱形式推导边界积分方程时用了两次散度定理，而散度定理是物质和能量守恒的数学形式。边界积分方程与原微分方程完全等价，弱形式方程则是一种近似。

⑥体积分转化为边界积分的过程中除了使用散度定理，没有引入任何人为假设。

⑦对线性问题，不需要域内积分。对非线性问题，加上域积分即可。积分计算比微分更稳定，精度更高，且不要求网格连续。

⑧对电磁波、声场、地震波等涉及无限域的问题，边界积分方程自动满足无穷远处的边界条件，无须考虑外域无限空间，只需物体表面网格。

四、先生一直关心的 5aCAE 软件开发

荷——突破双层插值难关

出泥浮水露玉萍，渐展渐伸满塘青。
点点燃红千炬蜡，田田遮暗一底荫。
风来影破归兰桨，雨去盘倾滚冰晶。
历尽炎凉成正果，清甜犹有忆苦心。

注：

点点＝离散；田田＝连续；点点+田田＝双层插值。

网——突破网格自动划分难关

蛛丝悬牖角，鱼罟沉塘坳。
兔罝构洞口，鸟罥张林梢。
有影显机巧，无形藏诡讹。
恢恢无疏漏，森森满娑婆。
经纬不遮雨，纵横欲捭阖。
但知为陷阱，害物何堪说。
物网已难避，世网不可脱。
利网缠身紧，名网挂士多。
春蚕亦吐丝，利物禀天和。
我亦殚竭虑，为茧不为罗。

五、待他年，软件开发事了，为先生寿。

踏遍青山　精织彩虹

陈永亮
云南省交通规划设计研究院

三月的昆明很美，温度宜人，天空晴朗，百花争艳。此时的清华园是什么样呢？河边的垂柳吐了新芽，远远望去是一种萌萌的浅绿，但空气中还带着些凉意。是不是这样我拿不准，毕竟离开清华园已经十八年了。

清华记忆

我1994年进入清华力学系，1998年进入姚老师研究组读博，2003年顺利毕业，在清华园度过了九年时光。清华生涯给予了我广博的知识、坚韧的品质、积极的生活态度，使我在陌生的领域取得了一点成绩，在春城安家立业。"自强不息，厚德载物"的校训始终牢记心中。

闭上眼睛，一幕幕回忆如潮水般涌来，就好像发生在昨天。

一号楼、二校门、大礼堂、图书馆、四教、万人食堂、西操、照澜院、近春园、清青快餐……每一个地点都让人联想起一些学习生活的片段，或甜蜜或苦涩，五味杂陈。但每每想起研究组的老师和同门，心中却只有温暖和感激。

记得刚入研究组时，还在新水利馆，给我最直观的感觉就是这个团队热闹而和谐，使我面对艰苦的求学生涯多了几分力量。以后的日子也验证了我的初印象。每周的例会、不定期的聚餐以及踏青、踢足球等文体活动，都体现了姚老师研究组的文化特色——宽严相济、劳逸结合。

后来搬到了新系馆，有一个细节我记得很清楚，姚老师办公室在走廊端头，我每次离开的时候都会经过姚老师办公室，几乎每次都看到姚老师端坐在电脑前心无旁骛地工作着，好像世界上只有力学一样。这一幕场景始终鞭策着我，让我在动摇时重拾信心，继续前行。

我能够按期毕业，离不开岑松师兄的悉心栽培。从论文写作、论文发表到生活方面，岑松师兄都给予了我莫大的帮助，借此机会，向岑松师兄表达真诚的感谢。

桥梁与力学

从2003年博士毕业至今，我一直从事公路桥梁有关的工作，以前做设计，现在做安全质量管理。在此期间，我一直在思考力学在实际工程中的价值。

记得刚入职那会儿，接受了一个任务——计算一个空心高墩。我的办法是用Marc建立三维有限元模型，施加荷载，计算，分析结果。后来才知道没必要这么复杂，因为桥梁工程习惯用内力来做截面设计，用梁单元建模即可。于是我得到了第一个感悟：进入一个工程行业后，要熟悉行业的习惯，这样才能更高效地解决实际问题。

在平常时期,力学似乎只是工作中的一个工具,但在特殊时期却是一颗定心丸。记得是 2007 年,在家刚吃过晚饭,领导打电话来,说有急事速来单位处理。原来是有一座桥在验收的时候发现了严重的质量问题,要马上确认我们的结构计算有没有问题。经过三小时紧张的突击,结果出来,各项指标都在规范允许范围内,于是大家悬着的心都放下来了。当然问题桥梁的后续处治还要参加,但是心态很放松。

说到老力学系的三个专业:固体、流体和热物理,桥梁工程中遇到的绝大多数都属于固体力学的范畴,但最近遇到一个流固耦合的案例。我们在丽江设计了一条高速公路,路线要经过一个规划水电站的淹没区,有大量的桥墩部分被水淹没。其中最极端的一座桥是石鼓大桥,为 2 m × 330 m 主跨斜拉桥,墩高 180 m,水深达 140 m。而且桥位附近存在一条活动断裂带,地震烈度高。地震作用下的墩水耦合效应成为控制设计的工况。想象这样的图景:截面很大的空心桥墩,80%位于水面以下,箱内外被水包围,下方的岩层传来地震波,桥墩和水一起震动,又相互影响,问题相当复杂。面对这个难题,力学有两个解决办法:数值模拟和模型实验,这都超出了设计单位的能力范畴,应该是高校和科研院所的"菜"了。好像是 ADINA 软件擅长分析流固耦合问题吧?

总之,力学在桥梁工程中有着广泛的应用,但力学专业的学生需要沉下心来,才能真正进入这个行业,发挥自己的专长。

最后,附上我工作以来设计的几座代表性的桥梁(实地照片),为敬爱的姚老师八十寿辰献礼!这些桥梁均已建成通车,极大地改善了当地的交通条件,为云南的经济社会发展贡献了力量。每念及此,自豪感油然而生。

墨临高速澜沧江特大桥

武倘寻高速木板河特大桥(效果图)

武倘寻高速杜朗 3 号大桥（效果图）

香丽高速虎跳峡金沙江大桥

华丽高速金安金沙江大桥

良 师 益 友

高雁飞

美国田纳西大学

人生一大幸事是能在最好的年华里有最好的良师益友。清华核研院王海涛教授是晚我两年入学的师弟，蒙其邀请撰写短文一篇与大家祝贺姚振汉教授八十华诞，我首先想到的就是开头这句话。时光如白驹过隙，距上次参加姚老师的组会已经是二十余年了，然而姚老师和诸位学长的耳提面命时时不忘。

我是 1998—1999 学年在姚老师课题组做本科毕业设计。当时清华从五年制到四年制转变，我并没有像其他同学那样去直硕或直博，而是一边读大五，一边读计算机双学位，同时联系出国留学。我的本科辅导员王翔是 91 级的师兄，当时在姚老师那里直博，建议我可以做一个计算力学的毕业设计，这样也可以兼顾双学位的毕业设计。计算机系对双学位管理不是很上心，但是我最终还是找到计算机系胡事民教授作为双学位导师批准了这件事情。所以我 1998 年夏天先去生产实习，去袁卫锋师兄兼老乡的原单位（中船舶郑州 713 研究所），其间颇受袁师嫂照顾。然后 1998 年秋天开始参加姚老师的课题组。姚老师让我帮助尹欣师兄做一些工作，不过后来我发现对尹欣师兄的打扰居多。姚老师组里的老师们和同学们非常多，常常满满一个会议室都坐不下。从诸位的报告里和姚老师指导的过程，以及从接触最多的王翔、袁卫锋、尹欣三位学长，我受益非常多。

姚老师是计算固体力学的权威，尤其是和杜庆华先生一起对边界元计算有深入独到的研究和广泛应用的推动。固体力学的学习较大程度上都在做各种连续场的时空演化分析，且其主导方程都是各种复杂的偏微分方程。当时有不少人认为计算数学的发展和计算机辅助设计足以解决这样的问题，但是他们显然脱离了工程实践，也不了解应用中的瓶颈所在。要知道甚至简单的工程粗糙表面的接触问题求解、找寻复合材料的渐进破坏统计规律、大规模结构拓扑优化等问题都会需要意想不到的漫长时间和精力。边界元法基于格林函数或者奇异积分插值方法，可以在偏微分方程基本解的基础上快速找出问题的解决方案，所以其不仅有显著的工程意义，同时也大大地丰富了计算力学的理论。不过显然此方法比其他计算方法要复杂得多，或者可以说是极其繁琐。从各位老师和学长们学到的第一课是，要认真地看姚老师不厌其烦的各种细节的推导和解说。有此良师才能够入门，且将来能登堂入室。懵懂的我在门口看到的大家的激情，直到现在还激励着我在科研道路上前进。

王翔师兄在航天事业上有出色的贡献，他讲到在姚老师这里学到的深钻研以及清华广泛且扎实的功课，是他能解决一个又一个问题以及领导超大团队本领的来源。我想姚老师对我们的教育是"固其本也"。袁卫锋师兄极其聪明且有超级洞察力，从和他一起生产实习，到听他讲怎么在动力学分析和边界元法应用，常常是令人耳目一新。我想姚老师育英才于天下，是"张其目也"。韩愈说，"足乎己无待于外之谓德"，这就是姚老师的师德吧。

回忆恩师姚老师二三事

张文毅
北京影合众新媒体技术服务有限公司

今年适逢恩师姚老师八十寿辰大庆，师兄弟们都在回忆交流当年在恩师指导下的学习和生活点滴，大家都颇有感慨。我是 1999 年到 2002 年期间，在姚老师指导下完成了硕士研究生的学习。最早实验室是在新水利馆那边，正式进实验室时已经搬到了新的逸夫技术楼。回想起来，正是研究生这段时间，我才开始初步形成独立思考、研究钻研的习惯。虽然毕业后工作领域有所变化，但回想起来，这个时期对我的成长帮助很大，我受益良多。感恩之余，首先祝恩师姚老师 80 岁生日快乐！

研究生毕业 20 年了，工作之余也会在脑海里闪现校园时光的某些片段，那时候的人，那时候的事，还有那时候的景。回忆中，总有些瞬间，能让心头暖流淌过，这很多瞬间里都有姚老师的影子。对于我印象最深刻的，却是我论文期间的二三事。

当时每周一都有例会，师兄弟们在姚老师面前讨论和汇报工作。通常大家都是用 PPT，有的师兄若有实际的项目、算例、推导，还会专门演示。当时我的硕士论文已经写了大半了，然而心里那年轻人的浮躁心态还是很多，论文虽然有不少页数了，但总有些需要深化的要点还朦朦胧胧。每到周一的时候，我总是会感到是个难关。某天又到周一例会了，拖到前一周最后时刻不得已交了一稿论文。我暗想，硕士论文写成这样应该可以过关了吧？因此在周一例会的讨论汇报时，我混在师兄们后面当"鸵鸟"。突然听到姚老师在前面说道，张文毅你的论文摘要这么写是不行的，这几个概念都不确切。文献综述里你说现在国内外的这个领域研究成果很少，也不符合事实啊。另外，论文格式规范也要加强啊。我心里一惊，却还心存侥幸：姚老师上周正好事多，这些文献也比较偏，何况论文刚交两天，想必姚老师也不一定了解细节吧。在侥幸心理和年轻人面子的双重作用下，我狡辩了几句。姚老师倒也不生气，平静地说道："Elsevier 的文献我昨天也检索了一下，里面的编织复合材料这个关键词相关的文章挺多的，×××文章和×××文章都是讲这个的，你也去看一下罢。"我口头答应着，目光垂下了，虽有不服气，但老师讲的确实没法反驳。

又快到周一了。这个星期我重改了摘要。另外，按照师兄们的建议，把插图、公式的编号、字体，论文末尾引用的文献列表，都梳理了一遍。可是，又拖到了周会前最后一晚才发出邮件。到了例会前，我收到姚老师回复的邮件，很吃了一惊。论文摘要从头到尾，姚老师从头改过了。对于不确切的概念，还以标注的方式重点标出了。参考文献标准中不符合规范的，无论是字号、标点、还是括号、页码，姚老师都一一给订正了。附件还发了硕士论文参考文献标准格式规范。通篇下来，我的原文貌似全是错漏。周一例会挨不过了，又快到点评我的工作了，我已先垂下了头。只听见台上的声音传来，"我们搞工程的，无论干什么都一定要有严谨性"。话虽不多，却让我触动。

又过了好多时日，师兄弟们交流时，也谈到治学态度等问题。师兄发给我几张截图，说是姚老师年轻时候的笔记，他让我观摩学习。原来这几张照片拍的是姚老师求学时期的笔记，内容是变分原理的推导。纸片已经有些发黄，看起来有些年头了。题目的标题是用英文写的，漂亮的圆体字。紧接着是蓝黑墨水绘制的图，图一是变形前的坐标系和单位体积，图中标注了各个物理量，图二是变形后的。然后是方程和公式推导。字体像是仿宋，又像是刻油印蜡纸的专用字体似的，整整齐齐。公式后的空白处，有用红笔写的注，注明了推导的要点。之后，还有红笔框起来的"再注"，显然是后期又修订过。整个笔记不仅条理清楚，而且布局字体颇有美感，甚至就像一件艺术品。看完以后，我不仅感慨，先生的治学态度一丝不苟，也从心里激励自己以先生为楷模，永远学习，永远年轻！

我的女儿今年上初二，中学阶段也开始学习力学了。和其他初学者一样，她也还没有接受过规范的工程训练，她在面对平时的物理试卷时，往往喜欢在试卷空隙草草列出算式，写出结果，所以难免错漏。碰到这事，我有时就会动起父亲的权威来，"以后物理题都要在草稿纸上画受力图，写明受力物体，标出所有受力，再列出算式求解"。女儿却不以为然，"这几题我会的，粗心算错了而已"。看来这个教学效果还不行。后来，我找一个合适时机，心平气和地找女儿讨论，展示了姚老师的笔记，再谈严谨的重要性。从女儿的眼里，我能看到一些惊讶，"原来是需要这种严谨态度的"。之后，我和她妈妈再尝试慢慢影响，收效终于好起来了。

另外，我求学时期属于性格独来独往的类型，加入实验室后才感受到家庭式的温暖。每到逢年过节，或者搬家生日等重要事件，姚老师、师母会把师兄弟们聚到一起，姚老师说，希望师兄弟们能够共同进步，因此我们或是吃饭，或是登山，或是踢球，或是郊游，师兄弟们在一起交流工作学习的体会，分享生活的快乐，甚至分享儿女的照片趣事，都特别开心！活动留下了不少照片，每次都能回忆起这些美好的瞬间。

适逢恩师八十大寿，再祝姚老师生日快乐！永远年轻！也期待和姚老师、师兄师弟们再次相聚！

恩师情谊 终身不忘

岑 松

辽宁工程技术大学

清华大学航天航空学院

时光如梭，转眼间已经和博士后恩师姚振汉教授相识二十二个年头了。还记得 2000 年自己博士毕业前到力学系面试姚老师的博士后，当时还根本不认识姚老师，甚至不太清楚考场中哪一位老师是姚老师，结果就这样稀里糊涂地第一次见到了姚老师。如果放到现在，在面试前都没见过要报考的导师，估计无论如何也不会被录取的。但是在姚老师身上体现的是一种非常博大的胸怀，他并不拘泥于这些小节，而是更关注年轻人的学术成长。而这种情怀一直伴随着我的成长，这也是我一生中的幸事。

入站后，姚老师给予我非常宽松的研究环境。虽然姚老师的特长是边界元，而我主攻的是有限元，姚老师不仅没有强令我转向边界元，反而积极支持我延续博士论文的研究，继续在有限元研究领域徜徉。2001 年，姚老师得到通知，国际著名计算力学专家 K.J. Bathe 教授在美国召开第一届麻省理工计算流体与固体力学会议，并在全世界范围内评选 100 名 30 岁以下的年轻学者授予证书和奖学金，全程资助参加会议。姚老师积极鼓励并推荐我参评，亲自为我写了推荐信，并让我完善了层合板有限元的相关工作，形成论文后进行了投稿。过了一些时间，姚老师高兴地通知我入选了。当时中国学者共两人入选，另一位是大连理工大学的一位同仁。遗憾的是，由于 2001 年 5 月中美南海撞机事件发生，美国签证政策收紧，即使我手握麻省理工学院给我邮寄的电子机票和请求美国大使馆给予签证的信函，美国大使馆仍然两次无理拒签（另一位同仁也未能幸免），使我失去了一次到麻省理工学院与国际学术同行交流的好机会。其间姚老师也积极帮助我修改申诉信，拒签后姚老师让我准备好 PPT，由他代为报告。会议结束后，姚老师远跨大洋，亲自把我的证书（图 1）、会议胸牌（图 2）和论文集带回，让我非常感动。正是在姚老师的不断关心和帮助下，我才能不断地完善相关的工作，使我的博士学位论文（姚老师是评阅人和答辩委员）获评了 2002 年全国优秀博士学位论文（土木系唯一一篇全国优博）。博士后出站后，我又获评清华大学优秀博士后，这些成绩的取得都是与姚老师的精心培养和付出密不可分的。

姚老师是力主把我留在力学系的第一人，博士后尚未出站，就已经开始对我的培养。"弹塑性力学"课程是全校研究生公共学位课，是全校选课人数最多、影响最大、学生基础最复杂的一门课。当时，姚老师接手这门课时，亲自写了讲义，让我先听课当助教；等我正式留校后，让我先讲前半部分难度小的，他讲后半部分难度大的，并且全程听我的课，指出了我很多不足之处，对我的教学和基础理论水平的提高起到了巨大的推动作用，也让我深刻体会到了老教师对我们年轻一代的期望和栽培。直到姚老师退休，他正式把这门课程交给了我。经过不懈的努力,"弹塑性力学"课程分别于2008年、2011年和2016年3次入选清华大学精品课,自己也荣获"2009年度清华大学青年教师教学优秀奖"(每年评选10人,40岁以下清华教师教学最高奖)。

姚老师自身有很高的学术造诣,在国际上边界元研究领域享有盛誉,并且至今仍然对计算机编程十分熟练,深刻诠释了计算力学研究真谛(并不是力学计算)。他一直淡泊名利,不为功名利禄所拖累,所热衷的是如何把国内计算力学和工程力学界团结起来,如何培养年轻力量,推动整个学科发展。在80岁之际姚老师荣获了国际George Green奖章,是中国学者的骄傲,是姚老师学术能力和水平的最好总结,也是我辈学习的典范。

由于各种原因,自己逐渐走上了管理岗位,甚至离开清华。很多姚老师的心愿都还没有达成,比如学术上更进一步的发展,《弹塑性力学》的新教材等。但是无论走到哪里,无论将来干什么,恩师的教诲,永记心上;恩师的情谊,永远不忘。祝姚老师和师母福如东海,寿比南山,永远年轻!

图1 证书

图2 会议胸牌

忆导师姚振汉教授二三事

王海涛
清华大学核研院

我是 2000 年本科毕业后进入姚老师研究组的。但我认识姚老师的时间更早，我所在的 96 级本科生在大二的专业课程"弹性力学"正是姚老师主讲，胡宁老师辅助。"弹性力学"是我们学习完前置课程"连续介质力学基础"后接触到的第一门真正意义的力学专业课。在我看来，学过弹性力学是力学专业学生区别于其他工科专业学生的重要标签。正是在这门课上，我深深感受到了姚老师渊博的学识、深厚的力学造诣和儒雅的授课风格。

在 1999 年夏天推研选择方向时，我对计算力学有着浓厚的兴趣，那时我也从未来的师兄张文毅那里知道，姚老师恰好就是这个方向的大教授。因此我毫不犹豫地选择了报考姚老师的硕士研究生。两年后，我又申请了提前攻博，继续在姚老师研究组深造，从事边界元快速算法研究，直至 2005 年博士毕业。

毕业后，我留校在核能与新能源技术研究院工作，初期从事核能系统相关的力学方法与应用研究，后来转向先进核能系统总体研究。虽然工作后步入了全新的研究领域，但师从姚老师学习的边界元法始终是我难以割舍的学术兴趣，我乐于探索边界元法在反应堆结构力学领域和其他力学相关领域的潜在应用价值。

现在作为老师，我有了自己的科研与教学工作，也承担研究生培养的任务。回望已经走过的轨迹，我在科研思路、工作态度与方法、对学生的培养方式等方面，无不深受姚老师治学为人的影响。我也在不知不觉中，试图将姚老师对我们的言传身教，传承给我指导的研究生们。我想这也是我从姚老师身上学到的受益一生的财富。在姚老师八十寿辰之际，谨以此文回忆姚老师对我指导和帮助的点点滴滴。

一、我的课题方向选择

在 2000 年前后，姚老师敏锐地观察到，美国数学家 Greengard 和 Rohklin 提出的一种称作快速多极的数值算法有望极大提高边界元法的计算效率，将可能给边界元法及其在工业领域的应用带来突破性的进展。我刚进入课题组不久，姚老师希望我的课题方向就选择快速多极边界元法。就这样，我成为了组里第一个研究快速多极边界元法的学生。当时的我不会想到，这个方向日后让我体会到了科研带来的莫大乐趣与成就感，而且成为了我选择科研工作作为职业方向的原动力。

2002 年年初，我编制和调试出第一个二维弹性静力学快速多极边界元法计算程序，实现了单机求解能力从 1 万到 50 万自由度的跨越。而在当时，组里用传统求解方法处理 3 万自由度尚需 8 台微机并行求解。至今我还记得我在组里汇报这个进展时无比欣喜的心情，而姚老师听后微微一笑，看起来很平静。但是很快，姚老师安排我参加了当年在北京举行的 BETEQ 边界元法国际会议并做英文报告，取得了非常好的反响。要知道，这可是我参加的第一个正式的学术会议！此前我甚至还没有国内学术会议参会的经历。随后在 2003 年，姚老师推荐我参加第二届 M.I.T 计算流体与固体力学大会并获得大会青年学者奖，我因此获得了会方赴美参会的全额资助。这是我获得的第一个学术荣誉。在一系列学术交流中，姚老师把我引荐给了很多国内外边界元领域的知名专家前辈们，这些前辈们对我日后的科研成长也给予了莫大的无私帮助与支持。

在组里攻读博士学位的快乐时光看起来好像是那么顺其自然。而当我自己成为老师多年以后，我才理解姚老师当时给我的选题建议有多么关键：选择一个国际前沿热点的、尚有很多未知和空白的领域，虽然前期探索由于没有足够积累很艰难，但一旦突破，获得创新性的、有影响力的成果可能更为快速和顺利，也更易获得国际国内同行的关注和认可。我想这对当时的我这样初步踏入科研门槛的年轻的博士生来说尤为重要。姚老师不但为我选择了快速多极边界元法这个当时国际前沿的研究方向，使我成为该领域国内外最早的研究者之一，而且指引我进入了一个极具探索性和创新性的、温暖互助的学术团体，让我迈出了从事科研工作的踏实的第一步。

二、我的第一篇英文文章和第一次英文报告

在我们组里流传着一个传说：姚老师懂六国语言，而且至少精通其中的英语和德语。我虽然没好意思找姚老师考证，但在我的第一篇专业英文文章写作和第一次英文口头报告准备中，姚老师近乎手把手地指导，为我树立了一个范本，为我日后英文写作和学术交流奠定了坚实的基础。直到今天，我的英文写作思路和结构仍有当年第一篇英文文章的影子。

2002 年，姚老师安排我准备参加 BETEQ 边界元法国际会议后，我着手查阅文献，试图从写作的角度模仿文献中的思路和架构，为我的第一篇英文文章做准备。大约一个月后，我完成了第一稿，自认为还不错，把文章的初稿交给姚老师审阅。在很短的时间内，姚老师就把带有修改意见的稿件发回给我。我打开一看，短短不到 10 页的初稿里，以修订模式密密麻麻展现着姚老师的修改痕迹！我感觉姚老师几乎把我的每一句表达都修改了一遍，从常用语法到更专业合适的学术表述方式，从公式符号到图表格式，修改工作量之大，如同姚老师写了一篇新文章。看着姚老师修改过的文章，我有种如获珍宝的感觉，因为这是在我的原有思路的基础上直接的修改和建议，如同一对一、逐字逐句的辅导，使我更容易理解、学习和掌握。从此之后，我的第二篇、第三篇，乃至第几十篇的英文文章，均在这篇姚老师改过的文章风格基础上进行拓展写作。可以毫不夸张地说，这篇文章构筑了我未来的写作风格。让我感到自豪的是，在这第一篇文章之后，姚老师再也没有大改过我的文章。

在 BETEQ 会议召开之前，为了让我们几个参会的师兄弟准备好英文汇报，姚老师特地安排了我们在组内模拟汇报练习。坦率地说，我是把准备汇报的内容写成讲稿，然后背

下来的，自然是表面看似表达流畅，但也很机械，别人一问问题更是立马卡壳，不知从何说起。姚老师以鼓励为主，表扬我们准备得比较充分，建议我们在会前还要多加练习，会上要大胆地讲，不要怕讲错。这种组内汇报练习虽然只是模拟，但也是给了我第一次在众人面前用英文汇报的机会，是零的突破。姚老师的鼓励也让我有了些许自信，重要的是不怕讲错，多讲多对话才能提高。事实上直到今天，我的英语学术汇报与交流水平仍然不高，但我自认为贵在敢开口，而且常在我的学生面前自诩"张口就讲，张口就错，错了还讲"。

现在我在指导我的学生写作英文文章、准备英文汇报时，依旧试图沿用姚老师的方法，模拟姚老师的风格。虽远不能及，但我期望我的学生们有更好的基础、更出色的能力，可以将这些方法和风格传承下去。

三、我的工作选择

在博士毕业前夕，一次偶然的机会，我得知校内的核能与新能源技术研究院（简称核研院）在招聘。我抱着试试的心态到核研院反应堆结构室投了简历，参加了初试。初试面试老师是张征明教授和李笑天教授，交流过程中得知他们分别毕业于清华大学和北京大学的力学系，顿时倍感亲切。两天后，核研院的人事部门通知我参加复试；又过了几天，我接到了录用通知。

从我得知招聘消息到收到录用通知只有短短一周的时间，这发生得太快，以至于我发现自己对核研院其实并不太了解。虽然核研院早在 1960 年建院，但由于没有自己的本科生，只有研究生教学和科研工作，客观上像我这样校内的学生对核研院的了解相对比较少。而且核能对当时的我来说也比较陌生，像是披着一层神秘的面纱。但另一方面，做一个大学老师又是我的梦想，我喜欢大学的环境和工作氛围，更期盼着有机会加入更大的科研舞台，通过自己的工作可以改变什么或者创造出有价值的东西。

我有些拿不定主意，就给姚老师打了电话。姚老师得知我被核研院录用的消息后，很高兴，认为我在清华留校做一个老师挺好的，这很适合我，而且核研院有着优秀的大团队，从事着重大的国家级科研攻关任务。听了姚老师的建议，我不再犹豫，立刻下定决心到核研院工作。如今，我在核研院工作也有 16 年了，回想当初的选择仍然感到非常幸运。正是姚老师的鼓励和支持，让我在职业生涯起步阶段做出了正确的选择。事实证明，这个选择正是我长久以来的初心和梦想，我对姚老师的建议充满了感激。

回望我在姚老师课题组求学和毕业后留校工作的经历，姚老师的指导与支持，课题组的郑小平老师、胡宁老师和师兄弟姐妹们的关照与帮助始终伴随着我的科研成长。师恩难忘，师兄弟姐妹们情谊长存。在姚老师八十寿辰之际，衷心祝愿姚老师和师母身体健康，永远年轻，幸福安康！

静水流深　高山仰止
——感恩导师姚振汉教授一路引领我的学术人生

赵丽滨

河北工业大学机械工程学院

岁月如梭，仿佛在不经意间，从北航博士毕业加入到姚老师课题组，我跟随姚老师学习已经近二十载了，姚老师以虚怀若谷、谦逊宽厚的高尚品格，一路引领着我的学术人生。

姚老师非常注重学术交流，他引领我进入学术交流的殿堂。记得我刚进入课题组不久，姚老师便让我去报名参加全国振动力学大会。那是我第一次参加大型学术会议，虽然还不是很清楚参加学术会议的内涵，但众多学者会聚一堂热烈地交流学术思想，还是深深地震撼了我。参会归来后的组会上，姚老师让我汇报一下会议的情况，当时有些蒙，不知道该汇报些什么内容，姚老师温和地给予了我很多指点。在此高度上，我后来再参加学术会议的时候，都会提前做些功课，这些功课对我后来学术交流帮助非常大。同时，也指导我去教我的学生如何参加学术会议，如何通过学术交流提升自己。

姚老师常年组织力学学术交流活动，我有幸长期近距离跟随姚老师组织中国力学学会、北方七省市力学学会和北京力学会等一系列学术交流活动，为力学学科发展尽微薄之力。在组织各类会议过程中，姚老师都以搭建优秀的学术交流平台为己任，兢兢业业，亲力亲为，以保证学术会议高质量圆满成功举行。记得2010年，姚老师带领陈永强副秘书长和我，赴北京那里度假村，为组织北方七省市力学学会力学与工程研讨会选址并进行现场考察，从会议交通、场地、设施，到住宿条件、餐厅菜单、茶歇，一直到会后的交流场所，都亲自实地考察一番，和工作人员协商，为保证会议的顺利召开不辞辛苦。多年来，姚老师、陈永强副秘书长和我共同考察过很多地方，逐步培养了我组织学术会议的能力。

姚老师十分认真严谨地对待学术交流，始终站在计算力学和边界元方法的最前沿，为我国计算力学的发展做出了巨大的贡献。我印象极其深刻的一件事，发生在新加坡召开的计算力学会议期间，我遇到姚老师，约他下午去附近转一转，姚老师告诉我他还有个汇报，有个小问题还需要再去计算一下，当时我的钦佩之心油然而生，姚老师勤恳认真地对待每一场学术报告，对待每一个学术问题，永远是我们学习的榜样。

姚老师在80岁高龄下，每天仍有着极强的自律，亲自编程，做学问。姚老师有痴迷一生的学术研究，有诚挚交往的学术友人，有醉心其中的摄影爱好，有幸福快乐的家庭生活。我想，姚老师的今天，就是一盏指路明灯，继续引领着我未来的学术人生。

庆祝姚老师八十岁生日

任旭春
美国佐治亚南方大学机械工程系

祝贺姚老师八十大寿，祝姚老师福寿双全身体健康！这几天大家欢聚一堂庆祝姚老师八十大寿，虽不能到场，但在微信上看到姚老师和师兄弟们的熟悉的面孔，十分高兴和激动，青春岁月是火一样热的，血气方刚又有迷惘，都浓缩在回忆里，让我不禁想起一首诗来：

> 我心中有一片绿色的田野
> 水木清华坐落在田野之中
> 无论在哪里我常回首眺望
> 那留住我青春岁月的地方

我是2000年入学力博00班的，实际是半路出家，本科学的是机械专业，觉得不够刺激，转了力学专业。当时感觉自己的力学基础很差，入学之前把陆明万和罗学富老师的《弹性理论基础》通读了一遍，做了很多批注，2002年那本书丢了，我又买了一本。我入学应该是赶上好时候，从旧楼搬到新逸夫科技楼，生活费、资料费充足，记得张量课本整本复印记姚老师的账。

现在在我的书架上还放着下边这几本书：第一本是姚老师给我们研究生每人赠送的王勖成老师的新版《有限单元法》，当时我还做了注记（2003年12月12日姚老师赠）；第二本是陆老师的《弹性理论基础》；第三本是姚老师的固体力学基础课分发讲义的合订本；第四本是姚老师和海涛的《边界元法》，它是我两年前好不容易搞到的；第五本是从郑小平老师那里借的参考书，忘记还了。

最近翻书架的时候发现了个稀罕物,是在清华时做科研时的一本笔记,我不禁感叹竟然还有这个东西。我仔细翻了一下,发现它记录了我那个时期在科研方向上的转变,也有我在学习张量和本构理论时推导的公式。其中也有写给自己的一句话 "拿起笔来,一个公式一个公式地推",现在看来挺有意思,那时应该是尝到了推公式的一点甜头。另外,还有编写调试 Abaqus Umat 算例数值子程序时的一些记录等。

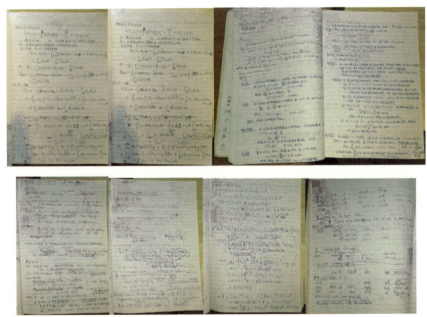

回头看这些东西,很感慨。组里姚老师提供的各方面条件比较好,又没有后顾之忧,但开始的两年自己不够刻苦,最后一年半也算抓紧了,也有收获,当然感谢姚老师的指导,主要公式姚老师都再次检查并提出问题和我讨论过,印象最深的一次是个炎热的夏天,在姚老师家里,姚老师穿着汗衫不顾炎热,检查我的公式并和我讨论可能的问题。还记得姚老师带我们去北京轮胎研究院找项目,和我们一起准备预答辩,青龙峡、野山坡都有我们矫健的身影,世界边界元大会,世界计算力学大会,这些都如在昨天。

有一件可能对我都是个终生督促的事情就是,一次在机房里就是刘春阳老师对面那个房间上 BBS,姚老师进来了,我还在那里继续上 BBS,姚老师在我背后站了一会儿,看我无动于衷，终于拍拍我肩膀轻声说："该努力了啊"，当时认为无所谓。毕业后几年才认识到浪费了的时光是多么宝贵。

还有一件事情，现在还常记起。就是姚老师看我文献读了很多但一直没有着手去做，提醒我说"不要走马观花，看着什么都好，什么都要做，还是要选定一个先上手"，这里包含了他对科研和环境深刻的认识，对我来说也是很痛的领悟。

还有一点印象比较深刻，姚老师在组里倡导面向工程应用，这也是把学生的个人前途和国家建设结合起来，是双赢的规划，现在看来很有远见和前瞻性。姚老师话不多，但对学生的前途很在意，根据学生的特点做出精心安排，用心良苦。这次聚会看到很多师兄弟们的成就，正是对他的用心良苦的回报，当然也是和各位师兄弟耐得住寂寞和个人努力分不开的。

还有很多话要说，最后还是要对姚老师说声谢谢您的指导、帮助、关怀，和在困难时候的陪伴和支持，谢谢您！也祝贺您的八十大寿，祝您身体健康，老当益壮，再立新功！当然更重要的是注意休息，保重身体。

回忆那一段快乐而充实的时光

雷 霆
美国斯伦贝谢道尔实验室

时光飞逝，不知不觉中离开清华已经 15 年了，翻着往日的照片，过去的日子已成为幻灯片一幕一幕地回忆。记忆中有答辩成功的喜悦，有期末考试前的紧张，有一起郊游的轻松，有新年聚会的热闹，这些都是美好的回忆。虽然我不太擅长写作，但还是想把这些记忆片段联系在一起，回忆在姚老师关怀下的那一段开心而又充实的时光吧。

记得大概是 2000 年，我们当时正在上姚老师教授的本科重课"弹性理论"，脑海里至今一个熟悉的画面就是在新水利馆的宽敞的楼梯上，经常看到身穿白色外套的姚老师抱着一个厚厚的黑色皮包，步速很快地从我旁边超过。现在回忆起来，这大概就是印在我脑海里对姚老师的最初的印象吧。姚老师特别爱惜时间，平时走路速度很快，也很专注。但是相比走路速度，姚老师在课堂上的语速总是保持很慢，所以总是能够把各个基本概念和公式一点点地、清晰地娓娓道来。由于我当时数学基础不够，最后我觉得学得还是不透彻，但我觉得"弹性理论"是我学得比较认真，收获比较大的一门课。期末考试后颇为感慨地翻着教材里的公式，让我突然感觉到如果一个人能够学明白"弹性理论"，那他大概也能够学好其他力学课程吧。当然，后来跟姚老师聊天才知道，我们学力学的方法和姚老师那一代不一样。姚老师那一代人是通过反复和广泛地读和推导各个文献的公式来学习，只有这样才能把基本概念吃透。尽管如此，在姚老师，其他老师，和师兄们的不断帮助下，以及经过后来的研究生阶段继续学习，最终我还是慢慢地逐渐地加深了对弹性理论的理解。作为力学工作者的基本功，确实使我受益无穷，这些基本理论门槛颇高，是几乎无法在跨出学校后再学会的。所以得益于"弹性理论"这门课，不仅为我研究生阶段的论文工作打下了一些基础，也使我能够在今后的工作中迅速学习了在石油行业中广泛应用的岩石力学和弹性声波理论，从而进一步帮助我规划了今后在石油行业的研究生涯。可以说，正是那一年的"弹性理论"课程，使我渐渐地明白了今后应该走的路。

接下来就到了大四的推研时刻，推研的日子不好过，我的成绩卡在推研指标的临界线上，我记得我当时整天打听推研政策，再有就是找导师了。当时找了很多老师，也找到了姚老师，去之前本来不太抱着希望的，但是没想到姚老师看了我的学习情况之后，微笑地跟我说："你的整体成绩虽然不高，但是我看你的大部分专业课还是不错的。"有些时候很奇怪，一件事能够留下很深的印象，这句话让我记忆犹新。就是因为这一句话，在我当时推研的比较沮丧阶段，给了我很大的鼓励。这句话对我的力学学习也产生了很好的正反馈。最终我如愿拜师姚老师门下，成为一名硕博连读的博士研究生。在接下来读研的第一年，我更加努力学习，并且在期末考试中各个专业课的成绩都还比较满意，第二年也终于拿到了在清华读书以来的第一个奖学金。我的进步姚老师也看在眼里，并且在一次组会上特意表扬了我，使我对接下来的科研工作更加有信心。

在接下来的论文阶段，我记得姚老师对我们的指导风格是抓大方向和研究进度，但是对于具体科研工作，比如应该用算法实现哪些功能，如何推导公式并且如何编写程序，他并不会一步步地指导我们。姚老师这种指导方式虽然使我在开始阶段比较难于入手，但是它的最大好处就是起到了培养自己进行调查研究的习惯。可以说我们这种习惯的养成是让人受益无穷的。我觉得特别有用的一件事情就是在编写计算程序上。我这个年龄段的人都是在本科阶段才开始接触计算机，而编程的学习更是在大三才开始入门，所以我编程的功底并不强。而真正开始编写一些比较复杂的计算程序是从博士论文阶段才开始的。当姚老师给我们指定了快速多极算法并行计算作为课题后，我就选修了一些编程的课程，并养成了独立编写计算程序的好习惯，而每当实现一些功能，我也慢慢养成了进行检查、调试和排查错误的习惯，来使程序有尽量少的错误。这些好习惯也一点一滴地锻炼了我的动手能力。对于这一点我在后来的实际工作中深有体会，而我的计算程序的编写能力在我一进入公司就获得了我的同事们的肯定，逐渐成为一名比较精通公司计算程序核心算法的开发人员。而在另一方面，姚老师又会在我的薄弱环节给予大量的帮助，比如我的论文写作功底很差，特别是英文文章的写作。而当时清华博士毕业对文章数量和质量有硬性要求，姚老师给我改得很细致。对于审稿意见中问题比较大的部分会和我反复讨论。记得有一次我觉得已经改得差不多了，而且时间上也比较紧张了，希望能够直接提交送审，但是姚老师对于文章的算例还是不甚满意，让我不要着急，并且十分有把握地告诉我，只要再提高一下，这篇文章肯定会通过的。我现在还清楚地记得姚老师常常对我们说，科研成果一定要能够在工程中具有应用价值，因此在文章中出现的数值算例一定要有工程应用背景，用有限元已经可以很成熟计算的问题，我们完全没有必要用边界元去重复实现，而边界元的高精度才是我们需要追求的方向。我想我和大家一样，都是在姚老师的这些指导下，最终完成了学校对于博士研究生培养水平的要求，我也通过十年寒窗，合格地从清华毕业，顺利拿到了奋斗了六年的博士学位。回想起来，我在这六年里，收获很多，我不仅仅学会了如何编写和调试复杂的计算程序，也学会了如何用英文撰写科技文章，并锻炼了我在系里面和在国际国内的会议上宣读自己的论文的能力，更为重要的是，这几年的博士研究生活使我变得更加自信，使我更加坚信只要努力付出，一定会有收获。而与此同时，本科时候非常内向的我也开始变得更加活跃，我也非常积极与同门师兄弟，师姐师妹们，互相合作，互相帮助，一起探讨学术问题。这种与人合作的锻炼对我今后就业起到了很好的铺垫。

说到就业，坦率地说，与计算机、通信、自动化等热门行业相比，当年力学专业的博士生就业机会要少很多。由于计算力学产品和服务的市场化在国内起步比较晚，市场上对我们这些专业的需求不是很大，尤其是博士毕业生。同学们工作后转专业的现象很普遍。在我即将毕业的时候，记得有个中国科学院的老师告诉我当时有一个计算所的工作机会，工作性质是开发一些算法的程序，我当时拿不定主意要不要去试试，姚老师知道后，建议我还是应该选择偏向应用的工作，能够发挥我们比较注重工程应用能力培养的优势。现在想起来确实很有道理，也碰巧当时在姚老师的引荐下认识了在清华客座教授的斯伦贝谢的王灿云博士。在王博士的介绍和推荐下，我最终选择了油气服务行业的测井方向。

我的工作是测井方向中的声波测井，它的目的是开发声波和超声波工具来对地层的弹性性质进行解释，这些工具的开发对于建模的需求比较多。我现在是这个领域的一名科研人员，在位于美国麻省剑桥的斯伦贝谢道尔实验室工作，主要是从事声波测井的数值模拟和在岩石力学上应用的反演算法的研究，我的研究的目的是如何更好地解释声波在各向异性地层的井眼的传播特性，以及如何利用测量数据进行地层各向异性参数和地层应力的反演。得益于以前所学的弹性理论知识，以及在博士生阶段动手能力的培养，我在科研工作上还是比较独立的。现在看起来，我的工作环境其实和以前读研并没有太多改变，大部分时间都是打开电脑，在键盘上编写、调试代码。我想这也是很多计算方向力学工作者的工作方式吧。在国外的工作环境也比较简单，虽然工作也是挺忙的，不过灵活度还是很高的。而公司也鼓励科研人员做一些稍微偏基础和风险稍高的研究。因此我们可以自主选择一些比较有兴趣的方向。对于我来说，得益于姚老师在我们研究生阶段的对于工程应用重要性的熏陶，我比较喜欢分析实测数据，而公司里面有大量的声波测井仪器在各个油田的实际测量的数据，把这些数据与模型模拟进行比较，经常可以发现一些有意思的物理现象。这些物理现象可以进一步帮助我们提高地球物理的解释水平，比如解释的精度和物理空间维度的问题，还有仪器本身校正的问题。与其他测井工程师使用商业软件的性质不同，这些研究工作需要我们有一些动手能力，能够开发一些算法来进行分析，因此它既是很适合博士人员从事的工作，也是我很喜欢的工作。总之，我感觉到我在姚老师门下学到的本领现在依然可以很好地发挥出来。虽然目前整个油气能源行业在低碳大环境下影响较大，但是我想我会继续在这个领域做下去，就像姚老师那样，选择了一个研究方向，那就继续坚持下去。而我从中也可以把我所学的知识应用到生产实际中去，希望能够为声波测井方法，岩石力学解释，乃至终极目标——安全科学有效地进行油气开采，做一点点贡献。

最后，我想再借此机会表达对姚老师的感激。姚老师的教学、科研，以及工作的态度无一不深深地影响了我，塑造了我的人生观和价值观。由于新冠疫情，我已经很久没回国了。但是我一直期待着，能够很快回到北京，回到清华园，与姚老师和其他各位老师同学聚聚，像以往那样，聊聊往事，并汇报一下工作和家庭的近况。

师 恩 如 海
——恭贺姚振汉教授八十寿辰

张章飞

微智娱北京科技有限公司

　　二十载弹指一挥间。今年适逢恩师姚老师的八十寿辰大庆，师兄弟姐妹们再次欢聚一堂，回想起在姚老师实验室里的那些往事，欢声笑语一片，仿佛又回到了在技术科学楼 5 层的年月。今年恰巧是我加入姚老师实验室整整 20 年，我也刚好 40 岁。80 年、40 年、20 年，回顾这些年的历程，姚老师在研究生期间言传身教所带给我的思维方法、处事方式、工作态度等是我这一辈子最宝贵的财富！师恩如海，难以忘怀，在这祝恩师姚老师 80 岁生日快乐！

　　姚老师是一个特别和蔼可亲、儒雅的老师。在我的印象里，他从来没有责骂学生，总是循循善诱，谆谆教诲，让我们在如沐春风的环境中成长提高。记得有一段时间，我贪玩无心科研，进度毫无进展，在每周一组会上的汇报总是潦草应付。对于我这种实验室里的"学渣"，姚老师并没有狠狠批评指责，而是教导我"业精于勤荒于嬉"的道理，并耐心辅导和帮着解决问题。在姚老师言传身教的影响下，研究组里的氛围特别好，师兄弟姐妹们打成一片，共同进步提高，3517 实验室也是经常传出欢声笑语，让与我同年保研的本科同学，羡慕不已，特别后悔当初没有选择姚老师的实验室。

　　姚老师也是一个非常认真、严谨、细心的老师。在我的印象里，他对待任何事情都是从不马虎。2003 年，国际边界元会议在北京召开，姚老师带领研究组负责组织工作，我们研究组同学也有幸参与了一部分工作。工作主要内容是把来源于各个参会者的论文按照论文集的格式统一修改。姚老师当时在百忙之中也亲自负责了一部分文章。最后在相互复审的时候，我们发现，只有姚老师修改的文章没有错误，而我们其他同学总是有遗漏的地方，这让所有参与的学生非常惊讶和汗颜。

　　姚老师还是一个乐于学习、乐于工作的人。姚老师在退休后，也是坚持科研不停止，真正做到了"为祖国健康工作五十年"。姚老师也是"活到老、学到老"的典范，他乐于学习新鲜事物，计算机编程从纸带机一直学到了 Linux、C++，PS 技术是我们研究组的 TOP1。

　　姚老师还是一个特别热爱生活的人。研究组在姚老师带领下，如同一家人一般。在校期间，研究组每年都会组织春游秋游，黑龙潭、十渡、雁栖湖、青龙峡等，热爱摄影的姚老师给我们留下了我们美好的照片。令我印象深刻的是，那时候虽然姚老师已经年过六旬，但每次登山，他总是走在前列。即使在毕业后多年，每逢佳节，在京的研究组师生们会拖儿带女，和姚老师、师母一起欢聚一堂。姚老师还是个摄影大师，在教研组微信群里跟我们分享各地尤其是清华园里的美景。

姚老师和师母不仅关怀我们，还关怀我们的下一代的健康和成长。记得我家小儿刚出生的时候，黄疸特别高，急需住院治疗，但当时怎么也找不到床位，焦急之下，还是师母出面帮忙，在儿童医院找到了一个床位，小儿从而顺利康复。

恰逢恩师八十大寿，学生张章飞携妻儿再祝恩师和师母身体健康、万事如意！

忆 清 华 园

吴宇清
同济大学土木工程学院建筑工程系

前记

接到郑小平老师的邮件，说要给姚振汉老师八十寿辰写一篇文章。我已经好久没有跟姚老师和其他师兄弟姐妹联系了。光阴似箭，日月如梭，屈指算算离开清华园也将近20年了。想想这倒是个好机会，可以跟姚老师和散居国内外各地的师兄弟姐妹叙叙旧、唠唠嗑了。于是就毫不犹豫欣然答应了。

人生有的时候，好像是在坐高铁，窗外美丽的景色，飞快地从眼前闪过，但往往我们更关注的是下车以后还有一堆忙不完的事儿。但有的时候如果能够停下来，放下手边的工作，欣赏一下窗外的美景，回忆一下从眼前飞逝的往事，还真是别有一番风味在心头……

回归祖国

1995年年底的圣诞节，我到美国科罗拉多州州立大学开始攻读硕博士学位。我的父亲是1947年到台湾，在当时由孙立人将军担任校长的凤山陆军军官学校受训。我的母亲是台湾人，我们这样的家庭在台湾被称为"外省人"。在台湾的社会中，我们立场鲜明，热爱祖国，与一些台湾同胞理念不同，我的父亲决定让我出去念书，在走的时候，我父亲看着当时纷乱的政治变局，很沉重地对我说："你赶紧出去吧！永远不要回来了！"

我在美国待了大约7年的时间，从1995年一直到2002年。我到美国初期，台湾的留学生在美国科罗拉多州州立大学组织了一个华人学生会，大约有200人，后来越来越少，人数递减，到我要走的时候，只剩下二三十人。与此同时，大陆出国的留学生在那所学校也组织了另一个中国学生会，起初只有数十人，后来越来越多，一直到我走的时候，已经有二三百人。当时我和大部分台湾同学理念不同，后来很快就跟他们分道扬镳了。

在这个背景下，当我毕业的时候，我就在想：到底要留在美国，回台湾，还是回祖国大陆发展？因为与当时台湾社会的国家民族意识大相径庭，我基本上第一个就把回台湾这个选项剔除了。所以我投了两份简历，一份投到伊利诺伊州香槟大学W.K.Liu团队，另一份投到清华大学工程力学系固体力学研究所，当时姚振汉教授担任所长。W.K.Liu很快回复我一个非常短的邮件，就说他的方向是Meshfree和Multiscale，还没安排接下去的见面，我已经接到姚振汉老师的邮件，欢迎我到清华大学从事博士后研究。"海归"这个事情现在看起来很平常，但是当时国内在薪资待遇方面跟美国还是有差距的。我记得当时美国高校的薪资大概是大陆的 8 倍，台湾的薪资大概是大陆的 3 倍，然而，我在想我早晚还是要回祖国贡献一己之力的，晚回去不如早回去。这件事我与我的父亲商量过，我父亲是唯一支持我的人，他告诉我说："只要能温饱小康，还是应该回大陆报效祖国，贡献所学。"所以，我博士毕业没多久，就从科罗拉多州丹佛市，没回台湾，直飞北京，来到清华大学，开始两年在清华园的博士后经历。

初次见面

2002 年夏天我带着四大箱行李，来到了清华园。因为飞机行李最多托运两箱，另外两箱全装着我在美国七年的课本讲义笔记，我提早就邮寄到清华大学，因为走海运，所以两个月后才收到。北京给我的第一印象，就是尺度特别大。记得刚到北京，我起初住在一个朋友给我预订的中国农科院的宿舍，在中关村东路边上，在那儿住了几个星期。我依稀记得经常会到中关村东路对面的超市去买东西，我从马路一边，明明看到超市就在对面，走到马路对面要花半个小时的时间。另外一个印象深刻的是马路上总是人来人往，好多人行色匆匆。因为在美国中部地区地广人稀，经常一天看不到一个人，一整天找不到一个说话的人，是稀松平常的事。所以一到北京我经常站在街上看人，心里琢磨着："这么多人，看起来好忙，他们都在忙些什么呢？"

后来，我跟姚振汉教授联系上了，就到清华大学工程力学系固体力学研究所去拜见姚振汉教授。走进东门，进入清华园，来到工程力学系所在的技术科学楼，印象深刻的是校园与科技楼的超大尺度，尺度大到给我的感觉就像到朝廷进贡一样，光是进楼的平台，就有大约一层楼的高度。对于我这个刚刚从美国回祖国的台湾人，感觉特别新鲜。

进了固体力学研究所，先跟我见面的是一位师兄，当时他是比我大一届的博士后，后来他出站后在工程力学系留校当教授了。当时他告诉我姚振汉教授的办公室的位置，于是我自己去敲门，姚老师出来开门，我第一次见到姚老师。姚老师的办公室 20~30 平方米，里面有两张桌子，他从最里面的一张桌子走出来，亲切地跟我握手。姚老师慈眉善目，和蔼可亲，是一位典型的学者。他先带我去参观了研究组的计算机机房，那时候研究组已经购置了一套大规模平行计算的计算机。然后姚老师又带我跟研究组的办公室里坐着的几位师弟师妹打招呼，他们大部分都是博士生，印象中只有一位小师妹是硕士生。这是我跟姚振汉教授的初次见面。

学校给我安排一个 30 平方米左右的宿舍在普吉院一号楼。这个宿舍"麻雀虽小，五脏俱全"，有两个房间，一套卫生间，一小间厨房。原来一个双人床摆在里面大一点的房间，外面摆两张书桌外加一张饭桌。因为我喜欢大的工作室，就把床搬到外面小的这间房，用衣橱挡住，塑造一点私密性。然后把饭桌和两张书桌合并成一张大的工作台，搬进里面的大房间，作为工作室。后来，有一次，有一位师弟来我的宿舍看到我的大工作台，就说："咱们学校教授也没有那么大的办公桌。"

有了住的地方，还要添加一点家电，特别是计算机。当时买计算机还没有京东淘宝这样的网店，得到中关村去挑选各个零组件，然后让店家拼装，完了以后，还得自己蹬三轮车把它载回来。当时的计算机还没有液晶屏幕，都是特别笨重的电视机映像管屏幕。我因为人生地不熟，都是请研究组一位来自北京当地的师弟协助，才好不容易把这些家当备齐了。

边界元国际会议

在清华园的日子是多彩多姿的。清华的校园非常大，每当早晨的时候，校园里的马路上，会挤满了骑自行车上课的师生，庞大的自行车队也给我留下极深的印象。有一次，我去听姚老师讲弹性力学课，不知道为什么那天教室里的座位全都坐满了人，我居然找不到可以坐的空位子，只好很尴尬地站在教室的后面。姚老师滔滔不绝地在讲台上讲课，讲到一半，突然发现怎么有个人站在教室的后面，他看见是我，就搬他讲台上的椅子招呼我坐下。不过，我现在已经记不清楚当时为什么需要去听课？我只记得下课时，我跟姚老师一起走回工程力学系的办公室。

姚振汉教授是杜庆华院士的得意门生，他的主要研究方向是边界元法。我的博士生导师 Eric Thompson 有一次跟我提到边界元法，但是他说他对此一窍不通，我也是。不过，我来清华大学后，入境随俗，自己也摸索学习了一点边界元法，只是现在统统已经忘光了。没过多久，姚老师带领研究组的师兄弟姐妹，在清华大学紫光饭店举办了一次边界元国际会议。

清华大学的学生给我的印象就是个个聪明绝顶。举办国际会议最忙碌的事，是要处理数以百计的稿件。当稿件如雪片一样飞来的时候，研究组的师兄弟姐妹得全数动员起来，开始整理这些稿件，要把格式统一起来，后续才好编辑成会议论文集。我记得当时有两位师弟很喜欢打游戏，有一位师弟号称"独孤求败"，另一位师弟很不服气，就通宵练习，打的分数比他还高。因为我刚来，比较内向，也没有跟他们一块儿玩，当我默默开始处理稿件的时候，他们还在玩游戏，等到那位学弟发现我在处理稿件时，也开始加紧处理。第二天，我发现他们游戏打得好，处理稿件的速度还比我快，累计处理的稿件量比我还多。我心里就在想："哇！真是一个比一个聪明！"

过了几天，国际会议开始了，近百位的同行学者从世界各地来到清华大学共襄盛举。会议的细节已经记不清楚了，但我记得姚老师的发言很特别，他不需要看稿子，可以把近几年做边界元的学者做了哪些成就，一五一十地讲出来。第一天的下午安排参观清华园，姚老师一个人走在前面，带着近百位国内外同行学者，浩浩荡荡地绕清华大学的校园走一圈。会议的最后一天，我们还去参观颐和园，晚上还在颐和园吃了一顿仿清朝时期的宫廷宴，宾主尽欢。后来，姚老师还带了研究组师兄弟姐妹参加了国内的北京计算固体力学会议，以及次年在北京饭店的国际计算力学大会。但是，都没有第一次印象那么深刻，因为这次毕竟是清华大学作为东道主，而且还是针对"边界元法"的国际会议。有一位美籍印度裔学者也来参加会议，他是 Computational Mechanics（《计算力学》）期刊主编，他对清华大学的印象非常好。还有好几位美籍华裔的学者也都参加会议，他们现在都还在做边界元法的研究。

秦皇岛之旅

姚老师和燕山大学申光宪教授联合主持的第 7 届全国工程边界元法学术会议在燕山大学举办。姚老师就带着研究组师兄弟姐妹前往秦皇岛，开始了一次秦皇岛之旅。那几天，北京下雪，天寒地冻，我们穿得很多，像个球似的。套句师妹的话："裹得圆一点！"2003 年那会儿还没有高铁，我们从北京坐五六个小时绿皮火车硬座才到秦皇岛。

跟我们一起去的一位小师妹非常淘气，当时还没有微信，但是清华有一个聊天平台叫作"水木清华"。这位师妹经常在"水木清华"上面留言，每次留言以后，就会得意扬扬地说："呵呵，我又在跟他们胡闹了！"有一次，我们正在吃饭，师妹说台湾人都非常有钱，她听说一位台湾朋友送他女朋友一台笔记本电脑为见面礼。说到这，她一张嘴，故意露出一个惊讶的表情，然后接着很夸张地说："下巴掉了！"2000 年台湾社会有一句流行的话叫作："台湾钱，淹脚目！""脚目"是闽南语方言，就是"脚"的意思，意思是说台湾人很有钱，钱多得淹过脚了。可是到了 2022 年的今天，这句话应该改成："大陆钱，淹脚目！"

在秦皇岛，我们是两个人一间房，我跟一位师弟一起住，这位师弟别人管他叫"大侠"，当时水木清华里，凡是牛人都被称为"大侠"。这位师弟确实是牛人，他后来编程计算边界元可以算裂纹扩展的问题，达到数百万个自由度。

我做的研究方向与有限单元以及离散单元有关，与边界元没直接关系。但是开会的时候，有一位学者也是做离散元。每次出去开会，碰到跟我们做类似的研究时，彼此都会暗中较较劲。一般来说，清华大学的师生出来开会，拿出来的东西，总是比人家好一点。这可能是心理因素，也可能是真实状况。就这样，我们开会时就捉对厮杀，然后"自我感觉良好"，觉得别的学校好像都差我们一大截，被我们"碾压"。

姚老师研究组偶尔也会组织一些活动。有一次，我们去 KTV，课题组有一位师妹来自黄土高原，她是民族唱法，声音尖锐高亢，非常动听，余音绕梁，三日不绝。后来，她还和另外一位师弟男女对唱，虽然都是学理工的学生，音乐造诣还真不低。研究组的师兄弟姐妹会为姚老师准备一些他喜欢的歌曲，很多是红歌。人都比较怀旧，可以想见姚老师年轻的那个年代，流行的正是这些歌。姚老师的歌声低沉浑厚，除了红歌，也唱一些流行歌曲。还有一次，研究组还曾经一起去打保龄球，可是我们的技术很一般，保龄球很重，很不好控制，我们都不知道如何才能使球保持直线运动。通常，我们的球滚得最直的时候，就是不小心把它滚进球道旁边的沟里的时候，那滚得真是绝对笔直。

非典型性肺炎

最近上海因为新冠肺炎奥秘克戎变异病毒扩散，全市分片封闭防控，这让我想起 2003 年在北京的"非典时期"。

那时清华大学封闭了一段时间。我因为刚来北京，在北京也无亲无故，所以也没有太多机会出校门。当时工程力学系固体力学研究所来了一位美国的访问学者，也是台湾人，名叫叶先扬。因为是同乡，我们经常一起吃饭聊天。在这一时期，我们晚上经常吃饱了没事干，他就来找我，问我说："你要不要去看一群牛郎织女相会？"我纳闷着："什么？牛郎织女？"他说："我带你去看看！"于是，我们来到清华大学东门的围墙，看见一对对情侣，依着围墙一字排开，他们可能都正在谈朋友，因为疫情的关系，不能进校门，所以只好在围墙边上相聚。围墙里面站着一个，围墙外面站一个，一对一对的，大约有数十对，像是牛郎织女在七彩桥相会，真是壮观。

除此之外，白天我们也没事情做，好像所有工作都暂停了。所以我们就去清华园打太极拳。下午 5 点，有一位师父会准时来教。太极拳我是一窍不通，大概知道分为两个流派，一派叫陈式太极，另一派叫杨氏太极。叶先扬教授好像之前在美国专门学过，他学的是杨氏太极，但是这位教我们的师父打的是陈式太极。研究组有一位师弟也来打太极拳，他可能之前练过，当我好不容易把一整套动作学会了，他就说："你打一遍给我看。"然后我就很生疏地打完一套拳。他说："如果我来打分，我给你打 70 分。"我很不服气，就说："那你打一套拳给我见识见识。"于是，他也打完同样的一套拳，然后他给自己打了 80 分。一直到今天我还是没弄明白这 70 分和 80 分区别在什么地方。

技术科学楼有一位门卫师傅，这位门卫师傅有一点点跛脚。有一次，叶老师进门的时候，门卫师傅帮忙开门，叶老师跟他开玩笑说："你让了我一步先手。"结果这位门卫师傅问叶老师说："您也下围棋吗？"于是，我们就找到好几位会下围棋的人。在这期间，另外一个活动就是下围棋。我买了一个棋盘和棋子，偶尔就跟几位会下棋的朋友一起下棋，当时有一位博士后和她弟弟住在隔壁楼。晚上，我们会一起下棋，有时候也找过叶老师和门卫师傅来下。有一次我还在研究组的计算机上下网棋，不过下围棋很花时间，那次下棋就差一点耽误了研究组例会。工程力学系里有好几位老师也下棋，有一次我看见郑小平老师在下棋，他就说："下棋很难，有的时候下得进攻性太强，有时候又太保守，很不容易掌握。"

距离普吉楼一号楼西边 50 米处有一个食堂，食堂旁有一个茶叶店。茶叶店的老板是福建人，那时，我们经常到茶叶店泡茶喝茶。茶叶店的老板很懂得茶，他介绍的茶有铁观音和大红袍，他教我们如何泡茶。泡茶是很讲究的，有一套茶具，先烧开水，第一泡基本上不喝，是先用来冲洗茶叶，第二泡才开始品茶。泡功夫茶所用的茶杯很小，一口就可以喝完，但品茶的时候，只能抿一小口，让茶在嘴里停留很长的时间，据说这样才能品出茶的好坏。

离开清华园

两年一眨眼就过去了，很快地我也准备博士后出站。接下来就要考虑下一站要去哪儿？有一次，在校园里偶遇那位比我大一届的博士后师兄，他那时已经在清华留校当老师，他嘱咐我要"一颗红心，两手准备"。我也曾和姚老师表达过自己的想法，希望能从事土木工程方向力学分析研究。但是，后来考虑到住在台北年迈的父母需要照顾，我觉得最好将来工作的地方距离台北近一些。最终我在上海投了两份简历，一份投到同济大学土木工程学院，另一份投到复旦大学应用数学系，最后被同济大学土木工程学院录用。于是，同济大学就成为我人生的下一站。

即将离开清华园之前,我携妻子到姚老师蓝旗营的住处去拜别姚老师和师母,受到姚老师和师母的热情款待。我们在照澜院买了两篮水果,提着进屋,一进屋,师母就说:"又犯错误了,又犯错误了,叫你们别买东西,又买东西。"姚老师和师母宴请我们吃水饺,我们边吃饺子边聊天,相谈甚欢。

以下是徐志摩先生的《再别康桥》,2004年8月我怀着依依不舍的心情,也再别了清华园。

轻轻的我走了,
正如我轻轻的来;
我轻轻的招手,
作别西天的云彩。

那河畔的金柳,
是夕阳中的新娘;
波光里的艳影,
在我的心头荡漾。

软泥上的青荇,
油油的在水底招摇;
在康河的柔波里,
我甘心做一条水草!

那榆荫下的一潭,
不是清泉,是天上虹;
揉碎在浮藻间,
沉淀着彩虹似的梦。

寻梦?撑一支长篙,
向青草更青处漫溯;
满载一船星辉,
在星辉斑斓里放歌。
但我不能放歌,
悄悄是别离的笙箫;
夏虫也为我沉默,
沉默是今晚的康桥!

悄悄的我走了，
正如我悄悄的来；
我挥一挥衣袖，
不带走一片云彩。

后记

　　后来，我来到同济大学。很巧的是我的教研室主任是姚老师的小师弟朱慈勉老师。他们以前在清华大学一起读研究生。朱老师告诉我，以前他们在念研究生的同学都管姚老师叫作"老佛爷"，我一想到姚老师慈眉善目、和蔼可亲的模样，就觉得这个称呼特别贴切。我来到同济大学曾经有一段很艰难的日子，姚老师多次通过邮件鼓励我、支持我，我非常感动，也深受鼓舞。一日为师，终身为父，姚老师是我的恩师，也是我的慈父。

　　在清华园点点滴滴的回忆，很令人怀念，我把它写下来，封存在我记忆的深处。就像在照片册里面的老照片，偶尔会翻出来看一看。

　　我成家了，育有一子，取名"以诺"，今年念初中，"以诺"是圣经的人名，原文的意思是"奉献"。中文的字面意思有"以此为诺"之意。说起来很有趣，我当初决定回祖国大陆奉献，心中许下一个诺言，就是只要温饱小康，其他的都无所谓了，怎么样都行，没想到，近几年，大家都开始"共同富裕"了，我还在"温饱小康"；最初，我想要跟大陆同胞一起过苦日子，内地人怎么样，我就怎么样，当时，内地人都是独生子女，所以，我想那我也独生子女，没想到，现在大家都已经"开放三胎"了，我还在"独生子女"；起初，我来到上海，就想把房子买在学校的附近，买车子的钱就可以省下来，骑自行车上下班就行，没想到，现在，大家都开"奔驰宝马"了，我还在"骑自行车上下班"！真是计划赶不上变化！

　　最后，在姚振汉教授八十大寿前夕，我衷心地祝福姚老师福如东海、寿比南山。也问候散居在国内外很久未曾谋面的师兄弟姐妹，祝福你们平安、健康、快乐！

乐与师徒共
——回忆师从姚振汉教授的日子

王朋波

北京长城华冠汽车科技股份有限公司

我跟姚老师第一次见面,是在 2000 年 9 月,我刚进入大四的时候。之前虽然在清华大学力学系读了 3 年书,但因为姚老师当时不教本科课程,所以素未谋面。直到大四开学后开始推研,我当时认为学力学只能发发论文,没啥实用价值,所以就寻找跨系读研的机会。因为前 3 年成绩不错,土木系同意接收我,但我回到系里办手续时,负责老师没有立即给我签字,他建议我与当时任固体所所长的姚老师聊一聊再做决定。

我准备了一番说辞,壮着胆子去姚老师的办公室。我心目中的姚老师是一位特别严肃不苟言笑的大学者,见面才发现是一位和蔼可亲的长者。姚老师仔细询问了我内心的想法,介绍了很多力学应用案例,解答了我心中的很多疑惑。经过一两个小时的长谈,我放弃了跨系读研的念头,一方面是知道了学力学在工程界还是可以有所作为,另一方面是感觉跟着谦和大度的姚老师读研会很轻松快乐。

我大四下学期就到姚老师研究组做毕业设计,姚老师指定了孔师兄带我。整个毕业设计期间跟着孔师兄学了边界元法的理论和编程实践,还学了有限元商用软件操作。第一次接触的商用软件是 MSC.Marc,孔师兄演示了一个小算例,几何建模、划分网格、加边界条件、提交计算和查看结果,行云流水般一通操作,总共不到十分钟,然后孔师兄问我学会了没有。看我一脸懵的样子,他只好又行云流水般重复了一遍,这样我才勉强记住。孔师兄是仿真高手,他手把手教了我 Ansys 和 Nastran(当然实际教的时间也就两三小时),可惜后来他"自废武功"去企业做了领导,而我经过两三年的钻研很快就青出于蓝。

毕业设计期间姚老师也一直关心我的课题进度,好几次亲自帮我检查程序问题,还教我有限元软件的操作细节。姚老师逐字检查我的毕业论文,一篇几百个单词的英文概述,姚老师就帮我修改了 20 多处,饶是厚脸皮的我都觉得羞愧难当,但姚老师还安慰我说写得不错。当时年少无知,对于姚老师的付出没有太多的感觉。人到中年后才明白,一位知名大教授手把手教一名本科毕业生是多么的难得。

姚老师喜欢钻研技术,他是发自内心地热爱科研工作,而不是把科研当作争取名利的手段。姚老师始终保持内心的淡泊宁静,他亲自编程调试,亲自操作商用仿真软件。每当调通了一段算法,或者是发现了软件的一个新功能,姚老师就会很兴奋地展示给我们,让我们一起分享他的喜悦。姚老师还自己做网页和 PS 照片,20 年前姚老师的修图技术就足以媲美现在的那些 PS 高手。

本科毕业以后，我跟着姚老师读直博。姚老师告诫我在选题时要考虑的是实际工程价值，而不是能不能多发几篇论文。在姚老师的指导下，我把研究方向定为拓展快速多极边界元法的应用领域，将它应用到裂纹疲劳扩展仿真和弹塑性分析。

读直博五年期间，我一直处于非常放松的状态，看网络小说、看韩剧、在水木 BBS 灌水，玩得昏天黑地。好在受到姚老师熏陶，把钻研技术当成一种乐趣，所以每天都能在科研上花上两个小时，博士课题始终没有落下。做课题时遇到的各种困难也都在姚老师的指导下得到解决。所以直博五年过得很轻松快乐，顺利地发了 SCI 论文，顺利地通过了答辩。

读博期间，姚老师推动系里购置了各种正版商用仿真软件，还给我们创造了大量培训的机会，我们师兄弟们也经常讨论交流使用心得。在这种氛围下，我轻松地掌握了市面上大部分主流仿真软件，后来这成为我赖以在社会上安身立命的本领。当时软件的前处理功能都很差，我习惯于手敲输入文件，所以我很清楚软件的命令语句。我参加工作后，也是让团队先掌握命令语句，然后再研究前处理软件操作，所以我的团队仿真基础非常扎实，在行业内有良好口碑。

姚老师经常告诫我们，做仿真分析一定不能追求花哨的结果和漂亮的动画，要能给出正确的结论和合理的优化方案，要用仿真来驱动设计和改进设计。一番话语语重心长，我一直铭记在心。

博士毕业后，姚老师建议我进入一个行业去深耕技术，所以我去清华汽车系做了两年博士后，出站后一直从事汽车研发。首先做了两年商用重卡开发，大概在 2010 年，机缘巧合进入了纯电动汽车领域，成为国内最早从事纯电动汽车开发的那批人中的一员。几年后纯电动车赛道异常火爆，我个人也获得了不错的待遇。

参加工作以后，研究生期间所掌握的知识开始发挥出作用。因为博士论文研究过裂纹疲劳扩展，所以我很快就掌握了汽车结构耐久仿真和可靠性试验技术；因为博士论文还研究过弹塑性分析，所以我对于非线性仿真有深入的理解，操作起来毫无困难；因为研究生期间帮师姐做过一点轮胎仿真和试验，所以我很快就理解了汽车行驶性能开发的要点。

从事电动汽车研发时，我一直坚持姚老师传递给我的仿真驱动设计的理念，以仿真为主要的开发手段，以试验为必要的验证手段来进行整车性能工作，这种工作模式在行业内获得了高度评价。因为力学基础不错，仿真和试验能力都还可以，所以在整车结构耐久、碰撞安全和 NVH 等领域都能得心应手。后来我又把自己的工作范围拓展到轻量化和能耗开发，仍然没遇到什么压力。

总之，得益于师从姚老师期间打下的理论基础和解决问题的思维方式，在十几年的汽车研发工作中一直游刃有余，可以比较舒服地钻研技术。虽然没有显眼的业绩，但从事的是我自己喜欢的工作，从工作中得到了很多快乐，也做出了一些我自己还算满意的成果。我提出的电动车动力总成悬置系统设计原则，已经被行业广泛认可和应用；在北汽工作期间推动了极狐车型的全新车身架构开发，白车身扭转刚度在全世界首屈一指，结构耐撞性也极为优秀，与特斯拉 Model Y 对撞丝毫不落下风。

参加工作以来，我一直工作在研发一线，经常有朋友提醒我做专家没有太多上升空间，劝我设法走管理路线。但此时我脑海中会浮起一个画面：一位慈祥和蔼的老人，在计算机前亲自调通了一段算法代码，他的脸上洋溢着发自内心的喜悦。想到这里，我就会静下心来继续钻研。研发工作给我带来乐趣，顺便还拿到一份不错的薪水，何乐而不为？

最后，用我喜欢的四句诗作为本文的结尾，"乐与师徒共，欢从井邑盈。教通因渐染，人悦尚和平。"

教书育人　快乐生活

钱秀清
首都医科大学

2001年，在师兄曹艳平的介绍下，我报考了清华大学的博士研究生。到现在还记得那年春天，博士生考试复试前姚老师问我的问题："如果你在课题研究中遇到了困难，会怎么做？"我记得我当时回答："我会先想办法尽力解决，如果解决不了，我会选择绕过去。"有点惭愧，遇到困难不是想办法解决，而是回避。现在，我自己复试研究生的时候，也喜欢问这个问题。

同年9月，我正式进入了姚老师研究组。我是姚老师倒数第二届的学生，进组的时候，姚老师已经60多岁了。在我记忆里，姚老师总是和蔼可亲、和风细雨地指出我们的问题，他对我们的课题选题范围限制也不是很严格，让我们可以结合自己的兴趣点选题。记得每周的组会，姚老师对我们课题的指导；他雄厚的力学功底给我留下了深刻的印象，他根据程序计算出来的云图，可以判断源程序或公式是否有问题；他说过不是用有限元方法或边界元方法做出来的结果云图看起来很漂亮，就是对的，一定要对结果进行认真的分析。印象最深的是，一次组会上他让我们不要制造学术垃圾，要发有价值的论文。姚老师的这些话我一直记到现在，我自己在教医学院研究生有限元分析课程时，也总会告诉学生，不是得到了漂亮的云图，就可以了，一定要多方验证，获得有价值的结果，能够真正对临床工作有所帮助，为疾病的诊断和治疗提供参考意见。直到现在我还清楚地记得每月轮到自己汇报时，那紧张的心情；看到研究组的师兄师姐师弟师妹们，比我聪明还比我努力，深刻体会到了拼搏的意义。

在姚老师的带领下，我们研究组里的气氛总是很和谐。师兄师姐师弟师妹们总是互相帮助。记得雷霆帮我调程序，记得每天中午大家一起去吃饭。还记得组里组织过的足球赛，喜欢组里爱运动的气氛。本来不喜欢运动的我，在清华的那几年里，也在坚持游泳。记得2003年"非典"疫情的时候，姚老师怕我们被关在校园里，心情不好，拍了清华学校里的美丽风景，疏解大家的心情。姚老师喜欢照相，有很好的相机，在那个时候，PS技术就运用很娴熟了，组里留下来很多聚会的照片。记得毕业后多年，姚老师中秋节拍的月亮，又亮又圆。

佩服姚老师退而不休，退休以后仍旧继续着他钟爱的科研工作，自己编程序，发表科研论文，参加学术会议，每年圣诞节姚老师会发自制的贺卡，整理他一年的行程。毕业后参加过几次北京力学会年会，佩服他对北京力学会的付出。我担任我们系的党支部书记之初，就把姚老师作为我们的榜样，把姚老师的奋斗精神介绍给了我们支部的所有党员，大家听了，都很受鼓舞。

读书的日子很单纯，也很快乐。记得每年年底研究组里吃饭唱歌的时光，姚老师唱歌很认真，选的歌都很好听。组里的师兄师姐们唱得也很好，像我这样，实在不会唱的，实属少数。姚老师很注意身体锻炼，身体素质比我们还好。记得有一年爬山，姚老师自己背了双肩背包，看起来很重，路上师兄们要帮忙背，他都没同意，爬到山顶才知道，包里是两个西瓜，他请我们吃西瓜，瞬间好感动。

姚老师对我的影响是巨大的，姚老师的精神激励着我，他热爱科研，热爱生活，是我学习的榜样。我从北京航空航天大学博士后出站后来到首都医科大学，研究方向转为生物力学，需要学习医学方面的新的知识，每当遇到困难时，我想到姚老师还在自己编程序，还奋斗在科研一线，我心里就充满了力量。

祝我的导师姚振汉教授身体健康，阖家幸福！

忆我的导师姚振汉教授

王洪涛
清华大学核研院

一、有幸成为姚振汉教授的学生

我在 2001 年获得了保送清华大学直接攻读博士学位的机会，并有幸成为姚振汉教授的研究生。我现在已经工作了 16 年，但回想起十几年前在研究组里的生活，还感觉历历在目，非常亲切。在直博的 5 年时间里，无论专业理论学习、从事科学研究，还是为人处世，我都从姚老师身上学到了很多，这段时间是我成长和进步最快的时间，给我留下了美好的记忆。

二、忆姚老师开设的专业课

姚老师非常严谨，注重基本功的培养，讲起课来，认真负责，一丝不苟。记得我研究生第一年时上姚老师开设的专业课"固体力学基础"的情景还历历在目。那个时候学校里已经开始流行使用 PPT 上课，一套课件每年都可以重复使用，但姚老师上课时还是采用传统的书写板书的方式。上课时会讲到大量的公式推导，他每次都是认真地在黑板上书写公式并讲解关键点，有时候很长的公式整个黑板都写不下。他的讲课让我意识到固体力学这类课程学习不能求快，认真吃透掌握每个基本概念和基本公式推导才是学好这类课程的最好方法。姚老师认真推导公式的方法和详细的过程讲解深深地影响着我，在完成作业时我也尝试着模仿姚老师的方法，这个训练过程帮我打下了坚实的理论基础，使我在之后的科研工作中做理论公式推导也不觉得是一件很费劲的事情。他讲的课给我留下了深刻的印象，以至于多年之后每当我用到固体力学里的基本理论知识，我都能快速地回想起当年的上课场景，认真理解后的基本概念都能浮现在我的眼前，这对我的工作起到了很大的帮助作用。

三、忆我的课题选择和我的第一篇投稿文章

姚老师一直在边界元法等数值计算方法的前沿领域从事科研工作，他对此领域国内外的研究了如指掌。无网格法作为一种新兴的数值计算方法，在 1994 年出现，2000 年前后正是迅速发展的阶段。在 2001 年和 2002 年姚老师和张见明师兄合著的杂交边界点法方面的多篇论文已发表在相关领域的杂志上，其中包括数值计算方法类的顶刊。2002 年姚老师让我接着即将毕业的张见明师兄的成果继续开展研究工作，并对这类边界型无网格法的改进和完善提出了很多思路和建议。我认真按照姚老师的指导阅读文献、推导公式和修改计

算程序。2003 年姚老师让我把相关研究成果完善后直接投稿 SCI 杂志。当时，我的改进方法的计算程序刚刚编好，测试和很多算例都还没有做，我自己内心是很忐忑的，组里的研究生一般都是先从投会议文章或者国内期刊开始的，经过一定的锻炼后才会投稿 SCI 杂志。姚老师看出了我的顾虑，鼓励我要努力尝试，不要害怕失败，有问题可以问他，也可以向师兄弟或国内外相关领域的专家直接请教。姚老师的鼓励使我信心倍增。在姚老师的鼓励和指导下，我在几个月内完善了计算程序，得到了预期的成果，投稿文章也得到了顺利的接收。在后来的读博期间以及工作以后，每当我遇到困难时，我都会想起姚老师的鼓励，他的努力尝试、不被困难吓倒的精神一直激励着我。

姚老师渊博的学识、严谨的治学态度、求实的工作态度以及宽厚的为人使我终身受益。在姚老师八十岁寿辰之际，我携家人祝姚老师和师母健康长寿，福如长江水，寿比南山松！

姚老师退休后对我的关爱

屈文忠
武汉大学工程力学系

2004 年年底博士后出站，暂时告别姚老师，我来到武汉大学工程力学系任教，其间一直与姚老师保持着联系。每年过年发短信给姚老师拜年，总能及时收到老师的回复和祝福。2020 年武汉新冠疫情期间，姚老师还来电叮嘱我及家人要好好保重，注意身体健康，令我们全家感动深深。

记得是 2011 年的深秋，姚老师和师母外出南方开会，返京途中专门来武汉看望学生。指导我在武大实验室的工作，转了转武大校园。在游览东湖和登黄鹤楼时，姚老师和师母兴致很高，脚步康健。晚上，邀请在武大的清华力学校友一起与老师和师母小酌，尝尝湖北的藕汤。回想起来就心情愉悦，感恩老师。

大德无形　大教无痕

徐俊东
南京电子技术研究所

记得我第一次和姚老师当面交流是大三下学期。当时本科生保研，导师与学生需要双向选择。姚老师和薛明德老师，两位教授均从事计算力学专业，偏向于工程应用领域，是我的意向导师。由于薛老师教过我们弹性力学，我首先找的薛老师，薛老师给下一届研究生定的方向是压力容器破坏，偏向于板壳理论，由于本科阶段板壳理论课程成绩一般，于是我心生畏惧。接下来便去姚老师办公室，姚老师给我详细介绍了研究组的研究方向，并向我介绍了部分毕业生的就业情况，正是符合我个人就业意愿的工程应用领域，于是我就单向选定了姚老师作为导师，最后也如愿成为姚老师的直博生，也是姚老师最后一届研究生。姚老师给我的第一印象是：身体强健、说话沉稳、态度和蔼，虽话不多，但有问必答。

在后来多年的研究生生涯中，我对姚老师也一直维持并加深着这个印象，他对学生的教诲和关心从来不刻意表现出来，而一直奉行"身教胜于言教"。在我的记忆中，他从不当面责骂学生，而是以身作则，言传身教，从而达到"身正而令行"。

在我印象中，恩师对待任何事情均十分认真严谨，绝不马虎，从不敷衍，身体力行的同时也这样要求他的学生。记得有一年，姚老师负责国际边界元会议的组织工作，其中论文集出版整理工作由研究组担当。来自世界各地的论文格式不一、字体不一，近百篇文章由研究组各位研究生负责整理，由于时间紧急，难免有部分地方修改不到位。后来得知，姚老师亲自负责部分文章的格式修改工作，并将所有格式修改过的文章校对了一番，指出了部分修改不到位的地方，当时让所有参与的学生汗颜。对学生的论文，姚老师更会逐字逐句进行修改点评，几乎每一页都有修正项，经过姚老师修改的论文一般会"面目全非""焕然一新"。

在我印象中，姚老师乐于学习新鲜事物，尤其在计算机软件应用上，甚至走在了所有研究生的前列，他是我们研究组 Word、PPT、Endnote 的应用高手。

在我印象中，姚老师对自己的恩师无比尊敬，每次提到黄先生和杜先生，都会流露出发自内心的感恩之心、崇敬之心。

在我印象中，姚老师热爱摄影，喜欢将自己拍摄的风景与大家分享。

在我印象中，姚老师生活自律，拥有小伙子一样的身体。

在这里，我个人尤其要感谢姚老师对我的指导和帮助。2003 年北京"非典"疫情之前，我个人家庭也突发较大变故，对我的学习和生活造成不小的影响，让我感受到了较大的压力，自己很难调整好自己的心态。其间姚老师和师母感受到了我心理的变化，曾经好几次将我单独叫到家中，或者聚会后单独留下我谈心，给我以心理上纾解和物质上帮助。也正是有了姚老师、师母以及郑老师等人的不断鼓励和帮助，才使我有了顺利完成学业的动力。

毕业以后我来到了南京电子技术研究所工作，从事雷达结构总体设计工作，虽然已经远离"边界元"，但扎实的力学基础也成了我工作能力中的一个亮点，我几乎承担了近十年来所内所有重点产品的力学仿真及结构优化工作，用自己的学识为祖国的国防事业贡献自己的一分力量。

由于毕业后仍从事力学相关工作，在工作中也经常接触到力学相关专业的学者和老师，比如大连理工大学的刘书田教授、东南大学的费庆国教授等，在交谈中偶尔会说起毕业于哪里，师从哪个导师。他们一听到姚振汉教授，无论在学术上还是为人上，均会对姚老师钦佩有加：姚老师桃李满天下，是众多学生传道、授业、解惑的良师益友。

已过不惑之年的我，回想起师从姚老师之后的点点滴滴，感慨万千，钦佩有加：姚老师治学认真负责、做事细致严谨、品行德高望重、生活乐观积极、事事以身作则……在今后的工作中，我将继续以清华校训"自强不息，厚德载物"为自己的座右铭，以恩师为榜样，严谨求实、勤勉工作，争取再创佳绩。

最后，再次对恩师的言传身教表示诚挚的感谢与敬意，学生俊东携妻儿于南京祝姚老师和师母吉祥如意，身体康健。

我和清华的一段缘分

张 希

航天一院

现在回想起来，2001 年的"911"事件改变了很多人的一生，也促成了我和清华的一段缘分。

2001 年年底，我在大连理工大学临近硕士毕业，那时候力学系的学生基本只有三条出路：一是去军工国企，二是去软件公司，三是出国。国企那时候工资低，大家都不爱去，本来也想跟很多师兄一样，练好 C++，投身软件行业，然而远在北美洲的一次恐怖袭击却改变了我的人生轨迹。那一年经济特别不景气，前一年还随便去的几家著名电信公司突然都不招力学系学生了，想出国的人也基本拿不到签证。不得已，我想到了攻读博士学位。

老实说，我硕士期间并没有好好学习，大部分时间都是跟着导师干中海油的项目，出差测冰，其他时间主要在学习编程，给师兄开发软件。有了读博的想法之后，我突然意识到自己虽然是力学科班出身，但力学学得很差，需要找一个能够沉下心来做研究的地方。我咨询了清华的同学，想找一个功底扎实、治学严谨、不做工程项目的导师，他马上向我推荐了姚老师。

怀着忐忑的心情，我给姚老师打了电话，姚老师欢迎我报考，并且给了我鼓励。打完电话之后我深受鼓舞，2001 年寒假，我在辽东湾的 JZ-93 号海上平台上一边测冰，一边恶补有限元和固体力学。考试比较顺利，姚老师亲自面试，对我硕士期间所做的一些冰力学的研究还非常感兴趣。又过了一段时间，姚老师又亲自打来电话，通知我被录取了。我非常兴奋，不敢相信自己有机会到清华去学习。在博士备考和考试期间，任旭春师兄给予了我很多辅导和帮助，至今感恩在心。

2002 年 9 月，我正式来到清华园入学，因为是普博，需要修的学分并不多，但是比较重要的几门课姚老师还是要求我学习，包括姚老师给我们上的"固体力学基础"，我记得我们组里的几位师兄弟那门课都学得非常好，期末考试都拿了高分。除此之外，我还学了郑泉水老师的"张量分析"，方岱宁老师的"实验力学"，都受益匪浅。

在我入学后的第一年，Atluri 教授来到清华大学访问，我跟着研究组老师和同学一起去听了他的讲座，当时完全没有听懂，但没想到这次访问却铺垫了我后来的研究方向。开题时，组里主要有边界元和无网格两大方向，姚老师建议我在无网格方面开展研究，当时 Atluri 教授刚走，我粗看了一些他的文献和书籍，被这个方法的前景深深打动，于是确定了 MLPG 作为研究方向，并且主攻大变形问题。当时并没有想到，无网格的研究道路如此艰难。

研究组每周召开组会，姚老师、郑老师、岑松老师一起听师兄弟们轮流汇报。姚老师很少强制要求大家作报告，一般都是谁有进展谁上。组里的边界元团队非常强，雷霆、王海涛、王朋波形成了团队作战，在快速边界元上做出了非常耀眼的成果，每次汇报都让我们这些做无网格的人羡慕不已，尤其在后期，雷霆开发出了很漂亮的程序框架之后，几个人一路高歌猛进。而无网格并没有边界元那样扎实的理论支撑，虽然从弱形式上看没什么问题，但是在数值实现上却几乎把有限元早期遇到的问题都经历了一遍。

在一开始，无网格方向除了汇报一些文献调研，几乎拿不出什么像样的进展。姚老师在这个过程中非常有耐心，给予了很多指导和鼓励。说起来硕士期间在编程上下的功夫帮助了我，我很快编写了一个二维无网格程序可视化调试框架，这对我后面的研究提供了很大的帮助。之后我在积分方法、形函数选取等方面走了大量的弯路，做了大量调试，一直到 2004 年下半年，我才得到了一套比较稳定的参数组合，并且开始进行超弹性和弹塑性大变形方面的研究。在那之后，我才能隔一段时间在组会上介绍自己的进展，并且开始发表论文。我记得第一次展示使用 MLPG 完成超弹性材料大变形问题计算时，姚老师、郑老师、岑老师都非常高兴，给了我很多鼓励，让我有信心把后面的研究顺利做完。之后我又学会了 Simo 的弹塑性大变形公式，成功推导了弹塑性剪切带大变形算例，并且完成了博士论文。

每次汇报完进展之后，姚老师会做点评和指导，之后姚老师就会给我们回忆各种往事，姚老师记忆力极好，力学圈里的人极熟，各种往事、典故信手拈来。姚老师为人处世比较平和、客观、稳重，力学圈里的人都对姚老师非常尊敬。现在回想起来，姚老师其实是在给我们言传身教，教我们怎么做人，做事。姚老师平时也经常带着我们改善生活，吃遍了清华周围的饭馆。还让我们带着家属一起到北京周边爬山，姚老师的匀速爬山也是一绝，经常不知不觉就把我们这些小伙子抛到身后。我和我女朋友，就是在那段时间认识的，我们一起参加过多次集体活动，留下了美好的记忆。

工作之后，依然从事了很长一段时间强度分析工作，逐渐发现当时走的弯路、受的挫折，是我博士科研道路上获得的最大收获。一方面无网格的曲折研究经历，加深了我对有限元方法的深入理解；另一方面，那些在山穷水尽中找出路时所经历的煎熬与欣喜，才是人生中最宝贵的精神财富。

本文的最后，也祝尊敬的姚老师福如东海、寿比南山。祝各位师兄弟生活幸福、事业有成。

孜孜不倦、和蔼可亲的大先生

黄拳章
西北工业大学

思绪拉到 16 年前，我被二炮工程学院推荐到清华大学攻读固体力学联合培养博士，很荣幸来到了姚老师所在的计算力学课题组，姚老师虽然名义上不是我的导师，但他在学术上和人生方向上永远是我的导师。姚老师严谨细致、和蔼可亲，在学术上追求卓越同时又与工程实践紧密结合，很接地气，如今 80 岁高龄，但仍在科研一线，开学术会议，给学生和年轻教师作报告，甚至他还亲自写代码，调程序，发论文。姚老师一辈子教书育人、搞科研，严谨细致、孜孜不倦，成果丰硕，我非常尊敬，非常佩服，他就是我们眼中的大先生。

由于工作调动，2019 年我来到了西北工业大学，工作需要改行做了学生工作。但闲暇时，我仍然怀念在北京学习的那段日子，由于新冠疫情和工作的原因，好几年没能去北京看望老师了。今年是我离开北京回西安工作的第十一个年头了，既然暂时去不了北京，我就把对老师的思念和敬爱之情用文字写出来吧。

2006 年秋季，我怀着无比兴奋和一丝羞怯，来到北京清华园求学。很幸运，我被分到了航院计算固体力学研究组。第一次见姚老师，是在我第一次参加组会的时候，他给我的印象是儒雅、和蔼、严谨、学术水平高……那时候，姚老师已经退休了，因此只能每周开组会的时候才能见到他。

刚读博士的我，怀着对未来的无限憧憬，又面临着现实的巨大压力。清华大学固体力学是当时全国排名第一的力学专业，而我本科、硕士专业虽然与力学相关，但毕竟不是科班出身，一些基础科目比如弹性力学、塑性力学、板壳力学、数学物理方程等基础都不是很扎实，能不能学会，未来能不能顺利毕业，是我当时面临的最大压力。当时选方向、选课题是我非常头疼的事情，我很是迷茫，甚至有想过打退堂鼓。但是我了解姚老师求学的经历以及他目前退休后仍然在科研一线的状态后，我还是坚持了下来，并在后续跟着姚老师选择了边界元计算方法的研究方向。

我很佩服姚老师的做学术的勇气、干劲和几十年如一日的坚守。姚老师赴德国进修的时候已经 45 岁，当时的他比现在的我还要大 4 岁，在德国获得工学博士学位的时候已经 47 岁。姚老师 1963 年开始接触计算机，不断学习新的编程语言，后来又陆续学会用计算机软件如 Office 等办公软件的各种功能，甚至年轻人都没有他用得熟练。他跟着杜庆华先生做边界元研究，一做就是几十年，在杜先生之后成为边界元计算方面的带头人。我当时才 25 岁，我佩服姚老师利用洪堡学者的短短一年多时间获得德国工学博士学位的勇气和做学术的干劲，我跟当时导师商量了一下，下定决心跟着姚老师做边界元研究，姚老师欣然接受，成为我不是名义导师的导师。

边界元方法的数学基础是积分方程，可能比有限元方法更难理解和操作。我就认真研读边界元方面的教材、文献，学习过程中，发现还有弹性理论方面不明白的，就把弹性理论一起学。每次开组会，我都会把近期的学习体会、收获和疑问向姚老师汇报，中间还会发邮件请教，姚老师都能认真地解答，甚至有时候故意反问我一些问题，当时虽然很害怕答不上来，但是我知道，只有这样，我才能进步更快些。再后来，就选定了课题，每周推公式，编代码，看不懂的，啃不动的，都会与姚老师讨论，我受益匪浅。

最高兴的，莫过于姚老师带我发第一篇国际期刊，还是约稿。我把当时的研究成果总结出来，当时想着把研究成果拆成两篇文章来发表，结果给姚老师审阅的时候，一向和蔼可亲的姚老师竟然发了火，他说不是所有的工作都能发 SCI 的，你把这些工作拆开，明显就不够分量了嘛。这个事情使我很受触动，很受教育，姚老师虽然和蔼可亲，但学术上可真是铁面无私，严谨细致。这使我明白了学术标准，这对我以后工作上精益求精，不乱发文章影响很大。

最让我感动的是姚老师从北京千里迢迢来西安参加我的博士论文答辩。匆匆五年过去了，我在清华园度过了美好的时光，同样是痛苦并快乐着最难忘的时光。因为我是两校联合培养，学籍在西安，毕业答辩只能在西安进行。我尽管对自己的博士论文很有信心，但西安的答辩委员毕竟不是力学专业，我的答辩会不会遇到问题呢，我心里没有底。当时我把我的疑惑跟姚老师说了，想着能邀请姚老师来西安参加我的博士论文答辩，万一遇到专业方面我无法沟通的问题，老师能在更高层面做一些解释，以免出现一些不必要的麻烦，没想到姚老师欣然答应了。博士论文答辩过后，姚老师给我的毕业论文进行了推优，虽然由于一些其他原因，我放弃了评优，但是心里还是很开心，很感激，毕竟我的论文盲审分数是当时这一批中的最高分。

博士论文答辩那一年，恰逢西安世界园艺博览会，我抽空陪姚老师游览了世博园。在聊天的过程中我了解到，姚老师当年还下过乡，那时的他能够扛 300 斤的麻袋，可想而知姚老师他们一代在年轻时是受了很多苦的，但是他们都坚持下来了，没有任何怨言。他说，国家培养了我们，我们总是要回馈的，希望你们能在国家的重要行业做出自己的贡献。你在二炮好好干，为国家做事情，还是很光荣的。

不过在学术方面我还是有些惭愧的。我的专业学得不够精，以至于回单位后没能用好在清华学习的优势，没能把所学知识与后期专业好好结合，再加上一些其他原因，导致我的科研之路并不顺利，后来感觉身体也不是很好，以至于到后来终于打了退堂鼓，专业几乎荒废，再不好意思跟姚老师谈学术问题了。

惭愧归惭愧，我还是鼓足勇气向姚老师表达我的敬意，表达我的感激之情。如今，我已过不惑之年，不管在什么岗位上，我都不会忘记姚老师的谆谆教诲。学术上，我会教导我的学生学习姚老师治学认真、严谨细致、追求卓越的优良作风；生活上要乐观积极，少计算得失；做人方面要一身正气，以身作则，行胜于言；同时要积极锻炼身体，争取为祖国健康工作 50 年。我会在工作岗位上，努力工作，为国育人，为党育才，做出我应有的贡献。

最后，再次对姚老师的言传身教表示诚挚的感谢与敬意，学生拳章携妻儿于西安遥祝姚老师和师母吉祥如意，身体康健。

高山仰止　景行行止
——我敬爱的姚振汉老师

冯金龙

北京机电工程总体设计部

2010年9月我终于迈进了清华大学的校门，开始了五年的博士学习和两年的博士后工作。在清华的学习和工作虽然辛苦，但我非常幸运，得到姚振汉老师、刘应华老师和郑小平老师的共同指导、教诲和培养。这一点我是非常自豪的：每次遇到学术界的老师或朋友，我都报他们三个人的大名，总会得到对方羡慕的目光，然后我会"谦虚"地低下头，心里那个美呀。

三位老师性格不同，教导方式不同，对我都恩重如山。今天我先介绍我与姚老师的故事，待郑老师、刘老师八十岁的时候，我再讲我与他们的故事。

一、初识姚老师：他温和得很

入学的第一年，我的主要任务是课程学习。有一天，刘冬欢师兄通知我，组里中午聚餐，姚老师也来，让我见见"大牛"。我既兴奋又紧张。平日里听到了太多关于姚老师的传说，能见上一面当然兴奋：可哪个见到"大牛"的人不紧张呢。冬欢师兄看出了我的心思，笑着跟我说："不用紧张，姚老师温和得很！"

那天是在东门外的一家餐厅，由于包间内座位有限，姚老师和其他老师在包间内，我和师兄们在大厅内用餐。这样很好，避免了和老师们在一起的紧张，可以轻松用餐，同时又达到了吃完可以见到姚老师一面的目的。当时只想见上一面，没想到后来一直得到姚老师的指导和培养。

我们坐的位置靠窗，但也正对着老师们用餐的包间。我选的位置非常好，转头就看到窗外，抬头就看到包间的门口。午餐快结束的时候，郑老师微笑着出来问我们吃得怎么样了，我们说吃好了。他就回到包间，我们开始起身收拾东西。这时从包间里走出一位老人，随后几位老师也紧跟着走了出来。那个人一定是姚老师。我们走了过去，大家一起喊："姚老师好！"姚老师微笑着答道"好，你们好！"后面的事不记得了，也可能当时太兴奋了，也可能太紧张了。只记得自己一直走在队伍的最后面，听他们谈笑风生。就这样，我认识了"温和得很"的姚老师。

二、带我进入边界元领域：耐心、细心

那时组里正在承担一个航天五院的课题，内容是航天器低频声振耦合分析的有限

元-边界元方法研究。后来我渐渐参与到了课题当中,从此接触到了边界元法,也有了更多的机会接触姚老师。

由于姚老师在力学领域的地位太高了,我开始都不敢与姚老师进行交流。刘老师和郑老师就一直鼓励我,跟我说姚老师为人非常谦和,非常愿意帮助学生,鼓励我多和姚老师进行交流,对我的学习和科研会有帮助的。就这样我和姚老师不断接触,完成了项目,也最终将边界元法作为我博士论文的研究内容。

那时候姚老师已经退休了,但是他坚持每周都来参加组会。我遇到不懂的问题就在组会结束后向他请教。开始由于课题压力不大,每周请教一次。随着课题的深入,我需要向姚老师请教的问题越来越多。但又不好意思打扰他,就频繁给黄拳章师兄打电话。那时候黄师兄已经博士毕业,回西安工作了。黄师兄非常热情,总是耐心地给我讲。有一次我问的问题,他也回答不上来,他就让我给姚老师打电话,并建议我把问题整理出来,直接去姚老师家里请教。他说他去过姚老师家很多次。他还告诉我姚老师很晚才睡觉,晚上打电话没问题,姚老师非常和蔼。终于我鼓足勇气,在一个晚上给姚老师打了电话,从那以后,我就经常晚上用电话"骚扰"姚老师。这里插一句,姚老师真的晚上睡得非常晚。他一直保持着晚上学习工作到 12 点才休息的习惯,六十多年如一日,直至今天。

对我而言,边界元法的入门还是比较难的。现在看来当时向姚老师请教的问题很肤浅,但姚老师都耐心、细心地给我讲解。有时候我似懂非懂,姚老师看出来后,就再给我讲一遍,再强调一遍。我们组会都是在晚上召开,不论春夏秋冬,我向姚老师请教问题的时候,他从来没有因为太晚或者天气不好而推辞;每次都是我说了好几次"我下来再想想……"之后,他才说"好的",然后起身离开。在我把他送到电梯口的路上,他还会叮嘱我一些需要注意的事项。我非常感动!永远不会忘记,您陪我走过的那段路!

三、2013 年的一封邮件

有一次,我向姚老师请教一个关于 ACA 快速算法文献中的一个公式是怎么推导的。我发了一封邮件,将整理问题作为附件发给他。没想到他很快给我回了邮件,邮件里详细给出了推导过程,并且完全按照科技论文写作的格式进行排版。自己感觉非常惭愧,姚老师随便一封邮件中关于公式推导的过程,比我平时自己推公式都要严谨规范;感觉自己科研态度太不严谨了。从那以后我每次写作的时候都尽量做到严谨、规范。

四、指导我博士论文:唯一一次发脾气

除了那一次,我没见过姚老师发脾气。

2013 年我几乎用了半年的时间研究声学问题中超奇异积分的计算方法,这也是我整个博士论文的最关键技术。为了建立声场问题的高精度边界元法,我开发了球面单元。这些单元可以真实地构建球面几何,没有几何离散误差。对于脉动圆球辐射算例,这是一个常值问题,有解析解。因此,采用球面单元求解这个问题,计算误差是非常小的。根据师兄们留下的常值三角形单元的计算程序,计算误差在 3%左右。

我博士论文的进度比较慢，后面还有很多工作，如果这个环节不攻克，就没有办法进行后面的工作。我比较心急，每次有点进展都向姚老师汇报，因为只有他同意，我才能进行后面的工作。刘老师和郑老师虽然认为我现在的工作可以了，但是姚老师不同意，他们也没办法。

有一天，我计算得到了一个自己感觉非常好的结果，相对误差在 10^{-4} 量级。我非常兴奋地把这个结果告诉姚老师，心想这次一定能得到姚老师的认可，没想到却被泼了一头冷水。他说："你用的是球面单元，没有几何离散误差；就采用了 6 个单元，以现在计算机的性能，计算误差应该是非常小的。你的计算结果的误差应该在 10^{-10} 量级，怎么可能是 10^{-4} 量级呢？你再好好算算吧！"这是他唯一的一次重口气批评我。我当时有些受打击，感觉姚老师不理解我那时的心情。最终证明他是对的。当我得到了误差在 10^{-10} 量级的计算结果后，我落泪了！

姚老师用他的渊博知识、严谨治学态度和严格要求，让我渡过了难关，让我不断进步和成长！

五、关心备至、润物无声

2015 年 3 月 17 日　星期二　晴

上午 8:53，我收到姚老师的短信"金龙，预答辩准备得怎么样了？还需要讨论一下吗？姚"

下午 3 点，姚老师准时来到 N408 会议室，帮我重新梳理了汇报的思路、强调了论文工作的重点和意义、提炼了论文的创新点……一直到 5 点多他才回家。

担心自己下了领会不了姚老师的思想，我用手机做了全程录音……

2015 年 3 月 18 日　星期三　晴

下午，我顺利通过预答辩！

2015 年 8 月 21 日　星期五　晴

上午，我去姚老师家取去上海出差的火车票和住宿费发票，并决定告诉他我将要去中国航天科工运载技术研究院做博士后。在去的路上，我就知道今天的见面，会让我难以忘怀……

姚老师坚持把火车票和住宿费发票送到楼下。我接过票据，告诉了他我的决定。他首先对我的决定表示赞同，同时给我介绍了许多师兄师姐的优秀事迹；然后叮嘱我做好从学生身份到工作身份的转换、要结合单位需求确定自己的发展规划、还有许多……

我们的谈话断断续续，持续了一个多小时。最后，我目送姚老师走进了单元门，推车离开了小区……

2017 年 7 月 30 日 星期日　晴

桂林，边界元法与降维方法进展与应用研讨会

下午 2 点多，姚老师特意来到我所在的会场。14:20—14:40，我认真地完成了报告。姚老师仔细地听取了我的报告，然后回到了他所在的会场……

……

姚老师为人谦和、关爱学生、做事低调，说得很少，做得很多……

姚老师参加组会或活动没有特殊原因从不迟到……

姚老师每天坚持锻炼身体，绕校园快走一圈……

姚老师从入清华直到现在，坚持学习工作到深夜……

姚老师退休后，仍然亲自推公式、编程序、审稿件、发论文……

姚老师用他的行动，诠释了什么是"为祖国健康工作五十年"、什么是"行胜于言"、什么是"自强不息 厚德载物"。

六、高山仰止，景行行止

2017年12月25日，我博士后出站，姚老师来参加我的出站答辩。从那以后我回学校的次数越来越少了。由于新冠疫情，每年一次的三校边界元会议也取消了。与姚老师的见面次数少了，平日通过微信联系。这两年工作压力比较大，加班比较多，周围同事开玩笑地说我在"内卷"。其实，每当我加班到比较晚离开单位时，在路上我都会想到姚老师。想到他对我的谆谆教导，想到他对国家的热爱、对事业的执着、对学生的期望……

高山仰止，景行行止。我会继续努力的！祝福姚老师和师母身体健康、万事如意！

春风化雨　桃李满园
——庆祝姚振汉老师八十寿辰

孙　嘉

清华大学 2017 级直博生

我是 2017 年进入清华园的直博生，拜在刘应华和郑小平老师的门下，专业方向是边界元法，在博士期间也有幸得到了姚振汉老师的指导。第一次见到姚老师的名字是在我接触边界元的时候，那时刚来组里，郑老师给了我一本姚振汉老师主编的《边界元法》，让我好好研习，同时也跟我介绍了姚老师是位非常和蔼，学术造诣很高的人。首次见到姚老师是在学期初的组会上——虽然姚老师已经退休，但每次我们的组会他都会来参加，了解学生们的工作情况。还记得第一次组会上我拿着《边界元法》让姚老师给我签名，姚老师工整地写下名字，我如获至宝地接过书的情形，这本书也一直伴随着我的博士生涯。

姚老师平易近人，和学生交流时十分耐心。边界元法博大精深，每当我遇到困难向姚老师求教时，他都细心地给予解答。研究边界元法时经常遇到代码上的问题，具体原因往往十分繁杂，而姚老师总是能敏锐地指出我遇到的问题，在迷雾中给我指点迷津。和姚老师的交流总是轻松愉快的，无论是在当面还是线上。即使学生的研究工作犯了一些低级错误，他也会认真仔细地给予解答，不会给学生太大的压力。有一次我在做一个标准算例的时候，发现结果总是对不上，琢磨了很久没发现原因，后来通过邮件跟姚老师交流，姚老师很快指出来是输入文件中有个参数设置错了，我在感激之余也诧异姚老师会仔细地看我的输入文件，同时也对自己的粗心感到十分羞愧。但姚老师对我却没有任何责备，只是给我指出了错误。姚老师就是这样一直无私地给学生提供着帮助。

姚老师对科研一直保持着很高的热情，始终奋战在科研的第一线。记得我刚进组时研究的第一个问题是关于边界元方程迭代算法收敛性的问题，当时花了一些工夫查阅文献，发现是代码稳定性导致的，我就在组会上通过几个算例汇报了这个现象，给了改进的代码。姚老师非常高兴，组会结束后跟我讨论了代码的细节。下一次组会的时候，姚老师告诉我们，他已经对其他更复杂情形的算例做了校对，证明确实是有效的，还将结果和我们分享。还有一次，我想用边界元法计算一个三维薄结构的问题，向姚老师请教有没有现成的代码，姚老师回复我说他那里有，但最新的版本有些问题他正在调试，坚持要调好了再发给我。一段时间后姚老师给了我最新的版本，还附上了有百页之多的 Word 注释文件。当时我觉得十分惭愧，我原以为，在边界元领域有这样高成就的教授，可能不屑于再去做细枝末节的工作，给学生指导一下方向就够了，这些工作可以交给学生去做。而姚老师耄耋之年仍然亲自调代码，做算例，还精心制作 PPT 在组会上和大家分享他最近的工作，让我感触颇深。姚老师的 PPT 做得十分详尽，每个算例相关的图示、表格、数据曲线都经过了精心的准备。尽管听众们都是姚老师的晚辈，站在演示屏幕旁介绍自己的工作时，他没有任何架子，把每个要点都讲得十分仔细。在报告结束后，姚老师还会附上自己最近生活中拍的一些风景照片，饶有兴致地和大家分享。在 2018 年年末有《中国大百科全书》的修订工作，请到姚老师负责力学卷的一部分，姚老师全身心地投入到这份工作中，也时常在组会上和我们提到这些工作内容。对于许多词条，姚老师不仅发送给相关的专家征询意见，自己还会仔细地查阅文献校对修改，力求严谨细致。姚老师由于在边界元领域的杰出贡献获得了 2019 年的格林奖，这是边界元领域极高的荣誉，姚老师也收到了去欧洲领奖的邀请。在组会上，姚老师开心地和我们分享了这个好消息，给我们看格林奖章图片上的风车图像，还给我们科普了数学家格林的传奇故事。在这些与科研相关的点点滴滴中，姚老师总是表现出超越年纪的热情与活力，从姚老师的身上，我感受到了对科研单纯的热爱，以及严谨认真的科研精神。高山仰止，每当我在学业上遇到困难时，在枯燥的代码调试中感到疲倦时，就会想到姚老师对我的指导，想到他亲力亲为的学术作风，这种力量一直激励着我前行。

和姚老师的交流中，总能从他的身上感受到一种务实的精神。姚老师很关心力学和工程实际的结合，对于学生们的研究，姚老师不仅能给出技术上的指导，还会进一步指出这项研究距离实际工程应用的差距：哪些假设是合理的，哪些假设只存在于理想情况，工程一线的人员更加关心哪方面内容，并给出一些未来方向的建议。另外，作为边界元领域的大师，姚老师总是教导我们，要认清楚边界元的现状是作为有限元法的重要补充，要找到其他方法不擅长的领域，扬长避短，发挥边界元法降维高精度的优势，而不是跟其他方法的结果对上了就满足了，否则就只能一直停留在发文章的层面，而在应用中慢慢被边缘化。姚老师不仅这样教育我们，还在科研工作中亲自去践行他的理念。姚老师近年来一直致力于发展高性能边界元方法，就是在采用快速算法保持计算效率的同时，通过分析边界元法各个环节的误差由来进行误差控制，从而单纯通过边界元法就能得到可靠的结果，摆脱需要和其他方法对比才能验证方法正确性的尴尬局面。姚老师务实的科研态度也时刻提醒着我，科研工作者不能脱离实际，最好的科研创意往往是从工程现象中来。姚老师桃李满园，学生遍布各行各业，其中不乏领军人物，想必也是他亲身熏陶的结果。

师恩浩荡，姚老师严谨的科研精神，务实的学术作风，崇高的人格魅力一直照耀着晚辈前进的道路。作为有幸受到姚老师指导的学生，感激之情难以言表。在姚老师八十寿辰之际，祝愿他健康长寿，幸福安康。

第三部分
庆祝姚振汉教授八十寿辰
代表性学术论文

(力学与工程-数值计算和据分析学术会议,香山饭店,
北京,2019年4月)

高精度/高性能边界元法的基本思想和研究进展[*]

姚振汉[†]

(清华大学 航天航空学院工程力学系，北京 100084)

摘要 为了摆脱边界元法的精度验证对于有限元法等其他方法的依赖，充分发挥边界元法高精度的优势，作者提出了一种新的高精度边界元法。从基于 Rizzo 型边界积分方程的弹性静力学问题出发，通过改进的等精度高斯积分实现对计算误差的严格控制。在此基础上，并在全部采用位移协调元的前提下，以单元间边界等效应力的不连续度作为误差指示，合理细化网格，对离散误差实现有效控制，从而得到满意的收敛解，这就是高精度边界元法的解。以真实梁板壳局部应力分析为突破点，从二维到三维问题，高精度边界元法已经取得满意结果。对于复杂真实板壳的局部应力分析，由于计算规模较大，必须引入快速算法，并严格控制快速算法和相应的迭代求解器的附加计算误差，于是发展了一种新的高性能边界元法。首先引入的快速算法是采用 GMRES 迭代求解器的自适应交叉近似（adaptive cross approximation，ACA）算法。研究发现，随着梁的长细比、板的宽厚比的增大，GMRES 迭代的收敛速度将逐渐变慢。幸好发现如果采用足够高阶的边界单元，在远离应力集中区域的细长梁或薄板壳的边界可以划分相当稀疏的网格，从而使迭代求解的效率得以提高。下一步将研究高性能边界元法在各种复杂问题中的应用，力图使边界元法发展成为有限元法不可或缺的重要补充。

关键词 边界元法；高精度边界元法；高性能边界元法；误差分析；局部应力分析

1 引言

作者作为我国工程中边界元法研究创导者杜庆华先生的主要合作者于 1979 年开始进入此研究领域。40 年在此方面的研究工作大体可分为 4 个阶段，每个阶段 10 年左右。

第一阶段的工作[1-11]通过基本解的叠加、积分和微分拓展核函数，用于固体力学中多种问题的边界元分析，其中包括通过基本解的积分求解变截面圆轴扭转、回转体轴对称问题等，以及通过基本解的求导得到附加的边界积分方程，克服薄板弯曲边界元分析中在自由边采用 C^1 连续单元时边界节点处方程数不足的问题，其中出现的超奇异积分通过一组特解间接确定，从而建立了一种新的高精度边界元法。基于对各种数值方法优缺点的比较，作者从一开始就致力于将边界元法发展成为有限元法的必不可少的重要补充。早期也曾提出

---

[*] 国家自然科学基金资助项目（11672155）
[†] 通信作者：demyzh@tsinghua.edu.cn

借助于由基本解求导得到的偶极子型基本解建立附加方程用于求解弹性裂纹问题,克服裂纹面节点处方程数不足的问题,可惜当时未能找到计算超奇异积分的一般方法。当时也提出了边界元法离散误差的一种直观度量,即边界元法的域内解趋于边界的极限和相应的边界给定量之差,并试图建立一种自适应控制离散误差的边界元法。另一方面和合作者一起通过边界元法与有限元法各种形式的耦合来综合发挥两种方法的长处。这一阶段对于边界元法的基本理论方法及其在固体力学中的应用有了比较深入的了解。

第二阶段主要跟踪边界元法的国际进展,在广度与深度上开展了边界元法的研究[12-54],其中包括结构振动模态分析、弹性波传播等动力学问题,断裂力学问题,各种接触问题以及材料非线性等非线性问题的边界元分析,结构形状优化,以及缺陷识别反问题等的边界元有效分析方法。这一阶段亲身经历了边界元法在深度和广度上取得的重要进展,也深切体会到满阵方程组对于解题规模和计算效率的重大影响。

第三阶段主要开展了快速多极边界元法等快速边界元法、边界型无网格法及其应用的研究[55-82]。在研究中注意到了在引入快速算法的同时,对于边界元数值方法也需要精心考虑。在许多研究者在快速边界元法中始终采用低阶单元的情况下,我们强调了许多情况下为了保证应力计算精度,并在保证精度的基础上提高计算效率,必须采用高阶单元。以上的许多工作在出版的边界元法专著[83]中或多或少有所反映。

第四阶段,也就是最近十年,有感于边界元法在深度、广度上均取得了重要进展,但在工程应用中却越来越被边缘化,于是对边界元法进行了反思[84-88]。认为被边缘化的原因之一在于边界元法的精度验证经常是基于将其数值解和简单问题的解析解或同样问题的有限元解做比较。从工程界来看,既然边界元法的计算结果和有限元完全吻合,那么工程上用有限元法就行了。而对某些复杂问题,当边界元法和有限元法得到的结果不一致时,一些边界元法的研究者也往往对边界元法所得结果底气不足。因此,要改变这种状况,必须在边界元法精度验证方面摆脱对于有限元法的依赖。于是基于对于工程或科学问题边界元分析的误差分析,提出了一种新的高精度边界元法,并在此基础上引入快速算法,发展了一种新的高性能边界元法。

下一节将扼要介绍工程或科学问题边界元分析的误差分析,并以弹性力学问题为例介绍高精度边界元法的基本思想。接着以真实梁板壳结构局部应力分析为突破点介绍高精度边界元法的研究进展。然后介绍高性能边界元法的基本思想,以及发展真实梁板壳结构局部应力分析的高性能边界元法中遇到的 GMRES 迭代求解器的收敛性问题和研究进展。最后是简短的结束语。

2 高精度/高性能边界元法的基本思想

2.1 工程数值方法的误差分析

在工程实际问题的建模与求解过程中,先后将会引入模型误差、离散误差和计算误差(图 1)。这是 3 类不同性质的误差,因此在高精度数值方法的求解过程中必须分别加以严格的控制,才能得到满意的高精度计算结果。

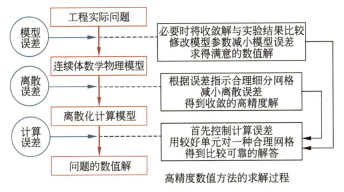

图 1　3 类误差的引入和控制流程

2.2　高精度边界元法的基本思想

控制 3 类误差的具体流程，也就是高精度边界元法的计算流程如图 2 所示。作者提出的弹性力学问题的高精度边界元法基于采用奇异基本解的 Rizzo 型边界积分方程，从而保证了所得线性代数方程组能够具有良好的性态，避免出现病态方程组。当采用高斯消去法等直接解法时能保证方程求解的高精度，于是主要的计算误差就是由核函数与形函数乘积在单元上的积分计算方程组系数的积分误差。这些积分中的常规积分（包含近奇异积分）通常可以采用高斯积分法，弱奇异积分可以将单元划分为以源点为退化点的若干退化四边形积分域再用高斯积分法，而柯西主值积分则可以利用刚体位移特解代入方程来间接确定。由于其中的常规积分只和单元几何以及源点与单元的相对几何关系有关，而弱奇异积分只和单元本身的几何有关，作者通过对于各类单元的大量数值实验得到了对于各种情况下保证要求的积分精度所需要的高斯积分点数或等精度高斯积分的名义精度（具体的积分点数可以根据名义精度和单元与源点的几何关系来确定），这种方法称为改进的等精度高斯积分法。

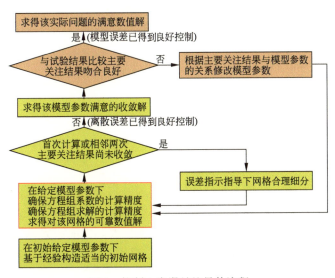

图 2　控制 3 类误差的具体流程

高精度边界元法的关键点是提出了基于边界等效应力分布图在单元间的不光滑度的误差指示，具体定义为单元各边界节点处不同单元计算所得等效应力的差值（对于两个以上单元的公共节点为最大差值）与该问题最大等效应力之比。该误差指示可以用来指导网格的细分，对于误差指示较大的区域及其附近区域将网格加以细分。由于对于具有较大规模的问题网格改变一次的计算量是比较大的，因此不能采取每次只加很少几个单元的细分，而是在误差指示较大的某个区域使网格较明显细化。在细化网格重新计算之后比较相邻两次计算结果中最为关注的变量，得到的是该变量两种网格离散误差之差。当网格细分到相邻两次该变量离散误差之差小于该变量的允许离散误差的若干分之一时，可以将最后得到的解作为满意的收敛解，而之前各网格所得解与该解之差为离散误差。只要在整个求解过程中计算误差和离散误差均确实得到了有效控制，所得的数值解就是可靠的，这是精度验证的充分条件，无须再去通过与有限元等结果比较来验证。当然对于一些有解析解的简单问题，所得的收敛解也必定和解析解相吻合，因为这是一种数值方法能够得到可靠数值解的必要条件，但还不是充分条件。通常在确定采用多少高斯积分点能保证积分精度的同时，就保证了用这种单元求解某些有解析解的简单问题的精度。

2.3 高性能边界元法的基本思想

由于传统边界元法的求解方程组是非对称满阵方程组，高精度边界元法未能改变这一特性，因此高精度边界元法难以求解大规模的来自实际工程的边界元分析问题。20世纪末以来，通过快速算法的引入发展起来的快速边界元法在相当程度上克服了对于解题规模的约束。于是在高精度边界元法的基础上，引入快速算法，同时严格控制快速算法和相应采用的迭代求解器的附加计算误差，发展了一类新的高性能边界元法。

高性能边界元法和高精度边界元法的基本思想是一脉相承的。引入快速算法的迭代求解器取代了原始的直接法方程求解器，属于高精度边界元法计算流程中的基本计算模块，在控制离散误差的循环中每次都要进行计算。而且在继续确保原来要求的计算误差得到有效控制之外，对于快速算法和相应的迭代求解器的附加计算误差也必须有意识地加以有效控制，其中包括快速算法中引入的截断误差和迭代求解器的迭代收敛误差。

3 高精度/高性能边界元法研究进展

3.1 研究进展概况

在图3关于研究进展的示意图中，黑色部分为研究基础，蓝色部分为已经完成，橙色部分为正在研究，红色部分是今后的进一步工作。图3中的左列为各种算法，右列为研究中采用的标准考题。

以弹性力学问题为例，以真实梁板壳局部应力分析为突破点，发挥边界元法高精度的优势，二维、三维高精度边界元法已经取得满意的结果。但是对于较大规模的问题还必须引入快速算法，并控制快速算法的附加计算误差，发展高性能边界元法。目前正在进行的就是引入ACA快速算法的高性能边界元法研究。采用的第一组实质性的考题是真实悬臂薄板的局部应力分析。

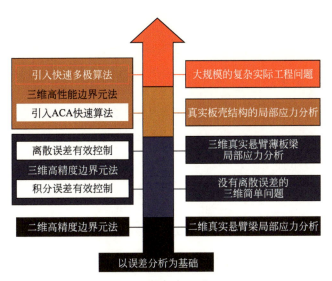

图 3　研究进展示意图

3.2　真实悬臂薄板梁局部应力二维高精度边界元分析算例

图 4 所示是 3 组真实悬臂薄板梁二维局部应力分析的计算模型。该模型已将不精确、假设性的固定边界移到了远离梁的根部应力集中区域位置，在根部精确描述了原结构的几何形状和传力机制，而不采用与欧拉-伯努利梁假设相应的边界条件。这种模型称为真实梁模型。图 5 为对于这 3 组计算模型所得的应力集中系数与过渡圆弧半径-梁高比的关系曲线。第 1 条和第 2 条曲线十分接近，表明给定近似边界条件的固定边远离应力集中区之后对应力集中区的影响已经不大。而特别引人注意的是，当起支座作用的相邻构件宽度减小时应力集中系数反而明显增大。按照材料力学或结构力学的传统概念来分析，该构件宽度减小将使这里的端点条件从固支向简支方向转变，从而使最大应力减小。而实际结果却是大出所料。这也说明了进行真实梁板壳局部应力分析对于结构的强度评定是十分必要的。

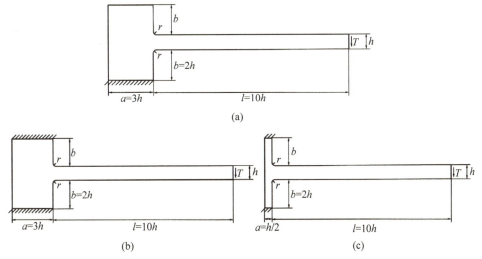

图 4　3 组真实悬臂薄板梁二维局部应力分析的计算模型

(a) 第 1 组计算模型；(b) 第 2 组计算模型；(c) 第 3 组计算模型

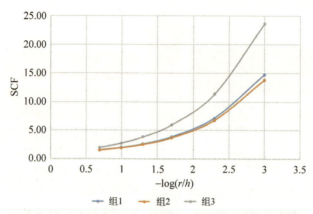

图 5 对于 3 组真实悬臂薄板梁的应力集中系数与过渡圆弧半径-梁高比关系曲线

图 6(a)和图 6(b)所示为第 2、3 两组中 $l/h=10$，$r/h=0.001$ 的算例的二维分析收敛计算结果的边界切向正应力分布图。与梁理论的最大应力相比，得到的应力集中系数分别为 13.86 和 23.71。

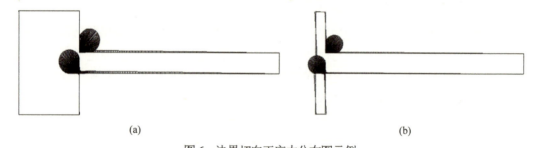

图 6 边界切向正应力分布图示例

(a) 第 2 组计算模型，$r/h=0.001$，SCF = 13.86；(b) 第 3 组计算模型，$r/h=0.001$，SCF = 23.71

3.3 真实悬臂薄板梁局部应力三维高精度边界元分析算例

在二维高精度边界元分析中，边界只要划分两类单元：二次插值直线单元和二次插值圆弧单元。而在相应问题的三维高精度边界元分析中，为了能够采用边界等效应力不光滑度为误差指示，必须采用 5 类不同的位移连续单元：在应力集中区的圆柱面上划分 8 节点二次插值圆柱面单元，在该区域的平面边界上划分 8 节点二次插值扇台形平面单元，为了便于实现应力集中区细分网格到远处稀疏网格的过渡，划分采用面积坐标的 6 节点二次插值三角形平面单元，为了确保扇台形单元到三角形单元的位移连续过渡，还引入了专门的 8 节点二次插值过渡单元，在平面规则区域则可以采用 8 节点二次插值矩形平面单元。二维分析得到满意的收敛应力解的网格只有 244 自由度，而相应的三维分析试算的初始网格就有 5 类 1458 个单元 3152 个节点，总计 9456 自由度。计算得到的边界等效应力分布图如图 7 所示。

与相应二维问题边界切向正应力分布图的比较见图 8。对于相同的过渡圆弧半径与梁高比，图中三维分析的应力集中系数略低。不过从图 8(a)可见，边界等效应力分布图在应力集中区还不够光滑，表明离散误差还没有得到良好的控制，当网格进一步加密之后，应力集中系数将趋于二维分析所得的结果。

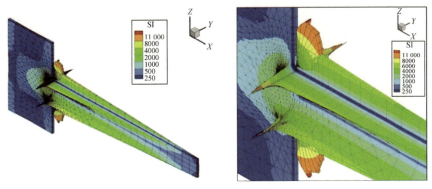

图 7 真实悬臂薄板梁弯曲的边界等效应力分布图

注：右端为应力集中区局部放大图

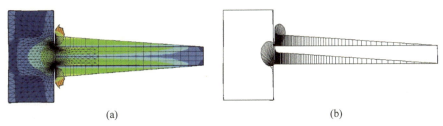

(a) (b)

图 8 真实悬臂薄板梁弯曲局部应力二维、三维分析结果比较（$r/h = 0.1$）

(a) 三维分析（SCF = 1.96）；(b) 相应问题二维分析（SCF = 2.02）

3.4 薄结构三维高性能边界元分析的一个标准考题——悬臂方板横向弯曲

将真实悬臂薄板梁三维局部应力分析的计算模型在宽度方向展开，就得到真实悬臂方板横向弯曲局部应力分析的计算模型。由于计算规模较大，引入自适应交叉逼近（ACA）快速算法结合 GMRES 迭代求解器，可以使计算效率显著提高，这就由高精度边界元法发展到高性能边界元法。图 9 为在板宽-厚度比为 10，过渡圆弧半径-板厚比为 0.1 情况下计算得到的变形图和边界等效应力分布图，单元间等效应力的过渡十分光滑，表明单元已经足够细分，离散误差得到了较好的控制。为了提高计算效率，利用问题的对称性，采用了半模型进行计算和结果显示。

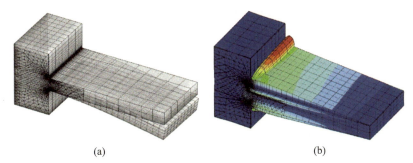

(a) (b)

图 9 真实悬臂方板横向弯曲高性能边界元分析结果显示

(a) 变形图；(b) 边界等效应力分布图

注：$b/h = 10$，$r/h = 0.1$

表 1 列出了一组真实悬臂方板局部应力分析的计算结果。为了提高计算效率，首先通过利用对称性的半模型使自由度数几乎减半。算例 1～算例 6 是边长厚度比为 10 的较厚的板。算例 1 和算例 2、节点数为 2823 的模型已经是网格合理细分的模型。算例 1 是采用高斯消去法的高精度边界元法的收敛结果，算例 2 同样问题采用了 GMRES 迭代求解器，两者的结果吻合表明迭代也已收敛，而且后者的计算效率比高斯消去法显著提高。算例 3 和算例 4 是对同一个计算模型分别采用 GMRES 和 ACA 快速算法+GMRES 求解的结果，两者的结果也吻合良好，采用 ACA 不仅使计算效率进一步有所提高，而且还可降低对于存储量的需求。对此问题进一步细分网格，采用 ACA+GMRES 求解所得结果和前面所得合理细分网格的结果也是吻合的。此问题局部应力的参考值是，相应悬臂薄板梁的根部最大应力为 $0.6b/h$。算例 6 的节点数已经足以生成边长厚度比为 100 的真实悬臂薄板的计算模型。不过对于边长厚度比为 30 的算例 7 和算例 8 的结果比较发现，采用 GMRES 迭代求解的算例 8 对此问题却得不到迭代收敛的结果。究其原因，应该是随着板的边长厚度比的增大，边界元求解方程组的性态变差、条件数增大。要解决这个问题应该寻找有效的预处理方法。这也成为发展高性能边界元法的一个关键问题。

表 1 真实悬臂方板高精度与高性能边界元法计算结果汇总（利用对称性的半模型）

序号	b/h	计算方法	节点数	存储量/%	计算时间/s	迭代误差	最大应力	ICLEAF
1	10	高斯消去	2823	—	23271	—	11.673	—
2	10	GMRES	2823	—	724	8.89E−06	11.673	—
3	10	GMRES	4589	—	1958	9.20E−06	11.658	—
4	10	ACA+GMRES	4589	60	1419	9.98E−08	11.718	200
5	10	ACA+GMRES	9381	32	4877	1.21E−05	11.639	200
6	10	ACA+GMRES	13 989	18	9447	5.93E−05	11.561	100
7	30	高斯消去	4317	—	122 637	—	32.341	—
8	30	GMRES	4317	—	2225	8.28E−02	22.358	—

3.5 薄结构高性能边界元分析的一个关键问题——GMRES 迭代收敛性

虽然对于其他问题的边界元分析，引入快速算法之后并没有发生上面遇到的收敛性问题，但是对于薄结构，从细长梁到薄板，都发现了这一问题。真实梁板壳局部应力分析又是发展高性能边界元法的突破点，因此克服这个难题成为一个关键问题，于是回到二维问题做深入考察。

对于细长薄板梁纯弯问题，由于每边离散为一个二次单元即无离散误差，因此当采用高精度边界元法求解时，即可得到高精度的计算结果。但如果采用 GMRES 迭代求解器，则发现随着梁的长高比的增大，迭代收敛明显变慢。

由图 10(a)所示 GMRES 迭代收敛图可见，对于长高比为 10 以上的细长梁，迭代次数几乎要等于自由度数才能收敛。由图 10(b)则看到，沿着梁的长度方向细分单元，并不能改

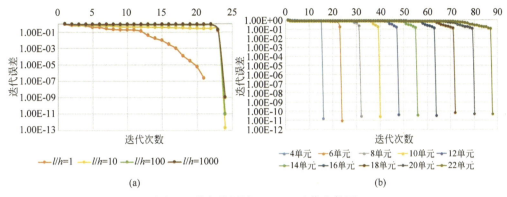

图 10 纯弯薄板梁 GMRES 迭代收敛图

(a) 两端各一个、长度方向两个二次元，不同长高比；(b) 长高比为 100，长度方向 1~10 个二次元

变这种收敛趋势，还是要在接近于自由度数的迭代次数时才能得到收敛的结果。所以在找到能够改变这种趋势的方法之前，唯一能够做的就是，在有效控制离散误差的前提下必须划分尽可能少的单元。

进一步的研究发现，对于薄板梁的较一般的弯曲问题，沿着梁的高度和长度方向都必须划分比较高阶的单元，才能以最少的节点数得到满意的收敛解。表 2 列出了悬臂欧拉-伯努利薄板梁横向弯曲工况下采用不同网格计算结果的比较。两边均离散为一个三次单元，加载端（右端）作用二次分布的横向剪力，两表面处为零，中间点处为-1.0，按照梁理论，在左端作用大小相等、方向相反的剪力，同时作用线性分布的法向面力 t_1 形成弯矩和右端荷载平衡。当高度为 1.0，长度为 10.0 时，左端法向面力 t_1 在上下表面处的值分别为-40.0 和 40.0。表中则列出了沿长度方向离散不同网格时计算所得上下表面最左端处的切向正应力 σ，$-\sigma$ 与左端给定面力值 t_1 的差别直接反映了计算结果的误差（主要是离散误差）。当长度为 100，长高比为 100 时，左端 t_1 在上下表面处的值分别为-400.0 和 400.0。计算得到的相应点处沿梁表面的切向正应力 σ^+、σ^- 则列在表中。

表 2 悬臂欧拉-伯努利薄板梁横向弯曲工况下采用不同网格计算结果比较

算例	长高比	长度方向划分单元	t_1^+	σ^+	t_1^-	σ^+
1	10	1 个三次元	-40.000	40.006	40.000	-40.006
2	10	5 个二次元	-40.000	33.026	40.000	-34.022
3	10	10 个二次元	-40.000	38.438	40.000	-38.325
4	10	20 个二次元	-40.000	39.731	40.000	-39.708
5	100	1 个三次元	-400.00	420.29	400.00	-420.88
6	100	5 个三次元	-400.00	401.35	400.00	-401.42
7	100	10 个三次元	-400.00	400.46	400.00	-400.50
8	100	20 个二次元	-400.00	244.14	400.00	-233.29
9	100	50 个二次元	-400.00	364.69	400.00	-361.39
10	100	100 个二次元	-400.00	392.47	400.00	-391.81

注：高度方向一个三次元。

表 2 所列是端部加载的情况，如果是沿梁的长度方向均匀加载，最佳的网格将是沿长度方向划分四次单元。对于细长梁问题，只有采用足够高阶的单元才能构造自由度数最小的网格，当采用 GMRES 迭代求解器时才可能有较高的计算效率。

为了进一步验证这个判断，对于真实悬臂薄板梁的局部应力分析进行了考察。表 3 列出了采用不同网格的计算结果，其中包括 GMRES 迭代的收敛情况比较（过渡圆弧半径-梁高比均为 0.001）。

表 3　真实悬臂薄板梁采用不同网格的 GMRES 迭代收敛情况汇总

算例	长高比	上下表面主要网格	节点数	迭代次数	最大应力	应力集中系数
1	10	1 个三次元	644	121	8.378×10^3	13.96
2	10	10 个三次元	698	135	8.378×10^3	13.96
3	20	10 个三次元	698	181	1.651×10^4	13.76
4	40	10 个三次元	698	227	3.276×10^4	13.65
5	60	10 个三次元	698	252	4.902×10^4	13.62
6	80	10 个三次元	698	273	6.529×10^4	13.60
7	100	10 个三次元	698	289	8.157×10^4	13.60
8	100	50 个二次元	838	381	7.983×10^4	13.31
9	100	100 个二次元	1038	411	8.135×10^4	13.56
10	100	161 个二次元	1282	414	8.148×10^4	13.58

图 11 给出了计算模型和边界网格划分情况。由图可见，在悬臂薄板梁过渡圆弧附近是应力集中区，网格划分很密。在距离根部 3 倍梁高以外上下表面划分的网格状况和图中不同的算例在表 3 中列出。对于这些算例，用高斯消去法所得结果与 GMRES 迭代所得结果均基本一致。对于长高比为 10 的情况，远离悬臂端的 7 倍梁高长度的上下表面离散为 1 个

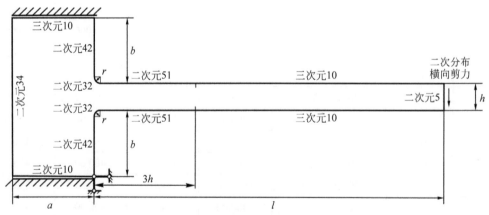

图 11　表 3 所列真实悬臂薄板梁的计算模型
注：$h=10$, $a=30$, $b=20$, $r=0.01$

三次元即可得到满意的结果。图 12 给出了几种情况的边界切向正应力分布图，分布相当光滑，显示离散误差得到了很好的控制。采用 10 个三次元，则对长高比为 100 的真实悬臂薄板梁也能得到满意的结果。图 13 所示为包括表 3 中的算例 2～算例 7 的用相同网格计算不同长高比真实悬臂薄板梁局部应力的 GMRES 迭代收敛图。这些图表表明在相同网格划分下随着梁的长高比的增大，迭代收敛逐渐变慢。因此为了提高计算效率，在控制离散误差的条件下必须尽可能减少问题的自由度数。对于端载横向弯曲，沿梁表明应划分三次单元，均布荷载横向弯曲，则划分四次单元。比如上例中对于长高比 100 情况，划分 10 个三次元即可得到满意结果，而划分 100 个二次元的结果比它还稍差。

图 12　表 3 所列真实悬臂薄板梁边界切向正应力分布图典型示例

注：右为应力集中区局部放大图

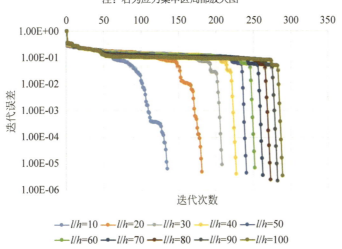

图 13　用同样网格（如表 3 中算例 2~算例 7）计算不同长高比真实悬臂薄板梁的 GMRES 迭代收敛图

真实悬臂薄板弯曲的局部应力分析是个难度较大的标准考题，将上述思想推广到三维问题，有可能将这个问题解决，求得满意可靠的局部应力分析结果。进一步引入 ACA 算法，有可能将高性能边界元法用于一系列较复杂的真实梁板壳局部应力分析问题。

4　结语——充分把握边界元法的特点并发挥其长处才能使其成为有限元法不可或缺的补充

作者近年来经过对边界元法研究的反思，在误差分析的基础上提出了一种新的高精度边界元法，并正在发展高性能边界元法，其目的就是充分发挥边界元法的长处，使其成为有限元法不可或缺的补充。也就是做好一些有限元法没有做得很好的事情。从局部应力分析出发，以真实梁板壳局部应力分析为突破口，其原因在于：虽然梁板壳理论，以及基于梁板壳理论的有限元法已经成功地在工程设计分析中应用了很多年，但是当其最大应力出现在梁的端部，或者板壳的边界处时，最大应力都是不正确的，因为梁板壳理论的基本假设在这些部位并不满足。另外，有限元法通常在位移响应方面能够得到满意结果，而局部应力集中计算结果往往不太令人满意。最大应力通常发生在边界处，而有限元法直接得到的往往是单元的平均意义下的结果，常用的能量模形式的误差估计往往不能准确反映局部应力的误差，一般的有限元法使用者更是对于离散误差未能给予必要的重视，最多也仅仅注意通过一些标准考题验证的单元的优劣。

边界元法要真正成为有限元法不可或缺的必要补充，必须从前处理、分析计算直至后处理都充分注意到自身的特点，并发挥自身的长处。对于局部应力分析，边界元法比较容易精确描述问题的边界几何，但是需要根据变形状态各变量变化的快慢确定网格的疏密，不能简单照搬有限元法中生成的网格。当采用方程的直接法求解器时，主要的计算误差就是各类积分的误差，它们都需要严加控制。引入快速算法后，还要考虑附加计算误差。在高精度边界元法中设定离散误差的误差指示是一个关键，无论二维、三维问题，都采用了位移 C^0 连续的连续单元。因为特别关心应力的计算精度，这类单元的单元间等效应力不连续性恰好提供了离散误差的比较直观的指示。后处理给出的二维问题的边界切向正应力分布图和三维问题的边界等效应力分布图不仅显示了工程上关心的最大应力的大小和发生位置，而且还直接反映出离散误差控制的好坏。有些边界元法使用者往往对于二维问题也借用有限元法的应力云图到边界元法，其实应力云图远不如上面提到的两种应力的边界分布图。

除弹性力学的局部应力分析外，作者和合作者也曾尝试在声场问题、动力学问题，以及声固耦合问题方面发展高精度与高性能边界元法[89-90]。已有的工作只是开了一个头，大量的问题还有待进一步去解决。

参考文献

[1] 杜庆华, 姚振汉. 边界积分方程-边界元法的基本理论和若干工程应用[J]. 固体力学, 1982, 26(1): 1-22.

[2] DU Q H, YAO Z H. Application of the boundary element method to two and three dimensional stress analysis and plate bending problems in elasticity[C]//Boundary Element Methods in Engineering, Fourth International Seminar, Southampton, England, Sept 1982.

[3] 宋国书, 姚振汉. 用边界积分方程-边界元法计算悬臂三角板的弯曲[J]. 应用力学学报, 1984, 1(1): 75-86.

[4] DU Q H, YAO Z H, SONG G S. Solution of some plate bending problems using the boundary element method[J]. Applied Mathematical Modeling, 1984, 8: 15-22.

[5] 姚振汉. 一种适用于边界元法裂纹计算的偶极子型基本解[C]//第二届全国工程中边界元法学术会议论文集. 南宁, 1988.

[6] YAO Z H. On an objective measurement of the accuracy of boundary element methods[C]// Proc. of 2nd China-Japan Symposium on BEM. Beijing: Tsinghua Univ. Press., 1988: 245-254.

[7] 姚振汉, 钟晓光. 边界元法中边界变量的确定与误差的直观度量[J]. 华中理工大学学报, 1989, 17(6): 97-103.

[8] DU Q H, YAO Z H, Cen Zhangzhi. Some applications of boundary element methods, boundary element - finite element coupling techniques in elastoplastic stress analysis[J]. Acta Mechanica Solida Sinica, 1990, 3(3): 327-340.

[9] YAO Z H. A sort of ring element for shells of revolution by element method[C]//Proc. of 3rd Japan-China Symp on BEM, Tokyo, Pergamon, 1990, 279-288.

[10] YAO Z H, ZHAO J P, WANG Y J. Some recent works on structural dynamics analysis by semi-analytical finite element and boundary element methods[C]//Proc. of Int. Conf. on Vibration Problem in Eng. Wuhan-Chongqing, Int. Acad. Pub., 1990, 64-69.

[11] YAO Z H, DONG C Y. A direct error estimator and adaptive scheme of boundary element method[C]//Proc. of 4th China-Japan Symp on BEM. Beijing, Int. Acad. Pub., 1991, 95-102.

[12] DU Q H, YAO Z H, CEN Z Z. Eigenproblems by boundary element method using component mode synthesis[C]//Proceedings of the 4th China-Japan Symposium on BEM, Beijing: International Academic Publishers, 1991, 193-200.

[13] 霍同如, 杜庆华, 姚振汉. 若干综合应用递归二次规划法和边界元法的平面弹性结构形状优化问题[J]. 计算结构力学及其应用, 1991, 8(4): 421-430.

[14] YAO Z H, XIANG J L, DU Q H. A time-space domain approach of BEM for elastodynamics of axisymmetric body[C]//Proc. of 5th Japan-China Symp. on. BEM, Sapporo, Japan, June, Elsevier, 1993, 3-10.

[15] YAO Z H, ZHANG M. Boundary element method for crack problems using dipole type fundamental solution[C]//Proc. of First Pan-Pacific Conf. on Computational Engineering, Seoul, Korea, Nov., Elsevier, 1993, 37-42.

[16] 霍同如, 姚振汉, 基于边界元法的弹性结构边界点和近边界点力学量的计算[J]. 数值计算与计算机应用, 1993, 14(1): 38-47.

[17] YAO Z H, GONG B. Identification of defect in elastic solid using boundary element method[C]//Proc. of 6th China-Japan Symp on BEM. Beijing, Int. Acad. Pub. 1994, 369-374.

[18] 郑小平, 姚振汉. 弹性地基板广义边值问题的边界元法[J]. 工程力学, 1995, 12(4): 1-8.

[19] 董春迎, 谢志成, 姚振汉, 等. 边界积分方程中超奇异积分的解法[J]. 力学进展, 1995, 25(3): 424-429.

[20] YAO Z H, ZHANG M. Boundary Element Method for Elasto-plastic Analysis of Bimaterial, Including Interface Crack[C]//Presented at IABEM-IUTAM Symposium on BIM for Nonlinear Problems, 1995, May, Siena, Italy.

[21] ZHENG X P, YAO Z H, DU Q H. A new hierarchical boundary element method and its adaptive processes for plate-bending problem[J]. Acta Mechanica Solida Sinica, 1995, 8(3): 220-227.

[22] 向家琳, 姚振汉, 杜庆华. 弹性半平面中 SH 波动问题的随机边界元法及其应用[J]. 清华大学学报（自然科学版）, 1996, 36(10): 56-61.

[23] 张明, 姚振汉. 双材料界面裂纹小范围屈服的边界元分析[J]. 清华大学学报（自然科学版）, 1997, 37(10): 99-102.

[24] YAO Z H, XIANG J L. Boundary element method for SH waves in elastic half plane with stochastic and heterogeneous properties[C]//Dynamic Soil-Structure Interaction – Current Research in China and Switzerland, Developments in Geotechnical Engineering, 1998, 83: 175-187.

[25] 张明, 姚振汉, 杜庆华, 等. 双材料界面裂纹应力强度因子的边界元分析[J]. 应用力学学报, 1999, 16(1): 21-26.

[26] ZHANG M, YAO Z H, DU Q H. Elastoplastic boundary element method with biomaterial fundamental solution[J]. Acta Mechanica Sinica, 1999, 31(5): 563-573.

[27] YAO Z H, ZHOU Z H, WANG B. Simulation on non-uniform velocity dynamic crack growing by TDBEM[C]//Boundary Elements XXI, Advances in Boundary Elements Series, 1999, 6: 13-22.

[28] YAO Z H, CHEN J Q, PU J P. Some application and new schemes of two-dimensional BEM for contact problem[C]//Computational Methods in Contact Mechanics IV, Computational and Experimental Methods, 1999, 251-260.

[29] 周志宏, 王波, 姚振汉. 非匀速动态裂纹应力强度因子的边界元算法[J]. 清华大学学报（自然科学版）, 1999, 39(11): 42-45.

[30] YAO Z H, ZHOU Z H, WANG B. TDBEM analysis of microbranching in dynamic crack growth[J]. Journal of the Chinese Institute of Engineers, 2000, 23(3): 299-305.

[31] ZHENG X P, YAO Z H, KONG F Z. Application of boundary element method to identifying the boundary conditions of pavement - Subgrade system[J]. Journal of the Chinese Institute of Engineers, 2000, 23(3): 307-311.

[32] 蒲军平, 姚振汉. 应用边界元法解决接触界面附近带有孔洞的二维移动接触问题[J]. 清华大学学报（自然科学版）, 2001, 41(2): 88-91.

[33] 姚振汉, 杜庆华. 边界元法应用中的若干新研究和新进展[J]. 清华大学学报（自然科学版）, 2001, 41(4/5): 89-93.

[34] YAO Z H, PU J P, KIM C S. Boundary element method for moving and rolling contact of 2D elastic bodies with defects[J]. Acta Mechanica Sinica, 2001, 17(2): 183-192.

[35] YAO Z H, PU J P. Moving and rolling contact of 2D elastic bodies with defects using boundary element method[C]// Computational Methods in Contact Mechanics V, Computational and Experimental Methods, 2001, 283-292.

[36] KONG F Z, YAO Z H, ZHENG X P. BEM for simulation of a 2D elastic body with randomly distributed circular inclusions[J]. Acta Mechanica Solida Sinica, 2002, 15(1): 81-88.

[37] 蒲军平, 王元丰, 姚振汉. 移动接触下求解二维闭合裂纹的双重迭代边界元法[J]. 计算力学学报, 2002, 19(2): 132-136.

[38] 孔凡忠, 姚振汉, 王朋波. 模拟含随机分布椭圆形夹杂弹性体的边界元法[J]. 清华大学学报（自然科学版）, 2002, 42(8): 1091-1094.

[39] 刘永健, 姚振汉. 三维接触边界元法的一种误差直接估计[J]. 清华大学学报（自然科学版）, 2003, 43(11): 1499-1502.

[40] YAO Z H, LIU Y J. A scheme of boundary element method for moving contact of 3D elastic solids[C]//Computational Methods in Contact Mechanics VI, Computational and Experimental Methods, 2003, 15-24.

[41] PU J P, YAO Z H. Study for 2D moving contact elastic body with closed crack using BEM[J]. Acta Mechanica Sinica, 2003, 19(4): 340-346.

[42] 陈永强, 林葱郁, 姚振汉, 等. 非均匀材料破坏过程数值模拟的边界元法研究[J]. 工程力学, 2003, 20(3): 19-25.

[43] QIAN X Q, YAO Z H, CAO Y P, et al. An inverse approach for constructing residual stress using BEM[J]. Engineering Analysis with Boundary Elements, 2004, 28(3): 205-211.

[44] 孔凡忠, 张金换, 王朋波, 等. 模拟纤维增强复合材料的相似子域边界元法[J]. 复合材料学报, 2004, 21(5): 146-152.

[45] QIAN X Q, YAO Z H, CAO Y P, et al. An inverse approach to construct residual stresses existing in axisymmetric structures using BEM[J]. Engineering Analysis with Boundary Elements, 2005, 29(11): 986-999.

[46] ZHAO L B, YAO Z H. Fast multipole BEM for 3D elastostatic problems with applications for thin structures[J]. Tsinghua Science and Technology, 2005, 10(1):67-75.

[47] 孔凡忠, 郑小平, 姚振汉. 应用边界元法模拟纤维增强复合材料平面弹性问题[J]. 应用数学和力学, 2005, 26(11): 1373-1379.

[48] 刘永健, 姚振汉. 三维弹性体移动接触边界元法的一类新方案[J]. 工程力学, 2005, 22(1): 6-11.

[49] 钱秀清, 姚振汉, 曹艳平. 用边界元反分析构造平面残余应力场[J]. 工程力学, 2006, 23(9): 6-11.

[50] YAO Z H. A new time domain boundary integral equation and efficient time domain boundary element scheme of elastodynamics[J]. CMES (Computer Modeling in Engineering and Sciences), 2009, 50(1): 21-45.

[51] YAO Z H, GAO L F. A chain approach of boundary element row-subdomains for simulating the failure processes in heterogeneous brittle materials[J]. CMC (Computers Materials & Continua), 2009, 9(1): 1-24.

[52] 高令飞, 郑小平, 姚振汉. 用边界元行列子域法模拟非均匀脆性材料的弹性特性和破坏过程[J]. 工程力学, 2010, 27(5): 8-13.

[53] HUANG Q Z, ZHENG X P, YAO Z H. Boundary element method for 2D solids with fluid-filled pores[J]. Engineering Analysis with Boundary Elements, 2011, 35(2) SI: 191-199.

[54] 黄拳章, 强洪夫, 郑小平, 等. 混合夹杂问题的边界元法[J]. 工程力学, 2014, 31(11): 17-24.

[55] ZHANG J M, YAO Z H. Meshless regular hybrid boundary node method[J]. CMES (Computer Modeling in Engineering and Sciences), 2001, 2(3): 307-318.

[56] ZHANG J M, YAO Z H. A hybrid boundary node method[J]. Int. J. Num. Meth. Engrg, 2002, 53(4): 751-763.

[57] ZHANG J M, YAO Z H. Analysis of 2D thin structures by the meshless regular hybrid boundary node method[J]. Acta Mechanica Solida Sinica, 2002, 15(1): 36-44.

[58] WANG H T, YAO Z H. Simulation of 2D elastic solid with large number of inclusions using fast multipole BEM[C]//Proceedings of 2nd MIT Conference on Computational Fluid and Solid Mechanics, 2003, 1/2: 732-736.

[59] ZHANG J M, YAO Z H. The regular hybrid boundary node method for three-dimensional linear elasticity[J]. Engineering Analysis with Boundary Elements, 2004, 28(5): 525-534.

[60] WANG H T, YAO Z H. Application of a new fast multipole BEM for simulation of 2D elastic solid with large number of inclusions[J]. Acta Mechanica Sinica, 2004, 20(6): 613-622.

[61] WANG H T, YAO Z H, CEN S. A meshless singular hybrid boundary node method for 2D elastostatics[J]. Journal of the Chinese Institute of Engineers, 2004, 27(4): 481-490.

[62] YAO Z H, KONG F Z, WANG H T, et al. 2D simulation of composite materials using BEM[J]. Engineering Analysis with Boundary Elements, 2004, 28(8): 927-935.

[63] WANG H T, YAO Z H, WANG P B. On the preconditioners for fast multipole boundary element methods for 2D multi-domain elastostatics[J]. Engineering Analysis with Boundary Elements, 2005, 29(7): 673-688.

[64] WANG H T, YAO Z H. A new fast multipole boundary element method for large-scale analysis of mechanical properties in 3D particle-reinforced composites[J]. CMES (Computer Modeling in Engineering & Sciences), 2005, 7(1): 85-95.

[65] WANG P B, YAO Z H, WANG H T. Fast multipole BEM for simulation of 2D solids containing large numbers of cracks[J]. Tsinghua Science and Technology, 2005, 10(1): 76-81.

[66] WANG P B, YAO Z H. Fast multipole DBEM analysis of fatigue crack growth[J]. Computational Mechanics, 2006, 38(3): 223-233.

[67] WANG P B, YAO Z H, LEI T. Analysis of solids with numerous micro cracks using the fast multipole DBEM[J]. CMC (Computers Materials & Continua), 2006, 3(2): 65-75.

[68] LEI T, YAO Z H, WANG H T, et al. A parallel fast multipole BEM and its applications to large-scale analysis of 3D fiber-reinforced composites[J]. Acta Mechanica Sinica, 2006, 22(3): 225-232.

[69] 雷霆, 姚振汉, 王海涛. 快速多极与常规边界元法机群并行计算的比较[J]. 工程力学, 2006, 23(11): 28-32.

[70] WANG P B, YAO Z H. Fast multipole boundary element analysis of two-dimensional elastoplastic problems[J]. Communications in Numerical Methods in Engineering, 2007, 23(10): 889-903.

[71] WANG H T, LEI T, LI J, et al. A parallel fast multipole accelerated integral equation scheme for 3D Stokes equations[J]. International Journal for Numerical Methods in Engineering, 2007, 70(7): 812-839.

[72] 雷霆, 姚振汉, 王海涛. 三维快速多极边界元高性能并行计算[J]. 清华大学学报（自然科学版）, 2007, 47(2): 280-283.

[73] WANG H T, YAO Z H. A rigid-fiber-based boundary element model for strength simulation of carbon nanotube reinforced composites[J]. Comput Model Eng Sci, 2008, 29(1): 1-13.

[74] YAO Z H, WANG H T, WANG P B, et al. Investigations on fast multipole BEM in solid mechanics[J]. Journal of University of Science and Technology of China, 2008, 38: 1-17.

[75] YAO Z H. Some investigations of fast multipole BEM in solid mechanics[C]//Manolis GD, Polyzos D eds. Recent Advances in Boundary Element Methods, A volume to honor Prof. Dimitri Beskos. Springer, 2008, 433-450.

[76] 王海涛, 姚振汉. 快速多极边界元法在大规模传热分析中的应用[J]. 工程力学, 2008, 25(9): 223-227.

[77] 徐俊东, 王朋波, 姚振汉, 等. 用于大规模断裂分析的快速多极边界元法[J]. 清华大学学报（自然科学版）, 2008, 48(5): 896-899.

[78] YAO Z H, XU J D, WANG H T, et al. Simulation of CNT composites using fast multipole BEM[J]. Journal of Marine Science and Techonlogy-Taiwan, 2009, 17(3 SI): 194-202.

[79] WANG H T, YAO Z H. Fast multipole dual boundary element method for the three-dimensional crack problems[J]. CMES (Computer Modeling in Engineering & Sciences), 2011, 72(2): 115-147.

[80] WANG H T, WANG H T, JIN L, et al. Numerical determination on effective elastic moduli of 3D solid with a large number of microcracks using FM-DBEM[J]. CMES (Computer Modeling in Engineering & Sciences), 2013, 94(6): 529-552.

[81] WANG H T, YAO Z H. ACA-accelerated time domain BEM for HTR-PM nuclear island foundation[J]. CMES (Computer Modeling in Engineering & Sciences), 2013, 94(6) SI: 507-527.

[82] WANG H T, YAO Z H. Large-scale thermal analysis of fiber composites using a line-inclusion model by the fast boundary element method[J]. Engineering Analysis with Boundary Elements, 2013, 37(2): 319-326.

[83] 姚振汉, 王海涛. 边界元法[M]. 北京: 高等教育出版社, 2010.

[84] YAO Z H. Some knowledge gained from my 30 years investigation on conventional and fast BEM[C]//Symposium on Computational Mechanics and Computational Methods in Engineering and Sciences in Celebrating the 25th Anniversary of EPMESC Conferences, April 4th, 2011, Macau, China.

[85] YAO Z H, WANG H T. Some benchmark problems and basic ideas on the accuracy of boundary element analysis[J]. Engineering Analysis with Boundary Elements, 2013, 37: 1674-1692.

[86] 姚振汉. 真实梁板壳局部应力分析的高性能边界元法[J]. 工程力学, 2015, 32(8): 8-15.

[87] YAO Z H. A new type of high-accuracy BEM and local stress analysis of real beam, plate and shell structures[J]. Engineering Analysis with Boundary Elements, 2016, 65: 1-17.

[88] YAO Z H, ZHENG X P, YUAN H, et al. Research progress of high-performance BEM and investigation on convergence of GMRES in local stress analysis of slender real thin-plate beams[J]. Engineering Computations, 2019, 36(8): 2530-2556.

[89] FENG J L, YAO Z H, LIU Y H, et al. Some spherical boundary elements and a discretization error indicator for acoustic problems with spherical surfaces[J]. Engineering Analysis with Boundary Elements, 2015, 56: 176-189.

[90] FENG J L, YAO Z H, LIU Y H, et al. Evaluating hypersingular integrals of 3D acoustic problems on curved surfaces[J]. Engineering Analysis with Boundary Elements, 2015, 60: 27-36.

两相材料 V 形切口和裂纹结构应力场的扩展边界元分析[*]

牛忠荣[†]，李 聪，胡 斌，胡宗军，程长征

(合肥工业大学 土木与水利工程学院，安徽 合肥 230009)

摘要 本文对两相材料粘结的切口和裂纹结构尖端采用应力渐近场特征分析，其两个材料域分别采用合理的应力特征函数，然后采用扩展边界元法(XBEM)计算获得其奇异应力场。通过计算结果的对比分析，表明 XBEM 求解两相材料 V 形切口和裂纹结构尖端应力场的准确性和有效性。

关键词 两相材料；切口/裂纹；应力奇异性；扩展边界元法；准确性

1 引言

目前关于两相材料界面应力强度因子的研究，已有很多研究成果，而关于两相材料尖端区域精细应力场的研究很少。简政等采用复势理论推导出两相材料 V 形切口的特征方程，利用数值方法计算了混凝土坝踵区的应力强度因子，而对于其应力场却没有进行计算[1]。李俊林等通过构造新的应力函数，对正交异性两相材料界面裂纹进行研究，在特征方程组的判别式都大于零的情形下，推出了 I 型界面裂纹尖端的应力场、位移场的解析公式[2]。

本文基于 V 形切口和裂纹尖端区域位移场的渐近级数展开式的特征分析[3]，联合边界元法求解切口和裂纹结构完整的位移和应力场，称之为扩展边界元法(XBEM)，可以获得切口和裂纹结构完整的应力场。文中通过算例展现 XBEM 求解两相材料 V 形切口结构弹性模量比值不同时尖端区域应力场的准确性和适用性。

2 两相材料平面 V 形切口应力奇性指数分析

考虑双材料 V 形切口结构，见图 1(a)。在切口尖端附近，以 O 点为圆心挖去一半径为 ρ 的扇形域 $\Omega_1 \cup \Omega_2$，见图 1(c)，扇形圆弧边界记为 Γ_ρ，缺口处两径向边界分别记为 Γ_1 和 Γ_2，粘结交界记为 Γ_2 余下结构区域为 $\Omega'_1 \cup \Omega'_2$，如图 1(b)所示。显然有 $\Omega''_i = \Omega'_i \cup \Omega_i$ ($i=1,2$)，$\Gamma''_j = \Gamma'_j \cup \Gamma_j$ ($j=1,2,3$)。

沿粘结面 Γ_2 将图 1(c)的扇形域剖分为两个尖劈域 Ω_j ($j=1,2$)。根据线弹性理论分析，图 1(c)所示切口尖端附近两尖劈域 Ω_j ($j=1,2$) 内的位移场可以分别表达成关于径向距离 r 的一系列级数[3]渐近展开：

---

[*] 国家自然科学基金资助项目（11272111）
[†] 通信作者：niu-zr@hfut.edu.cn

$$\begin{cases} u_{jr}(r,\theta) = \sum_{k=1}^{N} A_k r^{\lambda_k+1} \tilde{u}_{jrk}(\theta) \\ u_{j\theta}(r,\theta) = \sum_{k=1}^{N} A_k r^{\lambda_k+1} \tilde{u}_{j\theta k}(\theta) \end{cases} \quad (1)$$

式中：N 为截取的级数项数；λ_k 为应力奇性指数；$\tilde{u}_{jrk}(\theta)$ 和 $\tilde{u}_{j\theta k}(\theta)$ 为域 Ω_j（$j=1, 2$）内切口尖端附近沿 r 和 θ 方向的位移特征角函数；A_k 为相应的位移幅值系数。

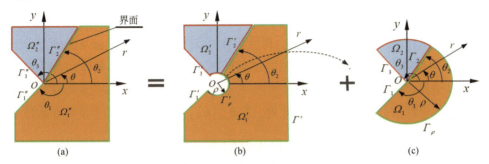

图 1　双材料 V 形切口结构
（a）双材料 V 形切口结构；（b）余下结构区域；（c）裂纹尖端周围的区域

因考虑扇形区域的奇异应力场特征分析，可以忽略体积力。取式(1)中的典型项代入域 Ω_j（$j=1, 2$）的弹性力学控制微分方程，可得到用 $\tilde{u}_{jrk}(\theta)$ 和 $\tilde{u}_{jrk}(\theta)$ 及其导函数表示的两组平衡方程，

$$\begin{cases} u''_{1rk} + \left(\dfrac{1+\nu_1}{1-\nu_1}\lambda_k - 2\right)u'_{1\theta k} + \dfrac{2}{1-\nu_1}(\lambda_k+2)\lambda_k \tilde{u}_{1rk}(\theta) = 0, & \theta \in (\theta_1, \theta_2) \\ u''_{1\theta k} + \left[2 + \dfrac{1}{2}(1+\nu_1)\lambda_k\right]u'_{1rk} + \dfrac{1}{2}(1-\nu_1)(\lambda_k+2)\lambda_k \tilde{u}_{1\theta k}(\theta) = 0, & \theta \in (\theta_1, \theta_2) \end{cases} \quad (2)$$

和

$$\begin{cases} u''_{2rk} + \left(\dfrac{1+\nu_2}{1-\nu_2}\lambda_k - 2\right)u'_{2\theta k} + \dfrac{2}{1-\nu_2}(\lambda_k+2)\lambda_k \tilde{u}_{2rk}(\theta) = 0, & \theta \in (\theta_2, \theta_3) \\ u''_{2\theta k} + \left[2 + \dfrac{1}{2}(1+\nu_2)\lambda_k\right]u'_{2rk} + \dfrac{1}{2}(1-\nu_2)(\lambda_k+2)\lambda_k \tilde{u}_{2\theta k}(\theta) = 0, & \theta \in (\theta_2, \theta_3) \end{cases} \quad (3)$$

对于理想结合的粘结材料，在界面 Γ_2 上满足位移和应力连续性条件：

$$\begin{cases} \tilde{u}_{1rk}(\theta_2) = \tilde{u}_{2rk}(\theta_2) \\ \tilde{u}_{1\theta k}(\theta_2) = \tilde{u}_{2\theta k}(\theta_2) \\ \dfrac{E_1}{1-\nu_1^2}\left[\tilde{u}'_{1\theta k} + (1+\nu_1+\nu_1\lambda_k)\tilde{u}_{1rk}\right] = \dfrac{E_2}{1-\nu_2^2}\left[\tilde{u}'_{2\theta k} + (1+\nu_2+\nu_2\lambda_k)\tilde{u}_{2rk}\right], & \theta = \theta_2 \\ \dfrac{E_1}{2(1-\nu_1)}(\tilde{u}'_{1rk} + \lambda_k \tilde{u}_{1\theta k}) = \dfrac{E_2}{2(1-\nu_2)}(\tilde{u}'_{2rk} + \lambda_k \tilde{u}_{2\theta k}), & \theta = \theta_2 \end{cases} \quad (4)$$

式中：E_i、ν_i 分别为 Ω_i 的弹性模量和泊松比。

219

设在 Γ_1 和 Γ_3 上面力自由,即有

$$\begin{cases} \tilde{u}'_{1\theta k} + (1+\nu_1+\nu_1\lambda_k)\tilde{u}'_{1rk} = 0, & \tilde{u}'_{1rk} + \lambda_k\tilde{u}'_{1\theta k} = 0, \quad \theta = \theta_1 \\ \tilde{u}'_{2\theta k} + (1+\nu_2+\nu_2\lambda_k)\tilde{u}'_{2rk} = 0, & \tilde{u}'_{2rk} + \lambda_k\tilde{u}'_{2\theta k} = 0, \quad \theta = \theta_3 \end{cases} \quad (5)$$

如果两材料的弹性模量相差很大,弹性模量小的材料在界面上 Γ_i 近似为固定约束,即有

$$\tilde{u}_{jr} = 0, \ \tilde{u}_{j\theta} = 0, \ \theta = \theta_i, j=1,2 \quad (6)$$

因此,粘结材料 V 形切口尖端应力奇性指数式 λ_k 的计算变成求解常微分方程组式(2)和式(3);若两径向边界(Γ_1 和 Γ_3)自由,式(4)和式(5)是相应的边界条件;若径向边界 Γ_1 自由和径向边界 Γ_3 固定,式(4)和式(6)是相应的边界条件。本文采用插值矩阵法求解方程得到切口的应力奇性指数 λ_k 及相应的特征角函数 $\tilde{u}_{jrk}(\theta)$,$\tilde{u}_{j\theta k}$($j=1,2$)及其导函数[4]。

3 扩展边界元法分析平面 V 形切口尖端附近应力场

一般情况下,$\lambda_k, A_k, \tilde{u}_{jrk}(\theta)$ 和 $\tilde{u}_{j\theta k}$($j=1,2$)是复数,图 1(b)中边界 Γ'_ρ 在域 Ω'_j($j=1,2$)上点的位移 u_{ji}($i=1,2$)和面力 t_{ji}($i=1,2$)在直角坐标系的表达式分别为

$$\begin{Bmatrix} u_{j1} \\ u_{j2} \end{Bmatrix} = \sum_{k=1}^{N} r^{\lambda_{kR}+1} \left\{ A_{kR} \left[\begin{Bmatrix} \tilde{u}_{jrkR}(\theta)\cos\theta - \tilde{u}_{j\theta kR}(\theta)\sin\theta \\ \tilde{u}_{jrkR}(\theta)\sin\theta + \tilde{u}_{j\theta kR}(\theta)\cos\theta \end{Bmatrix} \cos(\lambda_{kI}\ln r) - \right. \right.$$
$$\begin{Bmatrix} \tilde{u}_{jrkI}(\theta)\cos\theta - \tilde{u}_{j\theta kI}(\theta)\sin\theta \\ \tilde{u}_{jrkI}(\theta)\sin\theta + \tilde{u}_{j\theta kI}(\theta)\cos\theta \end{Bmatrix} \sin(\lambda_{kI}\ln r) \Bigg] -$$
$$A_{kI} \left[\begin{Bmatrix} \tilde{u}_{jrkR}(\theta)\cos\theta - \tilde{u}_{j\theta kR}(\theta)\sin\theta \\ \tilde{u}_{jrkR}(\theta)\sin\theta + \tilde{u}_{j\theta kR}(\theta)\cos\theta \end{Bmatrix} \sin(\lambda_{kI}\ln r) + \right.$$
$$\left. \left. \begin{Bmatrix} \tilde{u}_{jrkI}(\theta)\cos\theta - \tilde{u}_{j\theta kI}(\theta)\sin\theta \\ \tilde{u}_{jrkI}(\theta)\sin\theta + \tilde{u}_{j\theta kI}(\theta)\cos\theta \end{Bmatrix} \cos(\lambda_{kI}\ln r) \right] \right\} \quad (j=1,2) \quad (7)$$

$$\begin{Bmatrix} t_{j1} \\ t_{j2} \end{Bmatrix} = \sum_{k=1}^{N} r^{\lambda_{kR}} \left\{ -A_{kR} \left[\tilde{\sigma}_{jrkR} \begin{Bmatrix} (\theta)\cos\theta - \tilde{\sigma}_{jr\theta kR}(\theta)\sin\theta \\ \tilde{\sigma}_{jrkR}(\theta)\sin\theta + \tilde{\sigma}_{jr\theta kR}(\theta)\cos\theta \end{Bmatrix} \cos(\lambda_{kI}\ln r) - \right. \right.$$
$$\begin{Bmatrix} \tilde{\sigma}_{jrkI}(\theta)\cos\theta - \tilde{\sigma}_{jr\theta kI}(\theta)\sin\theta \\ \tilde{\sigma}_{jrkI}(\theta)\sin\theta + \tilde{\sigma}_{jr\theta kI}(\theta)\cos\theta \end{Bmatrix} \sin(\lambda_{kI}\ln r) \Bigg] +$$
$$A_{kI} \left[\begin{Bmatrix} \tilde{\sigma}_{jrkR}(\theta)\cos\theta - \tilde{\sigma}_{jr\theta kR}(\theta)\sin\theta \\ \tilde{\sigma}_{jrkR}(\theta)\sin\theta + \tilde{\sigma}_{jr\theta kR}(\theta)\cos\theta \end{Bmatrix} \sin(\lambda_{kI}\ln r) + \right.$$
$$\left. \left. \begin{Bmatrix} \tilde{\sigma}_{jrkI}(\theta)\cos\theta - \tilde{\sigma}_{jr\theta kI}(\theta)\sin\theta \\ \tilde{\sigma}_{jrkI}(\theta)\sin\theta + \tilde{\sigma}_{jr\theta kI}(\theta)\cos\theta \end{Bmatrix} \cos(\lambda_{kI}\ln r) \right] \right\} \quad (j=1,2) \quad (8)$$

式中:符号$(\cdots)_R$ 为该复数的实部;$(\cdots)_I$ 为其虚部。

对二维弹性力学问题,常规的位移边界积分方程为

$$C_{ij}(\mathbf{y})u_j(\mathbf{y})=\int_{\Gamma}U_{ij}^*(\mathbf{x},\mathbf{y})t_j(\mathbf{x})d\Gamma-PV\int_{\Gamma}T_{ij}^*(\mathbf{x},\mathbf{y})u_j(\mathbf{x})d\Gamma+\int_{\Omega}U_{ij}^*b_jd\Omega, \quad \mathbf{y}\in\Gamma' \quad (9)$$

式中:$PV\int_{\Gamma}(\cdots)d\Gamma$ 为 Cauchy 主值积分;$C_{ij}(\mathbf{y})$($i,j=1,2$)为位移系数,参见文献[4];b_j 为体力分量;$\mathbf{y}(y_1, y_2)$为源点;$\mathbf{x}(x_1, x_2)$为场点;$U_{ij}^*(\mathbf{x},\mathbf{y})$、$T_{ij}^*(\mathbf{x},\mathbf{y})$为弹性力学基本解。

图 1(b)为切口尖端挖去扇形区域后的外围结构,该区域没有应力奇异性,可用常规边界法进行分析。由于双相材料弹性常数不同,边界元法求解时将该结构沿界面剖分为两个子域 Ω'_j($j=1, 2$)。用式(7)和式(8)表示的弧线边界 Γ'_ρ 上边界位移和面力分量,对图 1(b)的外围结构采用常规边界积分方程(9)离散方程,图 1(b)内边界 Γ'_ρ 上各结点的未知面力和位移分量由图 1(c)渐近场分析结果的式(8)和式(9)表示。这里将常规边界积分方程和切口尖端位移场渐近展开式联合求解含切口(裂纹)结构应力场的方法称为 XBEM。

4 算例:两相材料含对称 V 形切口单相向受拉

含对称 V 形切口两相材料试件单向拉伸,见图 2。试件长 $H=190$ mm,宽 $W=190$ mm,切口张角 $2\alpha=90°$,切口深度 $L=10$ mm,拉伸面力 $P=100$ MPa。线弹性平面应力问题,$v_1=0.2$,$v_2=0.3$,$E_1=206$ GPa,E_2/E_1 是变化的。

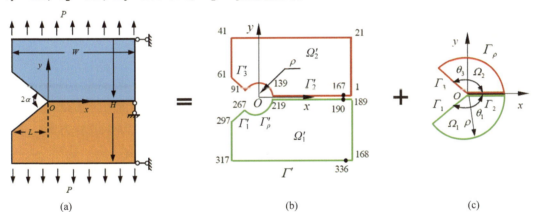

图 2 单向拉伸作用下的对称 V 形切口材料

(a) 切口材料的几何形状;(b) 沿余下结构边界进行的 BE 网格划分;(c) 切口材料尖端周围半径 R 的子域

本文用 XBEM 对两相材料 V 形切口结构 E_2/E_1 比值的极大情形($E_2/E_1=100$ 作为代表),较大情形($E_2/E_1=10$、5 作为代表),相当情形($E_2/E_1=2$ 作为代表)进行计算,展现 XBEM 求解两相材料 V 形切口结构弹性模量比值不同时尖端精细应力场的准确性。

4.1 两相材料 V 形切口结构 E_2/E_1 比值极大情形

对于理想结合的粘结(连续性条件)材料,采用插值矩阵法[4]计算常微分方程(2)与边界条件式(3)和式(4),这里取 $N=12$,获得切口尖端区域前 12 阶应力奇性指数 λ_k,见表 1。

对区域 Ω''_2(刚性小)单独计算应力奇异性,径向边界(Γ''_1)自由,粘结边界(Γ''_2)考虑为固支。计算常微分方程(2)与边界条件式(4)和式(5),取 $N=5$,获得区域 Ω''_2 尖端前 5 阶应

力奇性指数 λ_k，见表 2。对区域 Ω_2'' (刚性大)单独计算应力奇异性，径向和粘结边界（Γ_2'' 和 Γ_3''）自由。计算常微分方程式(2)和边界条件式(4)，取 $N=7$，获得区域 Ω_2'' 切口尖端前 7 阶应力奇性指数 λ_k，见表 3。

表 1 理想结合的粘结材料应力奇异性指数 λ_k

E_2/E_1	λ_1	λ_2	λ_3	λ_4	λ_5	λ_6	λ_7	λ_8	λ_9
100	−0.307 +i0.122	−0.307 −i0.122	0.699	0.885 +i0.359	0.885 −i0.359	1.580 +i0.218	1.580 −i0.218	2.2428 +i0.6353	2.2428 −i0.6353

注：3 个刚体位移对应的 2 个 $\lambda=-1$ 和 1 个 $\lambda=0$ 项未列入。

表 2 自由-固定边界区域 Ω_1'' 应力奇异性指数 λ_k

λ_1	λ_2	λ_3	λ_4	λ_5
−0.3081 +i0.12927	−0.3081 −i0.12927	0.6977	1.5804 +i0.2189	1.5804 −i0.2189

表 3 自由-自由边界区域 Ω_2'' 应力奇异性指数 λ_k

λ_1	λ_2	λ_3	λ_4
0.8837 +i0.3607	0.8837 −i0.3607	2.2428 +i0.6353	2.2428 −i0.6353

注：3 个刚体位移对应的 2 个 $\lambda=-1$ 和 1 个 $\lambda=0$ 项未列入。

表 2~表 3 显示区域 Ω_1'' 和 Ω_2'' 计算的应力奇性指数各自占优，因此对区域 Ω_1'' 和 Ω_2'' 应力场的求解要选用不同的应力特征对($\lambda_k, \tilde{u}_{jrk}(\theta), \tilde{u}_{j\theta k}(\theta)$)。下面分为 4 种选择方案，分别采用 XBEM 进行计算，然后对计算结果进行分析对比得出合理的方案。

方案 1：区域 Ω_1''（刚性小）和区域 Ω_2''（刚性大）均采用理想结合粘结材料的应力特征对，界面条件见式(4)。

方案 2：区域 Ω_1''（刚性小）采用理想结合粘结材料的应力特征对，区域 Ω_2'' 抛去理想结合粘结材料的应力特征对的第 1 阶应力特征对，后续项全使用。

方案 3：区域 Ω_1''（刚性小）采用区域 Ω_1'' 切口尖端（自由-固支边界）的应力特征对，见表 2；区域 Ω_2'' 采用理想结合粘结材料的应力特征对，见表 1。

方案 4：区域 Ω_1''（刚性小）采用理想结合粘结材料的应力特征对，区域 Ω_2'' 抛去理想结合粘结材料的应力特征对的前 3 个刚体位移项，后续项全使用。

采用 XBEM 分别对图 2 切口结构按照 4 种方案计算尖端附近应力场，这里取图 3 尖端处小扇形半径 $\rho=0.018$ mm，XBEM 对 ρ 值不敏感[3]。式(1)中的位移幅值系数 A_k 见表 4。

观察 4 种方案的位移幅值系数计算值，方案 3 和方案 4 出现过大的幅值系数，且其过渡不平稳。方案 1 和方案 2 未出现过大的幅值系数，且其过渡较平稳。因此，方案 3 和方案 4 的计算结果不准确，其应力特征对选择不合理，但无法判断方案 1 和方案 2 的优劣，

表 4　XBEM 分析中 V 形缺口结构的位移幅值系数 A_k (mm)

k	λ_{kR}	λ_{kI}	方案 1		方案 2		方案 3		方案 4	
			A_{kR}	A_{kI}	A_{kR}	A_{kI}	A_{kR}	A_{kI}	A_{kR}	A_{kI}
1	−1.00	0	−8.6×10^{-4}	0	−1.58×10^{-3}	0	1.87×10^{-3}	0	−6.92×10^{-4}	0
2	−1.00	0	2.71×10^{-4}	0	2.03×10^{-4}	0	−7.77×10^{-3}	0	−7.44×10^{-3}	0
3	−0.307	1.22	−7.5×10^{-4}	−4.9×10^{-3}	2.54×10^{-3}	−5.95×10^{-3}	1.02×10^{-2}	−2.48×10^{-1}	4.42×10^{-2}	2.64×10^{-2}
4	0.00	0	2.06×10^{-5}	0	2.93×10^{-3}	0	1.37	0	−3.18×10^{-1}	0
5	0.707	0	−3.85×10^{4}	0	5.94×10^{4}	0	1.15×10^{4}	0	9.66	0
6	0.885	0.347	3.86×10^{-5}	5.73×10^{-4}	−5.15×10^{-1}	−6.33×10^{-1}	−2.22×10^{2}	−4.22×10^{2}	−6.53	2.16
7	1.58	0.208	4.23×10^{-3}	6.33×10^{-3}	8.48	27.7	−1.50×10^{5}	1.61×10^{6}	−4.03×10^{1}	−3.79×10^{2}
8	2.24	0.627	3.05×10^{-2}	−1.9×10^{-2}	−5.3×10^{4}	−1.4×10^{2}	1.70×10^{4}	−1.40×10^{5}	3.36×10^{2}	2.89×10^{3}

需对方案 1 和方案 2 的计算结果进行进一步的研究。此外,采用有限元法对切口尖端划分非常细网格进行了应力场计算,作为参考值。方案 1、方案 2 和有限元法在尖端 O 附近区域沿 x 轴($\theta=0°$)的界面 σ_y 值见表 5。

表 5　界面应力 σ_y (MPa) 沿 x 轴($\theta=0°$)的变化情况

内点坐标(x, y)/mm	XBEM 方案 1	XBEM 方案 2	FEM
(0.0005, 0.0)	4723.3	5609.9	
(0.020, 0.0)	1414.1	1000.2	
(0.050, 0.0)	1015.0	983.2	1539.9
(1.53, 0.0)	254.4	254.9	433.1
(3.19, 0.0)	187.8	188.1	329.5
(14.0, 0.0)	116.9	117.2	196.9
(61.9, 0.0)	97.6	96.4	90.2
(130.0, 0.0)	94.6	94.6	81.9

比较表 5 计算值,离 $r < 0.02$ mm 的范围内(r 是到尖端 O 的距离),方案 1 和方案 2 计算的界面 σ_y 值相差较大,因为方案 2 对区域 Ω_2'' (刚性大)不考虑第一阶应力特征对。在

$r > 0.05$ mm 的渐远区域，方案 1 和方案 2 的计算值趋同，说明该范围区域，方案 1 和方案 2 的解均是准确的。在 $r < 14$ mm 的尖端区域，有限元法计算的界面 σ_y 值与 XBEM 计算值相差很大，由于尖端 O 附近出现强应力集中，有限元解已失真。随着距尖端点距离的增大，有限元法与 XBEM 计算相同点的应力值差值减小，从而表明了 XBEM 计算结果的准确性和优越性。

区域 Ω_1''（刚性小）和 Ω_2''（刚性大）沿 -4.8 mm $\leqslant x \leqslant 160.0$ mm，$y = \pm 5$ mm 的内点应力 σ_y 分别见图 3(a) 和图 3(b)。比较图 3 中 σ_y 曲线可知，方案 1 计算的区域 Ω_1''（刚性小）和 Ω_2''（刚性大）在两对称点 (2.7 mm, 5 mm) 和 (2.7 mm, -5 mm) 附近的 σ_y 值相当，不符合力学规律；而方案 2 计算的区域 Ω_2'' 在点 (2.7 mm, -5 mm) 附近的 σ_y 值比区域 Ω_1'' 在点 (2.7 mm, 5 mm) 的 σ_y 值约大 50%，符合力学规律。因此，在尖端非常近的区域，方案 2 计算 $E_2/E_1 = 100$ 比值极大情形的尖端精细应力场较方案 1 更合理。在区域 Ω_2''（刚性大），有限元法的计算结果与方案 2 的计算结果吻合度较方案 1 更高，进一步证实了该结论的准确性。对于区域 Ω_1''（刚性小），离尖端较远的区域（$r > 2.7$ mm），方案 1 和方案 2 的计算值趋同，说明该范围区域，方案 1 和方案 2 计算的应力场均准确。对于区域 Ω_2''（刚性大），离尖端较远的区域（$r > 18.7$ mm），方案 1 和方案 2 的计算值趋同，说明该范围区域，方案 1 和方案 2 计算的应力场均准确。

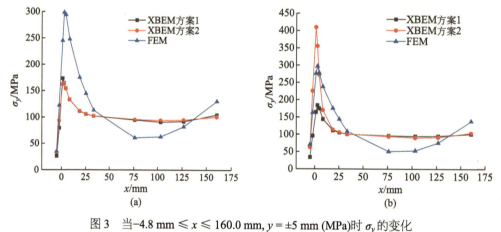

图 3　当 -4.8 mm $\leqslant x \leqslant 160.0$ mm, $y = \pm 5$ mm (MPa) 时 σ_y 的变化

(a) 区域 Ω_1'', $y = 5$ mm；(b) 区域 Ω_2'', $y = -5$ mm

4.2　两相材料 V 形切口结构 E_2/E_1 比值相当情形

当 $E_2/E_1 = 2$ 时，方案 1、方案 2 和有限元法在尖端 O 附近区域沿 x 轴（$\theta = 0°$）的界面 σ_y 值见图 4。

观察图 4 中 σ_y 曲线可知，当 $E_2/E_1 = 2$ 时，方案 1 所示曲线过渡平缓，而方案 2 所示曲线在 $r = 0.02$ mm 过渡不平缓，因此在尖端非常近的区域，方案 1 计算 $E_2/E_1 = 2$ 比值相当情形的尖端精细应力场较方案 2 更合理。

4.3　两相材料 V 形切口结构 E_2/E_1 比值较大情形

当 $E_2/E_1 = 10$ 时，区域 Ω_2'' 沿 -4.8 mm $\leqslant x \leqslant 160.0$ mm，$y = -5$ mm 的内点 σ_y 值见图 5(a)。当 $E_2/E_1 = 5$ 时，方案 1、方案 2 和有限元法在尖端 O 附近区域沿 x 轴（$\theta = 0°$）的界面 σ_y 值见图 5(b)。

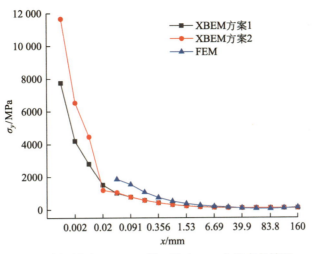

图 4　界面应力 σ_y(MPa) 沿 x 轴（$\theta = 0°$）的变化情况

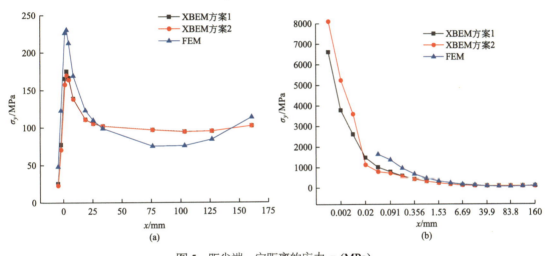

图 5　距尖端一定距离的应力 σ_y(MPa)

(a) 区域 Ω_2''，$y = -5$ mm，$E_2/E_1 = 10$；(b) x 轴，$E_2/E_1 = 5$

观察图 5 中的 σ_y 曲线可知，当 $E_2/E_1 = 10$ 时，方案 2 所示曲线过渡平缓，而方案 1 所示曲线在 $x = 4.5$ mm 处有突变，因此在尖端非常近的区域，方案 2 计算 $E_2/E_1 = 10$ 比值较大情形的尖端精细应力场较方案 1 更合理。当 $E_2/E_1 = 5$ 时，方案 1 所示曲线过渡平缓，而方案 2 所示曲线在 $r = 0.01$ mm 处过渡不平缓，因此在尖端非常近的区域，方案 1 计算 $E_2/E_1 = 5$ 比值较大情形的尖端精细应力场较方案 2 更合理。

5　结论

本文采用扩展边界元法（XBEM）分析了两相材料 V 形切口结构弹性模量比值不同时全区域应力场，特别是尖端区域奇异应力场，结论如下：

（1）针对 E_2/E_1 比值的极大情形（如 $E_2/E_1 = 100$），区域 Ω_1''（刚性小）采用理想结合粘结材料的应力特征对，区域 Ω_2''（刚性大）舍去理想结合粘结材料的应力特征对的第 1

阶应力奇异项，后续若干高阶项全使用（方案 2）。然后用 XBEM 求解，可以得到准确的尖端及全域应力场。

（2）针对 E_2/E_1 比值的较大情形（如 $E_2/E_1 = 10$、5），区域 Ω_1''（刚性小）采用理想结合粘结材料的特征对，当 $E_2/E_1 = 10$ 比值靠近极大情形时，区域 Ω_2''（刚性大）抛去理想结合粘结材料的应力特征对的第一阶应力奇异项，后续若干高阶项全使用（方案 2）；当 $E_2/E_1=5$ 比值靠近相当情形时，区域 Ω_2'' 和区域 Ω_1'' 均采用理想结合粘结材料的应力特征对（方案 1）。然后用 XBEM 求解，可以得到准确的尖端及全域应力场。

（3）针对 E_2/E_1 比值的相当情形（如 $E_2/E_1 = 2$），区域 Ω_1'' 和区域 Ω_2'' 均采用理想结合粘结材料的应力特征对（方案 2）。然后用 XBEM 求解，可以准确得到尖端及全域应力场。

（4）对 E_2/E_1 任何比值，区域 Ω_1'' 和区域 Ω_2'' 采用方案 1 和方案 2 求解的离尖端较远区域应力场均准确，而有限元法在尖端附近采用非常密网格求出的应力值仅在距离尖端为切口/裂纹长度 1~2 倍的远场方为有效。

参考文献

[1] 简政, 黄松海, 胡黎明. 双材料 V 形切口应力强度因子计算及其在重力坝中的应用[J]. 水利学报, 1998, 6(1): 78-82.
[2] 李俊林, 张少琴, 杨维阳, 等. 正交异性双材料界面裂纹尖端应力场[J]. 应用数学和力学, 2008, 29(8): 947-953.
[3] WILLIAMS M L. Stress singularities resulting from various boundary conditions in angular corners of plates in extension[J]. Journal of Applied Mechanics, 1952, 19: 287-298.
[4] NIU Z R, CHENG C Z, YE J Q, et al. A new boundary element approach of modeling singular stress fields of plane V-notch problems[J]. International Journal of Solids and Structures, 2009, 46: 2999-3008.

回首台湾边界元四十年

陈正宗 [1,2,3†]，李家玮 [4]，高圣凯 [1]

(1. 台湾海洋大学河海工程学系； 2. 台湾海洋大学机械与机电工程学系；
3. 成功大学土木工程学系； 4. 淡江大学土木工程学系)

摘要 台湾 MSV 团队致力于边界元研究已逾三十余年，边界元法不只作为有限元法的补充，在很多工程问题的求解上是可擅胜场的。本文透过较科普性的论述来回顾台湾边界元近四十年发展、国际相关学术活动、两岸边界元交流与 MSV 团队研究心得，期待能激起海峡两岸年轻学生与研究者的兴趣，让此领域有生力军的加入，达到传承之效，使边界元继续发光发热。

关键词 边界元；两岸交流；国际发展；八卦边界元；辟法

1 前言

边界元法(boundary element method, BEM)于 20 世纪 70 年代发展至今已有逾 40 年历史，其主要的理论基础则是由格林恒等式出发所导得的积分方程。而这个名词最早是在 1977 年由 Brebbia 与 Dominguez 发表于《应用数学建模》(*Applied Mathematical Modelling*)首先提到的。其主要精神则是本着问题的边界作离散所发展出来的一套数值方法。在国际学术舞台上，边界元法一直有许多学者从事这方面的研究，亦有举办许多相关学术研讨会，如 Beteq、BETECH、BEM/MRM、IABEM、ICOME、华人工程计算方法学术会议等。此法也被广泛应用于许多工程问题的分析，如地下水渗流问题、稳态热传导分析、裂缝成长分析与预测、大地应力分析等。国外亦有许多软件公司将此法发展成软件包，例如 SYSTEM NOISE、BEASY CRACK、BEST3D 等，可见此法之相关研究仍具有高度之经济产值。

当前国际上与边界元法相关的有两大国际学会组织：国际边界元学会（International Society of Boundary Elements，ISBE)与国际边界元方法协会(The International Association for Boundary Element Methods，IABEM)。ISBE 是由威塞克斯理工学院（Wessex Institute of Technology，WIT)的 Carlos A. Brebbia 教授组织成立。而这次学会也举办了两个与边界元法相关的国际研讨会［工程中的边界元方法会议（Boundary Element Methods in Engineering Conference）和边界元技术论坛（Boundary Element Technology Seminars，BETECH)］，并主办了一个国际期刊 [《边界元工程分析》(*Engineering Analysis with Boundary Elements*，EABE)]。工程中的边界元方法会议为 BEM/MRM 会议的前身，第一届于 1978 年在英国南安普敦举行。之后为每年定期召开的年度盛会。笔者则曾参加 BEM1989、BEM1995 与 BEM2007，2009 年获聘为 EABE 副主编后，为履行副主编之义务，出席 BEM2009。由于

无网格法的盛行，诸多学者纷纷转往研究无网格法，故此会议也于第 27 届(2005 年)起，参考美国南密西西比大学陈清祥教授的提议改名为边界元和其他网格简化方法国际会议（International Conference on Boundary Elements and Other Mesh Reduction Methods，BEM/MRM）。而 BEM/MRM 2012 则于克罗地亚举行，2013 年的大会分别在英国新森林（New Forest）与中国大连，东西方各召开一场。有幸，在科技部门提升影响力计划之经费补助下，笔者参加大连 EABE 编辑会议与 BEM/MRM 36 会议，并到新加坡参加 APCOM 2013 BEM 小型论坛，进行大会主旨报告。最近一次是到英国新森林所举行的 BEM/MRM 2015，进行大会特邀演讲。而 BETECH 大会较偏重工程应用且于 1985 年在澳大利亚的阿德莱德（Adelaide）举行。第二届（1986 年）则于美国麻省理工学院（MIT）举行，接着几届则于巴西里约热内卢（1987）、加拿大温莎（1989）、美国特拉华州（1990）、英国南安普敦（1991）、美国阿尔伯克基（1992）、葡萄牙维拉摩拉（1993）、美国奥兰多（1994）、比利时列日（1995）、美国夏威夷（1996）、美国诺克斯维尔（1997）、美国拉斯维加斯（1999）举办。笔者则曾参加在 1993 年（葡萄牙）与 1996 年（夏威夷）举办的两次盛会。而于 1999 年起由于英国伦敦帝国理工学院（Imperial College London）教授 Ferri M. H. Aliabadi 创办另一个国际边界元研讨会（Boundary Element Techniques，Beteq）。因此许多专家学者被分散，加上许多学者认为 BETECH 会议太过商业化，参加意愿逐年降低。所以，BETECH 会议再举行过两届之后[美国奥兰多（2001），美国底特律（2003）]，便停止举办，故 ISBE 所赞助的会议，目前仅存 BEM/MRM 系列。

Beteq 会议则于 1999 年由 Aliabadi 教授于英国伦敦玛莉皇后大学（Queen Mary, University of London）盛大召开，第二年起于美国罗格斯大学（Rutgers University），之后在世界各国轮流举办[美国新泽西州（2001）、中国北京（2002）、西班牙格拉纳达（2003）、葡萄牙里斯本（2004）、加拿大蒙特利尔（2005）、法国巴黎（2006）、意大利那不勒斯（2007）、西班牙塞维利亚（2008）、希腊雅典（2009）、德国柏林（2010）]，其中，Beteq 2002 即为姚振汉教授主持，也是 MSV 团队首次登陆访问交流，参见图 1。如前所述，无网格法的研究者日渐增多，故大会也在 2011 年（第十二届）于巴西举行时更名为边界元和无网格技术国际会议（International Conference on Boundary Element and Meshless Techniques），2012 年则于捷克布拉格举行，之后则依序在巴黎（2013）、意大利（2014）、西班牙（2015）、土耳其（2016）、罗马尼亚（2017）举行，2018 年已在西班牙举办，2019 年移师到意大利，本人曾参加由姚振汉教授主持，在北京举行的 Beteq 2002（图 1）。

边界元法学会的另一个分支系 IABEM，其为国际理论与应用力学学会（IUTAM）的分支，早期主导人物为 Rizzo, Cruse, Wendland 等大师级人物，首次会议在 1990 年意大利罗马举行，到 2013 年时已举办了十四届，2014 年则在郑州举办 IABEM 会议并为大陆 BEM 代表性人物——姚振汉教授 75 大寿举办庆祝大会。此系列会议，笔者曾参加 1999 年在波兰 Cracow 举办的 IABEM 会议。而 2014 年有幸受邀与国际边界元法之知名学者同台（共 9 人受邀），一起开课，和世界各国教授学生（约 80 人）分享彼此在边界元法之研究。2016 年原定在 8 月于美国举行，碍于投稿出席之文章仅 20 余篇，以致活动未能顺利举行。2018 年 IABEM 于法国巴黎举行，本文前两位作者与会，见证了欧洲在边界元与

图 1　笔者与姚教授合影（Beteq，2002）

相关计算数学的研究成果。于会中，在大连理工大学高效伟教授之推荐下，笔者荣任 Rizzo 奖励委员会五大评委之一。

现今以边界元法为主的国际研讨会主要就以 BEM/MRM、Beteq 与 IABEM 为主。综观所有 BEM 相关之国际研讨会，笔者均曾与会参与并以文会友，结识不少国际友人与研究同好。此外，近几年来亚太地区边界元法的重大会议还有 ICOME，研讨会主要内容则是以边界元法及相关数值方法与应用为主，内容涵盖范围甚广。ICOME 会议全名为亚太国际工程计算方法会议（The Asia-Pacific International Conference on Computational Methods in Engineering）。此会议一开始是由中日双方联合轮流举办的一个互访会议。第一届会议于 1987 年举行，先后举办 8 次。直到 2003 年则改名为第一届亚太工程计算方法会议，并在日本北海道举行，3 年后则在合肥召开。第三届大会（2009）则是在南京举行，2012 年则是又移回日本京都举办。由京都大学西村（Nishimura）教授负责承办，由姚振汉教授、西村教授与本文第一作者担任大会共同主席。2015 年 10 月则在杭州举行，2019 年将移师到大连，笔者在 2012 年与 2015 年组团与会，2023 年拟由台湾主办。2015 年会议，本文第一作者受邀进行大会演讲，而台湾海洋大学范佳铭教授则获得"杜庆华工程计算方法优秀青年学者奖"的肯定。

EABE 国际期刊，于 1984 年发行至今，已逾 30 年。早期名为《工程分析》（*Engineering Analysis*），到 1989 年正式更名为《边界元工程分析》（*Engineering Analysis with Boundary Elements*）。EABE 从一开始为每年发行四期的季刊，至今已成为每月发行一期的月刊，可见国际上此领域的专家学者投稿量与日俱增，至今仍历久不衰。其影响因子为 2.138，而在工程及有关领域中的 86 个期刊中，排名在 24 名，目前有逐年提升的趋势，属于一个中上水平的期刊。而该期刊内容涵盖甚广，除了固体力学、流体力学、振动学、声学、热传导学以外，也包含了材料、电磁学、微机电等领域，只要是关于边界元法或及其相关方法之理论发展或工程应用，皆可投稿至该期刊，可见此期刊乃为边界元法之专业期刊。在诸多边界元法的专家学者眼里，此期刊属指标性期刊，稿源丰富算是相当热络，该期刊之文章拒绝率亦不低，此代表现今从事此方面的研究仍十分热络，研究人力相当充沛。

在台湾有许多大学教授与专家学者都曾经从事过边界元法或相关数值方法的研究。笔者也在聆听现任 EABE 期刊主编程宏达教授的演讲中得知，笔者任职学校——台湾海洋大学为全球从事边界元法研究人力密度最高的学校，有近 30 位教授对边界元法这个领域曾经投入研究多年。除海洋大学外，台湾亦有多位教授从事这领域的相关研究。笔者于边界元法领域已投入近 30 年岁月，发表超过 216 篇 SCI 期刊论文，刊登在 73 种 SCI 期刊上，已有 1890 篇论文引用笔者研究成果。其中有两篇在 ASCE（1988）[1]与 ASME（1999）[2]刊登之论文，分别被引用 336 次与 392 次（参见谷歌网页资料）。经过多年研究与付出，在 2013 年有幸成为汤森路透集团（Thomson Reuters）所公布 2013 年工程领域之高引用学者（Highly Cited Researchers）名单之一员（全台湾共有 5 位，全球 266 位）。并担任过十余个国际期刊的编委，审过百余种国内外期刊，更于 2009 年受邀担任 EABE 期刊副主编（2009—2016），能在同侪中获此肯定，本人甚感荣幸并相当珍惜 2011 年能以边界元专业领域获第五十五届教育部门学术奖（工科）的鼓励，而同年又荣获 ICACM 会士奖（ICACM Fellows Award）之肯定，唯有尽已绵薄之力，继续在此领域努力蓄积能量与能见度，才不枉各界给予笔者的肯定与支持。

近 30 年来，台湾也曾对边界元法开设过短期研讨课程。于 1986 年，美国肯塔基大学 Rizzo 教授与 Shippy 教授以及康奈尔大学 Mukherjee 教授，曾应台湾大学应力所鲍亦兴院士之邀来台讲学。于台湾大学应力所开设为期一周的短期研讨课程。参加者背景为土木结构固力师生与工程师。1989 年台湾大学杨德良教授邀请 Liggett 教授来台访问交流，分享边界元法在水利方面的应用成果。1998 年高速计算机中心，邀请台湾十几位专家学者，举办了一场边界元计算研讨会。与会者为工学院各系（电机、机械、土木、河工与水利）的教授群。然前述交流活动并没有来自数学界的朋友一同参与盛会。

在数学领域上，台湾也有许多学者从事边界积分方程法之相关研究。然而，台湾并无相关单位或机构针对此领域举办研讨会，提供交流平台，让这些专家学者缺少相互切磋的机会与互相交流的机会及平台。再者，工程领域学者与数学家间的互动，一直有再加强联系的空间。如果能有个机会，让工程师分享其实务应用经验，而数学家也能提供其研究成果，增进彼此双方的交流，进一步达成数学与工程的结合，对工程界与学术界而言，都是很有意义的。因此，于 2010 年，适逢笔者任职之河工系五十周年系庆，基于台湾已十余年未举办过边界元法（工程）或积分方程法（数学）相关研讨会，且此数值方法乃为台湾海洋大学河海工程学系研究最大之特色。故笔者于 2010 年 10 月五十周年系庆当天，举办一场边界元法与积分方程及其相关数值方法之研讨会，邀请十名台湾工程科系与数学系教授进行演讲与交流，重燃大家对 BEM 研究的热情。此外，亦有三四十位台湾边界元法专家学者前来参与此次盛会。对本人而言，看到此景着实是个鼓励，也兴起在台湾每年举办边界元法相关会议的想法。在诸位学术同好的相挺下，一年后于成功大学八十周年校庆，由成功大学数学系李国明教授接办第二届；第三届则于 2012 年 10 月移师至逢甲大学航天系夏育群教授主办；第四届会议则是在 2013 年 3 月，由中兴土木寿克坚主任主办，此次会议更邀请美国国家工程院 Crouch 院士来台与会交流并进行学术访问，让此会议日渐国际化与规模；第五届（2014 年）则是移师到南台湾，台湾中山大学举行（应数系吕宗泽教授主办），同时也为台大杨德良教授庆祝七十大寿。2015 年 10 月举行的第六届边界元法研讨会，扩大与第四届两岸地震工程青年学者研讨会一同于国家地震中心举行，规模将有别以往。2017 年与 2018 年在数学研究推动中心的经费补助下，分别在宜兰大学（土木系陈桂鸿与吴清森教授主办）与义守大学（财务与计算数学系黄宏财主任主办）举行，2019 年拟在成功大学举办，相关活动内容见表1，详见网页与活动照片（图2～图10）。

表 1 台湾边界元法研讨会历史与背景(1986—2018 年)

年份	主办单位	组织者	典礼/会议	主旨发言人
1986	NTU IAM	Y H Pao 教授	Establishment of NTU IAM	F J Rizzo 教授
1989	NSC	D L Young 教授	NTU	J. A. Liggett 教授
1998	NSC	J T Chen 教授	NCHC	A H D Cheng 教授
2010	NTOU/HRE (MSV)	J T Chen 教授	NTOU/HRE 50th anniversary	Z C Li 教授
2011	NCTS(South)	K M Lee 教授	NCKU 80th anniversary	NCKU
2012	Feng Chia University	Y C Shiah 教授	Prof. Hong's 60th birthday	H-K Hong 教授
2013	NCHU	K J Shou 教授	Congratulations for Academician	S. L. Crouch 教授 Academician NAE
2014	National SYS University	T T Lu 教授	Prof. Young's 70th birthday	D. L. Young 教授
2015	NCREE (cross strait)	R Z Wang 博士	NCREE	Cross strait Ceremony
2016	NCTS (Japan-Taiwan)	J H Lee 教授	NCTS	H-K Hong 教授 W-W Lin 教授
2017	NIU	I L Chern 教授 K H Chen 教授	Ilan Univ	H-K Hong 教授 W-C Wang 教授
2018	ISU	H T Huang 教授 I L Chen 教授	Iso Univ.	J. T. Chen 教授

图 2　第一届 TWBEM 大会合影（台湾海洋大学, 2010）

图 3　第二届 TWBEM 大会合影（成功大学, 2011）

图 4　第三届 TWBEM 大会合影（逢甲大学, 2012）

图 5　第四届 TWBEM 大会合影（中兴大学, 2013）

图 6　第五届 TWBEM 大会合影（台湾中山大学, 2014）

图 7　第六届 TWBEM 大会合影（地震中心, 2015）

图 8　第七届 TWBEM 大会合影（数学所，2016）

图 9　第八届 TWBEM 大会合影（宜兰大学，2017）

图 10　第九届 TWBEM 大会合影（义守大学，2018）

由于 2007 年笔者于 CMA[3]刊登的文章中提到，通过基本解的退化核形式，证实 Trefftz 与 MFS 在解空间是等价的。在这样的背景与倡议下，2011 年 3 月，台湾中山大学李子才教授和吕宗泽教授、美国密西西比大学程宏达教授、美国南密西西比大学陈清祥教授、台湾大学杨德良教授及笔者，于台湾中山大学合力举办 Trefftz/MFS 国际研讨会。这是两会首次合办，此会议亦包含了边界元法与积分方程等相关议题。会中也看到许多台湾学者与国际学者间之交流，此对台湾学术发展有重大的刺激与影响。2015 年 10 月，该研讨会与 ICOME 2015 同于杭州举行。由上述两个研讨会成功成为年度会议并能扩大与其他研讨会合办，可见笔者在此领域之敏锐度与积极度，适时地为台湾学术界付出心力，提供学术交流平台，让该领域之研究风气持续，并提高该领域之国际能见度与竞争力。

而在 Trefftz/MFS 研讨会之因缘际会下，数学与工程邂逅之后，台湾 SIAM 终也顺利成立，并于 2013 年 6 月举行第一届年会，而笔者亦在此开一场边界元法小型论坛（BEM mini symposium），邀请数字台湾 BEM 研究同好分享彼此之研究成果。而 2015 年第三届在义守大学举办，笔者除了承办边界元法小型论坛外，深感工程数学教育之影响深远，另外承办一场工程数学教育论坛，希冀为台湾工程教育种下种子，为台湾研究教育尽一份心力。在此次教育论坛之后，笔者受昊青公司、成功大学工学院之邀请，同年 8 月分别在台北大学与成功大学举办两场演讲，分享教学经验。笔者和与会的师生交流甚欢，彼此交换心得，为数学教育尽一份心力。此后，相关数学教育的相关演讲邀约不断，陆续有金门大学、中央大学、台北市立教育大学、上海交通大学、上海大学、重庆大学、中国农业大学、复旦大学、湖南大学、中南大学、大连理工大学、长沙理工大学、台湾海洋大学、淡江大学、义守大学、政治大学、成功大学、中原大学、新竹交通大学、中兴大学、台南大学、台南一中、台湾科技大学、台湾大学、高雄海洋科技大学、香港城市大学、香港理工大学、香港科技大学以及日本京都大学、名古屋大学、金泽大学等，笔者戒慎恐惧，深知肩负教育大责，仅能继续努力，不敢懈怠。而 2016 年 5 月由中兴大学主办，笔者除承办边界元法小型论坛外，因 TWSIAM 理事长台大数学系陈宜良教授有要公无法赶到，亦代理主持大会开幕式（笔者为 TWSIAM 副理事长）。近两年陆续在政治大学（2017）与台科大（2018）举行。

除了上述国际会议与学术交流外，笔者亦筹划相关国际型开放课程。2013 年 7 月底，由王伟成教授与笔者共同举办为期一个多月的边界元法与人工边界法之暑期课程，邀请台湾大学杨德良教授、清华大学黄忠亿教授、上海交通大学应文俊教授与笔者登台授课，周周开讲，场场叫座，可惜原先应允前来授课的韩厚德教授因故未能成行。美中不足的是碍于经费有限，未能将此课程成为边界元法之年度研习班，持续培养研究人才，笔者以此为憾，并持续为此目标努力，希冀能广邀各国边界元法之大师来台开班授课，分享最新研究，让台湾成为一个边界元法之学术交流胜地，也可为台湾培养相关研究人才，累积此领域之能量与影响力。

2　两岸边界元交流

自大学时代将 Greenberg 书中格林函数（Green function）与结构学的影响线结合后产

生兴趣，从事边界元已逾三十余载（1983—2018 年），由于早期两岸信息互不相通，广大的大陆学者相关研究成果，对台湾学者而言是无缘接触的，自两岸开放探亲后两岸开始有接触的机会，而杜院士则开启两岸边界元交流之窗。

20 世纪 90 年代，笔者写了一本边界元书寄给了杜院士，目前笔者手边尚有他 1995 年的回函，并表达来台访问的意愿，由于两岸关系好事多磨，一直到 2000 年才成行。而能与杜院士接触是在 90 年代因为第一作者投了《ASME 应用力学评论》（*ASME, Applied Mechanics Review*）[2]文章送审，当时杜院士是副主编又是国际边界元领域具代表性人物，因而由他处理笔者的案子，深感荣幸。由于洪宏基教授与笔者在 1986 年提出的对偶边界积分方程中需使用到超奇异积分方程（ASCE, 1988, ASME, 1999, 两篇谷歌引用皆超过 300 次），后来 Aliabadi 参考我们 ASCE, EM 1988 的论文在对偶边界元做了广大的应用推广，杜院士在审查意见中给出了大陆的相关信息，姚振汉、余德浩、祝家麟与韩厚德等教授相关的参考文献，当时如获至宝，仔细阅读之后，发现原来大陆很多知名学者与笔者在台湾的研究息息相关，后来和姚振汉、余德浩、祝家麟与韩厚德教授也都是学术好友，并有互访。

2000 年，杜院士莅临台湾海洋大学交流（图 11），以"边界元法在某些力学问题中的工程应用"（On engineering applications for some mechanical problem by using boundary element method）作为讲题，演讲中除就自己长期应用边界元解决工程问题之外，更鼓励老师们乐于人师、善为人师、甘为人梯，不仅是位大学者也是一位大教育家。杜院士还提及在清华大学硕士班做有限元程度不错的学生，博士班再叫他做边界元，对于 MSV 团队中大学部同学就便可做边界元，给予高度肯定与极大的鼓励。杜院士开启了两岸交流之门，2002 年 MSV 台湾团队首次到北京参与 Beteq 2002 国际会议。2006 年，成功大学机械系陈寒涛教授邀请姚振汉教授来台，姚教授特别莅临 NTOU/MSV 访问，参见图 12。姚教授系中国边界元法研究的核心领导，于固体力学、无网格法、快速多极边界元法、逆问题、高效能有限元法及结构动力学等领域也颇有研究。此次交流，姚教授以"一种边界型无网格法-杂交边界点法及其应用"为题进行演讲，与会的台湾教授获益良多。此后，

图 11　杜院士与台湾海洋大学校长合影（2000 年 5 月）

图 12　姚教授与台湾海洋大学校长合影（2006 年 3 月）

重庆大学祝家麟教授，中国科学院余德浩教授、石钟慈院士，清华大学韩厚德教授，南京河海大学陈文教授等陆续来台访问，这 18 年来已有十余位同好来过 MSV 交流访问，相关记录详见表 2。

表 2　大陆学者前来 NTOU／MSV 交流访问记录（自 2000 年以来）

来访日期	职称	来访学者
2000 年 05 月	中国工程院院士	杜庆华 院士—工程力学
2003 年 01 月	重庆大学代表团 13 人	祝家麟 教授—数学
2006 年 02 月	中国电子科技大学	黄晋 教授—数学
2006 年 03 月	清华大学工程力学系	姚振汉 教授—工程力学
2009 年 09 月	中国科学院数学所	余德浩 教授—数学
2010 年 05 月	香港城市大学数学系	韩耀宗 教授—数学
2011 年 03 月	南京河海大学 力学与材料学院	陈文 副院长—河工土木
2011 年 05 月	中国科学院数学所	石钟慈 院士—计算数学
2011 年 12 月	湖南大学 机械与汽车工程学院	张见明 教授—机械
2012 年 07 月	清华大学数学系	韩厚德 教授 与 黄忠亿 教授—数学
2013 年 09 月	上海交通大学数学系	应文俊 教授—数学
2015 年 11 月	香港城市大学数学系	韩耀宗 教授—数学
2017 年 10 月	福州大学	张挺教授
2017 年 12 月	香港浸信大学与香港城市大学	韩耀宗教授

3 台湾 MSV 研究心得交流

笔者的研究兴趣主要是在边界元法及计算力学，特别在边界元法的应用及内藏危机探讨。孙悟空大闹天宫，未能逃脱如来佛祖的手掌心；笔者在初学数学时，级数的计算，1加到 100，仅需头尾（一维的边界便是头尾），便可求得；进入高教时，不论是在微积分中体积分转面积分与面积分转线积分；甚至在测量学利用求积仪边界绕一圈便可以求得面积，无须再用方格纸计算（领域切割）（笔者有幸连续 7 年都受邀协办由台湾中华顾问工程司所发起的力学营活动，此为 2013 年力学营小组竞赛题）（图 13）。直到工程计算的边界元理论，日本则称之为"境界要素法"，都可视为高斯定理之运用，笔者未曾脱离高斯的手掌心（图 14）。这些都是通过边界信息，而掌握全局，不论是一维（级数）的头尾两端，或是二、三维的边界，也就是中国字的"辟"（图 15），边界元不正是中国成语"鞭辟入里"的最佳代言人吗？以下，笔者将近年来在边界元之具体学术成果进行分享。

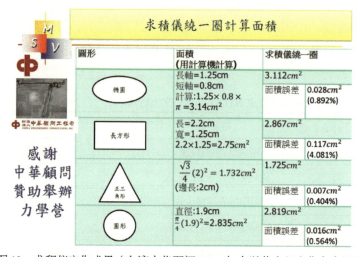

图 13 求积仪实作成果（台湾中华顾问 2013 年力学营小组实作竞赛题）

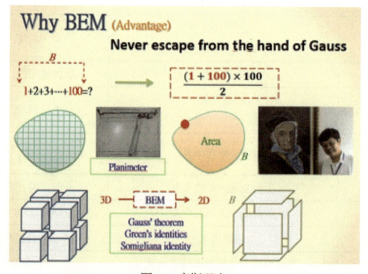

图 14 高斯理论

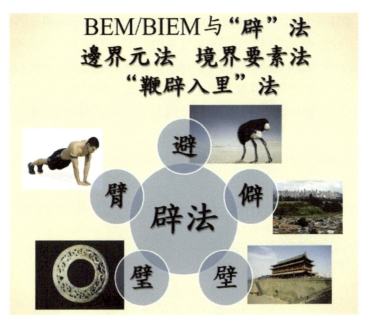

图 15　边界元法、境界要素法与中国"鞭辟入里"法

3.1　对偶边界元法的成功应用

对偶表示式模式（dual representation model）含对偶积分方程（dual integral equations）与对偶级数表示式（dual series representations），系由洪宏基教授与笔者于 1986 年共同提出[1-2]，利用对偶积分式架构，配合边界元法只对问题的边界作离散，成功地应用在裂缝问题、极薄潜堤、薄翼理论、热传、渗流、外域、MEMS Comb drive 与声场等问题。其中 ASCE，1998 与 ASME，1999 引用分别为 336 次与 392 次，在土木领域更是可贵。

于 2005 年笔者提出零场积分方程配合分离核与 Fourier 级数，对于含圆形孔洞或置入物之边界值问题，发展一套有效率且具系统性的求解法。此法相对于传统边界元法有五大优点：①可免除奇异积分；②边界层效应之困扰；③同时亦无病态之苦；④且其收敛速率为指数型而非传统边界元法的代数收敛；⑤无须网格的切割仅需在边界上布点。因此此法可视为一种无网格法，且对圆形孔洞或置入物可以有三任意，即为任意数目、大小与位置。MSV 团队已在 Laplace、Helmholtz、biharmonic 与 biHelmholtz 方程的边界值问题获得成功经验。另外，也将零场积分方程推广到求解工程问题，如反平面力场、含孔洞或置入物的扭转杆、压电力学、含孔洞的悬臂梁应力集中与多孔洞的 Laplace 方程之边界值与 Helmholtz 方程之声场等数学问题，在精度与收敛行为方面，均有不错的成果。笔者与台湾中华大学李为民教授利用加法定理配合多极展开观念已成功应用到含孔洞或夹杂薄膜与板自由振动与外域板挠曲波散射的工程问题，并于 2010 年在 JSV[4]与 IJSS[5]期刊发表，2016 年更将配置多极法（collocation multipole method）应用到含多扁长型椭球体的三维平面波散射问题，相关成果发表刊登在《美国声学学会杂志》（*The Journal of the Acoustical Society of America*）期刊[6]。

易经以"太极生两仪，两仪生四象，四象生八卦，八卦衍万物"，是中国对自然万物的观察，阐释自然循环，生生不息的道理。笔者对边界元法这个领域投入研究多年，研究成果与易经相呼应，由实变 BEM[1-2]发展至复变 BEM[7-8]领域，再来扩展至四元数边界元[9]与克氏代数边界元[10]，如同易经不断演绎，得以诠释科学现象，详见图16。其中由洪宏基终身特聘教授与笔者共同指导的李家玮博士以克氏代数边界积分方程之相关研究，用其处理麦克斯韦方程式混合内外域电磁场问题与电磁波散射问题[10]。一次便可导得多物理量问题的解，无须反复操作，如同$i^2 = -1$，辛矩阵中$[J]$的平方为负的单位矩阵，通过两次超奇异边界积分操作元便可得到负的两阶微分。通过这些操作元的演绎，数学模型可更多元丰富。

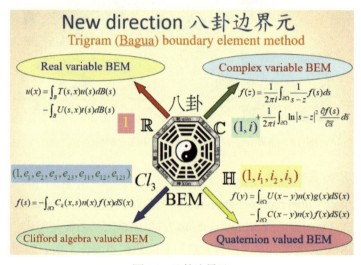

图 16　八卦边界元

3.2　边界元法的寄生虫与克服方法

边界积分方程引入核函数（基本解），希冀由其建构出解的空间，成功扮演媒婆中介的角色。然而，边界元法的退化尺度、内域假根、外域虚拟频率等病态问题却寄生于基本解之中，俨然成为边界元的引狼入室。MSV 团队针对这类病态问题进行相关理论证明与数值实验，并提供解决方案。所谓退化尺度（degenerate scale）乃指以边界元法求解边界值问题时，当问题领域扩大（或缩小）到某特定大小时，边界元法会产生数值不稳定现象，导致无法正确求解。此问题在数学上属于"解不唯一"问题，现今已有多种称呼：临界值（critical value）、超限边界（transfinite boundary）、超限半径（transfinite radius）或对数容量（logarithmic capacity）。主要发生在传统边界积分方程法或边界元法求解二维 Dirichlet 边界值问题的时候。解决退化尺度问题的方法，包括改以超奇异积分方程求解，或在计算领域外得束制方程式来提高矩阵秩数，经研究证实都可使问题迎刃而解[11]。为对退化尺度彻底了解，笔者对各种形状的退化尺度位置进行研究，通过 Riemann 保角映射解析推导出退化尺度，并证出 Riemann 保角映射一次项系数为 1 时会产生退化尺度[12]，在二维弹力问题、板问题，经解析与数值实验均获得成功经验。台湾这方面的研究正呼应了胡海昌院士所提倡的充要边界积分方程之重要性。

使用边界元法处理一维、二维与三维的特征值问题，所产生的真假根问题。MSV 团队发现若只使用实部核函数，处理一维的问题时会有假根的产生[13]，即使使用复数核函数处理二维多连通[14-15]及三维同心圆球问题时，仍然有假根的产生。有趣的是 MSV 团队发现假根的值是跟所使用的方法（奇异积分方程或超奇异积分方程）以及内边界有关。解决方法是运用矩阵的补充列及补充行并搭配奇异值分解（SVD）的技巧分别萃取出真根及假根，发展一套去芜存菁术[16]。NTOU/MSV 团队已在二维含圆形边界、椭圆形边界与共焦椭圆边界之特征值问题上，完成解析与数值实验。并在 2015 年延伸至三维共焦扁长形椭球体的特征值问题[17]。

近年来笔者针对边界元法在处理工程问题时所发生之病态问题与正规化方法有所着墨，发现所有病态问题来自数值方法本身解空间的不完备。2014 年，利用分离核针对 Laplace 内域问题的退化尺度问题做深入研究，发现其解空间的值域缺损部分，并针对此问题做补项的动作，以增加一个自由度（补值域缺损）与一个束制条件，将原本不完备的解空间补足[11]。此种新技巧称之为自救法，此自救想法亦可在无束制的自由结构系统（含刚体运动项）应用[18]。

对偶边界元法的 4 个核函数所对应的影响系数矩阵，针对其 SVD 数学结构发现真（实）讯息是在右酉向量中，假（虚）讯息则在左酉向量中。然而，因间接法并无直接法的零场束制条件，故无对应的 CHIEF 法来处理问题，则需要利用混合势能理论来解决虚拟频率问题，如此便无法避免奇异积分方程与超奇异积分方程等较为复杂的积分运算。此问题从边界元法发展迄今已逾 50 年，尚未有解。近期针对间接法，MSV 团队将"自救法"结合 CHIEF 的概念，通过奇异值分解所观察出的谱构造来加束制条件代替直接法的零场，并加额外的源点补足解空间的完备性，经数值实验证实，此方法可有效地解决虚拟频率问题。限于篇幅，其余成果详见 NTOU/MSV 网页研究成果项目查询。

4　结语

笔者自大学时期接触格林函数（Green function），投入边界元研究迄今已三十余载，从其优势面与应用面开始研究，而后发现方法的病态问题，针对其发生机制与解决方法进行研究。追根究底，享有降维度的好处而需引入基本解，毕竟天下无白吃的午餐，对应也产生了病态问题。如同慧能禅师的偈子："菩提本无树，明镜亦非台，本来无一物，何处惹尘埃？"工程问题本身并无病态问题，因为数学模式引入了基本解，而惹来了这些病态问题（尘埃）。对应神秀大师："身是菩提树，心如明镜台，时时勤拂拭，勿使惹尘埃。"今天利用了边界元（身），透过基本解（心）求解问题，那便需要勤研究，不要让这些病态问题（尘埃）影响了方法（身心）的有效性。吾辈虽无慧能禅师之超脱与智慧，但若能以勤研究，持之以恒，亦无尘埃之苦，免被病态所困。

参考文献

[1] HONG H K, CHEN J T. Derivations of integral equations of elasticity[J]. Journal of Engineering Mechanics, 1988, 114(6): 1028-1044.

[2] CHEN J T, HONG H K. Review of dual boundary element methods with emphasis on hypersingular integrals and divergent series[J]. Applied Mechanics Reviews, 1999, 52(1): 17-33.

[3] CHEN J T, WU C S, LEE Y T, et al. On the equivalence of the Trefftz method and method of fundamental solutions for Laplace and biharmonic equations[J]. Computers and Mathematics with Applications, 2007, 53(6): 851-879.

[4] LEE W M, CHEN J T. Scattering of flexural wave in thin plate with multiple inclusions by using null-field integral equation approach[J]. Journal of Sound and Vibration, 2010, 329: 1042-1061.

[5] LEE W M, CHEN J T. Scattering of flexural wave in thin plate with multiple circular holes by using the multiple Trefftz method[J]. International Journal of Solids and Structures, 2010, 47: 1118-1129.

[6] LEE W M, CHEN J T. Computation of scattering of a plane wave from multiple prolate spheroids using collocation multipole method[J]. Journal of Acous. Soc. Amer. 2016, 40(4): 2235-2246.

[7] CHEN J T, CHEN Y W. Dual boundary element analysis using complex variables for potential problems with or without a degenerate boundary[J]. Engineering Analysis with Boundary Elements, 2000, 24: 671-684.

[8] LEE J W, HONG H K, CHEN J T. Generalized complex variable boundary integral equation for stress fields and torsional rigidity in torsion problems[J]. Engineering Analysis with Boundary Elements, 2015, 54: 86-96.

[9] HONG H K, KAO Y C, LEE J W, et al. Quaternion boundary element method for coupled exterior and interior magnetostatic fields[J]. IEEE Transactions on Magnetics, 2018, 54(6): 1-10.

[10] LEE J W, LIU L W, HONG H K, et al. Applications of the Clifford algebra valued boundary element method to electromagnetic scattering problems[J]. Engineering Analysis with Boundary Elements, 2016, 71: 140-150.

[11] CHEN J T, HAN H D, KUO S R, et al. Regularized methods for ill-conditioned system of the integral equations of the first kind[J]. Inverse Problem in Science and Engineering, 2014, 22(7): 1176-1195.

[12] KUO S R, CHEN J T, KAO S K. Linkage between the unit logarithmic capacity in the theory of complex variables and the degenerate scale in the BEM/BIEMs[J]. Applied Mathematics Letters, 2013, 29(6): 929-938.

[13] CHEN J T, LEE J W, CHENG Y C. On the spurious eigensolutions for the real-part boundary element method[J]. Engineering Analysis with Boundary Elements, 2009, 33: 342-355.

[14] CHEN J T, LIN J H, KUO S R, et al. Boundary element analysis for the Helmholtz eigenvalue problems with a multiply connected domain[J]. Proceedings of The Royal Society (A), 2001, 457: 2521-2546.

[15] CHEN J T, LIU L W, HONG H K. Spurious and true eigensolutions of Helmholtz BIEs and BEMs for a multiply connected problem[J]. Proceedings of The Royal Society (A), 2003, 459: 1891-1925.

[16] CHEN J T, HUANG C X, WONG F C. Determination of spurious eigenvalues and multiplicities of true eigenvalues in the dual multiple reciprocity method using the singular value decomposition technique[J]. J. Sound and Vibration, 2000, 230(2): 203-219.

[17] CHEN J T, LEE J W, KAO Y C, et al. Eigenanalysis for a confocal prolate spheroidal resonator using the null-field BIEM in conjunction with degenerate kernels[J]. Acta Mechanica, 2015, 226: 475-490.

[18] CHEN J T, HUANG W S, LEE J W, et al. A self-regularized approach for deriving the free-free stiffness and flexibility matrices[J]. Computers and Structures, 2014, 145: 12-22.

Towards optimization of acoustic performance using the boundary element method[*]

Zhao Wenchang, Chen Haibo[†]

(CAS Key Laboratory of Mechanical Behavior and Design of Materials, Department of Modern Mechanics, University of Science and Technology of China, Hefei, 230027)

Abstract This work aims at improving the acoustic performance of system using optimization technique, where the boundary element method (BEM) is employed for acoustic/vibro-acoustic analysis. Our work consists of two main parts. In part I, we perform shape optimization for sound scattering problems via isogeometric analysis (IGA), where IGA provides exact geometric representations. Furthermore, refinements and shape changes for the design model are easily implemented without mesh regeneration, which significantly reduces subsequent communication with the original description. In this part, the fast sensitivity analysis approach based on the fast multipole method (FMM) and direct differentiation method (DDM) are developed to calculate the sensitivities of objective function with respect to design variables. In part II, the topology optimization is performed by setting the artificial element densities of porous material or structural domain as design variable. Regarding the optimization of porous material, the admittance boundary conditions are included into the BEM. For the topology optimization of the structural domain, the coupled finite element method/boundary element method scheme is used for the system response analysis, where the strong interaction between the structural domain and acoustic domain is considered. Different from the shape optimization, the adjoint variable method (AVM) is preferred due to the large number of design variables for the topology optimization. The FMM is also applied to accelerate the adjoint sensitivity analysis to improve overall computational efficiency. After the acoustic state and sensitivity information are obtained, the method of moving asymptotes (MMA) is used for solving the optimization problem to find the optimal solution. We validate the proposed optimization procedure through a number of numerical simulations.

Keywords topology optimization; shape optimization; boundary element method; fast multipole method; isogeometric analysis

---

[*] 国家自然科学基金资助项目（11772322）
[†] 通信作者：hbchen@ustc.edu.cn

1 Introduction

Reducing the sound emission of machines, systems and structures has become a key component of an engineer's work. An efficient tool for developing quiet structures consists in the optimization, including the size, shape and topology optimization. Compared with the size optimization, the shape and topology optimization always offer higher flexibility and thus have been used by many researchers to improve the acoustic performance of investigated system [1]. Since the optimization demands to repeatedly solve the underlying problem, an efficient analysis technique for evaluating the cost function of interest is indispensable. Regarding the exterior acoustic problems, the boundary element method (BEM) offers superiority because only the domain's boundary has to be discretized and the Sommerfeld radiation condition at infinity is implicitly fulfilled. Thus, the BEM has been applied for scattering analysis and its coupling with other numerical methods is easy. Specially, the coupling of the BEM and the finite element method (FEM), forming the FEM-BEM, has been proven to be an efficient tool for vibro-acoustics analysis [2]. Hence, it is natural to use the BEM and FEM-BEM in the optimization.

After introducing an efficient technique to compute the cost function, the computational efforts of the optimization are also heavily depending on the chosen optimization algorithm. Usually, the gradient-based algorithms are preferred because they offer good convergence compared with the nongradient based algorithms[3]. The gradient-based algorithms always require the gradient information, i.e., the sensitivity, to determine the update of design parameters. This leads to an extra computation, i.e., the sensitivity analysis, and an efficient approach is also requisite. Regarding the sensitivity analysis, analytical approaches including the direct differentiation method (DDM) and the adjoint variable method (AVM), are popular due to the stability and efficiency.

Although the BEM is an ideal numerical method for the optimization of acoustic and vibro-acoustic systems, there still exists some issues to be dealt with. One is the intrinsic drawback of the conventional BEM. In general, the BEM produces dense and non-symmetrical coefficient matrices. This prevents the use of the BEM to large-scale practical problems in engineering. Further, the sensitivity analysis is also limited to small-scale by the drawback. To solve this problem, we choose to use the well-known fast multipole method (FMM)[4] to accelerate the matrix-vector product required by the acoustic and sensitivity analyses simultaneously. However, due to the different multiplications of coefficient matrix in the sensitivity analysis, the FMM sometimes has to be updated[5].

In this work, we will present a brief introduction of acoustic optimization based on our recent research[6-10] to show the potential of the BEM in acoustic optimization.

2 Acoustic optimization

As discussed by Marburg[1], several types of objective function can be defined, including sound pressure, radiated sound power and sound transmission loss. A generic optimization problem can be formulated by:

$$\begin{cases} \min & \Pi = \Pi(\boldsymbol{p},\boldsymbol{u}) \\ \text{s.t.} & g(\boldsymbol{\mu}) \leqslant 0, \end{cases} \quad (1)$$

where Π is the objective function expressed as a real-valued function of state variables, i.e., sound pressure for purely acoustic problems, sound pressure and displacement for vibro-acoustic systems. $\boldsymbol{\mu}$ is the vector of design variables and $g(\boldsymbol{\mu})$ is the extra constraint for the design variables such as the shape limits and total weight limits. In addition, the optimization problem is also subject to the governing equation.

3 Shape optimization

To achieve an easy domain parameterization in the shape optimization, we choose the Non-Uniform Rational B-Splines (NURBS) as the basis functions to represent accurate structural geometry and approximate field variables. The control points of NURBS can be selected as the design variables. The basis function of NURBS is defined by using the B-spline basis functions. The knot vector is denoted as $\Xi = [\xi_0, \xi_1, \cdots, \xi_m]$, where $\xi_i \in \mathbb{R}$ is the i-th knot, m is the length of the knot vector, $m=n+p+1$, p is the polynomial order, and n is the number of basis functions. For a given order p, the NURBS basis functions can be defined as[11]

$$R_{i,j}(\xi,\upsilon) = \frac{N_{i,p}(\xi)N_{j,1}(\upsilon)w_{i,j}}{\sum_{a=1}^{n}\sum_{b=1}^{m}N_{a,p}(\xi)N_{b,1}(\upsilon)w_{a,b}} \quad (2)$$

where $N_{i,p}$ and $N_{j,1}$ are the B-spline basis functions for two directions. In this work, we only consider the shape optimization for scattering problem. Thus, there exist no FEM system. By using the NURBS to represent the geometry and approximate field variables, the discretized system of equations can be expressed as

$$\boldsymbol{H}\boldsymbol{p} = \boldsymbol{G}\boldsymbol{q} + \boldsymbol{p}_i \quad (3)$$

where $\boldsymbol{H}$ and $\boldsymbol{G}$ are the coefficient matrices of the BEM, $\boldsymbol{p}$ and $\boldsymbol{q}$ are the *coefficient* vectors of the sound pressure and flux, not the vectors of sound pressure and flux. Note this is different from the traditional Lagrange polynomial-based BEM because the NURBS lacks the Kronecker-delta property. $\boldsymbol{p}_i$ is the vector resulting from the incident wave. Obviously, we can change the geometry by change the control points and hence the control points can be chosen to be the design variables. In shape optimization, the number of design variables is usually not too large. Hence, the DDM is an ideal method for the sensitivity analysis. By applying the DDM, the differentiation of the system equation with respect to the coordinates of control point can be derived by

$$\dot{H}p + H\dot{p} = \dot{G}q + G\dot{q} + \dot{p}_i \tag{4}$$

where $(\dot{\ })$ denotes the derivative with respect to the coordinates of control point. For details, please see[7]. After computing the derivatives of state variables, the final derivatives of the objective function can be computed easily by the chain-rule.

4 Topology optimization

Compared with shape optimization, topology optimization is more flexible since it can generate holes easily. For the topology optimization of vibro-acoustic system, the two state variables, sound pressure and displacement, are used to describe the whole system.

4.1 FEM system included

Generally, the coupled FEM-BEM system can be described by[2]

$$\begin{bmatrix} K & C_{sf} \\ -\omega^2 \rho G \Theta^{-1} C_{fs} & H \end{bmatrix} \begin{bmatrix} u \\ p \end{bmatrix} = \begin{bmatrix} f_s \\ p_i \end{bmatrix} \tag{5}$$

where K is the dynamic stiffness matrix, C_{sf} and C_{fs} are the coupling matrices, Θ is the boundary mass matrix and f_s is the load vector. By applying the topology optimization to the structural domain, acoustic performances of the coupled system can be subsequently improved. In fact, the topology optimization is a discrete optimization problem. Following the density approaches, such as the SIMP method [12], the material interpolation scheme of the structural domain is well established. This converts the discrete problem into a continuous problem, and makes the use of gradient-based algorithms becoming possible. Regarding the topology optimization, the design variables, namely the artificial densities, are usually assigned to all elements and thus the number of design variables is very large. For this instance, the DDM always leads to expensive computational costs. By contrast, the AVM are more suitable for such problems with a large number of design variable. The derivative of objective function with respect to e-th design variable can be formulated by the adjoint method as[10]

$$\frac{\partial \Pi}{\partial \mu_e} = \Re \left(z_3 + \lambda_1^T \frac{\partial K}{\partial \mu_e} u \right) \tag{6}$$

where λ_1^T is an adjoint vector resulting from solving the adjoint equation

$$\begin{cases} z_1^T + \lambda_1^T K - \omega^2 \rho \lambda_2^T K \Theta^{-1} C_{fs} = 0 \\ z_2^T - \lambda_1^T C_{sf} + \lambda_2^T H = 0 \end{cases} \tag{7}$$

and z_3 can be obtained by applying the chain rule as

$$\frac{\partial \Pi}{\partial \mu_e} = \Re \left(z_1^T \frac{\partial u}{\partial \mu_e} + z_2^T \frac{\partial p}{\partial \mu_e} + z_3 \right) \tag{8}$$

where z_3 does not contain the derivatives of state variables, i.e., $\partial \boldsymbol{u}/\partial \mu_e$ and $\partial \boldsymbol{p}/\partial \mu_e$. For different objective function, we only need to derive the auxiliary variables, then compute the derivatives by equation (6).

4.2 Admittance system included

In fact, the FEM system can be considered as a global admittance boundary condition over the FEM-BEM interface. Hence, the optimization of the FEM system can also be regarded as the optimization of the admittance. To make the problem simpler, we simplify the global admittance into a local one which can save the computational efforts obviously. To produce the local admittance boundary conditions, the porous material will be introduced. Thus, the optimization problem is deduced into the distribution optimization of porous material on the structural surface. By introduce the local admittance boundary condition, the discretized system can be expressed as

$$(\boldsymbol{H}-\boldsymbol{GB})\boldsymbol{p}=\boldsymbol{p}_i \qquad (9)$$

where $\boldsymbol{B}$ is the admittance matrix. If we want to consider some field points, the corresponding sound pressure $\boldsymbol{p}_f$ can be computed by a similar equation as

$$\boldsymbol{p}_f = -(\boldsymbol{H}_f - \boldsymbol{G}_f \boldsymbol{B})\boldsymbol{p} + \boldsymbol{p}_i^f \qquad (10)$$

where the matrices $\boldsymbol{H}_f$, $\boldsymbol{G}_f$ and vector $\boldsymbol{p}_i^f$ are similar to those in equation (9). We also adopt the SIMP to interpolate the admittance values with the artificial density μ_e. Then the derivative of objective function with respect to e-th design variable can be also formulated by the adjoint method by[9]

$$\frac{\partial \Pi}{\partial \mu_e} = \Re\left(z_3 - \lambda_1^T \boldsymbol{G}\frac{\partial \boldsymbol{B}}{\partial \mu_e}\boldsymbol{p} + \lambda_2^T \boldsymbol{G}_f \frac{\partial \boldsymbol{B}}{\partial \mu_e}\boldsymbol{p}\right) \qquad (11)$$

where λ_1^T and λ_2^T are the adjoint vectors resulting from solving the adjoint equation

$$\begin{cases} z_1^T + \lambda_1^T(\boldsymbol{H}-\boldsymbol{GB}) + \lambda_2^T(\boldsymbol{H}_f - \boldsymbol{G}_f \boldsymbol{B}) = 0 \\ z_2^T + \lambda_2^T = 0 \end{cases} \qquad (12)$$

and z_1^T, z_2^T and z_3 are obtained by applying the chain rule as

$$\frac{\partial \Pi}{\partial \mu_e} = \Re\left(z_1^T \frac{\partial \boldsymbol{p}}{\partial \mu_e} + z_2^T \frac{\partial \boldsymbol{p}_f}{\partial \mu_e} + z_3\right) \qquad (13)$$

where z_3 does not contain the derivatives of state variables, i.e., $\partial \boldsymbol{p}/\partial \mu_e$ and $\partial \boldsymbol{p}_f/\partial \mu_e$.

5 Design variable updating scheme

Based on the sensitivity information, the method of moving asymptotes (MMA)[13] is employed to update the design variables iteratively. The iteration procedure is repeated until the relative difference of the objective function values in two adjacent iteration steps is less than a prescribed tolerance τ, as shown below

$$\text{change} = \left| \frac{\Pi_{i+1} - \Pi_i}{\Pi_i} \right| < \tau \tag{14}$$

where Π_i denotes the objective function at the i-th iteration step.

6 Acceleration

Because the BEM produces dense and non-symmetrical coefficient matrices, the computational effort will be too high to apply it to large-scale problems. To solve this issue, we adopt the well-known fast multipole method (FMM) to accelerate the acoustic and sensitivity analyses simultaneously. The main idea is to apply iterative solver (GMRES in this work) to solve linear system and use the FMM to accelerate the matrix-vector or vector-matrix product in each iteration, without storing the dense matrix explicitly. The coefficient matrix can be divided into two parts, the near field part which is sparse and the well separated part which can be decomposed due to its low-rank property. Although FMM has been widely used in BEM, the application of FMM in optimization is not common. Specially, the AVM leads to an adjoint state analysis differed with the acoustic response analysis. This make the commonly used FMM formulation cannot be directly used. Hence, we update FMM formulation to adapt to the adjoint analysis. For more information, see [5, 9-10].

7 Numerical tests

To verify the proposed approaches for acoustic optimization, several numerical tests are performed in this section.

7.1 Shape optimization of noise barrier

In this example, we apply the shape optimization to a straight noise barrier to reduce the sound pressure at observation zone. The noise barrier is illustrated in Fig. 1, and 10×10 observation points are chosen in the reference plane. A monopole is located at the left of the barrier, and we set the quadratic sum of the sound pressure at the 100 points as the objective function. The mass density and sound velocity of the acoustic medium (air) are 1.21 kg/m^3 and 340 m/s, respectively. Ten NURBS control points are used to represent the line to be optimized. To avoid irregular, we consider an optimization constraint that the section area of the 2D structure must be smaller than the initial area.

We perform the optimization at 500 Hz, and the optimized shape of the noise barrier is shown in Fig. 1(b). Fig. 1(c) represents the values of the sound pressure level (SPL) at the 100 observation points on the reference plane before and after optimization. Apparent decreases of the SPL are achieved by the shape optimization, and this indicates that shape optimization helps to improve the performance of the noise barrier.

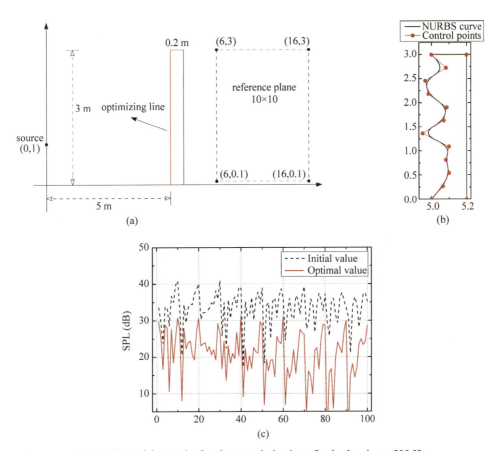

Fig.1　Plots of the results for shape optimization of noise barrier at 500 Hz.

(a) Noise barrier; (b) Optimized shape; (c) SPL at observation points

7.2　Distribution design of sound absorbing material

In this example, the distribution optimization of porous material is performed on a cube as shown in Fig. 2(a). It consists of a unit plane wave travelling in x direction, observation point A and a cube which is chosen as the design domain. To simulate the absorbing property of porous material, we adopt the Delany-Bazley-Miki[14] model to compute the admittance boundary condition. The flow resistivity of the porous material is assumed to be 2×10^5 N·s/m^4. The design objective is to minimize the sound pressure at point A, and we set the excitation frequency to

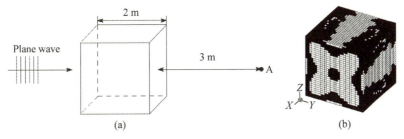

Fig.2　Plots of the results for distribution optimization of porous material at 400 Hz

(a) The computational domain for the optimization problem; (b) Optimized distribution

400 Hz. In addition, we also consider an extra constraint that the maximum ratio of the sound absorbing area with respect to the total area is 0.5. After optimization, the optimized distribution of porous material is illustrated in Fig. 2(b). In the figure, black color denotes the element is sound absorbing and the light color represents the element is sound rigid.

7.3 Bi-material design of cubic shell structure

Different from the above two examples, the coupling between acoustic medium and structure is taken into account in this example. Here, water is chosen as the acoustic medium since the effect of air on the structure is as weak as can be neglected. The mass density and sound velocity of water are 1000 kg/m^3 and 1482 m/s, respectively. Considering a submersed cubic shell structure excited by a harmonic force $F = F_0 e^{-i\omega t}$ as shown in Fig. 3(a), and the bottom edges of the box are subject to translations constraint. We choose the steel and aluminum as the two used materials, respectively. The design objective is to minimize the sound power radiation by the vibrating structure. Similarly, the volume fraction constraint of steel with respect to the total material is set to be 0.5.

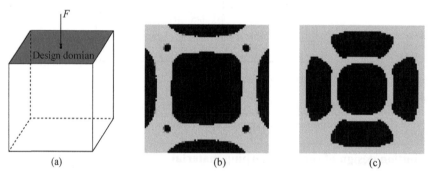

Fig.3 Plots of the results for topology optimization of cubic shell structure.
(a) The design structure; (b) Optimized distribution at 30 Hz; (c) Optimized distribution at 120 Hz

Two different excitation frequencies, 30 and 120 Hz are considered in this example. The optimized distributions are illustrated in Fig. 3(b) and 3(c), respectively. In the figures, the deep color denotes the steel material, while the light color represents the aluminum material. Comparing these two designs, we can see that the two different excitation frequencies produce two different distributions, which indicates that the optimized design is strongly frequency dependent. In engineering problems, the excitation is usually composed of various components with different frequencies and amplitudes. This stresses the necessity to perform the optimization for multiple frequencies or a frequency band.

8 Concluding remarks

In this work, we introduce several applications of the BEM to acoustic optimization, including the shape and topology optimizations. By using the NURBS, the flexible shape control is suitable for shape optimization. Therefore, acoustic shape optimization algorithm proposed in this work represents an extremely efficient methodology. The direct differentiation method (DDM) is adopted for the sensitivity analysis, which offers high accuracy. The shape optimization of a straight sound barrier validates the presented algorithm. Then we introduce the distribution optimization for porous material on structural surface. Finally, the topology optimization for bi-material structure is performed. By using this technique, an optimized material distribution can be found to minimize the sound power radiated by the vibrating structure. To simulate the pressure attenuation of the porous material, the Delany-Bazley-Miki empirical model is implemented. In this context, the adjoint variable method in combination with the fast multipole method (FMM) is developed for the fast sensitivity analysis with a large number of design variables. Numerical examples performed indicate that the proposed optimization procedure is able to provide an optimized design under material volume constraint. In conclusion, the BEM is an efficient tool for acoustic optimization and it even has lots of potential in acoustic/vibro-acoustic optimization.

References

[1] MARBURG S. Developments in structural-acoustic optimization for passive noise control[J]. Archives of Computational Methods in Engineering, 2002, 9(4): 291-370.

[2] SCHNEIDER S. FE/FMBE coupling to model fluid-structure interaction[J]. International Journal for Numerical Methods in Engineering, 2008, 76 (13): 2137-2156.

[3] SIGMUND O. On the usefulness of non-gradient approaches in topology optimization[J]. Structural and Multidisciplinary Optimization, 2011, 43 (5): 589-596.

[4] CHEN L, ZHENG C, CHEN H. FEM/wideband FMBEM coupling for structural–acoustic design sensitivity analysis[J]. Computer Methods in Applied Mechanics and Engineering, 2014, 276: 1-19.

[5] ZHENG C J, CHEN H B, MATSUMOTO T, et al. 3D acoustic shape sensitivity analysis using fast multipole boundary element method[J]. International Journal of Computational Methods, 2012, 9(1): 1240004.

[6] ZHAO W C, CHEN L L, ZHENG C J, et al. Design of absorbing material distribution for sound barrier using topology optimization[J]. Structural and Multidisciplinary Optimization, 2017, 56(2): 315-329.

[7] LIU C, CHEN L L, ZHAO W C, et al. Shape optimization of sound barrier using an isogeometric fast multipole boundary element method in two dimensions[J]. Engineering Analysis with Boundary Elements, 2017, 85: 142-157.

[8] ZHAO W C, ZHENG C J, LIU C, et al. Minimization of sound radiation in fully coupled structural-acoustic systems using FEM-BEM based topology optimization[J]. Structural and Multidisciplinary Optimization, 2018, 58 (1): 115-128.

[9] ZHAO W C, ZHENG C J, CHEN H B. Acoustic topology optimization of porous material distribution based on an adjoint variable FMBEM sensitivity analysis[J]. Engineering Analysis with Boundary Elements, 2019, 99: 60-75.

[10] ZHAO W C, CHEN L L, CHEN H B, et al. Topology optimization of exterior acoustic–structure interaction systems using the coupled FEM-BEM method[J]. International Journal for Numerical Methods in Engineering, 2019: 1-28.

[11] LIU C, ZHAO W C, CHEN L L, et al. Acoustic shape sensitivity analysis using isogeometric BEM[J]. Chinese Journal of Computational Mechanics, 2018, 35 (5): 74-81.

[12] BENDSØE M P. Optimal shape design as a material distribution problem[J]. Structural optimization, 1989, 1 (4): 193-202.

[13] SVANBERG K. The method of moving asymptotes-a new method for structural optimization[J]. International Journal for Numerical Methods in Engineering, 1987, 24 (2): 359-373.

[14] MIKI Y. Acoustical Properties of porous materials: Modifications of Delany-Bazley models[J]. Journal of the Acoustical Society of Japan (E), 1990, 11 (1): 19-24.

BEM-EDM coupled analysis of multi-scale problems

Gao Xiaowei[†], **Zheng Yongtong**

(State Key Laboratory of Structural Analysis for Industrial Equipment,
Dalian University of Technology, Dalian, 116024)

Abstract In this paper, the Element Differential Method (EDM) is coupled with the Multi-Domain Boundary Element Method (MDBEM) for solving general multi-scale heat conduction and mechanical problems. The basic algebraic equations in BEM are formulated in terms of displacements/temperatures and tractions/fluxes, which are the same as those in EDM. So when coupling these two methods, we don't need to transform the variables like the equivalent nodal force into the surface traction as done in the finite element method (FEM). The key task in the proposed coupling method is to use the displacement consistency condition and the traction equilibrium equation at interface nodes of two methods to eliminate all BEM nodes except for those on the interfaces. The detailed elimination process is presented in this paper, which can result in the final system of equations without iteration. The coefficient matrix of the final coupled system is sparse even though a small part is dense. The coupling method inherits the advantage of EDM in flexibility and computational efficiency, and the advantage of BEM in the robustness of treating multi-scale problems. A number of numerical examples of general heat conduction and mechanical problems are given to demonstrate the correctness and efficiency of this coupling method.

---

† 通信作者：xwgao@dlut.edu.cn

A more general interface integral formula for the variation of matrix elastic energy of heterogeneous materials[*]

Dong Chunying[†]

(Department of Mechanics, School of Aerospace Engineering, Beijing Institute of Technology, Beijing, 100081)

Abstract This paper is a further development of previous work[1] for the variation of matrix elastic energy caused by the inclusions, which only contains the displacements on the interface between inclusion and matrix. In addition to the known benefits which are the same as[1], the current formula avoids assumptions of the same Poisson ratio from inclusion and matrix. Therefore, it is more general in studying the elastic energy changes of heterogeneous materials.

Keywords Integral formula; Elastic energy; Inclusion; Matrix; Boundary element method

1 Introduction

The study of elastic energy change of matrix caused by inclusions has important theoretical significance and application value. It can be used to investigate the effective properties and shape optimal design of heterogeneous materials. Christensen[2] presented an interface integral formula which can be used to calculate the variation of matrix elastic energy due to the existence of inclusion. In this formula, the displacements and tractions on the interface between inclusion and matrix must be first calculated using the well-known finite element method (FEM)[3] or boundary element method (BEM)[4]. Compared with the FEM, the BEM is more advantageous in solving the problems of heterogeneous elastic materials, especially in the calculation of the variation of matrix elastic energy caused by the inclusion. However, for irregular shape inclusions, the special techniques such as the discontinuous boundary elements near the corner points should be adopted to obtain the interface displacement and traction.

The author obtained a new integral formula for calculating the variation of matrix elastic energy caused by the inclusion, which only contains the displacements on the inclusion-matrix interface[1]. But the same Poisson ratio from inclusion and matrix was assumed in deriving the integral formula. In order to overcome this limitation, more general interface integral formula for calculating the variation of matrix elastic energy caused by the inclusion is given in this paper.

---

[*] 国家自然科学基金资助项目（11672038）

[†] 通信作者：cydong@bit.edu.cn

2 Basic formula

One inclusion of another material is embedded into one homogeneous media subjected to the remote loading. The variation of matrix elastic energy due to the existence of inclusion has the following form[1]

$$\Delta U = \frac{1}{2}\int_\Gamma \left(t_i^0 u_i - t_i u_i^0\right) \mathrm{d}\Gamma \tag{1}$$

where u_i and t_i (i=1, 2, 3 for 3D problems) are respectively the i-th displacement and i-th traction components over the interface Γ between inclusion and matrix. The repeated indices imply summation. $t_i = \sigma_{ij} n_j$ in which σ_{ij} is the stress tensor, while n_i is the i-th direction cosine of unit vector $\boldsymbol{n}$ relative to the existing coordinate system. The symbols with the superscript 0 denote the variables that are generated by the remote loading on the interface Γ between matrix and inclusion with the same material as the matrix. $t_i^0 = \sigma_{ij}^0 n_j$ is easily obtained using the elasticity relations. The formula is considered to be of great advantage due to its interface integral.

The formula (1) can be calculated using the BEM [4]. However, the special technique [5] should be adopted for the inclusions with irregular shapes, e.g. discontinuous elements are used to overcome the corner point problems. In order to avoid the use of discontinuous elements, the formula (1) can be further improved. The detailed derivations are as follows:

The second term in the right-hand side of eq. (1) can be rewritten as

$$\int_\Gamma t_i u_i^0 \mathrm{d}\Gamma = \int_\Omega \sigma_{ij} \varepsilon_{ij}^0 \mathrm{d}\Omega \tag{2}$$

where the strain tensor $\varepsilon_{ij}^0 = \frac{1}{2}\left(u_{i,j}^0 + u_{j,i}^0\right)$ in which the tensor $u_{i,j}^0$ is called the displacement gradient tensor. In derivation process of eq. (2), the equilibrium equation ($\sigma_{ij,j} = 0$) and Green's theorem have been used.

The general 3D constitutive law for linear elastic materials can be expressed in standard tensor notation by the following form[4]

$$\sigma_{ij} = C_{ijkl} \varepsilon_{kl} \tag{3}$$

where C_{ijkl} is a four-order elasticity tensor, and for the isotropic materials, it can be given in the form below

$$C_{ijkl} = \lambda \delta_{ij}\delta_{kl} + G\left(\delta_{ik}\delta_{jl} + \delta_{il}\delta_{jk}\right) \tag{4}$$

where $\lambda = \dfrac{E\nu}{(1+\nu)(1-2\nu)}$ is called the Lame's constant, and $G = \dfrac{E}{2(1+\nu)}$ is the shear modulus in which E is called the modulus of elasticity, and ν is referred to as Poisson's ratio.

For inclusion and matrix, we have

$$C_{ijkl}^I = \lambda^I \delta_{ij}\delta_{kl} + G^I\left(\delta_{ik}\delta_{jl} + \delta_{il}\delta_{jk}\right) \tag{5}$$

and

$$C_{ijkl}^M = \lambda^M \delta_{ij}\delta_{kl} + G^M \left(\delta_{ik}\delta_{jl} + \delta_{il}\delta_{jk}\right) \tag{6}$$

In Eqs (5) and (6), the superscripts I and M denotes the inclusion and matrix, respectively. By means of Eqs (5) and (6), one can obtain the relationship between C_{ijkl}^I and C_{ijkl}^M, i.e.

$$C_{ijkl}^I = \frac{(1+v_M)E_I}{(1+v_I)E_M}C_{ijkl}^M + \frac{(v_I-v_M)E_I}{(1+v_I)(1-2v_I)(1-2v_M)}\delta_{ij}\delta_{kl} \tag{7}$$

Substituting eq. (7) into eq. (3) yields

$$\sigma_{ij}^I = \frac{(1+v_M)E^I}{(1+v_I)E^M}C_{ijkl}^M \varepsilon_{kl} + \frac{(v_I-v_M)E_I}{(1+v_I)(1-2v_I)(1-2v_M)}\delta_{ij}\varepsilon_{mm} \tag{8}$$

Thus, the integral in the right-hand side of eq. (2) becomes

$$\int_\Omega \sigma_{ij}\varepsilon_{ij}^0 d\Omega = \frac{E^I}{(1+v_I)E^M}\int_\Gamma \left[(1+v_M)t_k^0 + \frac{(v_I-v_M)}{(1-2v_I)}\sigma_{mm}^0 n_k\right]u_k d\Gamma \tag{9}$$

Substituting eq. (9) back into eq. (1) produces one simplified formula of the variation of matrix elastic energy for heterogeneous material as follows:

$$\Delta U = \frac{1}{2}\int_\Gamma \left[\left(1-\frac{(1+v_M)E^I}{(1+v_I)E^M}\right)t_i^0 - \frac{(v_I-v_M)E^I}{(1+v_I)(1-2v_I)E^M}\sigma_{mm}^0 n_i\right]u_i d\Gamma \tag{10}$$

where $m=1,2,3$ for 3-D problems, and $m=1,2$ for plane stress problems. For plane strain problems, Eq. (10) should be modified as

$$\Delta U = \frac{1}{2}\int_\Gamma \left[\left(1-\frac{(1+v_M)E^I}{(1+v_I)E^M}\right)t_i^0 - \frac{(v_I-v_M)(1+v_M)E^I}{(1+v_I)(1-2v_I)E^M}\sigma_{mm}^0 n_i\right]u_i d\Gamma \tag{11}$$

where $m = 1, 2$.

If the inclusion and matrix have the same Poisson's ratio, i.e. $v_I = v_M$, then Eq (10) can be further simplified as[1]

$$\Delta U = \frac{1}{2}\left(1-\frac{E^I}{E^M}\right)\int_\Gamma t_i^0 u_i d\Gamma \tag{12}$$

Compared with eq. (1), eq. (10) only contains the displacements over the interface between the inclusion and matrix, which can be conveniently calculated using the BEM[4]. Eqs. (10) and (11) can easily be extended to many inclusions, i.e.

$$\Delta U = \frac{1}{2}\sum_{I=1}^N \int_{\Gamma_I} \left[\left(1-\frac{(1+v_M)E^I}{(1+v_I)E^M}\right)t_i^0 - \frac{(v_I-v_M)E^I}{(1+v_I)(1-2v_I)E^M}\sigma_{mm}^0 n_i\right]u_i d\Gamma \tag{13}$$

and

$$\Delta U = \frac{1}{2}\sum_{I=1}^N \int_{\Gamma_I} \left[\left(1-\frac{(1+v_M)E^I}{(1+v_I)E^M}\right)t_i^0 - \frac{(v_I-v_M)(1+v_M)E^I}{(1+v_I)(1-2v_I)E^M}\sigma_{mm}^0 n_i\right]u_i d\Gamma \tag{14}$$

where N expresses the number of inclusions. Here, I denotes the I-th inclusion. When $E^I = E^M$ and $v_I = v_M$, i.e. no inclusions, ΔU is equal to zero as expected.

After the interface displacements are obtained by using the subdomain boundary element method[5], the variation of matrix elastic energy of heterogeneous material can easily be calculated using eqs. (13) or (14).

3 Conclusions

A more general interface integral formula for the variation of matrix elastic energy caused by the inclusion has been obtained, in which only the displacements on the interface between inclusion and matrix are contained. Combined with the FEM, the variation of matrix elastic energy due to the existence of inclusion can be easily calculated using the BEM. The formula can be used to carry out the calculation of the effective elastic properties of heterogeneous materials.

References

[1] DONG C Y. A new integral formula for the variation of matrix elastic energy of heterogeneous materials[J]. Journal of Computational and Applied Mathematics, 2018, 343: 635-642.
[2] CHRISTENSEN R M. Mechanics of Composite Materials[M]. Wiley: New York, 1979.
[3] HUGHES T J R. The Finite Element Method: Linear Static and Dynamic Finite Element Analysis[M]. Dover: Dover Publications, 2000.
[4] BREBBIA C A, DOMINGUEZ J. Boundary Elements: An Introduction Course[M]. Southampton: WIT Press, 1992.
[5] DONG C Y, LO S H, CHEUNG Y K. Stress analysis of inclusion problems of various shapes in an infinite anisotropic elastic medium[J]. Computer Methods in Applied Mechanics and Engineering, 2003, 192: 685-698.

非傅里叶热传导问题的微分转换双重互易边界元法[*]

陈豪龙，周焕林[†]，余 波

(合肥工业大学 土木与水利工程学院，安徽 合肥 230009)

摘要 本文提出微分转换双重互易边界元法求解功能梯度材料非傅里叶瞬态热传导问题。采用微分转换法处理控制方程中与时间有关的项，得到一个递推方程。然后使用相似方程法将该方程线性化，采用双重互易法将边界积分方程中的域积分转换为边界积分。比较了不同时间步长对微分转换双重互易边界元法计算结果的影响。计算结果表明，本文方法可以有效求解功能梯度材料非傅里叶瞬态热传导问题。时间步长对计算结果的影响较小。

关键词 微分转换法；双重互易法；边界元法；非傅里叶热传导

1 引言

傅里叶定律被广泛应用于热传导问题。对于热作用时间较长的稳态传热过程，以及时间不是非常短的非稳态常规传热过程，采用傅里叶定律来描述热流密度与温度梯度之间的关系可以满足精度要求[1]。但是，傅里叶定律不涉及热流密度与时间的关系，隐含了热扰动传播速度为无限大的假设。热防护、脉冲激光加热及金属快速凝固等传热过程作用的时间很短，热量以有限的速度在介质中传播，采用傅里叶定律描述热流密度与温度梯度之间的关系不能满足精度要求[2]。

为了克服傅里叶定律的局限性，文献[3]和文献[4]提出了具有热流延迟项的非傅里叶热传导模型。文献[5]采用有限体积法求解了一维圆筒的非傅里叶热传导问题。文献[6]使用有限体积法求解了二维非均匀材料的非傅里叶热传导问题。文献[7]使用了有限体积法和共轭梯度法求解了在饱和气体中短脉冲激光加热粉末层的热流识别问题。与有限体积法和有限元法相比，边界元法在处理热传导问题时，只需在区域的边界离散，能够降低问题的维数，减少计算量，同时保证计算结果的精度[8]，但是边界元法在处理非线性、瞬态问题时，由于问题的基本解很难获得，在边界积分方程中往往出现域积分。

双重互易法是一种有效的域积分处理方法[9]，基本思想是将场函数用基函数近似表示以后，求出问题微分算子的特解，然后应用特解性质将域积分转化为边界积分。文献[10]采用双重互易边界元法（dual reciprocity boundary element method, DRBEM）求解了瞬态热传导问题。对于控制方程中与时间有关的项，可采用有限差分法代替温度关于时间的导数

---

[*] 国家自然科学基金资助项目（11672098）
[†] 通信作者：zhouhl@hfut.edu.cn

项，但是计算结果精度与时间步长选取有着密切的联系[11]。微分转换法（differential transformation method, DTM）是一种半解析的时域处理方法[12]。

本文采用微分转换法处理非傅里叶热传导问题控制方程中与时间有关的项，针对边界积分方程中出现的域积分，采用双重互易法处理。

2 微分转换法

微分转换法的基本理论如下。

2.1 定理 1

对于任意解析函数 $x(t)$，则 $x(t)$ 对于变量 t 的 k 阶导数可以表示为

$$X(k) = \left[\frac{\partial^k x(t)}{\partial t^k}\right]_{t=t_k} \tag{1}$$

式中，$X(k)$ 为函数 $x(t)$ 的微分转换形式。

2.2 定理 2

函数 $X(k)$ 在 t_k 处的逆变换可以表示为

$$x(t) = \sum_{k=0}^{\infty} \frac{(t-t_i)^k}{k!} X(k) \tag{2}$$

定理 1 和定理 2 可以理解为函数的泰勒级数展开形式。利用定理 1 和定理 2，在任意一个时间间隔 $[t_l, t_{l+1}]$，温度函数 $T(t)$ 可以表示为

$$T(t) = \sum_{k=0}^{\infty} \frac{(t-t_l)^k}{(\Delta t_l)^k} U(k) \tag{3}$$

则可以得到 $U(k)$ 的表达式

$$U(k) = \frac{(\Delta t_l)^k}{k!} \frac{\partial^k T(t_l)}{\partial t^k} \tag{4}$$

式中，$\Delta t_l = t_{l+1} - t_l$。

3 控制方程

二维非傅里叶功能梯度材料瞬态热传导问题的控制方程可以表示为

$$\frac{\partial}{\partial x_1}\left(\lambda(\boldsymbol{x})\frac{\partial T(\boldsymbol{x},t)}{\partial x_1}\right) + \frac{\partial}{\partial x_2}\left(\lambda(\boldsymbol{x})\frac{\partial T(\boldsymbol{x},t)}{\partial x_2}\right) + \tau\frac{\partial b(\boldsymbol{x},t)}{\partial t} + b(\boldsymbol{x},t) = \rho c \frac{\partial T(\boldsymbol{x},t)}{\partial t} + \tau\rho c \frac{\partial^2 T(\boldsymbol{x},t)}{\partial t^2} \tag{5}$$

初始条件给定为

$$\begin{cases} T(\boldsymbol{x},0) = T_0(\boldsymbol{x}) \\ \dfrac{\partial T(\boldsymbol{x},0)}{\partial t} = D_0(\boldsymbol{x}) \end{cases} \tag{6}$$

边界条件可以表示为

$$\begin{cases} T(\boldsymbol{x},t) = \bar{T}(\boldsymbol{x},t), & \boldsymbol{x} \in \Gamma_1 \\ -\lambda(\boldsymbol{x}) \dfrac{\partial T}{\partial \boldsymbol{n}} = \bar{q}(\boldsymbol{x},t), & \boldsymbol{x} \in \Gamma_2 \end{cases} \quad (7)$$

式(5)~式(7)中，x_i 为第 i 个坐标分量；$T(\boldsymbol{x},t)$ 为温度；$\lambda(\boldsymbol{x})$ 为与坐标有关的导热系数；ρ 和 c 分别为密度和比热容；τ 为时间松弛因子；Γ_1 和 Γ_2 分别为域 Ω 的边界 $\partial\Omega = \Gamma_1 \cup \Gamma_2$，$\Gamma_1 \cap \Gamma_2 = \varnothing$；$\bar{T}$ 和 $\bar{q}$ 分别为边界上已知的温度函数和温度的法向导数；$\boldsymbol{n}$ 为边界的外法向。

4 双重互易边界元法

在任意时间间隔 $[t_l, t_{l+1}]$，使用 DTM 的理论，式(5)可以转换为

$$\frac{\partial}{\partial x_1}\left(\lambda(\boldsymbol{x})\frac{\partial U(m)}{\partial x_1}\right) + \frac{\partial}{\partial x_2}\left(\lambda(\boldsymbol{x})\frac{\partial U(m)}{\partial x_2}\right) = \frac{\rho c}{\Delta t}(m+1)U(m+1) + \frac{\tau \rho c}{\Delta t}(m+1)(m+2)U(m+2) - \frac{\tau}{\Delta t}(m+1)B(m+1) - B(m) \quad (8)$$

应用相似方程法，式(8)可以写为

$$\frac{\partial^2 U(m)}{\partial x_1^2} + \frac{\partial^2 U(m)}{\partial x_2^2} = \frac{1}{\lambda(\boldsymbol{x})}\left[\frac{\rho c}{\Delta t}(m+1)U(m+1) + \frac{\tau \rho c}{\Delta t}(m+1)(m+2)U(m+2) - \frac{\partial \lambda(\boldsymbol{x})}{\partial x_1}\frac{\partial U(m)}{\partial x_1} - \frac{\partial \lambda(\boldsymbol{x})}{\partial x_2}\frac{\partial U(m)}{\partial x_2} - \frac{\tau}{\Delta t}(m+1)B(m+1) - B(m)\right] \quad (9)$$

将式(9)的右端项看作体力项，并使用径向基函数(radial basis function, RBF)近似，可以得到

$$\sum_{j=1}^{N+L} \alpha^j f(\boldsymbol{x}, \boldsymbol{z}^j) = \frac{1}{\lambda(\boldsymbol{x})}\left[\frac{\rho c}{\Delta t}(m+1)U(m+1) + \frac{\tau \rho c}{\Delta t}(m+1)(m+2)U(m+2) - \frac{\partial \lambda(\boldsymbol{x})}{\partial x_1}\frac{\partial U(m)}{\partial x_1} - \frac{\partial \lambda(\boldsymbol{x})}{\partial x_2}\frac{\partial U(m)}{\partial x_2} - \frac{\tau}{\Delta t}(m+1)B(m+1) - B(m)\right] \quad (10)$$

假设边界 Γ 划分为 N 个线性单元，域 Ω 内均匀分布 L 个内点。α^j 表示未知系数。$f(\boldsymbol{x}, \boldsymbol{z}^j)$ 表示近似函数，$\boldsymbol{z}^j$ 为配点坐标。将式(10)代入式(9)中，可得

$$\frac{\partial^2 U(m)}{\partial x_1^2} + \frac{\partial^2 U(m)}{\partial x_2^2} = \sum_{j=1}^{N+L} \alpha^j f(\boldsymbol{x}, \boldsymbol{z}^j) \quad (11)$$

特解 $\hat{U}(\boldsymbol{x}, \boldsymbol{z}^j)$ 定义为

$$\frac{\partial^2 \hat{U}(\boldsymbol{x}, \boldsymbol{z}^j)}{\partial x_1^2} + \frac{\partial^2 \hat{U}(\boldsymbol{x}, \boldsymbol{z}^j)}{\partial x_2^2} = f(\boldsymbol{x}, \boldsymbol{z}^j) \quad (12)$$

将式(12)代入式(11)中，可得

$$\frac{\partial^2 U(m)}{\partial x_1^2} + \frac{\partial^2 U(m)}{\partial x_2^2} = \sum_{j=1}^{N+L} \alpha^j \left(\frac{\partial^2 \hat{U}(x,z^j)}{\partial x_1^2} + \frac{\partial^2 \hat{U}(x,z^j)}{\partial x_2^2} \right) \tag{13}$$

式中，RBF 可以选为

$$f(x,z^j) = 1 + R + R^2 \tag{14}$$

式中，R 为观察点 x 到配点 z^j 的距离。然后可以求得特解 $\hat{U}(x,z^j)$，

$$\hat{U}(x,z^j) = \frac{R^2}{4} + \frac{R^3}{9} + \frac{R^4}{16} \tag{15}$$

经过双重互易法处理后，可得边界积分方程

$$C_i U_i(m) + \int_\Gamma Q^* U(m) \mathrm{d}\Gamma - \int_\Gamma U^* Q \mathrm{d}\Gamma = \sum_{j=1}^{N+L} \alpha^j \left(C_i \hat{U}_{ij} + \int_\Gamma Q^* \hat{U}_{ij} \mathrm{d}\Gamma - \int_\Gamma U^* \hat{Q}_j \mathrm{d}\Gamma \right) \tag{16}$$

式中，$U^* = \frac{1}{2\pi} \ln \frac{1}{r}$；$Q^* = \frac{\partial U^*}{\partial n}$；$\hat{Q}_j = \frac{\partial \hat{U}_j}{\partial n}$；$C_i$ 为奇异性系数；r 为场点到源点的距离。

边界离散后，对整个边界进行数值积分，式(16)可以写成矩阵的形式：

$$\begin{cases} \boldsymbol{H}_N \boldsymbol{U}_N(m) - \boldsymbol{G}_N \boldsymbol{Q}_N(m) = \left(\boldsymbol{H}_N \hat{\boldsymbol{U}}_N - \boldsymbol{G}_N \hat{\boldsymbol{Q}}_N \right) \boldsymbol{\alpha}, & \text{on } \Gamma \\ \boldsymbol{U}_I(m) + \boldsymbol{H}_I \boldsymbol{U}_N(m) - \boldsymbol{G}_I \boldsymbol{Q}_N(m) = \left(\hat{\boldsymbol{U}}_I + \boldsymbol{H}_I \hat{\boldsymbol{U}}_N - \boldsymbol{G}_I \hat{\boldsymbol{Q}}_I \right) \boldsymbol{\alpha}, & \text{in } \Omega \end{cases} \tag{17}$$

同样，将 $U(m)$ 通过 RBF 近似，则温度对坐标的一阶导数可以表示为

$$U_{x_i}(m) = \boldsymbol{F}_{x_i} \boldsymbol{F}^{-1} U(m) \tag{18}$$

则未知的系数向量 $\boldsymbol{\alpha}$ 可以表示为

$$\boldsymbol{\alpha} = \boldsymbol{F}^{-1} \left\{ \theta_1 U(m+1) + \theta_2 U(m+2) - \lambda_{x_1} \boldsymbol{F}_{x_1} \boldsymbol{F}^{-1} U(m) - \lambda_{x_2} \boldsymbol{F}_{x_2} \boldsymbol{F}^{-1} U(m) - \theta_3 B(m+1) - B(m) \right\} \tag{19}$$

将式(19)代入式(17)中，可得方程组

$$\begin{cases} \boldsymbol{H}_N \boldsymbol{U}_N(m) - \boldsymbol{G}_N \boldsymbol{Q}_N(m) = \boldsymbol{S}_N \boldsymbol{D}, & \text{on } \Gamma \\ \boldsymbol{U}_I(m) + \boldsymbol{H}_I \boldsymbol{U}_N(m) - \boldsymbol{G}_I \boldsymbol{Q}_N(m) = \boldsymbol{S}_I \boldsymbol{D}, & \text{in } \Omega \end{cases} \tag{20}$$

式中

$$\boldsymbol{S}_N = \left(\boldsymbol{H}_N \hat{\boldsymbol{U}}_N - \boldsymbol{G}_N \hat{\boldsymbol{Q}}_N \right) \boldsymbol{F}^{-1} \tag{21}$$

$$\boldsymbol{S}_I = \left(\hat{\boldsymbol{U}}_L + \boldsymbol{H}_I \hat{\boldsymbol{U}}_N - \boldsymbol{G}_I \hat{\boldsymbol{Q}}_I \right) \boldsymbol{F}^{-1} \tag{22}$$

式中，$\boldsymbol{S}_N$ 为 $N \times (N+L)$ 的矩阵；$\boldsymbol{S}_I$ 为 $L \times (N+L)$ 的矩阵。向量 $\boldsymbol{D}$ 可以表示为

$$\boldsymbol{D} = \theta_1 U(m+1) + \theta_2 U(m+2) - \boldsymbol{M} U(m) - \theta_3 B(m+1) - B(m) \tag{23}$$

式中，$\boldsymbol{M} = \lambda_{x_1} \boldsymbol{F}_{x_1} \boldsymbol{F}^{-1} + \lambda_{x_2} \boldsymbol{F}_{x_2} \boldsymbol{F}^{-1}$。

将式(23)代入式(20)中，可得

$$\begin{cases} H_N U_N(m) - G_N Q_N(m) \\ \quad = S_N \theta_1 U(m+1) + S_N \theta_2 U(m+2) - S_N M U(m) - S_N \theta_3 B(m+1) - S_N B(m), & \text{on } \Gamma \\ U_I(m) + H_I U_N(m) - G_I Q_N(m) \\ \quad = S_I \theta_1 U(m+1) + S_I \theta_2 U(m+2) - S_I M U(m) - S_I \theta_3 B(m+1) - S_I B(m), & \text{in } \Omega \end{cases} \quad (24)$$

应用已知的边界条件，可以写成如下形式

$$AX = Y \quad (25)$$

式中，矩阵 A 为已知项的系数；Y 为已知的向量；X 为未知的向量。

在任意时间间隔内，计算从 $m=0$ 开始，可以得到一个递推的过程。例如，在时间间隔 $[t_l, t_{l+1}]$ 内，$t = t_l$ 的计算结果可以表示为

$$T\big|_{t=t_l} = \sum_{m=0} U(m)\big|_{t \in [t_{l-1}, t_l]} \quad (26)$$

$$q\big|_{t=t_l} = \sum_{m=0} Q(m)\big|_{t \in [t_{l-1}, t_l]} \quad (27)$$

这个递推的过程直到满足下列自适应的收敛准则：

$$\frac{\|X(m)\|}{\left\|\sum_{j=1}^{m} X(j)\right\|} \leq \varepsilon \quad (28)$$

式中 $\|\cdot\|$ 为向量的 2-范数。当式(28)中的收敛条件连续满足三次时，即停止在当前时间段内的计算，然后通过式(26)和式(27)计算得到当前时刻的结果，并转入下一时间段。在本文中，收敛误差取为 $\varepsilon = 10^{-3}$。

5 数值算例

例1：如图1所示，考虑一个带有激光热源 0.5×5 的矩形区域。边界划分 44 个线性单元，域内分布 19 个内点。时间松弛因子 $\tau = 0.5$，$\rho c = 2.0$。整个边界绝热，边界条件给定为

$$\begin{cases} u(\pmb{x}, 0) = 0 \\ \dfrac{\partial u(\pmb{x}, 0)}{\partial t} = 2\exp(-x_1) \end{cases} \quad (29)$$

热源项 $b(\pmb{x}, t) = 100\big[\exp(-0.2t) - \exp(-0.4t)\big]\exp(-x_1)$。

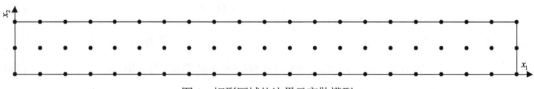

图 1 矩形区域的边界元离散模型

首先假设导热系数 $\lambda = 1$，该问题的精确解可以参照文献[13]。本文采用微分转换双重互易边界元法(DT-DRBEM)求解，在 $x_2 = 0.25$ 处的内点温度的计算结果如表 1 所示。

表 1　在 $x_2 = 0.25$ 处的内点温度的计算结果

x_1	$t = 0.5$			$t = 1$		
	DT-DRBEM ($\Delta t = 0.001$)	DT-DRBEM ($\Delta t = 0.01$)	Exact[13]	DT-DRBEM ($\Delta t = 0.001$)	DT-DRBEM ($\Delta t = 0.01$)	Exact[13]
0.25	0.8713	0.8713	0.8789	2.9504	2.9504	2.9730
0.5	0.6992	0.6992	0.6990	2.4903	2.4903	2.5440
0.75	0.5451	0.5451	0.5444	2.0412	2.0412	2.0545
1.0	0.4247	0.4247	0.4240	1.6071	1.6071	1.6090
1.25	0.3341	0.3341	0.3302	1.2518	1.2518	1.2531
1.5	0.2524	0.2524	0.2571	0.9717	0.9717	0.9759
1.75	0.2085	0.2085	0.2003	0.7528	0.7528	0.7600
2.0	0.1508	0.1508	0.1560	0.5823	0.5823	0.5919
2.25	0.1210	0.1210	0.1215	0.4495	0.4495	0.4610
2.5	0.0931	0.0931	0.0946	0.3459	0.3459	0.3590

从表 1 可以看出，本文提出算法的计算结果与文献[13]的精确解较为吻合，随着坐标 x_1 的增加，域内的温度逐渐降低。不同时间步长对计算结果的影响较小。

接着考虑了导热系数随坐标变化的功能梯度材料非傅里叶瞬态热传导问题，导热系数 $\lambda(\boldsymbol{x}) = \exp(0.1x_1)$，比较了不同时间松弛因子对非傅里叶热传导问题温度分布的影响。时间松弛因子分布取为 $\tau = 0.2$，$\tau = 0.5$ 和 $\tau = 1.0$，计算时间取为[0,1s]。图 2 给出了不同松弛时间时，内点温度的计算结果。从图 2 可以看出，随着时间松弛因子的增加，域内的温度越高。这是因为在非傅里叶热传导问题中，热波的传递速度是有限的，在坐标 x_1 较小的位置发生了能量集聚现象，所以 x_1 越小，温度越高。

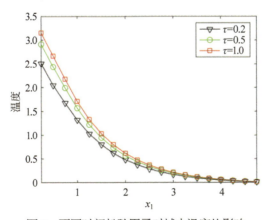

图 2　不同时间松弛因子对域内温度的影响

例 2：考虑一个 1×1 的方板，时间松弛因子 $\tau = 0.1$。导热系数 $\lambda(\boldsymbol{x}) = \exp(0.5x_1)$，$\rho c = 1.0$，热源项 $b(\boldsymbol{x},t) = -100\tau \exp(-100t) - (x_1 + 2)\exp(0.5x_1) - 2\exp(0.5x_1)$。边界条件给定为

$$\begin{cases} u(x_1,0,t) = x_1^2 + \tau \exp(-100t) \\ u(1,x_2,t) = 1 + x_2^2 + \tau \exp(-100t) \\ u(x_1,1,t) = x_1^2 + 1 + \tau \exp(-100t) \\ u(0,x_2,t) = x_2^2 + \tau \exp(-100t) \end{cases} \tag{30}$$

初始条件

$$\begin{cases} u(\boldsymbol{x},0) = x_1^2 + x_2^2 + \tau \\ \dfrac{\partial u(\boldsymbol{x},0)}{\partial t} = 100\tau \end{cases} \tag{31}$$

已知该问题的精确解为 $u(\boldsymbol{x},t) = x_1^2 + x_2^2 + \tau \exp(-100t)$。时间步长 $\Delta t = 0.001\mathrm{s}$，计算时间 $t \in [0,0.1]$。对比了 3 种不同离散的边界元模型对计算结果的影响，如图 3 所示。边界分别划分为 16，36，100 个线性单元。3 种边界元模型对应的计算结果如图 4 所示。

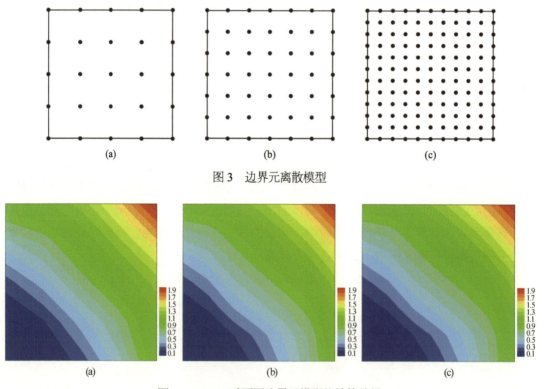

图 3　边界元离散模型

图 4　$t = 0.1\,\mathrm{s}$ 时不同边界元模型的计算结果

从图 4 可以看出，当边界划分 16 个线性单元时，计算结果的精度较低。随着边界单元数量和内点数的增加，计算结果也更加精确。当边界划分 100 个线性单元，域内分布 81 个内点时，计算结果的精度较高。

6 结论

采用双重互易边界元法结合微分转换法处理非傅里叶瞬态热传导问题。利用微分转换法处理控制方程中与时间有关的项，然后使用相似方程法将得到的方程线性化并采用双重互易法将边界积分方程中的域积分转换为边界积分。算例表明，本文提出的微分转换法-双重互易边界元法能够有效避免不同时间步长对结果的影响，保证了边界元法的计算精度。

参考文献

[1] ÖZISIK M N. Heat conduction[M]. New York: John Wiley & Sons, 1993.
[2] TZOU D Y. Macro to Microscale Heat Transfer[M]. Washington: Taylor & Francis Publisher, 2000.
[3] CATTANEO C. Sulla conduzione de calore[J]. Atti del Semin. Mat. E Fis. Univ. Modena, 1948, 3: 83-101.
[4] VERNOTTE P. Les paradoxes de la theorie continue de l'equation de la chaleur[J]. Compute Rendus, 1958, 246: 3145-3155.
[5] MISHRA S C, SAHAI H. Analyses of non-Fourier heat conduction in 1D cylindrical and spherical geometry-An application of the lattice Boltzmann method[J]. International Journal of Heat and Mass Transfer, 2012, 55(23/24): 7015-7023.
[6] HAN S. Finite volume solution of 2D hyperbolic conduction in a heterogeneous medium[J]. Numerical Heat Transfer (Part A: Applications), 2016, 70(7): 723-737.
[7] YANG Y C, LEE H L, CHANG W J, et al. Function estimation of laser-induced heat generation in a gas-saturated powder layer heated by a short-pulsed laser[J]. International Communications in Heat and Mass Transfer, 2017, 81: 56-63.
[8] CHEN H L, YU D, ZHOU H L, et al. Identification of transient boundary conditions with improved cuckoo search algorithm and polynomial approximation[J]. Engineering Analysis with Boundary Elements, 2018, 95: 124-141.
[9] PARTRIDGE, W P. The Dual Reciprocity Boundary Element Method[J]. International Journal for Numerical Methods in Engineering, 2010, 30(5): 953-963.
[10] TANAKA M, MATSUMOTO T, TAKAKUWA S. Dual reciprocity BEM for time-stepping approach to the transient heat conduction problem in nonlinear materials[J]. Computer Methods in Applied Mechanics and Engineering, 2006, 195(37): 4953-4961.
[11] 陈豪龙，周焕林，余波. 瞬态热传导问题的精细积分-双重互易边界元法[J]. 应用力学学报，2017, 34(5): 835-841.
[12] ZHOU J K. Differential Transform and its applications for electrical circuits[M]. Wuhan: Huazhong Science & Technology University Press, 1988.
[13] LEWANDOWSKA M. Hyperbolic heat conduction in the semi-infinite body with a time-dependent laser heat source[J]. Heat and Mass Transfer, 2001, 37(4/5): 333-342.

等几何边界元法中几乎奇异积分的计算

程长征[†]，韩志林，胡宗军，牛忠荣

(合肥工业大学 土木与水利工程学院，安徽 合肥 230009)

摘要 本文在等几何边界元法基础上引入针对 NURBS 单元的几乎奇异积分半解析形式的新算法。将核函数展开为 Taylor 级数形式，根据扣除法将几乎奇异积分拆分为非奇异部分及奇异部分，对其中非奇异部分采用 4 点高斯积分公式计算，奇异部分根据由分部积分式推导出的半解析公式计算，提出了一种用于求解弹性力学等几何边界元法几乎奇异积分问题的半解析算法。与普通等几何边界元法相比，所提算法由于采用几乎奇异积分半解析表达式，在确定近边界点的物理量时更为准确。

关键词 等几何；边界元法；几乎奇异积分；半解析算法

[†] 通信作者：changzheng.cheng@hfut.edu.cn

边界面法进展[*]

张见明[†]

(湖南大学 汽车车身先进设计制造国家重点实验室，湖南 长沙 410082)

摘要 边界面法将边界积分方程和计算机图形学结合起来，可直接在 CAD 模型上进行 CAE 分析，避免了几何上的抽象和简化，是真正意义的等几何分析方法。双层插值法将传统单元插值和无网格插值结合起来，统一了传统边界元法中的连续和非连续单元。相对于非连续单元，不仅提高了单元插值精度，而且在方程求解规模不变的情况下，大幅提高计算精度。而相对于连续单元，可模拟不连续场函数，适宜于模拟裂纹扩展，接触区域变化等问题。此外，双层插值降低对网格形状质量要求，可使用非连续网格，从而可采用二叉树网格划分方法实现对任意复杂结构的全自动网格划分。为了彻底解决边界积分方程中的奇异和近奇异积分难题，又提出了单元球面细分法。为了解决大规模矩阵运算问题，发展了自适应交叉近似及快速多极子算法等快速算法。总之，这一系列的研究进展表明边界面法已适用求解任意复杂结构的大规模工程问题。

关键词 边界面法；CAD/CAE 一体化；双层插值法；二叉树网格划分；单元球面细分法；快速算法

1 引言

边界元法[1-2]是基于格林公式和问题的基本解将控制微分方程转化为边界积分方程的一种数值方法。由于边界元法中所求物理量的导数（热流量、面力等）与所求物理量本身（温度、位移等）具有相同级别的精度，因此特别适合求解那些对应力精度要求特别高的问题。此外，对单元网格节点没有连接性要求，可有效简化网格剖分这一难题，更有利于网格全自动划分。另外，由于基本解自动满足无穷远处的边界条件，可以自然地求解无限域问题。

尽管边界元法有以上优势，但在工程结构计算领域中的影响远不如有限元法，且目前正处在被不断边缘化的尴尬境地，其主要原因有如下 3 个方面。

首先，未充分发挥边界元应力精度高的特性。由于边界元法的计算模型仍然采用与有限元法一样的离散的单元模型，造成对原始结构连续的几何模型的近似及简化。这些对原始结构的近似及简化，尤其是对细小特征的简化，使得边界元在细小特征处的应力精度高的特性无从发挥。其次，未充分发挥边界元网格单元可以不连续的优势。因为不需要网格连续，使得 CAE 分析网格自动划分更加简单，可有效减少网格划分的负担。尽管有些边界

---

[*] 国家自然科学基金资助项目（11772125）
[†] 通信作者：zhangjm@hnu.edu.cn

元软件采用了不连续单元,但没有做到利用任意不连续网格精确稳定的求解。最后,计算复杂度为平方量级。由于边界积分方程的系数矩阵是非对称的满阵,对于 N 自由度问题,内存空间需求量和迭代求解计算量都是 $O(N^2)$ 量级,难以应用到大规模工程计算问题。

针对第一个问题,本文作者提出了边界面法[3-4],该方法将边界积分方程和计算机图形学结合起来,使得边界面法继承了边界元法的所有优点同时避免对结构做几何上的简化,可直接在结构的三维实体模型上进行的应力分析。充分发挥出边界元法应力精度高的特性,同时可将 CAD 与 CAE 融为一体,实现 CAD/CAE 一体化。

针对第二个问题,本文作者提出了双层插值法[5-6]。双层插值法不仅可以统一连续和不连续单元,同时可以提高插值及计算精度,还可以模拟连续和不连续函数。可实现在不连续网格的背景下实现连续场插值,有效地提高了在不连续网格下的精确稳定求解。利用简单的二叉树结构生成非连续网格,解决 CAE 分析网格自动划分的难题。

针对第三个问题,近年来一些快速算法的提出将边界积分方程方法的求解复杂度降为 $O(N)$ 或 $O(N\log N)$ 量级。这些快速算法包括快速多极子算法,分级矩阵和自适应交叉近似[7]。利用这些算法,边界积分方程方法在大规模问题上的应用将不再是难题。同样,为了加速边界面法求解效率,本文作者实现了相关算法并提出了一些发展方案。

此外,针对边界积分方程中奇异积分和近奇异积分的难题,本文作者提出了单元球面细分法。该方案可解决对任意基本解类型、任意单元形状、任意源点位置都适用的奇异和近奇异积分难题。

总之,这一系列研究进展为边界面法分析求解任意复杂结构的大规模工程问题奠定了坚实的基础。

2 边界面法 CAD / CAE 一体化

边界面法[3-4]是将边界积分方程和计算机图形学结合起来提出的一种数值方法。该方法继承了边界元法的所有优点,同时可利用 CAD 实体造型系统中边界表征(Brep)数据结构,直接在 CAD 几何上进行 CAE 分析,从而自然地实现 CAD/CAE 一体化(图 1)。此外,边界面法避免使用抽象的一维、二维体单元,也避免对结构进行几何上的简化。任何结构(包

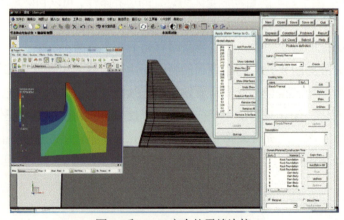

图 1 和 CAD 完全的无缝连接

括细长和薄型结构），从整体到局部细节，如机械结构中的倒角、焊缝、退刀槽和小圆孔等，都按照实际形状尺寸作为三维实体处理。在边界面法中，数值积分和物理量插值都在曲面的参数空间内进行，从而避免了几何误差，是真正意义的等几何分析方法（图2）。

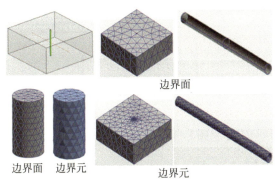

图 2　边界面法避免几何误差

3　双层插值方法

双层插值[5-6]是在传统的非连续单元的顶点和边上添加虚节点，将非连续单元变成阶次更高的连续单元，用于物理变量插值（第一层插值）。边界积分方程的源点配置在单元内部节点上，即原非连续单元的节点。因此，我们称内部节点为源节点。由于虚节点上没有配置边界积分方程，这将导致系数矩阵的列数大于行数，必须补充方程才能使问题得解。我们将利用无网格插值（第二层插值）建立虚节点值与源节点值之间的关系。利用这些关系消除系数矩阵中虚节点自由度，最后得到总未知数为源节点自由度数的方形系数矩阵。双层插值具有以下优点：

（1）统一了连续单元和非连续单元。在双层插值中，若不考虑虚点，则单元等价于传统的非连续单元；考虑虚点，单元则变成连续单元。因此，统一了连续和非连续单元。

（2）将原非连续单元的插值精度提高至少两阶。如原来的常值单元变为二次单元［图3(a)］，线性单元变成三次单元［图3(b)］。由于最后系统方程的阶数等于源节点的自由度数，可在不增加计算规模的基础上大幅提高计算精度，仅仅是单元积分的计算量增大一些。

（3）保留了无网格法的优点同时克服了其缺点。由于无网格插值只是在组装系统方程时用来建立虚节点和源节点之间的关系，而不是计算所有高斯积分点的形函数，且不需要计算形函数的导数，计算量大大降低。

（4）既可以插值连续函数，也可以插值非连续函数。在函数间断处增加一个虚节点，断开相邻两个单元间的联系，就可以插值非连续函数。适宜于模拟裂纹扩展、接触边界压力不连续等问题。

（5）便于处理角点问题。由于在双层插值单元中，边界积分方程的源点配置在单元内部，几何角点处不存在配置节点，因此几何角点法向量不一的问题不存在。此外，利用双层插值可以模拟连续和不连续函数的特性，可模拟角点处连续的位移及不连续的面力。

（6）提高精度的同时降低对单元形状的要求，便于处理细小特征和几何噪声。当所生成单元短边的长度明显小于单元尺度时，直接忽略该单元；适度大小时，不配置内部源节点，只用来积分；当大于一定值，作为普通单元处理。

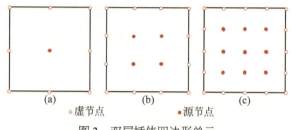

图 3　双层插值四边形单元

4　基于二叉树非连续网格生成

由于采用双层插值法，可在非网格连续的背景下实现精确稳定求解，网格的连续性要求不再需要保证。由于没有网格连续性的要求，更容易实现任意复杂模型网格划分的自动化。本文采用二叉树结构生成非连续网格（图 4）。二叉树网格划分有以下优点：

（1）网格疏密控制更加灵活自由，其相邻网格尺寸可相差一倍。

（2）采用二叉树数据结构，划分各向异性网格更加简单自然。

（3）可并行性好。实现并行网格划分时，结构的区域分解和区域网格细分的数据结构统一。区域网格之间不需要拼接，各个区域网格划分完全相互独立，互不干涉。

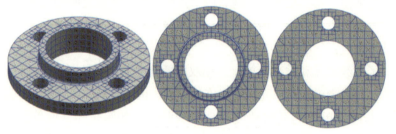

图 4　法兰盘二叉树非连续网格

5　单元球面细分法

边界积分方程中奇异积分和近奇异积分一直是边界元理论研究的热点[8-10]，其能否精确计算决定数值算法整体精度、计算稳定性，甚至是分析成败的关键。然而，到目前还没有一个统一的，对任意基本解类型、任意单元形状、任意源点位置都适用的奇异和近奇异积分方案。针对这一积分难题，提出了单元球面细分法。

单元球面细分法[11]是通过一系列以源点为球心、半径呈指数级数增长的球面来分割积分单元，得到一系列扇形和环形子单元块。图 5 显示了两个球面细分结果（一个是二维弯曲单元，一个是三维长方体单元，源点在不同位置）。这样分割得到的扇形和环形子单元块在源点附近自动加密。由于基本解主要是源点到场点的距离 r 的函数，在同等精度下，含基本解的积分在子块的环向上所需的高斯积分点数将大大减少。在径向方向上，由于球半径系列呈指数级数变化，各个子块可以做到等精度高斯积分。从总体上看，也就是高斯积分点的分布达到最优状态，因而可以得到最好的精度和最高的计算效率。

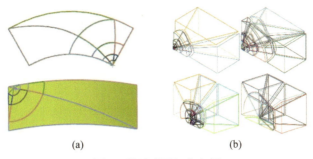

图 5　单元球面细分实例

(a) 二维弯曲单元细分；(b) 三维长方体单元细分

6　快速算法

为了加速边界面法的求解效率，本文作者在快速多极算法上提出一种自适应空间粒子分组树结构[12]，将快速多极子算法计算速度提高 4 倍。此外，提出没有迭代的自适应交叉近似[13]，解决了传统自适应交叉近似只能应用常值单元的问题。针对多域问题，提出了多域边界面法的域序号优化算法[14]，可以大幅减少矩阵运算时间及矩阵存储的需求。

7　数值算例

为了证明边界面法的有效性，下面简单列举了几个算例。从图 6～图 12 中及与某商用有限元软件的结果对比中，可以看出边界面法（BFM）计算的准确性及有效性。

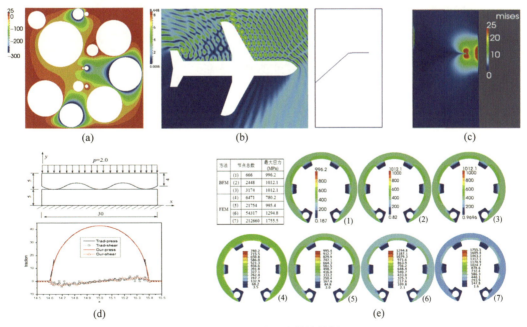

图 6　二维边界面法数值算例

(a) 多孔板热传导问题；(b) 飞机声波散射问题；(c) 单边裂纹扩展终止状态；(d) 多个接触区接触分析；(e) 弹性挡圈应力分析

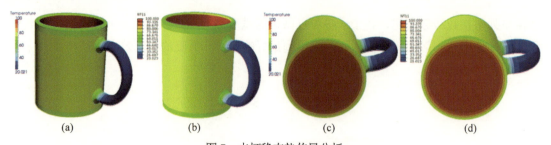

图 7　水杯稳态热传导分析

(a) 边界面法；(b) 有限元；(c) 边界面法；(d) 有限元

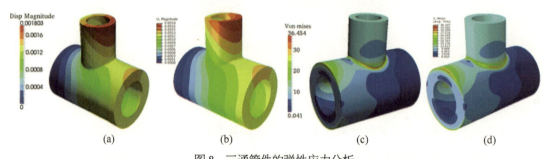

图 8　三通管件的弹性应力分析

(a) 边界面位移；(b) 有限元位移；(c) 边界面 Mises 应力；(d) 有限元 Mises 应力

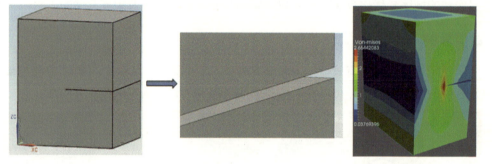

图 9　三维裂纹应力分析

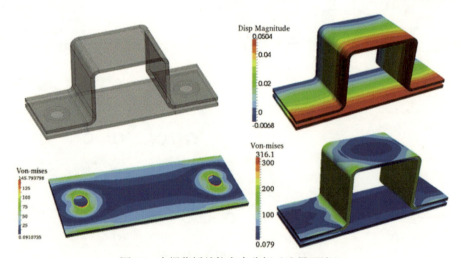

图 10　点焊薄板结构应力分析（边界面法）

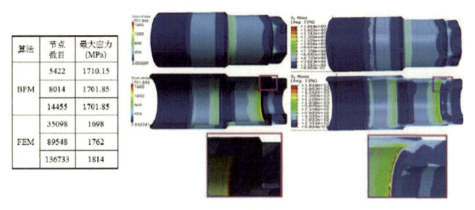

图 11　喷油嘴紧帽应力分析

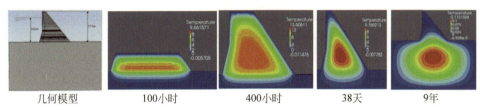

图 12　某大坝浇筑瞬态热分析（边界面法）

8　结论

本文介绍了边界面法的最新进展。这些进展主要是从如何充分发挥边界积分方程方法应力精度高及允许网格不连续的特点，以及如何解决奇异和近奇异积分及降低算法复杂度上展开的。通过实现 CAD／CAE 一体化，可充分发挥边界积分方程方法应力精度高的特点。提出的双层插值法及二叉树网格划分法，可保证在稳定计算精度的前提下，充分发挥网格节点不连续的特点，克服了网格剖分难题，实现了网格全自动划分。单元球面细分法解决了对任意基本解类型、任意单元形状、任意源点位置都适用的奇异和近奇异积分难题。应用快速算法成功降低了算法复杂度，使得边界面法适合求解大规模问题。

参考文献

[1]　杜庆华，姚振汉. 边界积分方程方法：边界元法[M]//杜庆华. 力学基础与工程应用. 北京：高等教育出版社，1989.

[2]　姚振汉. 三十年边界元法研究的心得[C]//第十三届中国力学学会北方七省、市、区力学学术交流会，中国郑州，2010.

[3]　ZHANG J M, QIN X.Y, HAN X, et al. A boundary face method for potential problems in three dimensions[J]. International Journal for Numerical Methods in Engineering, 2009, 80(3): 320-337.

[4]　张见明. 基于边界面法的完整实体应力分析理论与应用[J]. 计算机辅助工程, 2010, 19(3): 5-10.

[5]　ZHANG J M, LIN W C, DONG Y Q, et al. A double-layer interpolation method for implementation of BEM analysis of problems in potential theory[J]. Applied Mathematical Modelling, 2017, 51: 250-269.

[6]　ZHANG J M, LIN W C, DONG Y Q. A dual interpolation boundary face method for elasticity problems[J]. European Journal of Mechanics (A/Solids), 2019, 73: 500-511.

[7]　MARIO B. Approximation of boundary element matrices[J]. Numerische Mathematik, 2000, 86: 565-589.

[8] HANG M, NORIO K. Distance transformation for the numerical evaluation of near singular boundary integrals with various kernels in boundary element method[J]. Engineering Analysis with Boundary Elements, 2002, 26(4): 329-339.

[9] 董春迎, 谢志成, 姚振汉, 等. 边界积分方程中超奇异积分的解法[J]. 力学进展, 1995, 25(3): 424-429.

[10] 牛忠荣, 王秀喜, 周焕林. 三维问题边界元法中几乎奇异积分的正则化算法[J]. 力学学报, 2004, 36(1): 49-56.

[11] ZHANG J M, WANG P, LU C J, et al. A spherical element subdivision method for the numerical evaluation of nearly singular integrals in 3D BEM[J]. Engineering Computations, 2017, 34(6): 2074-2087.

[12] ZHANG J M, TANAKA M. Adaptive spatial decomposition in fast multipole method[J]. Journal of Computational Physics, 2007, 226(1): 17-28.

[13] ZHANG J M, ZHENG X S, LU C J, et al. A geometric mapping cross approximation method[J]. Engineering Analysis with Boundary Elements, 2013, 37(12): 1668-1673.

[14] ZHANG J M, LU C J, LI Y, et al. A domain renumbering algorithm for multi-domain boundary face method[J]. Engineering Analysis with Boundary Elements, 2014, 44: 19-27.

GMRES 算法求解细长梁结构边界元方程的收敛性研究

孙 嘉，郑小平[†]，刘应华，姚振汉

(清华大学 航天航空学院，北京 100084)

摘要 边界元法所建立的线性方程组的系数矩阵一般不具有对称稀疏的性质，故对大型的边界元离散方程一般采用子空间迭代法来求解。GMRES 方法是一种被广泛采用的子空间迭代方法，对于求解非对称线性方程组有着很高的效率。但在对不同对象的求解过程中发现，对于含细长梁、薄板等结构的问题，随着长细比的增加，即使方程组的规模不太大的情形下，GMRES 方法仍会出现收敛停滞的情况，采用改进的 Gramm-Schmidt 正交化方法虽然能解决收敛性的问题，但是随着长细比的增加，GMRES 方法的收敛速率会受到很大的影响。

关键词 边界元法；GMRES 算法；细长梁结构；Gramm-Schmidt 正交化过程

1 引言

边界元法具有降维、高精度等优势[1]，但应用边界元法所生成的线性代数方程组系数矩阵一般是非对称的满阵，直接求解代价较高，故对大型边界元线性方程组的求解往往采用迭代方法。GMRES 算法是一种被广泛采用的求解非对称线性代数方程组的迭代算法[2]，该算法由 Y. Saad 和 M.H. Schultz 在 1986 年提出[3]，采用利用子空间不断逼近原问题系数矩阵的列空间，以减小计算量并增加求解效率。Leung 和 Walker 等人发现[4]，当边界元方程组规模较大时，GMRES 算法由于数值误差的累计会发生收敛停滞的现象，并指出该现象是由于该算法包括的 Gramm-Schmidt 正交化过程不稳定造成的。他们通过采用改进的正交化方法 (modified Gramm-Schmidt process)，解决了数值不稳定的问题。而在对不同结构边界元求解的过程中发现，对于含细长梁结构的问题，在自由度不很多的情况下，GMRES 算法也很容易发生收敛停滞，尽管采用改进的正交化方法可以解决该问题，但是在本文研究中发现，随着结构长细比的增加，GMRES 算法收敛所需迭代次数也迅速增加，直至接近矩阵阶数。

2 GMRES 算法简介

GMRES 算法的思路是在一个相对更小的子空间 $\{r^0, Ar^0, A^2r^0, \cdots, A^{k-1}r^0\}$ 中采用最小二乘的方法求近似解，若近似解没达到所需精度就不断增加子空间的维数，以不断逼近真实解。算法主要包括一个 Arnoldi 方法与最小二乘法的求解。算法的具体流程[3]如下：

[†] 通信作者：zhengxp@mail.tsinghua.edu.cn

（1）对方程组 $Ax = b$，先取初值 x^0，并计算初始残差 r^0，
$$r^0 = b - Ax^0 \tag{1}$$

（2）将式(1)得到的 r^0 标准化，作为子空间的第一个基矢量，
$$v^1 = r^0 / \|r^0\| \tag{2}$$

（3）为了扩展子空间的维数，设已有子空间的维数为 j，向子空间增加一个新矢量，这个新矢量取为
$$\bar{v}^{j+1} = Av^j \tag{3}$$

（4）采用 Arnoldi 方法对第 $j+1$ 个矢量通过与之前的基矢量正交化形成正交标准基。该方法相当于在 Gramm-Schmidt 方法的基础上额外记录下一个 $(j+2) \times (j+1)$ 维的 Hessenberg 矩阵 H，其元素用 $h_{i,j}$ 表示。先计算新矢量在每个已得基矢量上的投影：
$$h_{i,j} = (Av^j, v^i) = (\bar{v}^{j+1}, v^i), \quad i = 1, 2, \cdots, j \tag{4}$$

再减去投影得
$$\tilde{v}^{j+1} = \bar{v}^{j+1} - \sum_{i=1}^{j-1} h_{(i,j)} \bar{v}^j \tag{5}$$

再归一化得
$$h_{j+1,j} = \|\tilde{v}^j\| = \sqrt{(\tilde{v}^j, \tilde{v}^j)} \tag{6}$$

$$v^j = \tilde{v}^j / h_{j+1,j} \tag{7}$$

（5）求解最小二乘问题以得到子空间中的近似解。这里利用了 Hessenberg 矩阵 H 的性质，使得其等价于求解下述方程[3]：
$$\min_y \|\beta e_1 - Hy\| \tag{8}$$

式中，$\beta = \|r_0\|$；$e_1 = [1\ 0 \cdots 0]^T$（共 $j+2$ 个元素）。求解上述最小二乘问题（如通过 QR 分解或直接按 $y = (H^T H)^{-1} H^T \beta e_1$ 求解，这里就是通过后者求解该问题）得到 y 后，再由下式得到近似解 x^{j+1}：
$$x^{j+1} = V^{j+1} y \tag{9}$$

式中，$V^{j+1} = [v^1, v^2, \cdots, v^{j+1}]$，为将 $j+1$ 个基矢量作为列顺序排列得到的矩阵。

（6）根据残差是否小于容许误差来判断是否收敛，
$$\|r^{j+1}\| = \|b - Ax^{j+1}\| < \text{tol} \tag{10}$$

若满足判据，则 x^{j+1} 即为所得近似解，否则返回第 3 步继续迭代。

对于一般的力学模型所生成的边界元离散方程，GMRES 方法可以较满意地高效求解。对一个带孔正方形板受单向拉伸的问题，如图 1(a)所示，这里 $r/W = 1/4$，在外边界左下与右下角节点做约束以消除刚体位移。采用二次单元，其中圆弧部分共布置了 40 个单元。该问

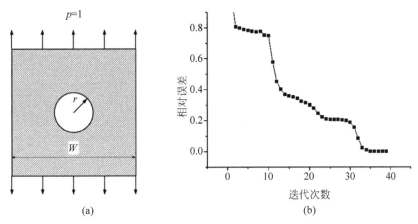

图 1　GMRES 方法在带孔方板受单向拉伸问题中的应用

(a) 模型与荷载示意图；(b) GMRES 方法误差随迭代次数的变化

题共 960 个自由度，即边界元方法离散后的线性代数方程组的阶数为 960。通过 GMRES 方法对该问题进行求解，收敛判据为

$$\|r^k\| < 10^{-9} \tag{11}$$

所得收敛图如图 1(b)所示，其中纵轴中的相对误差按下式计算：

$$\text{err} = \frac{\|x^{\text{Gauss}} - x^k\|}{\|x^{\text{Gauss}}\|} \tag{12}$$

式中，x^{Gauss} 为采用高斯消去法得到的解［注意判断是否收敛则是通过式(11)］。

共迭代 38 次即得到了符合精度要求的解。根据式(8)，可以看到，由于收敛所需的迭代次数远小于方程组的阶数，这意味着 GMRES 方法通过求解一个规模小得多(38 阶)的方程组就得到了精度所需的解，大大节省了计算资源。

3　GMRES 方法在细长梁结构中的收敛性问题

3.1　正交化失效现象

虽然 GMRES 方法有着上述优点，但是 Leung 和 Walker 指出,对于大型的问题，GMRES 方法存在收敛"停滞"的现象，并发现该现象是算法中正交化算法不稳定造成的[3]。然而对于一些细长的结构，即使自由度不太大时也会出现该现象。比如，对一个细长梁的弯曲问题，模型如图 2(a)所示，其中短边 5 个二次单元，长边 100 个二次单元，共 840 个自由度。保持单元的配置情况与收敛判据不变（收敛判据与第 2 小节中相同），将长细比从 10 一直增加到 1000，不同长细比下的收敛曲线见图 2(b)，图中相对误差用二范数评估。可以看到，对这种细长梁结构而言，原来的方法很快便发生收敛停滞。

通过对 GMRES 正交化过程中生成的正交基矢量检验可以发现，随着 Krylov 子空间的维数增加，一开始基矢量还能够保持正交性，当维数增加到一定量的时候，所得的基矢量不再保持正交性。以长细比为 10 的情形为例，图 3 是将正交化过程所得的基矢量矩阵（该

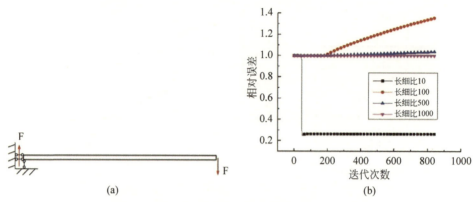

图 2 GMRES 方法在细长梁的弯曲问题中的应用

(a) 模型与荷载示意图；(b) GMRES 方法收敛过程

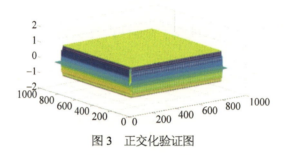

图 3 正交化验证图

矩阵的每一列即为一个正交化后的基矢量）的转置与自身相乘后所得矩阵（如果正交化没有问题，该矩阵应该是一个单位阵）绘制出的图像，图中横轴与纵轴为该矩阵的下标，竖轴即为该下标对应的数值。可以看到，前半段正交化过程顺利（只有对角线上为 1 其他地方为 0），但是随着子空间维数增加，大概在 50 次左右，正交化迅速失效，造成该问题的原因是 Gram-Schmidt 正交化本身是数值不稳定的[4]。

3.2 改进的正交化方法及细长梁结构的迭代收敛速率问题

解决上述细长梁结构，采用 GMRES 方法求解过程中的数值不稳定问题就是采用改进的 Gram-Schmidt 正交化方法[4]，相当于对算法介绍中的第 4 步改为：对 $i=1, 2, \cdots, j$ 循环以下两步。

（1）先计算 $\bar{v}^{j+1}$ 在第 i 个基矢量上的投影，

$$h_{i,j} = (\bar{v}^{j+1}, v^i) \tag{13}$$

（2）减去投影，同时将所得结果覆盖 $\bar{v}^{j+1}$ 的值，

$$\bar{v}^{j+1} = \bar{v}^{j+1} - h_{i,j}\bar{v}^j \tag{14}$$

然后再令 $i = i+1$，返回（1）。

（3）循环完毕后再归一化，

$$h_{j+1,j} = \|\tilde{v}^j\| = \sqrt{(\tilde{v}^j, \tilde{v}^j)} \tag{15}$$

$$\boldsymbol{v}^j = \tilde{\boldsymbol{v}}^j / h_{j+1,j} \tag{16}$$

该方法实质是通过将减去投影量的步骤放到循环内部，每计算一次投影就马上减去该投影并覆盖原矢量。虽然这样每次循环都改变了原矢量，但是由于基矢量的正交性，这种算法所得结果与原 Gram-Schmidt 方法在解析上是等价的，但是后者数值上更稳定。采用改进的正交化方法的收敛结果如图 4(a)所示，可以看到结果得到了改善，迭代能继续进行直到收敛。仍以长细比为 10 的情况为例，基矢量矩阵转置自身相乘的结果见图 4(b)，图中相对误差采用二范数表征。可以看到，这样处理后的基矢量可以严格保持正交性。

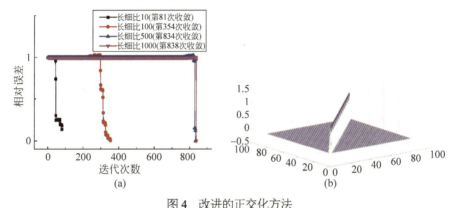

图 4 改进的正交化方法

(a) 采用改进正交化的 GMRES 方法收敛过程；(b) 正交化验证图

同时可以看出，虽然采用改进的正交化方法之后，GMRES 方法对细长梁结构可以收敛，但是随着结构长细比的增加，即使方程组的数目没有改变，该方法所需的迭代次数也迅速升高，直到接近矩阵的阶数。此时该方法就几乎等价于 Guass 消元法，只是相当于对矩阵做了预处理 $\boldsymbol{A}^{\mathrm{T}}\boldsymbol{A}\boldsymbol{x} = \boldsymbol{A}^{\mathrm{T}}\boldsymbol{b}$。考虑到迭代过程的代价，此时 GMRES 方法的效率甚至要大幅落后于 Guass 消元法。

需要注意的是，上述现象的发生不仅是结构细长的缘故，也与加载方式有关。反映在数学形式上的结果就是，虽然拉伸与弯曲加载对应的边界元离散线性方程组的矩阵相同，但是二者右端项不同，故拉伸问题很快就收敛，但弯曲问题收敛效率受长细比的影响显著。例如对同样的结构，当按照拉伸加载时，保持边界条件的性质不变［原来是位移边界（或面力边界）的部分仍保持为位移边界（或面力边界）］，这样所得的边界元离散方程左端的矩阵 $\boldsymbol{A}$ 是完全相同的，仅有右端项不同，但此时即使长细比从增加至 1000，对该问题而言，GMRES 方法也仅需要 84 次迭代即收敛。

4 总结

本文研究了采用 GMRES 算法求解细长结构边界元方程的收敛问题，发现应用改进正交化的 GMRES 算法可以解决收敛停滞的问题。但是随着长细比的增加，即使结构的自由度数不发生变化，GMRES 算法的收敛效率也受到很大影响，甚至低于 Guass 消元法。同时发现该问题的收敛效率不仅与系数矩阵的性质相关，也与右端项即边界条件密切相关。

参考文献

[1] 姚振汉, 王海涛. 边界元法[M]. 北京: 高等教育出版社, 2010.

[2] CIPRA B A. The best of the 20th century: Editors name top 10 algorithms[J]. SIAM News, 2000, 33(4): 1-2.

[3] SAAD Y, SCHULTZ M H. GMRES: A generalized minimal residual algorithm for solving nonsymmetric linear systems[J]. SIAM Journal on Scientific and Statistical Computing, 1986, 7(3): 856-869.

[4] LEUNG C Y, WALKER S P. Iterative solution of large three-dimensional BEM elastostatic analyses using the GMRES technique[J]. International Journal for Numerical Methods in Engineering, 1997, 40(12): 2227-2236.

一个新的高斯求积误差上界公式*

黄君豪，陈永强†

(北京大学 工学院力学与工程科学系，北京 100871)

摘要 本文提出了一个新的近奇异积分高斯求积误差上界公式，并用于边界元法。首先，通过数值试验，发现几类近奇异积分的高斯求积的最大相对误差，在对数坐标下与源点到单元的距离相对距离呈下凹的近似线性关系。于是，可以通过定义一条从上方接近数据点的直线确定误差上界，并通过连接两个指定的数据点来确定该直线方程。进一步的研究表明，本文提出的作为误差上界的直线的两个参数具有如下特点：其中一个参数与高斯积分点个数呈线性关系，另一个参数可以作为一个常数处理。据此，本文得到一条具有广泛适用性的高斯求积误差上界公式。与 Lachat-Watson 准则相比，当源点离单元非常近时，该公式所需积分点较少，从而提高了计算效率。该公式也避免了使用 Davies-Bu 准则时可能出现失效的情况。数值算例结果表明，采用本文所提出的误差上界公式用于自适应高斯积分方法时，能较好地评估单元积分精度，提高计算效率。

关键词 误差上界；近奇异积分；自适应高斯积分；边界元

1 简介

边界元法在固体与结构数值分析领域是有限元法的一种重要补充[1]。边界元法在计算中利用了基本解，因而比有限元等区域解法有着降低维数的优势，且便于模拟复杂的几何模型。在实施过程中，边界单元的类型和离散方式对计算结果的精度有重要的影响。例如，为了减小离散带来的误差，得到收敛的高精度边界元解，在局部应力集中或梯度变化剧烈的区域往往要划分更密的边界网格来准确反映该处物理场的变化情况。为此，很多学者研究和提出了不同的网格划分和细化方式，并根据相关误差准则来提高计算精度的方法。

此类方法的目的在于用一定的误差准则来指导单元的细化，采用较少单元获得更高精度的解，提高计算效率，也被称为高精度边界元法。然而，在复杂的模型中，采用某一准则对单元进行划分时，往往会忽略另外一个问题：部分单元积分的源点离单元过近，导致单元积分的精度不足，并进一步影响代数方程组求解的精度。这类问题被称为近奇异问题或边界层效应(boundary layer effect)。通常来说，近奇异积分主要存在于以下几种情况[2]：

（1）薄壁结构、涂层结构和裂纹问题。此类问题通常出现在不同边界相距很近的情况。

---

* 国家重点研发计划资助项目（2017YFC0803300，2018YFC0809700）
† 通信作者：chenyq@pku.edu.cn

若不对该处的单元进行细化和相关处理，则很容易出现由于近奇异性而导致精度下降。但细化会导致计算量增加，因此采用坐标变换方式处理近奇异问题也是一个有效的手段。

（2）近边界点物理量的计算。力学问题通常比较关注边界上的物理量，因为最大应力通常发生在边界上。当内部节点非常接近边界时，内点应力计算则涉及近奇异问题。

（3）网格尺寸变化较大处。当采用一种离散准则去划分边界单元时，往往容易忽略由于单元长度相差较大而导致的近奇异问题。

有效地处理近奇异积分是保证边界元法获得良好数值结果的前提之一，也是国内外学者研究的一个重要问题。目前处理的方法主要有单元细分法、坐标变换法[3-4]、解析半解析算法[5]等。单元细分法主要是通过细化单元的方式来减小单元积分的近奇异性，例如Mustoe[6]提出的自适应高斯积分方法，根据误差上界公式细化单元，保证结果满足指定精度。坐标变换方法则是通过变量代换来降低单元积分的近奇异性，主要有三次多项式变换、Sigmoidal变换、sinh坐标变换等。解析半解析算法是将近奇异积分转化为单元首末节点的解析函数，而弱近奇异积分采用非线性变换后用常规高斯求积方法计算；强近奇异积分和超近奇异积分则采用复平面正则化方法处理，其中规则化部分采用常规高斯数值积分计算，形式简单的奇异积分部分则进行解析求解。

对于近奇异积分，通常只关注第一种情况，即两个边界相近的情况，而忽视了复杂模型中其他可能存在的源点距被积单元很近而导致的近奇异问题，也就是第三种情况。针对这个问题，本文以位势问题为例，提出一个基于几何指标的方法对边界法中所有单元积分的精度进行监测，并对由于源点离单元过近而导致单元积分精度不足的情况利用修正近奇异积分精度的方法对其进行修正，从而保证单元积分和最终求解结果的精度。

2 误差上界准则

在处理近奇异积分的过程中，边界元必须能够平衡数值积分的精度与计算成本。为了以最低的计算成本获得预期的结果精度，研究人员发展了自适应高斯求积法。

自适应方法采用一定的误差上界准则，根据源点到单元的最小距离选择相应的积分点数。如果所需高斯积分点数大于指定值，则进一步细分积分区域，直至满足精度要求。可见，该方法的有效性取决于利用误差上限公式对数值积分精度的精确估计。

2.1 Lachat - Watson 准则

高斯求积公式为

$$I = \int_a^b f(x)\mathrm{d}x = \frac{b-a}{2}\sum_{k=1}^m w_k f(x_k) + E_m \tag{1}$$

式中 E_m 为积分误差，表示为

$$E_m = \frac{L^{2m+1}(m!)^4}{(2m+1)[(2m)!]^3} f^{(2m)}(x) \tag{2}$$

式（1）~式（2）中，L 为积分区域的长度；m 为积分点个数；w_k 为被积点权重；x_k 为被积点坐标。

通过推导式(2)，Mustoe 得到了高斯求积误差上界公式，表示为

$$\frac{E}{V} < 2\left(\frac{L}{4R}\right)^{2m} \frac{(2m+p-1)!}{(2m)!(p-1)!} < e \tag{3}$$

式中，V 为积分值；e 为所需的积分精度；R 为从源点到单元的最小距离。基于式(3)，Mustoe 首先提出了自适应高斯积分方法，既保证了单元积分计算的精度，又提高了计算效率，可以在一定程度上处理近奇异积分。

基于 Lachat-Watson 准则，Gao 和 Davies 提出了一个估计积分点数的近似公式：

$$m = \frac{p^* \ln(e/2)}{2\ln[L/(4R)]} \tag{4}$$

式中，$p^* = \sqrt{\frac{2}{3}p + \frac{2}{5}}$；$p$ 为奇异性阶次。式(4)给出了 Mustoe 准则的近似值，并且在计算积分点数时不需要迭代。

然而，当 R/L 很小时，该式将使用比实际需要的点更多的高斯积分点。特别是当 R/L 接近 0.25 时，式(4)的计算结果趋于无穷大。

2.2 Davies - Bu 准则

Davies 和 Bu[7](1995)提出了一种基于面积分数值试验的准则，表示为（取 $e = 10^{-4}$ ）

$$m = \left(\frac{8L_i}{3R}\right)^{\frac{3}{4}} + 1 \qquad \left(\frac{1}{r}\right) \tag{5}$$

$$m = \left(\frac{4L_i}{3R}\right)^{\frac{3}{4}} + 1 \qquad \left(\frac{1}{r^2}\right) \tag{6}$$

Davies-Bu 准则是通过数值计算拟合的，与 Mustoe 准则相比，给出的所需积分点数量较少。特别是在 R/L 较小的情况下，可以很好地节省计算成本。

Gao[8]提出了基于式(5)和式(6)统一近似公式，如方程(7)所示。

$$m = p^*[-\ln(e/2)10]\left[\left(\frac{8L}{3R}\right)^{\frac{3}{4}} + 1\right] \tag{7}$$

该准则可适用于不同的奇异阶次($p=1, 2, 3$)和不同的精度要求 e。

虽然 Gao 准则可以有效地减少高斯积分点的数量，提高计算效率，当源点位于被积单元正上方时，式(5)~式(7)会由于精度不足而失效。

3 新的误差上界准则

本文基于对 $1/r^p$ 型和 $\ln\frac{1}{r}$ 型单元积分的考察，发现其最大相对误差 E_n 与源点到单元的相对距离在对数坐标下的呈近似线性关系，提出新的误差上界公式。

3.1 上界公式的推导

对于 $\dfrac{1}{r^p}$ 型，其单元积分公式为

$$I = \int_{-1}^{1} \dfrac{1}{r^{p(\xi)}} d\xi \qquad (8)$$

式中 $r(\xi) = \sqrt{4\lambda^2 + (\xi - \xi_p)^2}$，如图 1 所示。

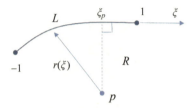

图 1 单元积分的几何关系

R 表示源点到单元的最短距离；L 表示单元长度。

$\lambda = R/L$ 为源点到单元的相对距离。

3.1.1 确定误差上界

为了考察数值求积中不同局部坐标 ξ_p 和不同相对距离 λ 情况下单元积分的相对误差，选取高斯积分点数为 20 个，对 $1/r$ 型的单元积分进行考察，结果如图 2 所示。

由图 2 可以得到以下结论：

（1）在半对数坐标中，相对误差 λ 的关系呈一条下凹曲线；

（2）在 $\xi_p=0$，即源点投影位于单元中心时，相对误差最大；

（3）在 λ 取值较小（$\lambda<1$）时，$\xi_p=0$ 对应的误差曲线为接近线性的下凹曲线。

于是，在 $\xi_p=0$ 对应的数据点中，选择并连接两点 (λ_a, E_a) 和 (λ_b, E_b)，即可该直线是两点间所有数据点误差的上界。

当 λ_a 趋于零时，单元积分相对误差趋于 10^{-1}，且 10^{-20} 已经满足计算的最大精度要求（如图 3 中橙色虚线所示），因此，只需在 10^{-1} 和 10^{-20} 之间构造误差的上限。$\xi_p=0$ 对应的数据

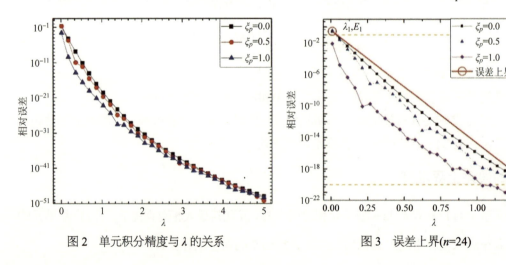

图 2 单元积分精度与 λ 的关系　　　　图 3 误差上界（$n=24$）

点序列为：$(\lambda_1,E_1),(\lambda_2,E_2),(\lambda_3,E_3),\cdots$。从中找出满足 $E_i<10^{-1}$ 和 $E_{i+1}>10^{-1}$ 的点作为 (λ_a,E_a)，$\lambda_a=\lambda_i$，$E_a=E_i$；找出满足 $E_j>10^{-20}$ 和 $E_{j+1}<10^{-20}$ 的点作为 (λ_b,E_b)，$\lambda_b=\lambda_j$，$E_b=E_j$。

这两个数据点如图 3 中的两个红色圆圈所示。计算结果表明，这两个点的具体数值可能随数据点的个数变化，但当数据点分布足够密集时，不影响上界的确定。本文在 $0<\lambda<1.5$ 区间内取 90 数据点。

按上述方法确定的误差上界可以表示成以下形式，

$$\ln E = k\lambda + b \tag{9}$$

将 (λ_a,E_a) 和 (λ_b,E_b) 代入式（9），得到参数 k 和 b 的表达式为

$$k = \frac{\ln E_b - \ln E_a}{\lambda_b - \lambda_a} \tag{10}$$

$$b = \frac{\lambda_b \ln E_a - \lambda_a \ln E_b}{\lambda_b - \lambda_a} \tag{11}$$

例如，当 $n=20$ 时，解得 $k=-22.90$，$b=-0.96$。

改变积分点数 n 和奇异性阶次 p，并按以下流程计算两个参数 k 和 b：

（1）根据给定的积分点数 n 和奇异性阶次 p，计算 $\xi_p=0$ 和 $\lambda(0<\lambda<1)$ 的单元积分相对误差；

（2）确定数据点 (λ_a,E_a) 和 (λ_b,E_b)；

（3）将 (λ_a,E_a) 和 (λ_b,E_b) 代入式(10)和式(11)计算参数 k 和 b。

3.1.2 参数 k 和 b 与高斯积分点数的关系

利用上述计算流程，本文计算了 n 在 10~160 区间内所有对应的参数 k 和 b，结果分别见图 4 和图 5。

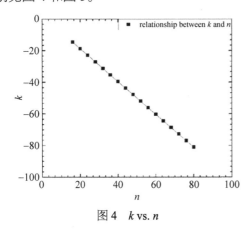

图 4　k vs. n

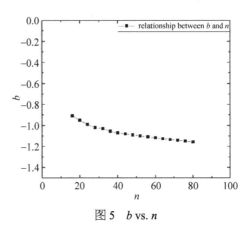

图 5　b vs. n

当 $n>8$ 时，k 与 n 呈线性关系，而 b 的变化非常小，可处理为常数，于是，通过拟合后，k 和 b 表示为

$$\begin{cases} k = -1.038n + 2.011 \\ b = -1.11 \end{cases} \tag{12}$$

值得一提的是，虽然当 n 小于 8 时，k-n 关系略偏离线性，但利用式(9)和式(12)计算误差上界仍能得到很好的结果，从而提供了 n 范围从 2~160 的误差上限预测。

3.2 数值验证

为了验证公式的准确性，选积分点数 n =8, 16, 24, 32, 40 几种情况下，比较实际误差的最大值和误差的上界，如图 6 所示。

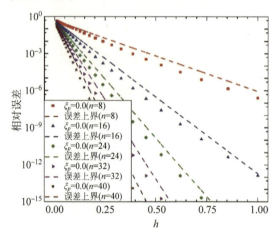

图 6　误差上界与数值结果的对比 (1/r)

图 6 表明本文所提出误差上界公式可以作为不同积分点数的数值结果上界。实际误差与误差上界接近。本文做了大量的数值试验，验证了所提出的误差上界公式能够很好地满足 160 个积分点以内的误差上界估计。

3.3 不同奇异性 $1/r^p$ 型的误差上界公式

表 1 给出了不同奇异阶次的 $1/r^p$ 型高斯求积上界公式对应的 k 和 b。

表 1　不同奇异性阶次情况下参数 k 和 b

p	k	b
1	$-1.038n + 2.011$	-1.11
2	$-1.017n + 2.065$	0.55
3	$-0.990n + 2.020$	1.46

根据表 1 的结果，本文统一给出了 $1/r^p$ 单元积分误差上界的统一公式，

$$E_n = e^{[(0.025p-1.05)n+2]\lambda + 1.3p - 2} \tag{13}$$

对应的高斯积分点数的表达式为

$$n = \frac{2 - \dfrac{\ln E_n - 1.3p + 2}{\lambda}}{1.05 - 0.025p} \tag{14}$$

3.4 关于 $\ln\dfrac{1}{r}$ 型的误差上界公式

二维位势问题的计算还包括 $\ln\dfrac{1}{r}$ 的误差上限公式,与以上方法和流程类似,可以得到 $\ln\dfrac{1}{r}$ 型误差上界公式:

$$E_n = \dfrac{1}{n} e^{[\lambda(-2.05n+8)+0.2]} \tag{15}$$

但是 n 的求解需要迭代过程来求解等式(15)。图 7 给出了 $\ln\dfrac{1}{r}$ 的误差上限公式与使用不同高斯积分点的实际计算误差的比较,结果表明,式(15)也可用作数值计算结果的误差上限。

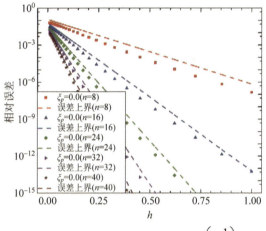

图 7　误差上界与数值结果的对比 $\left(\ln\dfrac{1}{r}\right)$

3.5 本文准则与文献准则的比较

将本文推导的误差上界公式与 Lachat-Watson 准则、Davies-Bu 准则进行了比较。

首先,对比了所需积分点个数。图 8 给出了 $E = 5\times10^{-5}$ 条件下不同 λ 对应的 3 个准则所要求的积分点个数。

结果表明,Lachat-Watson 准则所要求的积分点数明显大于其他两个准则,尤其是当 λ 接近 0.25 时差异显著。相比之下,本文提出的误差上限公式与 Davies-Bu 准则使用较少的积分点数。当 λ 大于 0.2 时,两者接近。

其次,比较了本文准则与 Lachat-Watson 及 Davies-Bu 准则的误差公式的估计精度。图 9 给出了积分点数 $n = 24$ 时,$1/r$ 型积分的不同 λ 情况下的误差结果比较。

图 9 表明,Lachat-Watson 准则估算精度准确性较差。在 $\lambda < 1$ 的区间内,Lachat-Watson 准则估计值比实际结果大三个以上数量级。而且,随着 λ 变小,误差变大。Davies-Bu 准则使用的积分点数最少,不能保证满足上限要求,对于部分情况下是无效的。本文提出的误差上界公式保证了在确保满足上限的要求下,能很好估算精度,并给出合理经济的积分点数。

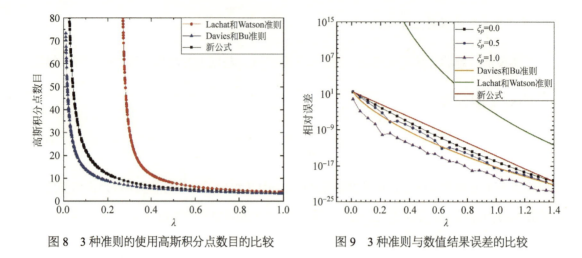

图 8　3种准则的使用高斯积分点数目的比较　　图 9　3种准则与数值结果误差的比较

4　结论

本文根据半对数坐标下高斯求积误差与源点到单元的相对距离的下凹近似线性关系，提出了新的高斯求积误差上界公式，并进一步给出了公式中参数与高斯积分点数和奇异性阶数的线性关系，得到了一个具有广泛适用性的高斯求积误差上界公式。

与 Lachat-Watson 准则、Davies-Bu 准则相比，本文提出的误差上限公式可以有效地减少高斯积分点的使用，提高计算效率。

最后，通过两个算例的数值模拟，证明了误差上界公式能够评价计算结果的准确性，有效地提高了高斯自适应积分法的计算效率。

参考文献

[1]　姚振汉, 王海涛. 边界元法[M]. 北京: 高等教育出版社, 2010.

[2]　胡宗军. 边界元法中高阶单元奇异积分的一个新正则化算法及其应用研究[D]. 合肥: 合肥工业大学, 2012.

[3]　JOHNSTON P R, ELLIOTT D. Transformations for evaluating singular boundary element integrals[J]. Journal of Computational & Applied Mathematics, 2002, 146(2): 231-251.

[4]　JOHNSTON P R, ELLIOTT D. A sinh transformation for evaluating nearly singular boundary element integrals[J]. International Journal for Numerical Methods in Engineering, 2010, 69(7): 1460-1479.

[5]　胡宗军, 刘翠, 牛忠荣. 三维声场边界元高阶单元几乎奇异积分半解析法[J]. 应用力学学报, 2015, 32(5): 743-749.

[6]　MUSTOE G W. Advanced integration schemes over boundary elements and volume cells for two- and three-dimensional non-linear analysis[M]. Developments in Boundary Element Methods, London: Elsevier, 1984.

[7]　BU S, DAVIES T G. Effective evaluation of non-singular integrals in 3D BEM[J]. Advances in Engineering Software, 1995, 23(2): 121-128.

[8]　GAO X W, DAVIES T. Adaptive integration in elasto-plastic boundary element analysis[J]. Journal of the Chinese Institute of Engineers, 2000, 23(3): 349-356.

标量波传播问题的双互易时域边界元法研究[*]

周枫林[†]，王炜佳

(湖南工业大学 机械工程学院，湖南 株洲 412007)

摘要 由于相应边界积分方程能自动满足散射问题的 Sommerfeld 条件，采用边界元法求解声散射问题是非常自然的选择。为避免进行复杂的数值反变换，采用双互易时域边界元方法将标量波传播的时域边界积分方程中关于时间二次导数项的域积分转化为边界积分。首先，通过将计算场点配置在边界上并考虑边界条件，可以获得由内部节点上声压量线性表示出边界节点上的物理量；其次，将计算场点配置于域内离散节点上，再将所得边界积分方程组中关于边界物理量用内部节点的声压量线性表示，将获得关于声压量的二阶常微分方程组；再次，引入声压变化速度作为新的未知量，将二阶常微分方程组转化为一阶常微分方程组；最后，采用欧拉法求解常微分方程组。数值算例验证了双互易时域边界元法的正确性和稳定性。

关键词 标量波传播；边界积分方程；双互易方法；时域边界元

1 引言

标量波动方程常用于描述声波、电磁波以及水波等的传播过程。而对这一系列工程问题的分析求解方法主要包括：矩量法（MoM）[1]、快速多极子方法（FMM）[2]、边界元法（BEM）[3-5]、时域平面波方法（PWTD）[6]、时域差分法（FDTD）[7]、有限单元法（FEM）[8]和有限积分技术（FIT）[9]等。由于声波问题和电磁波问题往往属于无限域问题，采用 MoM 和 BEM 分析此类问题具有天然的优势（这种优势体现在方法原理中相应边界积分方程能够自然满足无穷远处的边界条件，而无须做特殊处理）。

BEM 以边界积分方程为理论基础，根据对时变问题中时间项处理方式不同分为变换域 BEM 和时域 BEM（TDBEM）。变换法往往先将时域描述的控制方程通过 Fourier 变换转换为频域描述的控制方程（Helmholtz 方程），再通过求解几种特征频率下的特征方程，获得一组解，再采用数值反变换的方法获得时域解。频域法的优势在于分析频率成分比较复杂的情况，在频率成分预判较准确的基础上能获得极高的计算精度，因此，频域法在声场分析、电磁场分析及结构动力学分析中广泛使用。但是一般情况下，频率成分难以获得，因此需要在频率域需要计算多个特征频率下的稳态问题，然后再使用数值反变换技术，计算

---

[*] 国家自然科学基金资助项目（11602082）；湖南省自然科学基金资助项目（2017JJ2061）
[†] 通信作者：zhoufl@hnu.edu.cn

效率下降严重。而相对于变换法，直接法不需要进行复杂的数值反变换，能够直接求得任意时刻的声压、速度等物理量。

采用时域 BEM 对标量波传播问题进行分析时，往往采用时域迭代方法进行推进计算，对时间项的处理一般采用差分代替微分的方法。然而，对于时间项的前差分、后差分或者中心差分方式都会遇到计算稳定性问题[10]。而采用时域 BEM 求解声场问题理论推导过程中，边界积分方程中会出现体积分项，而直接计算体积分需要使用复杂的域离散技术，将使 BEM 的降维优势丧失[11]。

双互易方法（DRM）是一种用于将 BEM 拓展至非齐次问题分析的有效方法[12-13]。该方法在只需在域内布置离散节点，借助离散数据拟合的径向基函数（RBF）插值方法，对非齐次项进行拟合，进一步借助 RBF 相应的特解实现域积分向边界积分的转化，最终实现完全边界积分。Tanaka 等首次将 DRM 应用于时变问题的分析，其对时间项的处理采用差分的方法[14]。在该方法中，物理量对时间的微分项采用差分来进行近似，由于微分是差分的极限形式，因此，采用该方法必然要求使用较小的时间步长。在高频的情况下，计算量往往难以承受。

采用 DRM 分析时变问题，实质上是将原时变问题视为一种非齐次的拟静态问题，其非齐次项随着时间不断改变，同时在边界条件的影响下，边界和域内的物理量取值不断演变。在使用 DRM 分析声波或电磁波问题的过程中，可以得到关于时间的常微分方程组。求解该常微分方程有三种方法：欧拉法、龙格库塔法和线性多步法。后面两种方法构造了两种具有较快收敛速度的迭代格式，而欧拉法则直接采用齐次常微分方程的精确解，能达到较高计算精度。

2 计算方法

双互易时域边界元法(DRTDBEM)用于求解波动方程是一种行之有效的方法，而且能够保持边界元法一系列固有优势。然而，采用 DRTDBEM 求解波动方程的过程中如果采用时间迭代法，容易导致数值稳定性问题。因此，在使用双互易法的基础上，对时间项的处理则采用一种解析方法，能够非常高精度的实现时间离散，从某种意义上说能够做到时间域变化的半解析。

根据边界积分方程理论，在声传播问题中声压需满足的等效边界积分方程为

$$C(\boldsymbol{y})u(\boldsymbol{y},t) = \int_\Gamma u(\boldsymbol{x},t)\left(\frac{\partial u^*(\boldsymbol{y},\boldsymbol{x})}{\partial n(\boldsymbol{x})}\right)d\Gamma(\boldsymbol{x}) - \int_\Gamma u^*(\boldsymbol{y},\boldsymbol{x})\left(\frac{\partial u(\boldsymbol{x},t)}{\partial n(\boldsymbol{x})}\right)d\Gamma(\boldsymbol{x}) - c\int_\Omega u^*(\boldsymbol{y},\boldsymbol{x})\frac{\partial^2 u(\boldsymbol{x},t)}{\partial t^2}d\Omega(\boldsymbol{x}),\tag{1}$$

式中 $u^*(\boldsymbol{y},\boldsymbol{x})$ 为二维位势问题上的基本解，且

$$u^*(\boldsymbol{y},\boldsymbol{x}) = \frac{1}{4\pi r(\boldsymbol{y},\boldsymbol{x})} \tag{2}$$

值得说明的是，以上边界积分方程是通过使用稳态问题的基本解获得的，因此，方程

中包含了关于物理量对时间二次导数项的体积积分。为获得纯边界形式的积分方程,采用 DRM 实现域积分向边界积分的转化。

在 DRM 中,首先采用径向基函数(RBF)对域积分的核函数进行插值拟合,

$$\frac{\partial^2}{\partial t^2}u(\boldsymbol{x},t)=\sum_i \alpha_i(t)\varphi_i(\|\boldsymbol{x}-\boldsymbol{x}_i\|) \tag{3}$$

式中, $\boldsymbol{x}_i$ 为分布在区域内部的散乱插值点;$\alpha_i(t)$ 为 RBF 系数。

$$\varphi_i(r)=\sqrt{r^2+a^2} \tag{4}$$

是一种常用的 RBF,式中 a 为 RBF 的形状参数,对插值精度和稳定性有重要影响。借助相应径向基函数在算子下的特殊解,对域积分项进行两次分部积分,从而实现边界积分转化。

$$\begin{aligned} C(\boldsymbol{y})u(\boldsymbol{y},t)&-\int_\Gamma u(\boldsymbol{x},t)\left(\frac{\partial u^*(\boldsymbol{y},\boldsymbol{x})}{\partial n(\boldsymbol{x})}\right)\mathrm{d}\Gamma(\boldsymbol{x})+\int_\Gamma u^*(\boldsymbol{y},\boldsymbol{x})\left(\frac{\partial u(\boldsymbol{x},t)}{\partial n(\boldsymbol{x})}\right)\mathrm{d}\Gamma(\boldsymbol{x})\\ &=cC(\boldsymbol{y})\sum_i \alpha_i(t)\phi_i(\boldsymbol{y})-c\sum_i\int_\Gamma \phi_i(\boldsymbol{x})\left(\frac{\partial u^*(\boldsymbol{y},\boldsymbol{x})}{\partial n(\boldsymbol{x})}\right)\mathrm{d}\Gamma(\boldsymbol{x})\alpha_i(t)+\\ &\quad c\sum_i\int_\Gamma u^*(\boldsymbol{y},\boldsymbol{x})\left(\frac{\partial \phi_i(\boldsymbol{x})}{\partial n(\boldsymbol{x})}\right)\mathrm{d}\Gamma(\boldsymbol{x})\alpha_i(t) \end{aligned} \tag{5}$$

式中 $\phi_i(r)$ 为 $\varphi_i(r)$ 在 Laplace 算子下的特解,满足

$$\nabla^2 \phi_i(\|\boldsymbol{x}-\boldsymbol{x}_i\|)=\varphi_i(\|\boldsymbol{x}-\boldsymbol{x}_i\|) \tag{6}$$

由于被插值的为未知量,其组合系数不能显式获得,因此需要将方程中的 RBF 系数用未知量表示,

$$\boldsymbol{\alpha}(t)=\boldsymbol{\Phi}^{-1}\frac{\partial^2}{\partial t^2}\boldsymbol{u}(t) \tag{7}$$

式中,$\boldsymbol{\Phi}=(\boldsymbol{\Phi}_{ij})$,$\boldsymbol{\Phi}_{ji}=\varphi(\|\boldsymbol{x}_j-\boldsymbol{x}_i\|)$。

值得注意的是,由于控制方程一般只定义在域内,因此,RBF 插值点只布置在域内,而不会分布在边界上。经边界离散并引入边界单元之后,可得到边界积分方程

$$\begin{aligned} C(\boldsymbol{y})u(\boldsymbol{y},t)=&\sum_j\sum_m\int_{\Gamma_j}\frac{\partial}{\partial n}u^*(\boldsymbol{y},\boldsymbol{x})u(\boldsymbol{x}_m,t)N_m(\boldsymbol{x})\mathrm{d}\Gamma(\boldsymbol{x})-\\ &\sum_j\sum_m\int_{\Gamma_j}u^*(\boldsymbol{y},\boldsymbol{x})\frac{\partial}{\partial n}u(\boldsymbol{x}_m,t)N_m(\boldsymbol{x})\mathrm{d}\Gamma(\boldsymbol{x})-\\ &c\sum_i\sum_j\sum_m\int_{\Gamma_j}\frac{\partial}{\partial n}u^*(\boldsymbol{y},\boldsymbol{x})\phi_i(\boldsymbol{x}_m)N_m(\boldsymbol{x})\mathrm{d}\Gamma(\boldsymbol{x})\alpha_i(t)+\\ &c\sum_i\sum_j\sum_m\int_{\Gamma_j}u^*(\boldsymbol{y},\boldsymbol{x})\left(\frac{\partial \phi_i(\boldsymbol{x}_m)}{\partial n(\boldsymbol{x})}\right)N_m(\boldsymbol{x})\mathrm{d}\Gamma(\boldsymbol{x})\alpha_i(t)+\\ &cC(\boldsymbol{y})\sum_i \alpha_i(t)\phi_i(\boldsymbol{y}) \end{aligned} \tag{8}$$

将场点 y 分别取域内所有插值点，可获得方程组

$$\overset{db}{\boldsymbol{H}}\overset{b}{\boldsymbol{u}}(t) - \overset{d}{\boldsymbol{u}}(t) - \overset{db}{\boldsymbol{G}}\frac{\partial \overset{b}{\boldsymbol{u}}(t)}{\partial n} = \left(\overset{db}{\boldsymbol{H}}\overset{bd}{\hat{\boldsymbol{U}}} - \overset{dd}{\hat{\boldsymbol{U}}} - \overset{db}{\boldsymbol{G}}\overset{bd}{\hat{\boldsymbol{Q}}}\right)\boldsymbol{\Phi}^{-1}\overset{d}{\ddot{\boldsymbol{u}}}(t) \tag{9}$$

式中，上标 d 和 b 分别表示矩阵规模或向量维数与域内节点数 d 和边界节点数 b 相关，由于边界上的声压和声压的法向变化率不全已知，在上述方程求解之前，进一步，将场点配置在所有的边界节点，可以得到如下系数方程组：

$$\left(\overset{bb}{\boldsymbol{H}} - 0.5\overset{bb}{\boldsymbol{I}}\right)\overset{b}{\boldsymbol{u}}(t) - \overset{bb}{\boldsymbol{G}}\frac{\partial \overset{b}{\boldsymbol{u}}(t)}{\partial n} = \left(\left(\overset{bb}{\boldsymbol{H}} - 0.5\overset{bb}{\boldsymbol{I}}\right)\overset{bd}{\hat{\boldsymbol{U}}} - \overset{bb}{\boldsymbol{G}}\overset{bd}{\hat{\boldsymbol{Q}}}\right)\boldsymbol{\Phi}^{-1}\overset{d}{\ddot{\boldsymbol{u}}}(t) \tag{10}$$

式中，$\overset{bb}{\boldsymbol{I}}$ 为单位矩阵（上标表示矩阵的行数和列数）。考虑三类边界条件，统一用如下表达式进行表达，可获得关于边界上物理量的又一给定关系：

$$\begin{bmatrix}\overset{bb}{\boldsymbol{H}} - 0.5\overset{bb}{\boldsymbol{I}} & -\overset{bb}{\boldsymbol{G}}\end{bmatrix}\begin{bmatrix}\overset{b}{\boldsymbol{u}}(t) \\ \frac{\partial \overset{b}{\boldsymbol{u}}}{\partial n}(t)\end{bmatrix} = \begin{bmatrix}\overset{bb}{\boldsymbol{H}} - 0.5\overset{bb}{\boldsymbol{I}} & -\overset{bb}{\boldsymbol{G}}\end{bmatrix}\begin{bmatrix}\overset{bd}{\hat{\boldsymbol{U}}} \\ \overset{bd}{\hat{\boldsymbol{Q}}}\end{bmatrix}\boldsymbol{\Phi}^{-1}\overset{d}{\ddot{\boldsymbol{u}}}(t) \tag{11}$$

边界条件用如下方程统一描述为

$$\beta_1 u(\boldsymbol{x},t) + \beta_2 \frac{\partial u(\boldsymbol{x},t)}{\partial n(\boldsymbol{x})} = \beta_3, \quad \boldsymbol{x} \in \Gamma \tag{12}$$

式中

$$\begin{cases}\beta_1 = 1 & \beta_2 = 0, & \text{Dirichlet 边界} \\ \beta_1 = 0 & \beta_2 = 1, & \text{Neumann 边界} \\ \beta_1 \neq 0 & \beta_2 \neq 0, & \text{Robin 边界}\end{cases} \tag{13}$$

因此，边界条件给出了边界节点上声压和声压法向变化率的另一组关系，用如下方程组表示为

$$\begin{bmatrix}\overset{bb}{\boldsymbol{B}}_1 & \overset{bb}{\boldsymbol{B}}_2\end{bmatrix}\begin{bmatrix}\overset{b}{\boldsymbol{u}}(t) \\ \frac{\partial \overset{b}{\boldsymbol{u}}}{\partial n}(t)\end{bmatrix} = \overset{b}{\boldsymbol{\beta}}_3(t) \tag{14}$$

式中，$\overset{bb}{\boldsymbol{B}}_1 = \beta_1 \overset{bb}{\boldsymbol{I}}$ 和 $\overset{bb}{\boldsymbol{B}}_2 = \beta_2 \overset{bb}{\boldsymbol{I}}$ 为对角矩阵。联立方程(11)和边界条件方程(14)有

$$\begin{bmatrix}\overset{bb}{\boldsymbol{H}} - 0.5\overset{bb}{\boldsymbol{I}} & -\overset{bb}{\boldsymbol{G}} \\ \overset{bb}{\boldsymbol{B}}_1 & \overset{bb}{\boldsymbol{B}}_2\end{bmatrix}\begin{bmatrix}\overset{b}{\boldsymbol{u}}(t) \\ \frac{\partial \overset{b}{\boldsymbol{u}}}{\partial n}(t)\end{bmatrix} = \begin{bmatrix}\overset{bb}{\boldsymbol{H}} - 0.5\overset{bb}{\boldsymbol{I}} & -\overset{bb}{\boldsymbol{G}} \\ 0 & 0\end{bmatrix}\begin{bmatrix}\overset{bd}{\hat{\boldsymbol{U}}} \\ \overset{bd}{\hat{\boldsymbol{Q}}}\end{bmatrix}\boldsymbol{\Phi}^{-1}\overset{d}{\ddot{\boldsymbol{u}}}(t) + \begin{bmatrix}0 \\ \overset{b}{\boldsymbol{\beta}}_3(t)\end{bmatrix} \tag{15}$$

上述方程可以将边界量用其他量表示出来。

$$\begin{bmatrix} \overset{b}{u}(t) \\ \dfrac{\partial \overset{b}{u}}{\partial n}(t) \end{bmatrix} = \begin{bmatrix} \overset{bb}{H}-0.5\overset{bb}{I} & -\overset{bb}{G} \\ \overset{bb}{B_1} & \overset{bb}{B_2} \end{bmatrix}^{-1} \begin{bmatrix} \overset{bb}{H}-0.5\overset{bb}{I} & -\overset{bb}{G} \\ 0 & 0 \end{bmatrix} \begin{bmatrix} \overset{bd}{\hat{U}} \\ \overset{bd}{\hat{Q}} \end{bmatrix} \overset{dd}{\Phi^{-1}} \overset{d}{\ddot{u}}(t) + \begin{bmatrix} \overset{bb}{H}-0.5\overset{bb}{I} & -\overset{bb}{G} \\ \overset{bb}{B_1} & \overset{bb}{B_2} \end{bmatrix}^{-1} \begin{bmatrix} 0 \\ \overset{b}{\beta_3}(t) \end{bmatrix} \quad (16)$$

简记为

$$\overset{2b\times d}{Z} = \begin{bmatrix} \overset{bb}{H}-0.5\overset{bb}{I} & -\overset{bb}{G} \\ \overset{bb}{B_1} & \overset{bb}{B_2} \end{bmatrix}^{-1} \begin{bmatrix} \overset{bb}{H}-0.5\overset{bb}{I} & -\overset{bb}{G} \\ 0 & 0 \end{bmatrix} \begin{bmatrix} \overset{bd}{\hat{U}} \\ \overset{bd}{\hat{Q}} \end{bmatrix} \quad (17)$$

$$\overset{2b}{e} = \begin{bmatrix} \overset{bb}{H}-0.5\overset{bb}{I} & -\overset{bb}{G} \\ \overset{bb}{B_1} & \overset{bb}{B_2} \end{bmatrix}^{-1} \begin{bmatrix} 0 \\ \overset{b}{\beta_3}(t) \end{bmatrix} \quad (18)$$

将式(16)代入式(9)，有

$$\begin{bmatrix} \overset{db}{H} & -\overset{db}{G} \end{bmatrix} \left(Z \overset{dd}{F^{-1}} \overset{d}{\ddot{u}} + e \right) - \overset{d}{u} = \left\{ \begin{bmatrix} \overset{db}{H} & -\overset{db}{G} \end{bmatrix} \begin{bmatrix} \overset{bd}{\tilde{U}} \\ \overset{bd}{\tilde{Q}} \end{bmatrix} - \overset{dd}{\tilde{U}} \right\} \overset{dd}{F^{-1}} \overset{d}{\ddot{u}} \quad (19)$$

可将域内声压变化加速度用声压表示为

$$\begin{aligned}
\overset{d}{\ddot{u}} = \overset{dd}{\Phi} & \left\{ \begin{bmatrix} \overset{db}{H} & -\overset{db}{G} \end{bmatrix} Z - \left\{ \begin{bmatrix} \overset{db}{H} & -\overset{db}{G} \end{bmatrix} \begin{bmatrix} \overset{bd}{\tilde{U}} \\ \overset{bd}{\tilde{Q}} \end{bmatrix} - \overset{dd}{\tilde{U}} \right\} \right\}^{-1} \overset{d}{u} - \\
& \overset{dd}{\Phi} \left\{ \begin{bmatrix} \overset{db}{H} & -\overset{db}{G} \end{bmatrix} Z - \left\{ \begin{bmatrix} \overset{db}{H} & -\overset{db}{G} \end{bmatrix} \begin{bmatrix} \overset{bd}{\tilde{U}} \\ \overset{bd}{\tilde{Q}} \end{bmatrix} - \overset{dd}{\tilde{U}} \right\} \right\}^{-1} \begin{bmatrix} \overset{db}{H} & -\overset{db}{G} \end{bmatrix} e
\end{aligned} \quad (20)$$

简记为

$$\overset{dd}{A} = \overset{dd}{\Phi} \left\{ \begin{bmatrix} \overset{db}{H} & -\overset{db}{G} \end{bmatrix} Z - \left\{ \begin{bmatrix} \overset{db}{H} & -\overset{db}{G} \end{bmatrix} \begin{bmatrix} \overset{bd}{\tilde{U}} \\ \overset{bd}{\tilde{Q}} \end{bmatrix} - \overset{dd}{\tilde{U}} \right\} \right\}^{-1} \quad (21)$$

$$\overset{d\times(2b)}{D} = -\overset{dd}{A} \begin{bmatrix} \overset{db}{H} & -\overset{db}{G} \end{bmatrix} \quad (22)$$

方程(20)可简化为

$$\overset{d}{\ddot{u}} = \overset{dd}{A}\overset{d}{u} + \overset{d\times(2b)}{B}\overset{2b}{e} \quad (23)$$

该方程为二阶常微分方程组，可通过引入声压变化速度为新的未知量将二阶常微分方程组转化为一阶常微分方程组，当然，方程组的规模将增加1倍。

实质上对于方程(23)的数值求解有诸如欧拉法、龙格库塔法以及线性多步法等。不同类型方法有不同的特点，本文则采用解析方法求解该方程。

首先，引入新的中间变量

$$v = \dot{u} \tag{24}$$

将原二阶常微分方程组转化为一阶常微分方程组：

$$\begin{bmatrix} \overset{d}{\dot{v}} \\ \overset{d}{\dot{u}} \end{bmatrix} = \begin{bmatrix} 0 & \overset{dd}{A} \\ \overset{dd}{I} & 0 \end{bmatrix} \begin{bmatrix} \overset{d}{v} \\ \overset{d}{u} \end{bmatrix} + \begin{bmatrix} \overset{d\times(2b)}{B} \\ 0 \end{bmatrix} \overset{2b}{e} \tag{25}$$

简记为

$$\overset{2d}{x} = \begin{bmatrix} \overset{d}{v} \\ \overset{d}{u} \end{bmatrix} \tag{26}$$

$$\overset{2d\times(2d)}{A} = \begin{bmatrix} 0 & \overset{dd}{A} \\ \overset{dd}{I} & 0 \end{bmatrix} \tag{27}$$

$$\overset{2d\times(2b)}{B} = \begin{bmatrix} \overset{d\times(2b)}{B} \\ 0 \end{bmatrix} \tag{28}$$

方程(25)可简化为

$$\overset{2d}{\dot{x}} = \overset{2d\times(2d)}{A} \overset{2d}{x} + \overset{2d\times(2b)}{B} \overset{2b}{e} \tag{29}$$

上述一阶常微分方程可以采用欧拉法获得其解析解，解的形式为

$$\overset{2d}{x}(t) = e^{\overset{2d\times(2d)}{A}(t-t_0)} \overset{2d}{x}(t_0) + \int_{t_0}^{t} e^{\overset{2d\times(2d)}{A}(t-\tau)} \overset{2d\times(2b)}{B} \overset{2b}{e}(\tau) \mathrm{d}\tau \tag{30}$$

式中，e^{At} 为矩阵指数函数，在控制学领域也称状态转移矩阵，其具体定义为

$$e^{At} = I + At + \frac{1}{2!}A^2 t^2 + \cdots + \frac{1}{n!}A^n t^n + \cdots = \sum_n \frac{1}{n!}A^n t^n \tag{31}$$

值得注意的是，直至现在，以上推导或转化过程并没有使用任何假设，因此，理论上没有误差引入。

在对变量进行时域离散后，采用一种逐步迭代求解方法，即使用如下迭代计算公式，

$$\overset{2d}{x_k} = e^{A\Delta t} \overset{2d}{x_{k-1}} + \int_{t_{k-1}}^{t_k} e^{A(t_k-\tau)} \overset{2d\times(2b)}{B} \overset{2b}{e}(\tau) \mathrm{d}\tau \tag{32}$$

引入假设，在一个时间步内，边界条件取值为常值，则有

$$\overset{2b}{e}(t) = \overset{2b}{e_k}, \quad t \in [t_{k-1}, t_k] \tag{33}$$

则方程(31)中积分式可以解析求出，得到迭代求解式

$$\overset{2d}{x_k} = e^{A\Delta t} \overset{2d}{x_{k-1}} + A^{-1}\left(e^{A\Delta t} - I\right) \overset{2d\times(2b)}{B} \overset{2b}{e_k} \tag{34}$$

3 算例

应用双互易精细积分方法分析一个环形通道内的声压分布情况。环形通道结构如图 1 所示。

图 1 环形通道结构示意图

环形通道的外径为 10，内径为 3，以环形中心为原点，外环面垂直方向为 z 轴建立直角坐标系。计算求解过程中一共采用 300 个二次单元共计 981 个边界节点，域内采用 909 个 RBF 插值点（图 2），算例中采用式（7）所表示的 RBF，其中形状参数 a 取值为 0.2。

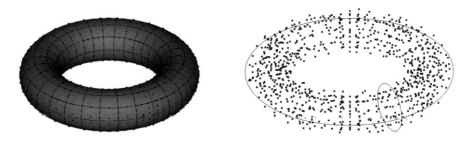

图 2 环形通道边界单元、节点及 RBF 插值点分布

在边界上的边界条件为声压边界，

$$u(x,y,z,t) = \sin(0.3x+0.4y+0.5t)+\cos(0.7z+0.7t), \quad (x,y,z)\in \Gamma \tag{35}$$

初始条件为

$$\begin{aligned} u|_{t=0} &= \sin(0.3x+0.4y)+\cos(0.7z) \quad (x,y,z)\in \Omega \\ \frac{\partial u}{\partial t}\bigg|_{t=0} &= 0.5\cos(0.3x+0.4y) - 0.7\sin(0.7z) \end{aligned} \tag{36}$$

该问题的精确解为

$$u(x,y,z,t) = \sin(0.3x+0.4y+0.5t)+\cos(0.7z+0.7t), \quad (x,y,z)\in \Omega \tag{37}$$

取 4 个域内点 P1(8.776, 6.376, 1.166)，P2(4.678, 6.439, 0.3232)，P3(−2.212, 10.41, −1.965)，P4(−9.001, −8.104, 1.534)作为观察点，计算时采用时间步长为 0.05，计算时间区间为 0~30，共计采用 600 个时间步，计算共耗时 15 s。图 3 给出了以上 4 个观察点上声压的计算结果与精确解的对比情况。

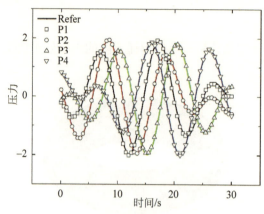

图 3 观察点上声压计算结果与精确解对比

从图3结果来看,4个观察点上声压变化计算结果与精确解不仅在变化趋势上一致,而且具体数值与精确解吻合较好,充分说明方法的准确度较高,数值稳定性较好,并未出现计算结果发散的情况。

为进一步验证空间上的收敛性,采用3种不同数量的边界节点及内部插值点数量,关注时刻10所有节点上的平均误差情况如图4所示。图4中横轴表示计算所使用边界节点和内部节点数量和,纵轴表示节点平均误差。

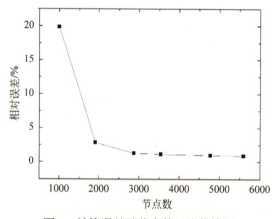

图 4 计算误差随节点数量收敛情况

从图4来看,计算能够随计算节点数增加稳定收敛到精确解,充分说明本方法的数值稳定性。然而,由于采用的未经加速的精细积分方法,算例的计算效率有待提高。表1给出了不同节点数情况下,600个时间步计算的时间消耗情况。本算例计算的硬件环境包括:CPU-Intel I7-7700HQ,2.8 GHz主频率;内存频率2133 MHz。

以上两个算例充分验证了DRTDBEM法求解时域声场问题时的准确度较高,且数值稳定性较好。从表1来看,计算时间与节点数量正相关,这是建立在算法未经任何优化且并未采用加速算法进行加速的基础上获得的计算结果,计算效率的提高是论文下一步的工作。

表 1 计算时间

节点总数	计算时间/s
1002	1
1917	7
2871	17
3544	20
4772	56
5590	65

4 结论与下一步工作

发展了一种适用于求解标量波传播方程的双互易时域边界元法。该方法能直接计算任意位置的物理量值，避免了频域方法中复杂的数值反变换。在数值算例中，数值结果和精确解吻合较好，并且随着时间步长不断减小，数值结果并未出现发散情况，表现出较好的数值稳定性。因此，双互易时域边界元法为标量波传播问题的求解提供了一种新的选择。

由于引入了中间变量，在 DRTDBEM 中，直接求逆矩阵的规模是常规方法的两倍，因此，如何提高计算效率将是下一步需要思考的问题，采用 FMM 或 ACA 等方法对求解进行加速是下一步研究的主要内容。

参考文献

[1] GIBSON W C. The method of moments in electromagnetics[M]. New York: Chapman & Hall/CRC Press, 2007.

[2] LIU Y J. Fast multipole boundary element method: theory and applications in engineering[M]. Cambridge: Cambridge University Press, 2011.

[3] 姚振汉, 王海涛. 边界元法[M]. 北京: 高等教育出版社, 2010.

[4] WU H, YE W, JIANG W. A collocation BEM for 3D acoustic problems based on a non-singular Burton-Miller formulation with linear continuous elements[J]. Computer Methods in Applied Mechanics and Engineering, 2018, 332: 191-216.

[5] COOX L, ATAK O, VANDEPITTE D, et al. An isogeometric indirect boundary element method for solving acoustic problems in open-boundary domains[J]. Computer Methods in Applied Mechanics and Engineering, 2017, 316: 186-208.

[6] 王道平, 张量, 沈晶, 等. 基于紧致差分格式的高效时域有限差分算法[J]. 计算物理, 2014, 31(1): 91-95.

[7] ERGIN A A, SHANKER B, MICHIELSSEN E. Fast analysis of transient acoustic wave scattering from rigid bodies using the multilevel plane wave time domain algorithm[J]. The Journal of the Acoustical Society of America, 2000, 107(3): 1168-1178.

[8] WU H, YE W, JIANG W. Isogeometric finite element analysis of interior acoustic problems[J]. Applied Acoustics, 2015, 100: 63-73.

[9] 付梅艳, 陈再高, 王玥, 等. 基于三角形单元的时域有限积分方法研究[J]. 微波学报, 2010(s1): 83-87.

[10] GIMPERLEIN H, STARK D. On a preconditioner for time domain boundary element methods[J]. Engineering Analysis with Boundary Elements, 2018, 96(11): 109-114.

[11] CARRER J A M, MANSUR W J. Time-domain BEM analysis for the 2D scalar wave equation: initial conditions contributions to space and time derivatives[J]. International Journal of Numerical Methods in Engineering. 1996, 39: 2169-2188.

[12] MERAL G, TEZER-SEZGIN M. DRBEM solution of exterior nonlinear wave problem using FDM and LSM time integrations[J]. Engineering Analysis with Boundary Elements, 2010, 34: 547-580.

[13] ZHOU F L, ZHANG J M, SHENG X M, et al. A dual reciprocity boundary face method for 3D non-homogeneous elasticity problems[J]. Engineering Analysis with Boundary Elements, 2012, 36(9): 1301-1310.

[14] TANAKA M, MATSUMOTO T, TAKAKUWA S. Dual reciprocity BEM for time-stepping approach to the transient heat conduction problem in nonlinear materials[J]. Computer Methods in Applied Mechanics and Engineering, 2006, 195(37): 4953-4961.

Numerical solution of partial differential equation: strong vs. weak formulation, global vs. local interpolation, and mesh vs. meshless

Cheng Alexander H D[†]

(Department of Civil Engineering, University of Mississippi, Oxford, MS, USA)

Abstract This talk explores the tradeoffs between the strong and weak formulation for solving partial differential equations. Finite element method is based on weak formulation, which requires integration over the domain. In order to perform the integration, the domain is divided into regular shaped elements. For the purpose of integration, low degree polynomials are used for interpolation. Due to the discontinuity between the elements, its error convergence can only be algebraic, such as h_n, where h is the element size, and n is typically 2 or 3.

Collocation method is a much older method, and is based on strong formulation. The solution is approximated by a series using certain basis function, with unknown coefficients. The approximate solution is required to satisfy the governing equation or boundary conditions at a set of nodes, with its number equals to the number of unknowns in the series. These methods use global interpolation and often have exponential error convergence, $\exp(-1/h)$, such as Chebyshev and Fourier spectral methods. These methods however require a regular (rectangular) domain; hence are rarely used in applications. The situation changed when the radial basis function (RBF) was introduced with theoretical support three decades ago. RBF collocation allows the use of scattered points to fit arbitrary geometry and has exponential convergence. The global interpolation, however, creates a full matrix with high condition number, which can prohibit a large number of nodes to be used.

In the last two decades, FEM sees its deficiency with elements, and started to eliminate them, to become meshless (element-free). It however retains the weak formulation. In the last decades, RBF collocation started to use local interpolation, with reduced matrix condition number, but sacrificed accuracy. Even finite difference method started to abandon the rectilinear grid by using scattered points. It seems that all methods start to converge by using scattered points and local interpolation. The question is, why do we still use weak formulation of FEM and series expansion and truncation of FDM? The strong formulation based local radial basis function collocation method might be the most attractive numerical method.

---

† 通信作者: acheng@olemiss.edu

Application of finite integration method: large deformations of tapered beam[*]

Yang J J[1], Yuan Y[2], Zheng J L[1], Wen P H[2†]

(1. School of Traffic and Transportation Engineering, Changsha University of Science and Technology, China;
2. School of Engineering and Materials Science, Queen Mary University of London, London E1 4NS, UK)

Abstract   The large deformations of tapered beams subjected to different kinds of forces are investigated by using the finite integration method in this paper. The geometry of the beams is assumed to be any functions of the natural coordinate. The nonlinear ordinary differential equation is numerically solved by using the finite integration method with iterative technique. The numerical scheme demonstrates that this direct integration scheme is of high accuracy and excellent convergence.

Key words   Nonlinear ordinary differential equation; large deformations; tapered beams; finite integration method; Lagrange series interpolation

1 Introduction

The finite integration method (FIM) was proposed by Wen et al[1] to solve partial differential equation with higher accuracy and efficiency. The idea of FIM is to apply definite integration over the original PDEs directly and transfer PDEs into algebraic equations in terms of the nodal values. Thereafter, Li et al[2] extended this method to solve a nonlocal elasticity for static and dynamic problems. Subsequently, FIM was applied to multi-dimensional partial differential equations for engineering problems by Li et al[3]. With higher order numerical quadrature formula such as Simpson's rule and Chebyshev polynomial, the high accurate solutions for general PDEs can be obtained, see[3-4] by Li et al and[5] by Boonklurb et al. More recently, Yun et al[6], Li et al[7] and Li and Hon[8] have demonstrated the applications of FIM to solve various kinds of stiff PDEs problems with its unconditional stability and distinct advantage in smoothing stiffness in terms of singularities, discontinuities and stiff boundary layers.

Based on the idea of direct integration scheme, FIM is extended to solve large deformation

---

[*] 国家自然科学基金资助项目（51704040，51608055）

† 通信作者：p.h.wen@qmul.ac.uk

of the tapered beam under arbitrary loading conditions in this paper. It has been demonstrated numerically that the nonlinear large deformation can be solved accurately with FIM and iterative technique. The degree of accuracy and convergence of FIM with the iterative technique have been observed with analytical solutions.

2 Algorithms

2.1 Finite integration method

The integration matrix of the first order can be obtained by direct integration with Trapezoidal rule, Simpson rules, Cotes formula and Lagrange formula introduced in [3]. It has been demonstrated that the Lagrange formula gives the highest accuracy results. By Lagrange interpolation, the function $u(x)$ is approximated, in terms of the nodal values, as

$$u(x) = \sum_{j=1}^{N} \sum_{\substack{k=1 \\ k \neq j}}^{N} \frac{(x - x_k)}{(x_j - x_k)} u_j, \quad 0 \leq x \leq 1 \tag{1}$$

where u_j is the nodal value at the node j. If the nodes are uniformly distributed in the region, i.e. $x_i = (i-1)/(N-1)$, $i=1, 2, \cdots, N$, where N denotes the number of nodes in the region. For convenience of integration, Lagrange interpolation can be written in terms of a polynomial as follows

$$u(x) = \sum_{k=1}^{N} c_k x^{k-1} \tag{2}$$

where the coefficients $\{c_k\}_{k=1}^{N}$ can be written in terms of nodal values. The definite integration of function $u(x)$ at each node gives

$$U(x_i) = \int_{0}^{(i-1)\Delta} u(x) \mathrm{d}x = \sum_{j=1}^{N} \frac{c_j}{j}(i-1)^j \Delta^j, \quad i=1,2,\cdots,N \tag{3}$$

where the length of each segment $\Delta = 1/(N-1)$. Considering the vector of the coefficient in Eq. (2), we can arrange nodal value of definite integration $U(x_i)$ in Eq. (3) in a matrix form as

$$\boldsymbol{U} = \boldsymbol{A}\boldsymbol{u} \tag{4}$$

where $\boldsymbol{U} = \{U_1, U_2, \cdots, U_N\}^{\mathrm{T}}$. This integration can be extended to a multi-layer integral for one-dimensional problem which is defined as

$$u^{(2)}(x) = \int_{0}^{x}\int_{0}^{x} u(\xi)\mathrm{d}\xi\mathrm{d}x, \quad x \in [0, b] \tag{5}$$

Therefore, one has the numerical integration $U^{(2)}(x)$ as

$$U^{(2)}(x_k) = \sum_{i=0}^{k}\sum_{j=0}^{i} a_{ki} a_{ij} u(x_i) = \sum_{i=0}^{k} a_{ki}^{(2)} u(x_i) \tag{6}$$

From Eq. (4), the above multi-integral can also be written in a matrix form as

$$\boldsymbol{U}^{(2)} = \boldsymbol{A}^{(2)}\boldsymbol{u} = \boldsymbol{A}^2 \boldsymbol{u} \tag{7}$$

For *m*-th multi-layer integration of function $u(x)$ at each node, we obtain

$$U^{(m)} = A^{(m)}u = A^m u \tag{8}$$

2.2 Large deformation of the beam

Consider a tapered beam under a concentrated transverse force P and moment M at free end shown in Figure 1. The equilibrium equation under bending load gives

$$\frac{d\theta}{ds} = \beta + \alpha(l_B - x), \quad \theta|_{s=0} = 0, \quad 0 \leqslant x \leqslant l_B \tag{9}$$

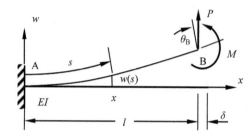

Figure 1 Cantilever beam in natural coordinate under concentrated forces at the end

where θ denotes the slop, s is the distance normalised to the length of beam L, $\alpha = PL^2/EI$ and $\beta = ML/EI$. Considering a uniform cross-section beam with a constant α, the derivative of Eq. (9) respect to s gives

$$\frac{d^2\theta}{ds^2} + \alpha \cos\theta = 0, \quad 0 \leqslant s \leqslant 1, \quad \theta|_{s=0} = 0, \quad \theta'|_{s=1} = \beta \tag{10}$$

Multiplying d to both side to the above equation yields

$$\left(\frac{d\theta}{ds}\right)\frac{d^2\theta}{ds^2}ds = -\alpha \cos\theta d\theta \tag{11}$$

and the integration with the second boundary condition in Eq. (10) at the free end ($s=1$) gives

$$\frac{1}{2}\left(\frac{d\theta}{ds}\right)^2 = \frac{\beta^2}{2} + \alpha(\sin\theta_B - \sin\theta) \tag{12}$$

where θ_B is the slop at the free end B as shown in Figure 1. Therefore, the relationship between the slop and the transverse load can be obtained

$$s = \frac{1}{\sqrt{2\alpha}} \int_0^\theta \frac{d\theta}{\sqrt{\beta^2/(2\alpha) + \sin\theta_B - \sin\theta}} \tag{13}$$

At the free end, we hold

$$1 = \frac{1}{\sqrt{2\alpha}} \int_0^{\theta_B} \frac{d\theta}{\sqrt{\beta^2/(2\alpha) + \sin\theta_B - \sin\theta}} \tag{14}$$

In addition, Eq. (14) can be rewritten as

$$\sqrt{\alpha} = \frac{\sin\theta_B}{\sqrt{2}} \int_0^1 \frac{\mathrm{d}t}{\sqrt{1-\sin^2\theta_B t^2}\sqrt{\beta^2/(2\alpha)+\sin\theta_B(1-t)}} \quad (15)$$

Thus, the normalized load α can be written in terms of the rotation θ_B analytically. In addition, the displacements along y-axis (vertical) and along x-axis (horizontal) can be obtained by

$$w = \frac{1}{\sqrt{2\alpha}} \int_0^\theta \frac{\sin\theta\,\mathrm{d}\theta}{\sqrt{\beta^2/(2\alpha)+\sin\theta_B-\sin\theta}}, \quad l_x = \frac{1}{\sqrt{2\alpha}} \int_0^\theta \frac{\cos\theta\,\mathrm{d}\theta}{\sqrt{\beta^2/(2\alpha)+\sin\theta_B-\sin\theta}} \quad (16)$$

Therefore, the normalized horizontal displacement at the tip is $\delta = 1 - l_B$. These integrals can be written in terms of the first kind elliptic integral. However, it is easy to calculate these regular integrals in order to determine α with specified rotation θ_B. The variations of the rotation θ_B and normalized deflection w_B at the tip versus the normalized applied load $\alpha\left(Pl^2/(EI_0)\right)$ are shown in Figures 2 and 3 As expected, the limits of rotation θ_B and deflection w_B are $\pi/2$ and one unit respectively shown in these figures.

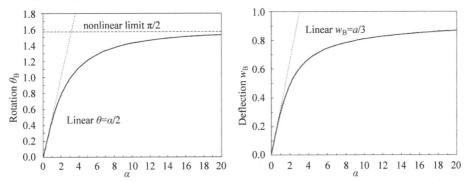

Figure 2　Rotation and deflection at the end w_B against normalized transverse force α

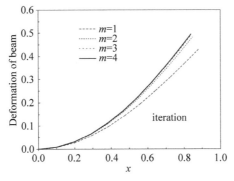

Figure 3　Deformation of the beam under transverse force at different iterations

2.3　Numerical solution by FIM with transverse force P

The second order ordinary differential equation in Eq. (10) will be solved by using the finite integration method. Considering the general case in Eq. (10) with a tapered beam using FIM, we have

$$\boldsymbol{\theta}' = A\boldsymbol{h} + c_0, \quad \boldsymbol{\theta} = A^2\boldsymbol{h} + c_0\boldsymbol{s} + c_2\boldsymbol{I} \tag{17}$$

in which $\boldsymbol{h} = \{h_1, h_2, \cdots, h_N\}^T$, $h_i = \beta_i + \alpha_i \cos\theta_i$ and $\alpha_i = Pl^2/(EI(s_i))$, $\beta_i = Ml/(EI(s_i))$. Two boundary conditions become

$$c_2 = 0, \quad \beta_N = \sum_{k=1}^{N} a_{Nk} h_k + c_0 \tag{18}$$

By solving the nonlinear equations, we can determine all rotations at each node. Then the deflection and horizontal coordinate are obtained by

$$\boldsymbol{w} = A\boldsymbol{h}_s, \quad \boldsymbol{I}_x = A\boldsymbol{h}_c \tag{19}$$

in which the vectors are $h_{si} = \sin\theta_i$, $h_{ci} = \cos\theta_i$ and $l_{xi} = l_x(s_i)$. Same as the nonlinear numerical procedure, the flow chart of the iterative algorithm is given as

Step 1: Set $m=0$ and specify the initial deflection with zero compressive force $\vec{\boldsymbol{\theta}}^{(0)}$;

Step 2: Determine vectors $\boldsymbol{h}^{(m)}$, $\boldsymbol{h}_s^{(m)}$ and $\boldsymbol{h}_c^{(m)}$;

Step 3: Solve equations to determine the rotations and constant coefficients

$$\boldsymbol{\theta}^{(m+1)} = A^2 \boldsymbol{h}^{(m)} + c_0^{(m+1)}\boldsymbol{s} + c_1^{(m+1)}\boldsymbol{I} \tag{20}$$

$$c_1^{(m+1)} = 0, \quad \beta_N = \sum_{k=1}^{N} a_{Nk} h_k^{(m)} + c_0^{(m+1)} \tag{21}$$

Step 4: Determine displacements $\boldsymbol{w}^{(m+1)}$ and $\boldsymbol{I}_x^{(m+1)}$.

Step 5: Check the relative error at the free end

$$\eta = \frac{\left|w_B^{m+1} - w_B^m\right|}{w_B^m} \tag{22}$$

if $\eta < 10^{-5}$ go to Step 8;

Step 6: To speed up the iterative process, the deflection for next step is modified by

$$\boldsymbol{\theta}^{(m+1)} = \lambda \boldsymbol{\theta}^{(m)} + (1-\lambda)\boldsymbol{\theta}^{(m+1)} \tag{23}$$

Step 7: set $m = m+1$ and go to Step 2;

Step 8: Print results and the computation is terminated.

3 Numerical experiments

In order to observe the degree of accuracy of FIM, we consider a uniform cross-section beam with concentrated force only and load factor $\alpha = 2.01447$ (in the case of $\theta_B = \pi/4$), speed factor $\lambda = 0.8$ in Eq. (23). The deformed shapes corresponding to different iterations are shown in Figure 3 in order to demonstrate the speed of convergence. In addition, the slop at the beginning is chosen as the solution of linearity which is $\theta^{(0)}(s) = \alpha(2-s)s/2$. However, this selection does not affect the degrees of accuracy and convergence. The results shown in Figure 4 are deformed shapes subjected to different transverse loads α with node density $N=11$.

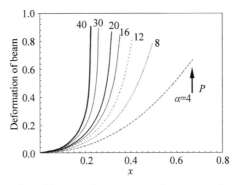

Figure 4 Deformation of beam under transverse force versus the transverse load α

3.1 FIM for the tapered beam under transverse force and moment

Consider a tapered cantilever beam with transverse force and moment at the free end. The boundary conditions yield

$$c_2 = 0, \quad \beta_N = \sum_{k=1}^{N} a_{Nk} h_k + c_0 \tag{24}$$

where $\beta_N = ML/EI_B$ and EI_B denotes the bending stiffness at the free end. The bending stiffness is assumed to be a linear type variation with the deformed axis s

$$EI(s) = (3 - 2s)EI_B \tag{25}$$

Using FIM, we select the number of nodes to be 11, the speed factor $\eta = 0.6$ and the initial rotation to be the solution of elasticity. To demonstrate the efficiency of solving the large deformation problems by FIM, the large moments at the free end are observed. Figure 5 shows the deformation of the tapered beam under different moments β when the transverse force α is fixed to 5. Comparison of deformation under either pure bending or combination of transverse force and moment (α, β) is shown in Figure 6. Because of the effect of bending stiffness, the deformed beam under pure bending is not a circle anymore. In addition, it is clear that the transverse load makes the beam move vertically as shown in dash line.

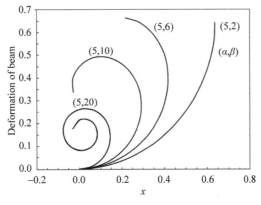

Figure 5 Deformation of the tapered beam under transverse force

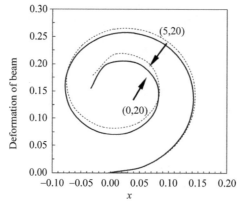

Figure 6　Comparison of deformation of tapered beam

4　Concluding remarks

FIM with Lagrange series interpolation was extended to deal with nonlinear large deformations for tapered beam under different loading conditions in this paper. The iterative algorithms have been proposed to solve the nonlinear ordinary differential equations. The integration matrix in FIM was applied to obtain numerical solutions of the displacement and the rotation. Numerical results show that the iteration strategy proposed is convergent and accurate with arbitrary initial values of rotation. Compared with the exact solutions, the numerical results are highly accurate with a few uniformly distributed nodes and a few iterations. As one of the applications in engineering with FIM, the vibration and dynamic response with large deformation analysis of beam subjected to dynamic loads can be studied directly.

References

[1]　WEN P H, HON Y C, LI M, et al. Finite integration method for partial differential equations[J]. Appl Math Model, 2013, 37(24): 10092-10106.

[2]　LI M, HON Y C, KORAKIANITIS T, et al. Finite integration method for nonlocal elastic bar under static and dynamic loads[J]. Eng Anal Bound Elem, 2013, 37(5): 842-849.

[3]　LI M, CHEN C S, HON Y C, et al. Finite integration method for solving multi-dimensional partial differential equations[J]. Appl Math Model, 2015, 39(17): 4979-4994.

[4]　LI M, TIAN Z L, HON Y C, et al. Improved finite integration method for partial differential equations[J]. Eng. Anal. Bound. Elem., 2016, 64: 230-236.

[5]　BOONKLURB R, DUANGPAN A, TREEYAPRASERT T. Modified finite integration method using Chebyshev polynomial for solving linear differential equations[J]. JNAIAM J Numer Anal Ind Appl Math, 2018, 12(3/4): 1-19.

[6]　YUN D L, WEN Z I, HON Y C. Adaptive least squares finite integration method for higher-dimensional singular perturbation problems with multiple boundary layers[J]. Appl Math Comput, 2015, 271: 232-250.

[7]　LI Y, LI M, HON Y C. Improved finite integration method for multi-dimensional nonlinear burgers' equation with shock wave[J]. Neural Parallel Sci. Comput., 2015, 23: 63-86.

[8]　LI Y, HON Y C. Finite integration method with radial basis function for solving stiff problems[J]. Eng Anal Bound Elem, 2017, 82: 32-42.

基于二次 Bézier 单元的结构超收敛振动分析*

李希伟，孙庄敬，王东东†

(厦门大学 土木工程系，福建厦门 361005)

摘要 本文提出了二次 Bézier 单元的一种超收敛振动分析方法。首先针对一维杆结构，通过分析二次 Bézier 单元的半离散频率误差表达式，优化选择积分采样点，使杆结构的自振频率收敛率相较于标准的一致质量矩阵方法提升了 2 阶，计算精度也大幅提升。其次，利用 Bézier 基函数的张量积性质，将杆结构的超收敛积分点及权重通过张量积形式推广到膜结构，建立了相应的超收敛分析方法。最后，通过典型算例验证了基于二次 Bézier 单元的结构超收敛振动分析方法的有效性。值得指出的是，Bézier 单元与标准 B 样条单元具有相同的超收敛积分点，因而可直接混合采用 B 样条单元和 Bézier 单元实现结构的超收敛振动分析。

关键词 等几何分析；二次 Bézier 单元；自由振动；积分点；超收敛

1 引言

等几何分析方法[1]采用表征 CAD 模型的非均匀有理 B 样条（NURBS）同时进行离散建模和有限元分析。与传统的有限元法[2]不同，等几何分析能够精确描述物体的几何形状，有效消除计算模型的几何离散误差。与此同时，等几何基函数的非负性使得质量矩阵中没有负元素，在结构振动问题求解方面展现了良好的计算精度[3-4]。另外，在 B 样条的节点矢量中，对于内部节点引入与基函数阶次相同的重复度可以构造 Bézier 单元。Bézier 单元同样具备几何精确的特点，并且单元端部节点基函数具有插值特性[5]，但单元之间形函数一般仅是 C^0 连续的。值得注意的是，在结构自振频率的有限元分析中，采用一致质量矩阵并不一定能得到最优的结果。例如，有限元高阶质量矩阵[2,6]可将自振频率的收敛阶次提升 2 阶。

传统有限元高阶质量矩阵的构造方式是通过特定系数将一致质量矩阵和集中质量矩阵进行线性组合，但该方法在推广到多维问题时仍然存在一定困难，其中波动方向依赖性就是一个典型问题。另外，通过引入新型积分点不仅可以实现超收敛振动分析，还可能消除波动方向依赖性问题[7]。在等几何分析领域，Wang 等[8]提出了一种与一致质量矩阵具有相同收敛阶次的缩减带宽质量矩阵，然后通过引入特定的组合系数，将一致质量矩阵和缩减带宽质量矩阵进行线性组合，建立了等几何高阶质量矩阵。但是对于多维波动问题，这种

---

* 国家自然科学基金资助项目（11772280）
† 通信作者：ddwang@xmu.edu.cn

高阶质量矩阵的构造方法具有波动方向依赖性，不能同时提升任意阶频率的收敛阶次[9-10]。为解决这一问题，文献[11]中提出了一种基于新型积分点的超收敛等几何分析方法，该方法通过合理布置积分采样点，同时提升了多维波动方程任意阶特征值的收敛率，有效消除了波动方向依赖性。Deng 等[12]也提出了等几何频率超收敛计算的 2 点积分和 2.5 点积分方法。最近，Wang 等[13]进一步发展了弹性体频率计算的超收敛积分点型等几何分析方法。注意到这些超收敛等几何振动分析方法均采用内部节点无重复的 B 样条基函数，本文研究内部节点重复两次的节点矢量对应的二次 Bézier 单元的超收敛振动分析方法。

2 B 样条，NURBS 和 Bézier 基函数

一维 p 次 B 样条基函数 $N_a^{[p]}(\xi)$ 通常定义在参数空间 $\xi \in [0,1]$ 内的开放型节点矢量 $\boldsymbol{k}_\xi$ 上，

$$\boldsymbol{k}_\xi = \{\xi_1 = 0, \cdots, \xi_{a-1}, \xi_a, \xi_{a+1}, \cdots, \xi_{n+p+1} = 1\} \tag{1}$$

式中，端部节点的重复度为 $p+1$；内部节点的重复度不超过 p；n 为基函数的个数。$N_a^{[p]}(\xi)$ 可通过如下的递推关系[1]进行构造：

$$\begin{cases} N_a^{[0]}(\xi) = \begin{cases} 1, & \xi \in [\xi_a, \xi_{a+1}) \\ 0, & \text{否则} \end{cases}, & p = 0 \\ N_a^{[p]}(\xi) = \dfrac{\xi - \xi_a}{\xi_{a+p} - \xi_a} N_a^{[p-1]}(\xi) + \dfrac{\xi_{a+p+1} - \xi}{\xi_{a+p+1} - \xi_{a+1}} N_{a+1}^{[p-1]}(\xi), & p \geqslant 1 \end{cases} \tag{2}$$

进一步引入与描述模型几何形状有关的权重 w_a，便可构造一维 NURBS 基函数 $R_a^p(\xi)$。

$$R_a^p(\xi) = \dfrac{N_a^{[p]}(\xi) w_a}{\sum\limits_{c=1}^n [N_c^{[p]}(\xi) w_c]} \tag{3}$$

多维 NURBS 基函数可以通过张量积计算得到，二维情况下有

$$\begin{aligned} N_{ab}^p(\boldsymbol{\xi}) &= N_a^{[p]}(\xi) N_b^{[p]}(\eta) \\ R_{ab}^p(\boldsymbol{\xi}) &= \dfrac{N_{ab}^p(\boldsymbol{\xi}) w_{ab}}{\sum\limits_{c,d=1}^n [N_{cd}^p(\boldsymbol{\xi}) w_{cd}]} \end{aligned} \tag{4}$$

式中：$\boldsymbol{\xi} = (\xi, \eta)$；$w_{ab}$ 为二维情况下的权重参数。当权重取 1 时，B 样条与 NURBS 基函数完全相同。同时，当式(1)定义的节点矢量 $\boldsymbol{k}_\xi$ 的内部节点重复度为 p 时，NURBS 基函数也称为 Bézier 基函数。

图 1 对比了二次 Bézier 基函数、B 样条基函数以及两者的混合基函数，其中 3 类基函数所采用的节点矢量为

$$\boldsymbol{k}_\xi = \{0,0,0,1/6,1/6,1/3,1/3,1/2,1/2,2/3,2/3,5/6,5/6,1,1,1\} \tag{5}$$

$$\boldsymbol{k}_\xi = \{0,0,0,1/6,1/3,1/2,2/3,5/6,1,1,1\} \tag{6}$$

$$\boldsymbol{k}_\xi = \{0,0,0,1/6,1/6,1/3,1/3,1/2,1/2,2/3,5/6,1,1,1\} \tag{7}$$

由图 1 可见，两个相邻不同节点构成一个单元，与 B 样条基函数相比，Bézier 基函数在单元之间仅有 C^0 连续性，但单元端部节点基函数具有插值特性。

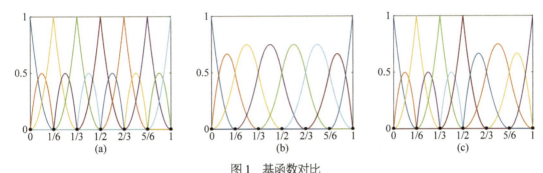

图 1　基函数对比

(a) Bézier 基函数；(b) B 样条基函数；(c) 混合基函数

3　基于二次 Bézier 单元的超收敛振动分析方法

本文考虑一维杆结构和二维膜结构的自由振动问题，其对应的控制方程为

$$\ddot{u}(\boldsymbol{x},t) - c^2 \nabla^2 u(\boldsymbol{x},t) = 0 \tag{8}$$

式中，u 为杆的位移或膜的挠度；t 为时间；c 为波速；∇^2 为拉普拉斯算子。采用二次 Bézier 单元对式（8）进行离散。

$$\boldsymbol{M}\ddot{\boldsymbol{d}} + \boldsymbol{K}\boldsymbol{d} = \boldsymbol{0}, \quad \boldsymbol{M}^e = \int_{\Omega^e} \boldsymbol{R}^{\mathrm{eT}} \boldsymbol{R}^e \mathrm{d}\Omega, \quad \boldsymbol{K}^e = \int_{\Omega^e} (\nabla \boldsymbol{R}^e)^{\mathrm{T}} c^2 (\nabla \boldsymbol{R}^e) \mathrm{d}\Omega \tag{9}$$

式中，$\boldsymbol{M}$ 和 $\boldsymbol{K}$ 分别为质量矩阵和刚度矩阵；$\boldsymbol{M}^e$ 为单元质量矩阵矩阵；$\boldsymbol{K}^e$ 为单元刚度矩阵。

根据式(2)，可知在一个典型单元 $[\xi_a, \xi_{a+1}]$ 内的三个二次 Bézier 基函数为

$$\boldsymbol{R}^e = \left\{ \frac{(\xi - \xi_{a+1})^2}{h_\xi^2}, \frac{2(\xi - \xi_a)(\xi_{a+1} - \xi)}{h_\xi^2}, \frac{(\xi - \xi_a)^2}{h_\xi^2} \right\} \tag{10}$$

式中，h_ξ 为参数空间内单元的长度，即 $h_\xi = \xi_{a+1} - \xi_a$，对应的物理空间单元长度为 h。对于一维杆结构，若采用三点积分，其中积分点为 $-\bar{\xi}, 0, \bar{\xi}$，相应的权重为 $\varpi_1, 2-2\varpi_1, \varpi_1$，则对应的单元质量和刚度矩阵的显式表达式为

$$\boldsymbol{M}^e = \frac{\rho h}{16} \begin{bmatrix} 1+(\bar{\xi}^4+6\bar{\xi}^2)\varpi_1 & 2(-\bar{\xi}^4\varpi_1+1) & 1+(\bar{\xi}^4-2\bar{\xi}^2)\varpi_1 \\ 2(-\bar{\xi}^4\varpi_1+1) & 4[1+(\bar{\xi}^4-2\bar{\xi}^2)\varpi_1] & 2(-\bar{\xi}^4\varpi_1+1) \\ 1+(\bar{\xi}^4-2\bar{\xi}^2)\varpi_1 & 2(-\bar{\xi}^4\varpi_1+1) & 1+(\bar{\xi}^4+6\bar{\xi}^2)\varpi_1 \end{bmatrix} \tag{11}$$

$$\boldsymbol{K}^{\mathrm{e}} = \frac{E}{h} \begin{bmatrix} \bar{\xi}^2 \varpi_1 + 1 & -2\bar{\xi}^2 \varpi_1 & \bar{\xi}^2 \varpi_1 - 1 \\ -2\bar{\xi}^2 \varpi_1 & 4\bar{\xi}^2 \varpi_1 & -2\bar{\xi}^2 \varpi_1 \\ \bar{\xi}^2 \varpi_1 - 1 & -2\bar{\xi}^2 \varpi_1 & \bar{\xi}^2 \varpi_1 + 1 \end{bmatrix} \tag{12}$$

式中，$\bar{\xi} = [2\xi - (\xi_a + \xi_{a+1})]/h_\xi$。

进一步引入简谐振动，对应控制点 x_A 的节点系数可以表示为

$$\begin{aligned} d_A &= A \mathrm{e}^{\mathrm{i}(kx_A - \omega^h t)} \\ \ddot{d}_A &= -(\omega^h)^2 A \mathrm{e}^{\mathrm{i}(kx_A - \omega^h t)} \end{aligned} \tag{13}$$

注意到 Bézier 单元的 3 个形函数不同，假定端点自由度振幅为 A_1，内部自由度振幅为 A_2。将式(13)代入式(9)，有

$$\begin{bmatrix} \mathcal{S} & \mathcal{T} \\ \mathcal{U} & \mathcal{V} \end{bmatrix} \begin{Bmatrix} A_1 \\ A_2 \end{Bmatrix} = \boldsymbol{0} \tag{14}$$

式中

$$\begin{cases} \mathcal{S} = -(\omega^h)^2 \rho h (1 - \bar{\xi}^4 \varpi_1) \cos(kh/2)/4 - 4E\bar{\xi}^2 \varpi_1 \cos(kh/2)/h \\ \mathcal{T} = -(\omega^h)^2 \rho h (1 + \bar{\xi}^4 \varpi_1 - 2\bar{\xi}^2 \varpi_1)/4 + 4E\bar{\xi}^2 \varpi_1/h \\ \mathcal{U} = -(\omega^h)^2 \rho h (1 + \bar{\xi}^4 \varpi_1 - 2\bar{\xi}^2 \varpi_1)\cos(kh)/8 - (\omega^h)^2 \rho h (1 + \bar{\xi}^4 \varpi_1 + 6\bar{\xi}^2 \varpi_1)/8 + \\ \qquad E(2\bar{\xi}^2 \varpi_1 - 2)\cos(kh)/h + E(2\bar{\xi}^2 \varpi_1 + 2)/h \\ \mathcal{V} = -(\omega^h)^2 \rho h (-\bar{\xi}^4 \varpi_1 + 1)\cos(kh/2)/4 - 4E\bar{\xi}^2 \varpi_1 \cos(kh/2)/h \end{cases} \tag{15}$$

由 A_1 和 A_2 的任意性可知

$$\begin{vmatrix} \mathcal{S} & \mathcal{T} \\ \mathcal{U} & \mathcal{V} \end{vmatrix} = 0 \tag{16}$$

整理式（16），利用泰勒展开可得如下的频率误差表达式：

$$e = \frac{\omega^h - \omega}{\omega} \approx -\frac{(15\bar{\xi}^4 \varpi_1^2 - 14\bar{\xi}^2 \varpi_1 + 3)k^2 h^2}{\bar{\xi}^2 \varpi_1} + \\ \frac{(45\bar{\xi}^6 \varpi_1^2 + 15\bar{\xi}^4 \varpi_1^2 - 30\bar{\xi}^4 \varpi_1 - 37\bar{\xi}^2 \varpi_1 + 15)k^4 h^4}{2880 \bar{\xi}^2 \varpi_1} + \mathcal{O}(h^6) \tag{17}$$

式中 ω 为解析频率。由式(17)可见，当 h^2 和 h^4 两项前的系数为零时，即

$$\begin{cases} 15\bar{\xi}^4 \varpi_1^2 - 14\bar{\xi}^2 \varpi_1 + 3 = 0 \\ 45\bar{\xi}^6 \varpi_1^2 + 15\bar{\xi}^4 \varpi_1^2 - 30\bar{\xi}^4 \varpi_1 - 37\bar{\xi}^2 \varpi_1 + 15 = 0 \end{cases} \tag{18}$$

频率误差 e 的收敛阶次为 6 次，此时的积分点及权重为

$$\begin{cases} \bar{\xi}_1 = -\sqrt{\dfrac{13}{15}}, \quad \bar{\xi}_2 = 0, \quad \bar{\xi}_3 = \sqrt{\dfrac{13}{15}} \\ \varpi_1 = \dfrac{5}{13}, \quad \varpi_2 = \dfrac{16}{13}, \quad \varpi_3 = \dfrac{5}{13} \end{cases} \quad (19)$$

类似地，容易证明采用二次 Bézier 单元一致质量矩阵时，杆结构自振频率的收敛率为 4。至此我们建立了基于二次 Bézier 单元的杆结构超收敛振动分析方法。

值得注意的是，Bézier 单元的超收敛积分点与 B 样条的超收敛积分点完全相同，若考虑采用图 1(c) 所示的混合基函数，结合式(19) 所示超收敛积分点及权重求解结构自振频率，同样可实现超收敛计算。此外，利用 Bézier 基函数的张量积性质，可将杆结构的超收敛积分点及权重通过张量积的形式推广至二维情况，同时积分膜结构的质量和刚度矩阵，即可建立不依赖波动方向的 Bézier 单元膜结构振动超收敛分析方法。

4 数值算例

本节以一维杆结构以及二维方膜结构为例，验证基于二次 Bézier 单元超收敛振动分析方法的有效性。不失一般性，假定杆长、膜的边长以及波速均为 1。图 2 为采用 Bézier 单元离散时，两端固定杆结构前三阶自振频率的收敛特性，其中对比了一致质量矩阵(CM)、集中质量矩阵(LM)以及积分点型超收敛振动分析方法(QS)的计算结果。结果表明，与一致质量矩阵相比，积分点型超收敛分析方法可使杆结构的自振频率收敛率提升 2 阶，同时精度也明显提高。图 3 为采用图 1(c)中所示混合基函数时杆结构前三阶自振频率的分析结果，显然超收敛积分点适用于混合基函数，能够提升 2 阶的自振频率收敛率。图 4 为四边固定方膜结构前 6 阶自振频率的收敛率。结果显示，当将一维超收敛积分点以张量积形式推广到二维膜结构，同时积分质量和刚度矩阵时，所构建积分点型超收敛分析方法(QS)可同时提升各阶频率的收敛阶次，并且不依赖于波动方向。

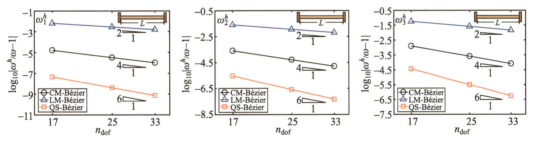

图 2　两端固定杆结构采用 Bézier 单元离散时前 3 阶自振频率收敛率

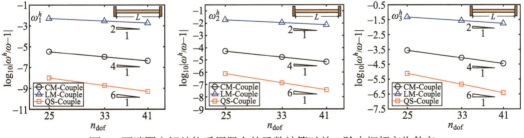

图 3　两端固定杆结构采用混合基函数计算时前 3 阶自振频率收敛率

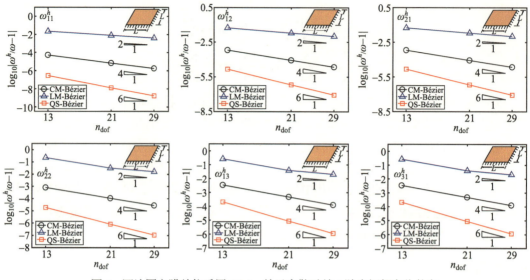

图 4 四边固定膜结构采用 Bézier 单元离散时前 6 阶自振频率收敛率

5 结论

本文针对杆结构以及膜结构，提出了基于二次 Bézier 单元的超收敛振动分析方法。首先，针对一维杆结构，通过优化 Bézier 单元的积分采样点和权重，建立了积分点型超收敛振动分析方法，使杆结构的自振频率收敛阶次提升了 2 阶。其次，基于 Bézier 基函数的张量积性质，进一步将杆结构的超收敛积分点通过张量积形式推广到二维膜结构，建立了膜结构的 Bézier 单元超收敛振动分析方法。最后，通过两个典型算例对比分析了二次 Bézier 单元一致质量矩阵、集中质量矩阵以及积分点型超收敛振动分析方法的计算结果。结果表明，对于一维和多维问题，积分点型超收敛振动分析方法具有相同的构造格式，数值实现非常简洁，可使任意阶自振频率的收敛速度提升 2 阶，并且消除了波动方向依赖性问题。与此同时，注意到二次 Bézier 基函数和 B 样条基函数对应的超收敛等几何振动分析方法具有相同的积分点，因而可以直接实现基于两者混合离散的超收敛等几何振动分析。

参考文献

[1] HUGHES T J R, COTTRELL J A, BAZILEVS Y. Isogeometric analysis: CAD, finite elements, NURBS, exact geometry and mesh refinement[J]. Computer Methods in Applied Mechanics and Engineering, 2005, 194: 4135-4195.

[2] HUGHES T J R. The finite element method: linear static and dynamic finite element analysis[M]. Dover: Dover Publications, 2000.

[3] COTTRELL J A, REALI A, BAZILEVS Y, et al. Isogeometric analysis of structural vibrations[J]. Computer Methods in Applied Mechanics and Engineering, 2006, 195: 5257-5296.

[4] REALI A. An isogeometric analysis approach for the study of structural vibrations[J]. Journal of Earthquake Engineering, 2008, 10: 1-30.

[5] BÉZIER P E. Numerical control: mathematics and applications[M]. New York: John Wiley, 1972.

[6] FRIED I, CHAVEZ M. Superaccurate finite element eigenvalue computation[J]. Journal of Sound and Vibration, 2004, 275: 415-422.

[7] WANG D D, LI X W, PAN F X. A unified quadrature-based superconvergent finite element formulation for eigenvalue computation of wave equations[J]. Computational Mechanics, 2017, 59: 37-72.

[8] WANG D D, LIU W, ZHANG H J. Novel higher order mass matrices for isogeometric structural vibration analysis[J]. Computer Methods in Applied Mechanics and Engineering, 2013, 260: 92-108.

[9] WANG D D, LIU W, ZHANG H J. Superconvergent isogeometric free vibration analysis of Euler-Bernoulli beams and Kirchhoff plates with new higher order mass matrices[J]. Computer Methods in Applied Mechanics and Engineering, 2015, 286: 230-267.

[10] WANG D D, LIANG Q W, ZHANG H J. A superconvergent isogeometric formulation for eigenvalue computation of three-dimensional wave equation[J]. Computational Mechanics, 2016, 57: 1037-1060.

[11] WANG D D, LIANG Q W, WU J C. A quadrature-based superconvergent isogeometric frequency analysis with macro-integration cells and quadratic splines[J]. Computer Methods in Applied Mechanics and Engineering, 2017, 320: 712-744.

[12] DENG Q, BARTOŇ M, PUZYREV V. Dispersion-minimizing quadrature rules for C1 quadratic isogeometric analysis[J]. Computer Methods in Applied Mechanics and Engineering, 2018, 328: 554-564.

[13] WANG D D, PAN F X, XU X L, et al. Superconvergent isogeometric analysis of natural frequencies for elastic continua with quadratic splines[J]. Computer Methods in Applied Mechanics and Engineering, 2019, 347: 874-905.

球壳结构声振耦合响应分析的奇异边界法-有限元耦合模型[*]

傅卓佳[1,2,†]，习 强[1]，黄 河[3]

(1. 河海大学 力学与材料学院工程与科学数值模拟软件中心，江苏 南京 211100；
2. 大连理工大学 工业装备结构分析国家重点实验室，辽宁 大连 116023；
3. 中国船舶科学研究中心，江苏 无锡 214082)

摘要 本文基于奇异边界法和有限元理论，建立球壳结构声振耦合分析模型，用于求解球壳结构在浅水环境中受到简谐力作用时的声振耦合响应。在本计算模型中，有限元法被用于计算球壳结构的振动响应，而奇异边界法被用于计算球壳结构外部声场分布。其中，在计算球壳结构外部声辐射时，奇异边界法采用基于 Pekeris 波导理论的格林函数，最后通过分析几种不同简谐力作用下球壳结构的声振耦合响应，验证了本文模型的有效性及计算精度。

关键词 声振耦合；奇异边界法；有限元；Pekeris 波导理论；简谐力

1 引言

随着人类环保意识的逐步提高，水下结构的振动噪声和振动声波在水环境中的传播越来越受到重视。这一类水下结构的声振耦合问题主要发生在海洋工程领域，例如船舶工业的绿色减振降噪，潜艇的声隐身等。

近几十年来，国内外已经有许多学者对结构声振耦合问题进行了大量的研究。目前比较有代表性的计算方法主要有统计能量法[1]，有限元法，有限元-边界元耦合[2]计算方法等。统计能量法是利用统计的特性，能在平均意义上求得声学的振动响应，是解决高频段结构声振耦合问题的最常用方法之一。有限元法是工程与科学领域中应用最为广泛的一种数值方法，目前已有多种成熟的商业软件可用于分析结构的声弹性问题。但是有限元法在分析结构外部声场时，需要设置人工截断边界，将无限域问题转化成有限域问题进行分析，同时附加辐射条件，这导致有限元法在模拟此类问题时的效率不高，大多数情况下只用于计算结构近处的声场。而边界元[3-4]法采用满足声场控制方程和无限远 Sommerfeld 辐射边界条件的半解析基本解作为插值基函数，避免了设置人工截断边界的麻烦，从而降低了计算

---

[*] 国家自然科学基金资助项目（11772119，11572111）；工业装备结构分析国家重点实验室开放课题资助项目（GZ1707）；江苏省青蓝工程资助项目

† 通信作者：paul212063@hhu.edu.cn

成本，这使其比有限元法在模拟结构外部声场时更具优势。为了兼顾计算效率和计算精度，边界元和有限元的耦合算法在结构声振耦合分析中的应用越来越普遍。

然而，边界元法采用的声学基本解存在源点奇异性，计算过程中往往需要处理数学复杂的奇异和近奇异数值积分，这不可避免地增加了边界元法模拟过程中的计算量。为了避免奇异和近奇异数值积分的处理，近年来发展了正则化无网格法、简单源方法、边界节点法[5]、奇异边界法等边界型无网格配点技术。其中，奇异边界法[6-7]同样采用基本解作为插值基函数，但在配点和源点重合时引入了源点强度因子的概念，从而避免了基本解的源点奇异性问题。

在本次研究中，为了建立奇异边界法与有限元的耦合计算模型，我们基于文献中的船舶三维声弹性理论[8-9]，通过流固耦合边界条件和声场边界积分方程将有限元模型与奇异边界法模型耦合到一起。同时，在奇异边界法计算结构外部声辐射时引入基于 Pekeris 波导理论的格林函数。

本文将奇异边界法-有限元耦合模型应用于模拟球壳结构在浅水环境中受到简谐力作用时的声振耦合响应。首先给出了奇异边界法与有限元方法的耦合计算模型，随后通过球壳结构的基准算例，检验了本文模型的有效性及计算精度，并在此基础上数值研究了不同类型与大小的简谐力对球壳结构外部声场的影响。

2　数学模型

本文以流体介质中的球壳结构作为研究对象，分析球壳结构在浅水环境下受到简谐力作用时的外部辐射声场。该模型在球壳中心建立平衡坐标系（图 1），其中，Γ_1 为流体表面，Γ_2 为流体底部；h 为球壳中心距离流体表面的距离；H 表示流体的深度；ρ_1, V_1 分别为流体密度和流体中的声速；ρ_2, V_2 分别为流体底部的密度和流体底部中的声速。

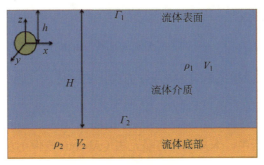

图 1　计算模型示意图

首先考虑结构的动力学基本方程如下：

$$[M]\{\ddot{u}(t)\}+[C]\{\dot{u}(t)\}+[K]\{u(t)\}=\{F(t)\} \tag{1}$$

式中：$[M]$ 为结构的质量矩阵；$[C]$ 为结构的阻尼矩阵；$[K]$ 为结构的刚度矩阵；$\{F(t)\}$ 为合成力的列向量，包括机械激励力和介质流场的动态力；$u(t)$ 为结构的位移。基于模态叠加法理论，结构中任意一点的位移可以表示成各阶模态贡献的叠加形式：

$$u(t) = [\phi]\{\eta(t)\} = \sum_{j=1}^{k}\{\phi_j\}\{\eta_j(t)\} \tag{2}$$

式中：ϕ_j 为第 j 阶模态；η_j 为第 j 阶模态对应的主坐标。从而将式(1)解耦得到结构的主坐标运动方程

$$[M_a]\{\ddot{\eta}(t)\} + [C_a]\{\dot{\eta}(t)\} + [K_a]\{\eta(t)\} = \{F_a(t)\} \tag{3}$$

式中：$[M_a] = [\phi]^T[M][\phi]$ 为结构的广义质量矩阵；$[C_a] = [\phi]^T[C][\phi]$ 为结构的广义阻尼矩阵；$[K_a] = [\phi]^T[K][\phi]$ 为结构的刚度矩阵；$\{F_a(t)\} = [D]^T\{F(t)\}$ 为广义合成力的列向量。在考虑单频简谐振动的情况时，结构的各模态对应的主坐标可表示为

$$\eta_j(t) = \eta_j(\omega)e^{i\omega t} \tag{4}$$

此时，如果假定流体为无粘无旋、均匀可压的理想声介质，可以得到频域下广义结构声弹性耦合动力学方程：

$$\left[-\omega^2([M_a] + [D]) + i\omega([C_a] + [E]) + ([K_a])\right]\{\eta_j(\omega)\} = \{f_a(\omega)\} \tag{5}$$

式中：$[D] = \dfrac{\rho_1}{\omega^2}\text{Re}\left[\iint_s \boldsymbol{u}\cdot\boldsymbol{n}i\omega\psi_j ds\right]$，为附加水质量矩阵；$[E] = -\dfrac{\rho_1}{\omega}\text{Im}\left[\iint_s \boldsymbol{u}\cdot\boldsymbol{n}i\omega\psi_j ds\right]$，为附加水阻尼矩阵；$\{f_a(\omega)\}$ 为广义机械激励力的列向量；ω 为波的频率；$\boldsymbol{u}$ 为结构的位移；$\boldsymbol{n}$ 为结构上的单位法向量；$\text{Re}(*)$ 和 $\text{Im}(*)$ 分别为取"*"的实部和虚部。

在频域中，由于结构振动而产生的辐射声压为 $P(x,y,z) = -\rho_1 i\omega\psi(x,y,z)$，各阶模态对应的辐射声场速度势为 $\psi(x,y,z) = \sum_{j=1}^{k}\psi_j(x,y,z)\eta_j(\omega)$，并且辐射声场速度势 ψ 内会满足 Helmholtz 方程。同时，频域内各阶模态的流固耦合边界条件为

$$\frac{\partial \psi_j}{\partial n} = i\omega\left(u_j^x n_x + u_j^y n_y + u_j^z n_z\right) \tag{6}$$

式中：u_j^x, u_j^y, u_j^z 分别为 j 阶模态所对应 x, y, z 方向上的位移。

3 数值方法

在结构声振耦合分析中，本文采用有限元法（Abaqus 软件）求解球壳结构的振动响应（包括固有频率与相应的模态位移），同时采用奇异边界法模拟球壳结构外部辐射声场。相应的辐射声波的速度势可以表示成一组基本解的线性组合：

$$\psi_j(\boldsymbol{x}_m) = \begin{cases} \sum\limits_{l=1}^{N}\alpha_l\varphi_F(\boldsymbol{x}_m, \boldsymbol{s}_l), & \boldsymbol{x}_m \neq \boldsymbol{s}_l \\ \sum\limits_{\substack{l=1 \\ l\neq m}}^{N}\alpha_l\varphi_F(\boldsymbol{x}_m, \boldsymbol{s}_l) + \varepsilon_m U^{ll}, & \boldsymbol{x}_m = \boldsymbol{s}_l \end{cases} \tag{7}$$

$$\frac{\partial \psi_j(\boldsymbol{x}_m)}{\partial \boldsymbol{n}_x} = \begin{cases} \sum_{l=1}^{N} \alpha_l \dfrac{\partial \varphi_F(\boldsymbol{x}_m, \boldsymbol{s}_l)}{\partial \boldsymbol{n}_x}, & \boldsymbol{x}_m \neq \boldsymbol{s}_l \\ \sum_{\substack{l=1 \\ l \neq m}}^{N} \alpha_l \dfrac{\partial \varphi_F(\boldsymbol{x}_m, \boldsymbol{s}_l)}{\partial \boldsymbol{n}_x} + \varepsilon_m Q^{ll}, & \boldsymbol{x}_m = \boldsymbol{s}_l \end{cases} \quad (8)$$

式中：N 为源点 $\boldsymbol{s}_l = (x_0, y_0, z_0)$ 的个数；α_l 为第 l 个未知系数；$\boldsymbol{n}_x$ 为配点 $\boldsymbol{x}_m = (x, y, z)$ 的外法线单位向量。基本解 φ_F 是简化后的 Pekeris 波导理论格林函数[10]：

$$\varphi_F = \sum_{v=0}^{\infty} (B_1 B_2)^v \left(\frac{e^{-ikR_1}}{R_1} + B_1 \frac{e^{-ikR_2}}{R_2} + B_2 \frac{e^{-ikR_3}}{R_3} + B_1 B_2 \frac{e^{-ikR_4}}{R_4} \right) \quad (9)$$

$$\begin{cases} R_1 = \sqrt{(x-x_0)^2 + (y-y_0)^2 + (2vH + z - z_0)^2} \\ R_2 = \sqrt{(x-x_0)^2 + (y-y_0)^2 + (2vH + 2(H-h) + z + z_0)^2} \\ R_3 = \sqrt{(x-x_0)^2 + (y-y_0)^2 + (2vH + 2h - z - z_0)^2} \\ R_4 = \sqrt{(x-x_0)^2 + (y-y_0)^2 + (2(v+1)H - z + z_0)^2} \end{cases} \quad (10)$$

式中 B_1, B_2 分别为海面和海底的声反射系数。从 Pekeris 波导理论格林函数中可以发现当 $v=0$，并且源点和配点重合时，基本解 φ_F 会出现存在奇异性，而奇异边界法通过引入源点强度因子来替代这些点的奇异值，从而避免了复杂的奇异积分。根据推导发现，Helmholtz 方程基本解奇异性的阶数与 Laplace 方程基本解奇异性的阶数相同，从而源点强度因子 U^{ll}, Q^{ll} 能表示成

$$\begin{cases} U^{ll} = U_0^{ll} + B, & \boldsymbol{x}_m = \boldsymbol{s}_l \\ Q^{ll} = Q_0^{ll}, & \boldsymbol{x}_m = \boldsymbol{s}_l \end{cases} \quad (11)$$

式中：U_0^{ll}, Q_0^{ll} 为 Laplace 方程的源点强度因子；$B = ik/4\pi$。在本次研究中，我们采用经验公式和加减去奇异技术来分别求解源点强度因子 U_0^{ll}, Q_0^{ll}，

$$U_0^{ll} = \frac{1}{4\pi} \left(\frac{\pi^4}{25\sqrt{L_l}} + \frac{(\ln \pi)^2}{L_s} \right) \quad (12)$$

$$Q_0^{ll} = \frac{1}{L_m} - \sum_{\substack{l=1 \\ l \neq m}}^{N} \frac{L_l}{L_m} \frac{\partial \varphi_0(\boldsymbol{x}_m, \boldsymbol{s}_l)}{\partial \boldsymbol{n}_s} \quad (13)$$

式中：$\varphi_0 = 1/(4\pi r)$，为 Laplace 方程的基本解；$\boldsymbol{n}_s$ 为源点 $\boldsymbol{s}_l$ 的外法线单位向量；L_s 为三维结构的表面积；L_l 为源点 $\boldsymbol{s}_l$ 的影响区域。将流固耦合边界条件(6)代入式(7)和式(8)后，可以求得相应的未知系数 α_l。随后，采用简化后的 Pekeris 波导理论格林函数即可得到结构外部的辐射声波速度势 ψ_j。随后，将声波速度势 ψ_j 代入式(5)中，可以得到各模态对应的主坐标 $\eta_j(\omega)$。最后得到频域下的辐射声压 P。

4 数值结果与讨论

本节通过一个基准算例验证了本文耦合模型在模拟球壳结构外部声辐射的有效性。为了更好地量化数值结果，本文采用声压级（SPL）代替声压，相应的转化公式为

$$\text{SPL} = 20\log_{10}\left(|P|/10^{-6}\right) \tag{14}$$

本文以浅海中的球壳结构作为研究对象，分析球壳在浅海环境下受到简谐力 $F=F_n e^{i\omega t}$ 作用时的外部辐射声场。其中，球壳半径 $r = 0.5$ m，厚度 $th = 0.0009$ m，杨氏模量 $E = 2.1 \times 10^{11}$ Pa，泊松比 $\mu = 0.3$，密度 $\rho_0 = 7800$ kg/m³。海面反射系数 $B_1 = -1$，海底反射系数 $B_2 = 0.4626$，$h = 5$ m，$H = 20$ m，$V_1 = 1510$ m/s，$\rho_1 = 1025$ kg/m³。在数值计算中，采用 Abaqus 软件中的结构模态分析功能，由 202 个 S3R 三角形壳单元和 4848 个 S4R 四边形壳单元离散球壳结构，计算得到包括呼吸模态[11]在内的 33 个结构模态信息；采用奇异边界法在球壳结构表面布置 2500 个边界点计算得到结构外部声场分布。

本算例考虑球壳结构受到 4 种不同简谐力作用时的声辐射情况：(a)在球壳底部受到竖直向下的轴向简谐力 $F_1=100$ N；(b)在球壳中部受到水平向外的环向简谐力 $F_2 = 10$ N；(c)在球壳中部受到竖直向上的环向简谐力 $F_3 = 1$ N；(d)在球壳中下部$(x, y, -0.25)$受到竖直向下的环向简谐力 $F_4 = 0.1$ N。选取了两个不同的测试点 $x_1 = (2,0,-2.5), x_2 = (2,0,2.5)$ 的结果与 COMSOL 的模拟结果进行比较。

图 2 展示了本文耦合模型与 COMSOL 软件两者模拟球壳结构外部声辐射情况的比较，从图中可以发现本文提出的耦合模型在球壳结构受到轴向力与环向力作用下所得到的声辐射情况与 COMSOL 软件的结果一致。

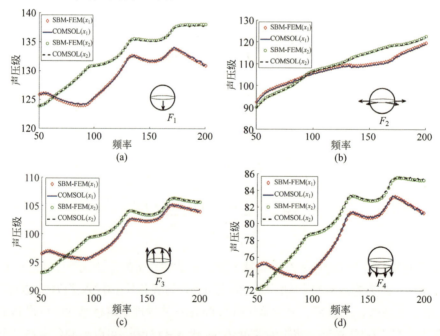

图 2 不同类型与大小简谐力作用时球壳结构外部的声辐射情况

(a) 竖直向下的轴向简谐力；(b) 水平向外的环向简谐力；(c) 竖直向上的环向简谐力；(d) 竖直向下的环向简谐力

5 结论

本文采用奇异边界法-有限元耦合模型研究了球壳结构在浅海环境中受到简谐力作用时的声振耦合响应。通过计算球壳结构外部声辐射情况验证了该方法的精确性和有效性，并在此基础上进一步研究了不同类型和大小的简谐力对球壳结构外部辐射声场的影响。数值结果表明本文所提出的奇异边界法-有限元耦合模型能有效地模拟球壳结构在浅海环境中受到简谐力作用时的声振耦合响应。

参考文献

[1] 殷学文, 崔宏飞, 顾晓军, 等. 功率流理论、统计能量分析和能量有限元法之间的关联性[J]. 船舶力学, 2007, 11(4): 637-646.

[2] 陈磊磊, 陈海波, 郑昌军, 等. 基于有限元与宽频快速多极边界元的二维流固耦合声场分析[J]. 工程力学, 2014, 31(8): 63-69.

[3] 姚振汉, 王海涛. 边界元法[M]. 北京: 高等教育出版社, 2010.

[4] 闫再友, 高效伟. PFFT 快速边界元方法模拟三维声散射[J]. 计算力学学报, 2012, 29(6): 901-904.

[5] FU Z J, XI Q, CHEN W, et al. A boundary-type meshless solver for transient heat conduction analysis of slender functionally graded materials with exponential variations[J]. Computers & Mathematics with Applications, 2018, 76 (4): 760-773.

[6] FU Z J, CHEN W, WEN P H, et al. Singular boundary method for wave propagation analysis in periodic structures[J]. Journal of Sound and Vibration, 2018, 425: 170-188.

[7] LI J P, CHEN W, FU Z J, et al. Explicit empirical formula evaluating original intensity factors of singular boundary method for potential and Helmholtz problems[J]. Engineering Analysis with Boundary Elements, 2016, 73:161 169.

[8] ZOU M S, WU Y S, LIU S X. A three-dimensional sono-elastic method of ships in finite depth water with experimental validation[J]. Ocean Engineering, 2018, 164: 238-247.

[9] JIANG L W, ZOU M S, HUANG H, et al. Integrated calculation method of acoustic radiation and propagation for floating bodies in shallow water[J]. The Journal of the Acoustical Society of America, 2018, 143(5):430-436.

[10] 杨士莪. 水声传播原理[M]. 哈尔滨: 哈尔滨工程大学出版社, 2007.

[11] 董奇, 郑津洋, 胡八一. 壳体中的轴对称模态和非轴对称模态[C]. 全国压力容器学术会议. 2009.

Numerical modeling of the collective motion of fish schools using cellular automaton[*]

Lu Xingyuan, Yuan Weifeng[†]

(School of Manufacturing Science and Engineering, Southwest University of Science and Technology, Mianyang, Sichuan, 100084)

Abstract Schooling of fish is one of the most common collective motions in nature. In the past decades, collective motions have been studied extensively based on various theories. In this work, the principle of least potential energy is incorporated into a cellular automaton algorithm to simulate the motion of fish schools. In the present model, it is assumed that the potential energy of a fish school consists of two parts, viz. Part-I induced by distance and Part-II determined by orientation. By minimizing the potential energy, several typical patterns of fish schooling can be obtained in the evolution process of cellular automaton. The rationality of the proposed method is verified by the comparison between the numerical modeling and the observation on red zebrafish.

Key words fish schooling, collective motion, least potential energy, cellular automaton

1 Introduction

Collective motion is created by individuals that are moving with respect to some pair-wise interactions. This motion has attracted much attention in the past few decades. In order to have an in-depth understanding of the mechanism of this natural phenomenon, researchers have studied a large number of collective motions of various groups of organisms, such as bacterial colonies in microorganisms, midges in small-scale biological folks, animal herd of African savannah and human beings in evacuation etc.[1-7] Since early last century, different models including dynamics, transfer entropy and topological distance, etc. have been established for collective motions[8-12]. In 1980s, Reynold modelled the collective motion of bird flock using computers. From then on, numerical simulation has become the most common method for studying collective motions[13-16]. Inada investigated the collective motion of fish schools in 2000[17]. In his simulation, the pair-wise interactions between individuals were modelled by a simple mathematical model consists of three rules namely attraction, parallel orientation and repulsion. However, Inada's model pre-established the motion behaviour of fish schools at certain degree, for instance, fish try to approach their neighbours in attraction field, then remain close to each other due to parallel

---

[*] 国家自然科学基金资助项目（11472232）

[†] 通信作者：yuanweifeng@swust.edu.cn

orientation and avoid collision in the repulsion field. Although some motion characteristics can be animated, the three-rule model cannot answer why fish schools must abide by such rules during collective motion.

In the current study, the schooling of the red zebrafish in a water tank is modelled using cellular automaton (CA) on the basis of the principle of least potential energy. The collective motion patterns of the fish school are predicted by the CA approach. The good agreement between the numerical results and real observations indicates that the proposed algorithm provides a more rational tool for the simulation of the collective motion of fish schools. It is proven again that the principle of least potential energy is one of the fundamental laws in nature.

2 Cellular automaton model

2.1 Definition of potential energy

In the CA model, it is assumed that the moving state of an individual fish is determined by the states of its neighbours. As shown in Fig. 1, the visibility range of an individual fish is defined by a sector zone with a central angle of θ_0 and a radius of R_v. The neighbours of the individual are other fish which are within the visibility range. The distance and the orientation angle between fish i and j are denoted by d_{ij} and θ_{ij}, respectively. $\boldsymbol{g}_i$, $\boldsymbol{g}_j$ and $\boldsymbol{g}_G$ are the velocity vectors of fish i, j and the group within the visual zone. θ_{iG} represents the angle between $\boldsymbol{g}_i$ and $\boldsymbol{g}_j$.

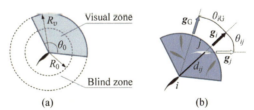

Fig. 1 Illustration of the proposed model

(a) definition of visual zone; (b) distance and orientation angles

The potential energy that is dependent on the state of fish i is defined by Eq. (1).

$$E_i = \sum_{j=1}^{N}\left[\alpha E_{i-d} + (1-\alpha)E_{i-\theta}\right] \tag{1}$$

with

$$E_{i-d} = \left[H(u_{ij})k_{d1} + H(-u_{ij})k_{d2}\right]u_{ij}^2 \tag{2}$$

and

$$E_{i-\theta} = E_{\theta 1} + \frac{1}{N}E_{\theta 2} = k_{o1}\theta_{ij}^2 + \frac{1}{N}k_{o2}\theta_{iG}^2 \tag{3}$$

In the equations, N is the number of the neighbours of fish i, α is a weighting factor. k_{d1},

k_{d2}, k_{o1} and k_{o2} are all coefficients. H represents the Heaviside function, u_{ij}, R_0 and g_G are given in Eq. (4).

$$u_{ij} = d_{ij} - R_0, \quad R_0 = \frac{1}{N}\sum_{j=1}^{N} d_{ij}, \quad g_G = \sum_{j=1}^{N} g_j \qquad (4)$$

Eqs. (2) and (3) can be illustrated by Fig. 2.

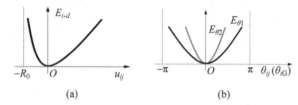

Fig. 2　Functions defined for potential energy
(a) function of the energy induced by distance; (b) function of the energy induced by orientation

It can be seen from Fig. 2 that $k_{d1} < k_{d2}$ and $k_{o1} < k_{o2}$.

2.2　Local rule of CA

In the current CA, time is divided into a series of intervals denoted by $t_1, t_2, \cdots, t_n$. The local rule for the evolution of CA is described through the five steps below.

(1) at time t_n, each fish, represented by the typical one i, is surrounded by a polygon with M vertices. As shown in Fig. 3, the radius r_i of the polygon is calculated by the product of the time interval and v_i, the speed of fish i. Each vertex of the polygon is a potential position of fish i at time t_{n+1}.

(2) at time t_n, calculate the potential energies for all the M potential positions of fish i based on the state of the concerned school at time t_n, using the formulae given in Eqs. (1)-(4).

(3) among the M vertices of the polygon, the one where the potential energy is minimized is chosen to be the position of fish i at time t_{n+1}.

(4) apply steps (1)-(3) to all the fish.

(5) update the positions of all the fish and repeat steps (1)-(5).

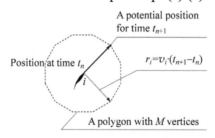

Fig. 3　Illustration of the movement of an individual

3　Verification of the model

As an example, 500 fish are put into a tank and their collective motion is simulated using the proposed CA model. The size of the tank is set to be $30a \times 30a$ where a is the average length of the fish. The values of the constants used in Eqs. (1)-(3) are given as follows: $\alpha = 0.4$, $k_{d1} = 1.0 \times 10^3$, $k_{d2} = 5.0 \times 10^6$, $k_{o1} = 5.0 \times 10^7$ and $k_{o2} = 5.0 \times 10^8$.

One of the well-known characteristics of CA is that this algorithm is nondeterministic, which means the numerical results obtained from different trial runs will not be the same. However, CA is good at demonstrating the regular trend of the development of a complex system. In reality, the evolution of a dynamic system is rarely repeatable either. Therefore, various CA have been used to model complex systems. In this example, a common behaviour of the fish school can be found from the trial runs, that is, the fish in a rectangular tank may gather and whirl in some cases due to uncertain reasons. The procedure of a trial run is presented in Fig. 4. At the beginning, the fish are distributed randomly in the tank. After a period, the fish start to gather and then form a circle pattern as time goes. On the other hand, similar phenomenon can also be captured in real observations. In laboratory, if a school of redzebra fish are moved from a big water tank to a small rectangular one, they will exhibit a panic scene. The individuals will swim at high speed at the beginning and then form a whirl. The pattern may last for 10-30 seconds. It is also reported that sardines perform the similar behaviour when they are attached by predators. The comparison between the modelling and the real observation indicates that the proposed algorithm has the potential to be a numerical tool in predicting the motion of fish schools.

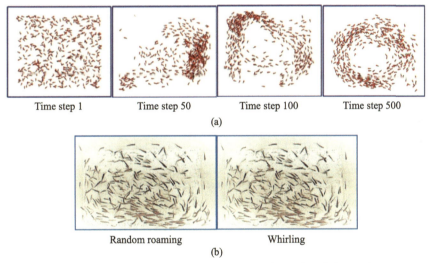

Fig. 4   Comparison between numerical simulation and real observations
(a) numerical simulation; (b) real observation

4 Concluding remarks

In this work, the collective motion of fish schools is simulated using a CA model which is incorporated with the principle of least potential energy. Numerical results show that some typical motion behaviour of fish schools can be predicted by the proposed algorithm. The significance of the CA is that the model can not only animate the motion of fish schools reasonably, but also reveal the natural law behind the phenomenon.

It must be mentioned that the constants used to calculate the potential energy will affect the simulation. Further research is needed to assign reasonable values to a, k_{d1}, k_{d2}, k_{o1} and k_{o2}.

The present algorithm may be applied to mobile swarm robots, for example, to optimize of the formation of unmanned aerial vehicles. The current CA is a 2-dimensional model but it can be extended to 3-dimensional cases.

References

[1] CISNEROS L H, CORTEZ R, DOMBROWSKI C, et al. Fluid dynamics of self-propelled microorganisms, from individuals to concentrated populations[J]. Experiments in Fluids, 2007, 43: 737-753.

[2] SOKOLOV A, GOLDSTEIN R E, FELDCHTEIN F I, et al. Enhanced mixing and spatial instability in concentrated bacterial suspensions[J]. Physical Review E, 2009, 80: 031903.

[3] ATTANASI A, CAVAGNA A, CASTELLO L D, et al. Collective behaviour without collective order in wild swarms of midges[J]. PLoS Computational Biology, 2014, 10: e1003697.

[4] DELL'ARICCIA G, DELL'OMO G, WOLFER D P, et al. Flock flying improves pigeons' homing: GPS track analysis of individual flyers versus small groups[J]. Animal Behaviour, 2008, 76: 1165-1172.

[5] LUKEMAN R, LI Y X, EDELSTEIN-KESHET L. Inferring individual rules from collective behavior[J]. Proceedings of the National Academy of Sciences, 2011, 107: 12576-12580.

[6] YUAN W F, TAN K H. An evacuation model using cellular automata[J]. Physica A: Statistical Mechanics and its Applications, 2007, 384: 549-566.

[7] FISCHHOFF I R, SUNDARESAN S R, CORDINGLEY J, et al. Social relationships and reproductive state influence leadership roles in movements of plains zebra, equus burchellii[J]. Animal Behaviour, 2007, 73: 825-831.

[8] BREDER JR C M. Equations descriptive of fish schools and other animal aggregations[J]. Ecology, 1954, 35: 361-370.

[9] MAURY O, POGGIALE J C. From individuals to populations to communities: a dynamic energy budget model of marine ecosystem size-spectrum including life history diversity[J]. Journal of Theoretical Biology, 2013, 324: 52-71.

[10] JIANG L, LECHEVAL V, LIZIER J T, et al. Informative and misinformative interactions in a school of fish Swarm Intelligence[J]. Swarm Intelligence, 2018.

[11] HU F, NIE L J, FU S J. Information dynamics in the interaction between a prey and a predator fish Swarm Intelligence[J]. Entropy, 2015, 17: 7230-7241.

[12] BALLERINI M, CABIBBO N, CANDELIER R, et al. Interaction ruling animal collective behavior depends on topological rather than metric distance: evidence from a field study[J]. Proceedings of the National Academy of Sciences, 2008, 105: 1232-1237.

[13] REYNOLDS C W. Flocks, herds, and schools: a distributed behavioral model[M]. New York: ACM, 1987.

[14] DELGADO M D M, MIRANDA M, ALVAREZ S J, et al. The importance of individual variation in the dynamics of animal collective movements[J]. Philosophical Transactions of the Royal Society B: Biological Sciences, 2018, 373: 20170008.

[15] HUEPE C, ALDANA M. New tools for characterizing swarming systems: a comparison of minimal models[J]. Physica A Statistical Mechanics & Its Applications, 2008, 387: 2809-2822.

[16] GINELLI F, PERUANI F, BÄR M, CHATÉ H. Large-scale collective properties of self-Propelled rods[J]. Physical Review Letters, 2010, 104: 184502.

[17] INADA Y. Steering mechanism of fish schools[J]. Complexity International, 2000, 8: 1-9.

Robust topology design optimization based on dimensional decomposition method[*]

Ren Xuchun[1†], **Zhang Xiaodong**[2]

(1. Mechanical Engineering Department, Georgia Southern University, Statesboro, GA 30458, USA;
2. School of Civil Engineering, Chongqing Jiaotong University, Chongqing, China)

Abstract This paper presents an efficient approach for robust topology design optimization (RTO) which is based on polynomial dimensional decomposition (PDD) method. The level-set functions are adopted to facilitate the topology changes and shape variations. The topological derivatives of the functionals of robustness root in the concept of deterministic topological derivatives and dimensional decomposition of stochastic responses of multiple random inputs. The PDD for calculating robust topological derivatives consists of only a number of evaluations of the deterministic topological derivatives at the specied points in the stochastic space and provides effective and efficient design sensitivity analyses for RTO. The numerical examples demonstrate the effectiveness of the present method.

1 Introduction

Conventional deterministic topology design techniques[1,5] do not consider the impact of uncertainties extensively existing in the manufacturing process and operational environment. When the system responses driving the design process are highly sensitive to such uncertainties, large deviations in predictions of responses of engineering structure will be resulted. Therefore deterministic topology optimization iterations driven by those system responses may lead to pseudo optimal designs with substantial performance degradation. Especially, when the deterministic design solution found located near the boundary of the feasible domain, even slight changes caused by uncertainties could produce unknowingly risky designs violating one or more constraints.

Robust topology optimization (RTO), targeted at minimizing the propagation of input uncertainty, generates insensitive topology design with the presence of uncertainty. It has been an important methodology in the past decade for topology design of aerospace, automotive, and civil

---

[*] National Science Foundation under Grant (CMMI-1635167), Startup funding of Georgia Southern University
† 通信作者：xren@georgiasouthern.edu

structures sustaining the plague of uncertainties. The objective or constraint functions in RTO usually combine the mean and standard deviation of certain stochastic responses, describing the objective robustness or feasibility robustness of a given topology. Therefore, an RTO solution requires evaluations of statistical moments and their sensitivity with respect to topology changes. In nature, statistical moment analysis is to calculate a high-dimensional integral regarding the probability measure $f_X(x)$ of X over $\mathbb{R}^N$, where N is the number of random variables. Generally, the analytical evaluation for such an integral is not readily available. As a consequence, it often resorts to numerical integration. However, direct numerical integration is often computational prohibitive for the cases that N exceeds three or four, especially when expensive finite element analyses (FEA) are required for the evaluation of response functions. To alleviate the computational cost, many approximate methods for statistical moment analysis were developed, including the point estimate method (PEM)[6], Taylor series expansion or perturbation method[6], tensor product quadrature (TPQ)[7], Neumann expansion method[8], polynomial chaos expansion (PCE)[9], statistically equivalent solution[10], dimension-reduction method[11-12], and others[13]. There are two major concerns in those approaches when applied to large-scale engineering problems. First, the perturbation or Taylor series expansions, PEM, PCE, TPQ, and dimension-reduction methods often begin to be inapplicable or inadequate when the input uncertainty is large and/or stochastic responses are highly nonlinear. Second, many of the aforementioned methods are often computationally expensive for stochastic topology sensitivity analysis since many of them invoke finite-difference techniques which require repetitive stochastic analysis at both perturbed and nominal design points.

This paper builds a framework for robust topology design optimization of complex engineering structures subject to random inputs. The method roots in polynomial dimensional decomposition (PDD) of a multivariate stochastic response function, deterministic topological sensitivity analysis, and the level-set method. It generates analytical formulations of the first three moments. In addition, it can calculate both the first two moments and their topology derivatives in one stochastic analysis. Section 2 describes the PDD approximation of topological derivatives for robust topology optimization, resulting in explicit formulae for the first two moments. Section 3 briefly describes the level-set method for topology changes. The calculation of PDD expansion coefficients, required in sensitivity analyses of moments, is discussed in Section 4. In Section 5, two numerical examples demonstrate the effectiveness of the proposed method. Finally, conclusions are drawn in Section 6.

2 PDD for topological derivatives of robust topology optimization

2.1 Robust topology design problems

Both objective and constraint functions of RTO problems may involve the first two moment properties for the assessment of robustness. A generic RTO problem is often formulated as the following mathematical programming problem

$$\min_{\Omega} c_0(\Omega) := w_1 \frac{E[y_0(\Omega, X)]}{\mu_0^*} + w_2 \frac{\sqrt{\text{var}[y_0(\Omega, X)]}}{\sigma_0^*}$$

Subject to

$$c_k(\Omega) := \alpha_k \sqrt{\text{var}[y_k(\Omega, X)]} - E[y_k(\Omega, X)]; \quad k = 1, 2, \cdots, K, \quad \Omega \subseteq D \tag{1}$$

where $D \subset \mathbb{R}^3$ is a bounded domain in which all admissible topology design Ω are included; $X := (X_1, X_2, \cdots, X_N)^T \in \mathbb{R}^N$ is an N-dimensional random input vector completely defined by a family of joint probability density functions $\{f_X(x), x \in \mathbb{R}^N\}$ on the probability triple (Ω_X, F, P), and Ω_X is the sample space; $\mathcal{F}$ is the σ-field on Ω_X; P is the probability measure associated with probability density $f_X(x)$ $w_1 \in \mathbb{R}_0^+$ and $w_2 \in \mathbb{R}_0^+$ are two non-negative, real-valued weights, satisfying $w_1 + w_2 = 1$, $\mu_0^* \in \mathbb{R} \setminus \{0\}$ and $\sigma_0^* \in \mathbb{R} \setminus \{0\}$ are two non-zero, real-valued scaling factors; $\alpha_k \in \mathbb{R}_0^+$, $k=1,2,\cdots, K$, are non-negative, real-valued constants associated with the probabilities of constraint satisfaction; E and var are the expectation operator and variance operator, respectively, with respect to the probability measure P. The evaluation of both E and var on certain random response demands statistical moment analysis.

2.2 Polynomial dimensional decomposition

Let $y(\Omega, X)$ be a multivariate stochastic response, representing any of y_k in Eq. (1) and depending on the random vector $X = \{X_1, X_2, \cdots, X_N\}^T$, and $\mathscr{L}_2(\Omega_X, F, P)$ be a Hilbert space of square-integrable functions y with corresponding probability measure $f_X(x)\mathrm{d}x$ supported on $\mathbb{R}^N$. Assuming independent coordinates, the PDD expansion of function y generates the following hierarchical decomposition[14-15]

$$y(\Omega, X) = y_\phi(\Omega) + \sum_{\phi \neq u \subseteq \{1, 2, \cdots, N\}} \sum_{j_{|u|} \in \mathbb{N}^{|u|}} C_{uj_{|u|}}(\Omega) \psi_{uj_{|u|}}(X_u; \Omega) \tag{2}$$

where $\psi_{uj_{|u|}}(X_u; \Omega) := \prod_{p=1}^{|u|} \psi_{i_p j_p}(X_i; \Omega)$ is a set of multivariate orthonormal polynomials and $j_{|u|} = (j_1, j_2, \cdots, j_{|u|}) \in \mathbb{N}^{|u|}$ is a $|u|$-dimensional multi-index; $y_\phi(\Omega)$ represents the constant term; for $|u|=1, 2, \cdots, S$, $C_{uj_{|u|}}(\Omega)\psi_{uj_{|u|}}(X_u; \Omega)$ are the univariate, bivariate, $\cdots$, and S-variate component functions representing the individual influence from a single input variable, the cooperative effect of two, $\cdots$, and S input variables, respectively. Retaining, at most, the interactive effects of $0 < S < N$ input variables and mth-order polynomials, Eq. (2) can be truncated as follows

$$\tilde{y}S, m(\Omega, X) = y_\phi(\Omega) + \sum_{\substack{\phi \neq u \subseteq \{1,2,\cdots,N\} \\ 1 \leqslant |u| \leqslant S}} \sum_{\substack{j_{|u|} \in \mathbb{N}^{|u|} \\ \|j_{|u|}\|_\infty \leqslant m}} C_{uj_{|u|}}(\Omega) \psi_{uj_{|u|}}(X_u; \Omega) \tag{3}$$

where

$$y_\phi(\Omega) = \int_{\mathbb{R}^N} y(x,\Omega) f_X(x) dx \tag{4}$$

and

$$C_{uj_{|u|}}(\Omega) := \int_{\mathbb{R}^N} y(x,\Omega) \psi_{uj_{|u|}}(X_u;\Omega) f_X(x) dx, \quad \phi \neq u \subseteq \{1,2,\cdots,N\}, \quad j_{|u|} \in \mathbb{N}^{|u|}, \tag{5}$$

are various expansion coefficients. Eq. (3) generates the S-variate, mth-order PDD approximation by containing interactive effects of at most S input variables $X_{i1}, X_{i2}, \cdots, X_{iS}$, $1 \leq i_1 < \cdots < i_S \leq N$, and up to mth-order polynomial basis on y. It converges to y and engenders a sequence of hierarchical and convergent approximations of y when $S \to N$ and $m \to \infty$. Depending on the hierarchical structure and nonlinearity of an engineering problem, the truncation parameters S and m can be chosen accordingly. The higher the values of S and m permit the higher accuracy, but also demand the higher computational cost of a Sth-order polynomial computational complexity[14-15]. In the following sections of this paper, the S-variate, mth-order PDD approximation is simply referred to as truncated PDD approximation.

2.3 Stochastic moments and their topology derivatives

Given a random response y on certain topology design Ω, let $m^{(r)}(\Omega) := E[y^r(\Omega,X)]$ denote the raw moment of y of order r. Let $\tilde{m}^{(r)}(\Omega) := E[\tilde{y}_{S,m}^r(\Omega,X)]$ denote the raw moment of an S-variate, mth-order PDD approximation $\tilde{y}_{S,m}^r(\Omega,X)$ of $y(\Omega,X)$. The explicit formulae of the moments by PDD approximations are listed as follows. The first moment or mean[16]

$$\tilde{m}_{S,m}^{(1)}(\Omega) := E[\tilde{y}_{S,m}(\Omega,X)] = y_\phi(\Omega) \tag{6}$$

is simply the constant term y_ϕ, whereas the second moment[16]

$$\tilde{m}_{S,m}^{(2)}(\Omega) := E[\tilde{y}_{S,m}^2(\Omega,X)] = y_\phi^2(\Omega) + \sum_{\substack{\phi \neq u \subseteq \{1,2,\cdots,N\} \\ 1 \leq |u| \leq S}} \sum_{\substack{j_{|u|} \in \mathbb{N}^{|u|} \\ \|j_{|u|}\|_\infty \leq m}} C_{uj_{|u|}}^2(\Omega) \tag{7}$$

is just the sum of squares of the PDD expansion coefficients. It is straightforward that the estimation of the first two moments evaluated by above equations approaches their exact values when $S \to N$ and $m \to \infty$.

The proposed method for topology derivatives of those moments exploits the deterministic the topology derivative concept. When the total compliance of the structure is selected as the response function y aided by the adjoint method, the deterministic topological derivative $D_T y(\Omega,\xi_0)$ at a point ξ_0 reads[17]

$$D_T y(\Omega,\xi_0) = \tilde{\sigma}(\xi_0) : A : \sigma(\xi_0) \tag{8}$$

For the case that the three-dimensional domain consists of isotropic linear elastic material, A is a fourth order tensor related to Young's modulus E and Poisson's ratio v as follows

$$A = \frac{2\pi(1-\upsilon)}{3E(7-5\upsilon)}\left[30(1+\upsilon)\boldsymbol{I} - 3(5\upsilon+1)\boldsymbol{I}\otimes\boldsymbol{I}\right] \qquad (9)$$

where $\boldsymbol{I} = \frac{1}{2}\left(\delta_{ik}\delta_{jl} + \delta_{il}\delta_{jk}\right)e_i\otimes e_j\otimes e_k\otimes e_l$ is the symmetric fourth order identity tensor and $\boldsymbol{I} = \delta_{ij}e_i\otimes e_j$ is the second order identity tensor. In addition, σ is the stress solution of the original problem and $\tilde{\sigma}$ is the stress solution of the associated adjoint problem.

For a point $\xi_0\in\Omega$, taking topology derivative of rth moments of the response function $y(\Omega, X)$ and applying the Lebesgue dominated convergence theorem, which permits interchange of the differential and integral operators, yields

$$\begin{aligned}D_T m^{(r)}(\Omega,\xi_0) := D_T E\left[y^r(\Omega,X)\right]\Big|_{\xi_0} &= \int_{\mathbb{R}^N} ry^{r-1}(\Omega,X)D_T y(\Omega,X,\xi_0)f_X(x)\mathrm{d}x \\ &= E\left[ry^{r-1}(\Omega,X)D_T y(\Omega,X,\xi_0)\right]\end{aligned} \qquad (10)$$

that is, the stochastic topology derivative of a response function is obtained from the expectation on the product of the response function and its deterministic topology derivative.

For simplicity, we use a multi-variate function $z(\Omega, X, \xi_0)$ to denote $D_T y(\Omega, X, \xi_0)$, and it can be approximated by

$$\tilde{z}_{S,m}(\Omega,X,\xi_0) := z_\phi(\Omega,\xi_0) + \sum_{\substack{\phi\neq u\subseteq\{1,2,\cdots,N\}\\ 1\leqslant|u|\leqslant S}}\sum_{\substack{j_{|u|}\in\mathbb{N}^{|u|}\\ \|j_{|u|}\|_\infty\leqslant m}} D_{uj_{|u|}}(\Omega,\xi_0)\psi_{uj_{|u|}}(X_u;\Omega) \qquad (11)$$

Plugged in Eq. (10) and employing the zero mean property and orthonormal property of the PDD basis $\psi_{uj_{|u|}}(X_u;\Omega)$ yield the semi-analytical formulation for topology sensitivity of the first three moments

$$D_T\tilde{m}_{S,m}^{(1)}(\Omega,\xi_0) = z_\phi(\Omega,\xi_0) \qquad (12)$$

$$D_T\tilde{m}_{S,m}^{(2)}(\Omega,\xi_0) = 2\times\left[y_\phi(\Omega)z_\phi(\Omega,\xi_0) + \sum_{\substack{\phi\neq u\subseteq\{1,2,\cdots,N\}\\ 1\leqslant|u|\leqslant S}}\sum_{\substack{j_{|u|}\in\mathbb{N}^{|u|}\\ \|j_{|u|}\|_\infty\leqslant m}} C_{uj_{|u|}}(\Omega)D_{uj_{|u|}}(\Omega,\xi_0)\right] \qquad (13)$$

$$D_T\tilde{m}_{S,m}^{(3)}(\Omega,\xi_0) = 3\times\left[z_\phi(\Omega)\tilde{m}_{S,m}^{(2)}(\Omega) + 2y_\phi(\Omega)\sum_{\substack{\phi\neq u\subseteq\{1,2,\cdots,N\}\\ 1\leqslant|u|\leqslant S}}\sum_{\substack{j_{|u|}\in\mathbb{N}^{|u|}\\ \|j_{|u|}\|_\infty\leqslant m}} C_{uj_{|u|}}(\Omega)D_{uj_{|u|}}(\Omega,\xi_0) + T_k\right] \qquad (14)$$

$$\begin{aligned}T_k = \sum_{\substack{\phi\neq u,v,w\subseteq\{1,\cdots,N\}\\ 1\leqslant|u|,|v|,|u|\leqslant S}}\sum_{\substack{j_{|u|},j_{|v|},j_{|w|}\in\mathbb{N}^{|u|}\\ \|j_{|u|}\|_\infty,\|j_{|v|}\|_\infty,\|j_{|w|}\|_\infty\leqslant m}} & C_{uj_{|u|}}(\Omega)C_{vj_{|v|}}(\Omega)D_{wj_{|w|}}(\Omega,\xi_0)\times \\ & E_d\left[\psi_{uj_{|u|}}(X_u;\Omega)\psi_{vj_{|v|}}(X_v;\Omega)\psi_{wj_{|w|}}(X_w;\Omega)\right]\end{aligned} \qquad (15)$$

which requires expectations of various products of three random orthonormal polynomials.

However, if X follows classical distributions such as Gaussian, Exponential, and Uniform distribution, then the expectations are easily determined from the properties of univariate Hermite, Laguerre, and Legendre polynomials[18, 20]. For general distributions, numerical integration methods will apply.

3 Level-set method for topology and shape changes

This paper employs level-set function for the topology representation. The structural domain is described by the positive values of the level-set function. The domain topology and boundaries are implicitly represented by its zero iso-surface. In addition, the evolution of level-set function thus the domain topology is updated by solving a reaction-diffusion equation[21], in which the reaction term is driven by the topology derivative of the stochastic moments. Therefore, it permits nucleation of new holes and new boundaries during the optimization iterations and does not need to preset an initial topology from guessing the proper number and configuration of initial holes.

In this research, the reaction-diffusion equation

$$\frac{\partial \phi}{\partial t} = \tau \nabla^2 \phi + D_T \quad (16)$$

with introducing a fictitious time parameter $t \in \mathbb{R}^+$ which corresponding to descent stepping in optimization iterations, will be used.

4 PDD expansion coefficients

The dimension-reduction integration (DRI) scheme[11], is employed to evaluate the PDD coefficients. Let c be a reference point, which is commonly taken as the mean of X, and $y(\Omega, x_v, c_{-v})$ be an $|v|$-variate RDD component function[11] of $y(\Omega, x)$, where $v \subseteq \{1, \cdots, N\}$. Given a positive integer $S \leqslant R \leqslant N$, the coefficients $y_\phi(\Omega)$ and $C_{uj|u|}(\Omega)$ are estimated from[11]

$$y_\phi(\Omega) \cong \sum_{i=0}^{R}(-1)^i \binom{N-R+i-1}{i} \sum_{\substack{v \subseteq \{1,2,\cdots,N\} \\ |v|=R-i}} \int_{\mathbb{R}^{|v|}} y(\Omega, x_v, c_{-v}) f_{X_v}(x_v) \mathrm{d} x_v \quad (17)$$

and

$$C_{uj|u|}(\Omega) \cong \sum_{i=0}^{R}(-1)^i \binom{N-R+i-1}{i} \sum_{\substack{v \subseteq \{1,2,\cdots,N\} \\ |v|=R-i, u \subseteq v}} \int_{\mathbb{R}^{|v|}} y(\Omega, x_v, c_{-v}) \psi_{wj|w|}(X_w; \Omega) f_{X_v}(x_v) \mathrm{d} x_v \quad (18)$$

respectively, which need the evaluation of at most R-dimensional integrals. The DRI is significantly more efficient than performing one N-dimensional integration, particularly when $R \ll N$. For instance, when $R = 1$ or 2, Eqs. (17) and (18) involve one-, or at most, two-dimensional integration, respectively. Hence, the computational effort is significantly lowered.

5 Numerical examples

To examine the efficiency of the PDD methods developed for RTO, two examples are solved in this section, which are a cantilever beam and a three-point bending beam, respectively. For both examples, the PDD expansion coefficients were estimated by DRI with the mean input as the reference point, $R = S$, and the number of Gauss points $n_g = m + 1$, where $S = 1$ and $m = 2$. In both examples, orthonormal polynomials and their consistent Gauss quadrature rules were employed for evaluating coefficients. No unit for length, force, and Young's modulus is specified in both examples for simplicity, while permitting any consistent unit system for the results. The response function y_0 in Eq. (1) is taken as the total compliance $y_0(\Omega) = \int_\Omega \sigma : \varepsilon \, d\Omega$ of the structure for both examples. The two weights $w_1 = w_2 = 0.5$ in both examples. (Figure 1)

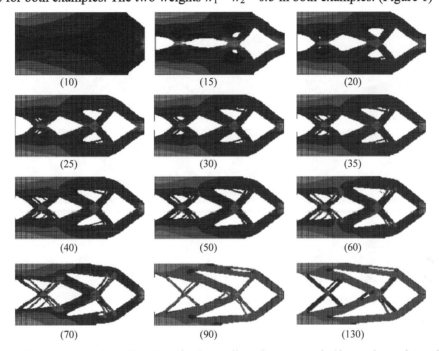

Figure 1　Topologies in selected iterations for the cantilever beam example (the number underneath each subfigure is the corresponding iteration number)

5.1　A cantilever beam

Consider a cantilever beam, of length $L = 200$ and height $H = 100$, subject to a distributed shear traction F along the downward direction on the segment of length $H/16$ located in the center of the right edge, where $F \sim N(16, 0.16)$ is a Gaussian random variable with the mean value of 16 and standard deviation of 0.16. The beam consists of isotropic linear elastic material, of random Young's modulus E and random Poisson's ratio v, where $E \sim N(10^6, 10^5)$ and $v \sim N(0.25, 0.0025)$. The RTO problem is also subject to a deterministic volume constraint which limits the maximal volume of the feasible design to be less than 35% of the initial one. The topology updates of selected design iterations are shown in Fig. 1. The total number of FEA for 130 iterations is only 910 attributing to the 2nd order univariate PDD approximation.

5.2 A three-point bending beam

The second example is an RTO of a three-point bending beam. Its length $L = 200$ and height $H = 100$, subject to a distributed normal traction F, pointing to the downward direction, on the segment of length $L/32$ located in the center of the bottom edge. The random normal traction F, random Young's modulus E, and random Poisson's ratio v follow the same distribution of the corresponding variable in the cantilever beam example, respectively. In addition, the same deterministic volume constraint is applied in this example. The topology updates of selected design iterations are shown in Figure 2. Only 980 FEA are required for 140 iterations by the 2nd order univariate PDD approximation.

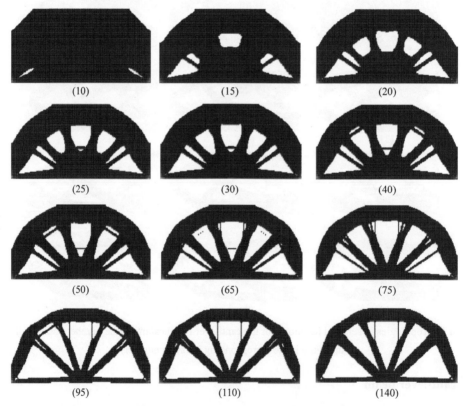

Figure 2 Topologies in selected iterations for the three-point bending example (the number underneath each subfigure is the corresponding iteration number)

6 Conclusions

The novel computational method proposed in this paper for robust topology optimization integrates truncated polynomial decomposition approximations, deterministic topology derivatives, and level-set functions, providing semi-analytical expressions of approximate topology sensitivities of the first three moments that are mean-square convergent. In addition, only a single stochastic analysis is required for both statistical moment analysis and their topology sensitivity analysis in each design iteration. The RTO driven by the proposed method requires no initial layout of holes, facilitating the design process. Two numerical examples indicate that the new method developed provides computationally efficient solutions. Although only three random variables are considered in both examples, the solution for RTO problems with 50-100 random variables can be envisioned according to authors' experience.

Acknowledgments

The authors acknowledge financial support from the U.S. National Science Foundation under Grant No. CMMI-1635167 and the startup funding of Georgia Southern University.

References

[1] CHENG G D, GUO X. ε-relaxed approach in structural topology optimization[J]. Structural Optimization, 1997, 13(4): 258-266.
[2] YANG D Q, SUI Y K, LIU Z X, et al. Topology optimization design of continuum structures under stress and displacement constraints[J]. Applied Mathematics and Mechanics, 2000, 21(1): 19-26.
[3] WANG M Y, CHEN S K, WANG X M, et al. Design of multimaterial compliant mechanisms using level-set methods[J]. Journal of Mechanical Design, 2005, 127(5): 941-956.
[4] GUO X, ZHANG W S, ZHONG W L. Doing topology optimization explicitly and geometrically-a new moving morphable components based framework[J]. Journal of Applied Mechanics, 2014, 81(8): 081009.
[5] ZHANG W S, LIU Y, WEI P, et al. Explicit control of structural complexity in topology optimization[J]. Computer Methods in Applied Mechanics and Engineering, 2017, 324: 149-169.
[6] HUANG B, DU X. Analytical robustness assessment for robust design[J]. Structural and Multidisciplinary Optimization, 2017, 34(2): 123-137.
[7] LEE S H, CHEN W, KWAK B M. Robust design with arbitrary distributions using gauss-type quadrature formula[J]. Structural and Multidisciplinary Optimization, 2009, 39(3): 227- 243.
[8] YAMAZAKI F, SHINOZUKA M, DASGUPTA G. Neumann expansion for stochastic finite element analysis[J]. Journal of Engineering Mechanics, 1988, 114(8): 1335-1354.
[9] WANG H, KIM N H. Robust design using stochastic response surface and sensitivities[C]//11th AIAA/ISSMO Multidisciplinary Analysis and Optimization Conference, 2006.
[10] GRIGORIU M. Statistically equivalent solutions of stochastic mechanics problems[J]. Journal of Engineering Mechanics, 1991, 117(8): 1906-1918.
[11] XU H, RAHMAN S. A generalized dimension-reduction method for multidimensional integration in stochastic mechanics[J]. International Journal for Numerical Methods in Engineering, 2004, 61(12): 1992-2019.
[12] XU H, RAHMAN S. Decomposition methods for structural reliability analysis[J]. Probabilistic Engineering Mechanics, 2005, 20(3): 239-250.
[13] GRIGORIU M. Stochastic Calculus: Applications in Science and Engineering[M]. Berlin: Springer, 2002.
[14] RAHMAN S. A polynomial dimensional decomposition for stochastic computing[J]. International Journal for Numerical Methods in Engineering, 2008, 76(13): 2091-2116.

[15] RAHMAN S. Extended polynomial dimensional decomposition for arbitrary probability distributions[J]. Journal of Engineering Mechanics-ASCE, 2009, 135(12): 1439-1451.

[16] REN X H, ZHANG X D. Stochastic sensitivity analysis for robust topology optimization[C]//World Congress of Structural and Multidisciplinary Optimisation, pages 334-346. Springer, 2017.

[17] GARREAU S, GUILLAUME P, MASMOUDI M. The topological asymptotic for PDE systems: the elasticity case[J]. SIAM Journal on Control and Optimization, 2001, 39(6): 1756-1778.

[18] BUSBRIDGE I W. Some integrals involving Hermite polynomials[J]. Journal of the London Mathematical Society, 1948, 23: 135-141.

[19] RAHMAN S, REN X C. Novel computational methods for high-dimensional stochastic sensitivity analysis[J]. International Journal for Numerical Methods in Engineering, 2014, 98(12): 881-916.

[20] REN X C, RAHMAN S. Robust design optimization by polynomial dimensional decomposition[J]. Structural and Multidisciplinary Optimization, 2013, 48(1): 127-148.

[21] YAMADA T, IZUI K, NISHIWAKI S, et al. A topology optimization method based on the level set method incorporating a fictitious interface energy[J]. Computer Methods in Applied Mechanics and Engineering, 2010, 199(45-48): 2876-2891.

自组织映射网络（SOM）在游戏用户分类中的应用[*]

孙 菁，张章飞[†]，刘振兴

(微智娱北京科技有限公司，北京 100101)

摘要 对自组织映射神经网络(self orgnization map，SOM)在游戏用户分类中的应用做了探讨。基于自组织映射神经网络，将游戏用户进行分类。提取用户特征如活跃天数，游戏盘数，输赢金币等，对这些原始特征进行中心化处理。指定聚类簇数，将处理后的特征向量输入 SOM 进行聚类。分析聚类结果，统计每个类的统计特征，以验证算法。

关键词 自组织映射网络；用户分类；聚类分析

1 引言

在游戏行业中，用户分类是制定有效运营策略的基础。游戏公司可以根据特定用户群体的特征，制定相应的运营策略，从而提升用户的黏合度，进而最大化公司效益。用户在游戏过程中，不同的用户有不同的游戏行为特征，如不同的活跃天数，不同的带入金币量；从宏观上看，不同的群体有特定的特征，如某用户群体普遍活跃天数少，某用户群体普遍带入金币量高。对用户游戏特征进行挖掘，将具有相似特征的用户划分为一个群体，针对不同的群体实施不同的策略以提升用户体验，吸引更多忠实的游戏用户。

聚类分析是指将相似的数据划分为同一个类别。同一类别中的样本相似，不同类别中的互不相同。常见的聚类算法主要有基于划分方法的算法，基于层次方法的算法，基于密度方法的算法和基于网格方法的算法。基于划分方法的算法首先制定 n 个划分，即需要创建的类别（簇）个数，通过将样本从一个划分转移到另一个划分，来提高划分质量。自组织映射网络（SOM）[2]由芬兰神经网络专家 Kohnen 提出，属于基于划分方法的算法。受生物学启发，SOM 可以从已有的数据中学习并调节其内部参数，形成先验知识，之后即可利用这些先验知识对新的数据进行处理。SOM 是一种无监督聚类算法，相较于传统的聚类方法，SOM 能将任意维度的输入在输出层映射成一维或二维离散图形，并保持其拓扑结构不变，即能自动对输入模式进行聚类[1]。SOM 能够保持输入数据的拓扑有序性并能够自动提取输入数据的特征，非常适合解决聚类问题[3-4]。SOM 可以自动地学习输入数据间的固有内在的特征及联系，进行计算并映射到各个聚类簇。所以，SOM 对于特征不是很明显，以及特征参数相互交错混杂的非线性分布问题是很有效的。而游戏用户本身的行为即特征也是复杂多变的，SOM 在游戏用户进行分类问题上是一种很有效的方法。

---

[*] 国家自然科学基金资助项目（11072128）
[†] 通信作者：zhangzhangfei@gmail.com

2 算法综述

2.1 用户特征提取

以中国传统休闲游戏斗地主的游戏用户为数据挖掘对象，研究斗地主游戏用户的群体分类。一般来讲，用户在玩游戏过程中会产生多种特征行为，如登录游戏的频率，是否选择叫地主等。根据数据挖掘的目的，可以将这些行为大致分为两类，一类是表征用户黏合度的特征，另一类是游戏行为特征。

表征黏合度的特征有：①活跃天数，即登录过游戏的天数；②每日游戏次数，即用户在登录过游戏的天数内平均每日登录游戏的次数；③每次游戏盘数，即用户每次登录游戏玩的盘数。行为特征有：①每日游戏的金币变化量，即用户在活跃天内从进入第一盘游戏到退出最后一盘游戏，其金币的变化量；②叫地主频率，即用户在所有的游戏中，选择叫地主的盘数与总游戏盘数之比；③赢盘频率，即用户在所有的游戏中，赢的盘数与总盘数之比。

表 1 和表 2 分别给出了黏合度特征实例和行为特征实例。

表 1 用户黏合度特征示例

用户 ID	活跃频率	每日游戏次数	每次游戏盘数
3245	0.33	3.56	10.25
3246	0.62	2.55	5.56
3247	0.25	1.32	15.89

表 2 用户行为特征示例

用户 ID	每日游戏金币变化量	地主频率	赢盘频率
3245	−12 413	0.28	0.25
3246	+1842	0.43	0.64
3247	−1368	0.58	0.45

2.2 自组织映射（SOM）算法

2.2.1 据预处理

原始数据中各个特征的量纲和数值两集是不一样的，如在上述用户的行为特征中，金币变化量通常为十万以上的数值，而地主频率和赢盘频率则是在 0～1。如果直接将原始数据输入神经网络，会使得金币变化量对聚类结果产生非常大的影响，而地主频率和赢盘频率的作用将微乎其微。因此，需要对原始数据做预处理，剔除不同特征之间的量纲和数量级之间的差异性。常用的处理方法有中心化和标准化。

数据中心化又称为零均值化。是指在一个多维度向量内，每个元素减去该向量的平均值。这过程实际上是一个将数据平移的过程，平移后的数据中心即变为原点。其计算公式为

$$x' = x - \mu \tag{1}$$

式中 μ 为向量的均值。

数据标准化又称为归一化，标准化在中心化的基础上，每个元素在减去向量的均值后再除以向量的标准差。计算公式为

$$x' = \frac{x - \mu}{\sigma} \tag{2}$$

式中 σ 为向量的标准差。

中心化和标准化对原始数据的改变如图 1 所示。

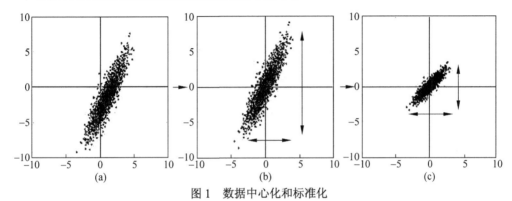

图 1　数据中心化和标准化
(a) 原始数据；(b) 中心化处理后的数据；(c) 标准化处理后的数据

经过标准化处理后的用户黏合度与行为特征分别如表 3 和表 4 所示。

表 3　标准化后的用户黏合度特征示例

用户 ID	活跃频率	每日游戏次数	每次游戏盘数
3245	−1.06	−0.27	1.34
3246	−1.12	−0.18	1.30
3247	−0.78	−0.63	1.41

表 4　标准化后的用户行为特征示例

用户 ID	每日游戏金币变化量	地主频率	赢盘频率
3245	−1.41	0.71	0.71
3246	1.41	−0.71	−0.71
3247	−1.41	0.71	0.71

由表 3 和表 4 可以看出，由于选取的数据维度较低，黏合度特征只有二维，行为特征只有三维；并且向量内的不同特征数量级差异过大，如行为特征中的金币变化量数量级和频率，因此导致所有用户的特征在标准化后失去了区分度。如黏合度特征中，很大一部分的用户的活跃频率都在 −1.1 左右，每次游戏盘数在 1.30 左右。行为特征也是类似的情况，

金币变化量为 ±1.41，地主频率和赢盘频率为 ±0.71。因此，调整数据标准化的实施方式，不再以单个用户的特征为一个单位（横向标准化），而是以所有用户的同一特征为一个单位（纵向标准化）。结果如表 5 和表 6 所示。

表 5 纵向标准化后的用户黏合度特征示例

用户 ID	活跃频率	每日游戏次数	每次游戏盘数
3245	−0.44	1.18	−0.07
3246	1.38	0.08	−1.19
3247	−0.94	−1.26	1.26

表 6 纵向标准化后的用户行为特征示例

用户 ID	每日游戏金币变化量	地主频率	赢盘频率
3245	−1.38	−1.22	−1.23
3246	0.95	0.00	1.21
3247	0.42	1.22	0.02

经过纵向中心化和标准化的预处理，不同特征具有相同的尺度，并且各个数据之间具有区分度，这样，SOM 在内部调参时，不同特征对参数的作用就相同了。

2.2.2 自组织映射网络（SOM）

自组织映射网络广泛应用于聚类分析，最早由 Kohnen 提出，具有自适应学习能力和较好的鲁棒性。SOM 将任意维度的数据映射到一维或二维的输出，同时可以维持原始数据间的拓扑逻辑关系。相比于其他的神经网络模型，SOM 的不同在于它是以若干个神经元同时表示聚类结果，而不是以单个的神经元的状态向量表示结果。网络通过迭代训练调整参数，使得内部权重可以表示输入数据的统计特性。

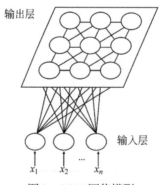

图 2 SOM 网络模型

SOM 的聚类结果有以下 3 个特征：①近似反应样本空间。SOM 的训练目标是使输出层低纬度的节点来表示高纬度的输入样本空间，因此 SOM 输出层的每个节点的权重会近似样本空间中的一组数据。②输出层节点拓扑有序。这也是 SOM 相比于其他传统聚类方法的特点之一。SOM 在学习过程中，在调节获胜节点参数的同时，也会更改其邻近节点的权值，这会使得这一部分节点向输入层节点不同程度地靠近。所以，在 SOM 训练结束后，输出层相近节点的权值相对近似，因而它们代表的样本空间的数据点也相对近似。③密度匹配。由于 SOM 输出层的节点各自近似样本空间的一组数据，且相近节点也会相对近似，因此相近节点所代表的样本数据点也会相对近似。

SOM 结构如图 2 所示，主要由输入层和竞争层组成。输入层的节点以一维形式排列，假设有 n 维，共有 s 个节点。输出层节点以一维或二维形式排列，假设共有 m 个节点，输出的值分别标记为 $\{y_j | j=1,2,3,\cdots,m\}$。则输入层第 q 个节点向量的表示形式为

$$X^q = \left(x_1^q, x_2^q, x_3^q, \cdots, x_i^q, \cdots, x_n^q\right)^{\mathrm{T}} \tag{3}$$

与第 j 个输出节点相关联的权重的向量表示形式为

$$W_j = \left(W_{j1}, W_{j2}, W_{j3}, \cdots, W_{ji}, \cdots, W_{jn}\right)^{\mathrm{T}} \tag{4}$$

SOM 算法迭代过程的步骤[6-8]如下：

（1）初始化输出层各个节点的权值 $w_{ij} \in (0,1)(i=1,2,3,\cdots,m, j=1,2,3,\cdots,n)$。同时指定学习速率 $\alpha(t)$ 的值和邻域范围 $\xi_c(t)$ 的值，其中 t 表示第 t 次学习（迭代）过程，最后还需指定总的学习次数 T。邻域范围 $\xi_c(t)$ 表示在步骤（5）中确定的获胜神经元 c 的邻域。该邻域范围覆盖了若干个神经元，以获胜神经元为中心呈正方形分布，如图 3 所示。

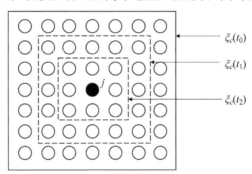

图 3　获胜神经元及其邻域范围变化

（2）在 s 个训练数据中随机选取一个样本提供给网络的输入层，并进行标准化处理。这里的标准化处理是为了方便步骤(4)中计算欧氏距离以确定获胜神经元。

$$X^{q'} = \frac{X^q}{\|X^q\|} = \frac{\left(x_1^q, x_2^q, x_3^q, \cdots, x_n^q\right)}{\left[\left(x_1^q\right)^2, \left(x_2^q\right)^2, \left(x_3^q\right)^2, \cdots, \left(x_n^q\right)^2\right]^{\frac{1}{2}}} \tag{5}$$

（3）对输出层的权重进行标准化处理。这里同样是为了计算欧氏距离。

$$W_j' = \frac{W^j}{\|W^j\|} = \frac{\left(w_{j1}, w_{j2}, w_{j3}, \cdots, w_{jn}\right)}{\left[\left(w_{j1}\right)^2, \left(w_{j1}\right)^2, \left(w_{j1}\right)^2, \cdots, \left(w_{j1}\right)^2\right]^{\frac{1}{2}}} \tag{6}$$

（4）计算输入样本点 X^q 和所有输出层节点 W'_j 之间的欧氏距离。

$$d_j = \|X^q - W'_j\| = \left[\sum_{i=1}^{n}(x_i'^q - w'_{ij})^2\right]^{\frac{1}{2}} \tag{7}$$

（5）从步骤（4）中计算得到的欧氏距离中，找出最小的距离 d_c，即为获胜神经元。

$$d_c = \min[d_j], \quad j = 1, 2, 3, \cdots, m \tag{8}$$

（6）对获胜神经元及其邻域内神经元的权值进行重新计算，使其向 X^q 靠近。对于不在邻域内的神经元，其权重保持不变。

$$w_{ij}(t+1) = w_{ij}(t) + \alpha(t) \cdot [x_i'^q - w_{ij}(t)], \quad j \in \xi_c(t) \tag{9}$$

（7）随机选择另外一个样本，重复步骤(2)~(6)，知道 2 到达迭代次数 T。

在 SOM 学习过程中，如果把学习速率 $\alpha(t)$ 设定过大（接近 1），则会导致每次权重的更新幅度过大而来回震荡，学习的稳定性较差。另外，如果把学习速率 $\alpha(t)$ 设定过小（趋于 0），可以在一定程度上增强其稳定性。但是会由于每次权重更新幅度过小而使收敛时间过长。因此可以在学习过程中动态地调整学习率。在学习初期阶段，可以设定较大的学习率，使输出层节点快速地到达最优解附近；随着学习的进行，减小学习率，保证学习过程的收敛性，从而取得较好的稳定性。学习率 $\alpha(t)$ 的设定为

$$\alpha(t) = \alpha_0 \left(1 - \frac{t}{T}\right) \tag{10}$$

式中：α_0 为初始设定的学习率；$\alpha(t)$ 为时刻 t 的学习率，$\alpha(t) \in (0,1)$；t 为指迭代次数；T 为指定的迭代总次数。

此外，邻域 $\xi_c(t)$ 也可以动态地设定。在学习初期阶段，可以将 $\xi_c(t)$ 设置为较大值，如 1/2 的输出平面；随着学习的进行，逐步缩小邻域，直到 $\xi_c(t) = 1$，即只包含获胜神经元。动态设定邻域值，不仅可以加速学习过程，又可以保证学习的必然收敛，并且可以降低造成网络扭曲的可能性[9]。

3 实验及结果分析

3.1 实验过程

实验数据集采用某平台斗地主游戏用户在游戏过程中产生的行为。选取平台上一个月内所有的游戏数据，分析用户的黏合度特征和行为特征。该月内游戏记录共 2200 万条，用户共 678500 个。从游戏记录中提取 1.1 中所述的黏合度特征和行为特征，即活跃天数（A），每日游戏次数（T），每次游戏盘数（P），每日游戏金币变化量（G），地主频率（L），赢盘频率（W）。

对于用户黏合度特征的 3 个分量，若按照高于或低于所有用户的该分量的均值分为两类，并在分量间进行组合，则共有 8 种组合，即（A 高，T 高，P 高），（A 高，T 高，P 低），

(A高，T低，P高)，(A低，T高，P高)，(A低，T低，P低)，(A低，T低，P高)，(A低，T高，P低)，(A高，T低，P低)。同理，对于用户行为特征的 3 个分量的组合也有 8 种，即(G高，L高，W高)，(G高，L高，W低)，(G高，L低，W高)，(G低，L高，W高)，(G低，L低，W低)，(G低，L低，W高)，(G低，L高，W低)，(G高，L低，W低)。因此，在 SOM 聚类实验中，对两组特征的实验均指定聚类簇数为 8。

SOM 学习过程的迭代次数指定为。批处理尺寸为 128。

3.2 结果及分析

3.2.1 黏合度特征聚类结果及分析

通过将*个用户的黏合度特征输入 SOM 并学习后，得到如表 7 所示的结果。同时对每个簇的用户的 3 个特征分量统计了簇内均值。此外，与全体用户的均值比较，按照 3.1 节中所述的 8 个类别，对应了相应的标签。

表 7 黏合度特征聚类结果

簇编号	用户数量	活跃天数均值	每日游戏次数均值	每次游戏盘数均值	标签
1	187 164	1.00	1.00	5.23	A低，T低，P低
2	145 572	3.50	2.10	4.87	A低，T低，P低
3	83 184	0.00	2.15	7.56	A低，T低，P低
4	53 737	4.67	3.78	10.56	A低，T低，P高
5	67 679	5.89	4.29	20.45	A低，T低，P高
6	51 131	14.34	6.32	14.34	A高，T高，P高
7	55 393	15.67	8.37	30.39	A高，T高，P高
8	36 640	20.84	13.65	60.63	A高，T高，P高
合计	678 500	10.45	5.25	8.13	

从表 7 可以看出，SOM 处理后共有 4 种特征鲜明的用户群体。其中第 1、2、3 类为一种类型，这类用户的活跃天数，每日游戏次数和每次游戏盘数都很低，属于极低黏合度用户，对于游戏公司来说属于没有价值的用户。第 4、5 类为一种类型，这类用户的活跃频天数和每日游戏次数都较低，但是每次游戏盘数较高，具有一定潜力的用户，是游戏公司的重点发展对象。第 6、7 类用户活跃天数，每日游戏次数，每次游戏盘数都在较高的水平，属于游戏公司的重点维护用户。第 8 类用户 3 个分量值在所有用户中属于最高水平，是游戏的忠实用户。

3.2.2 行为特征聚类结果及分析

与黏合度特征聚类的分析类似，在行为特征分析中，统计了各个簇的簇内均值，并给出了对应标签，结果如表 8 所示。

表 8 行为特征聚类结果

簇编号	用户数量	每日金币变化量均值	地主频率均值	赢盘频率均值	标签
1	6410	−404 373.37	0.34	0.08	G 低, L 低, W 低
2	56 584	−43 512.32	0.53	0.15	G 低, L 高, W 低
3	101 420	−7566.76	0.52	0.39	G 低, L 高, W 低
4	208 971	−1695.87	0.39	0.47	G 高, L 低, W 高
5	193 786	382.54	0.60	0.53	G 高, L 高, W 高
6	96 777	2243.65	0.36	0.57	G 高, L 低, W 高
7	8820	20 207.89	0.44	0.62	G 高, L 低, W 高
8	5732	57 376.63	0.52	0.71	G 高, L 高, W 高
合计	678 500	−1612.35	0.45	0.43	

从表 8 可以看出，各个簇的地主频率均值并没有很大的区分度，这说明所有用户对于是否选择地主存在着很大的随机性，并没有明显的规律。而每日金币变化量和硬盘频率呈一定的正相关性。未来可对不同金币变化量的各个用户群体做黏合度特征的分析，从而制定更为个性化的策略，以提高用户基数及黏合度。

4 结论

本文主要研究了自组织映射网络在游戏用户分类上的应用。SOM 具有无监督，可自动学习输入数据的特征等优势，适合用于用户聚类。实验结果证明了该方法的有效性。本文选取中国传统休闲游戏斗地主的游戏用户为研究对象，但应用对象不止于斗地主游戏，亦可广泛应用于其他各种休闲游戏。将游戏用户分类后，可以针对特定群体的用户提出针对性的策略，从而提高公司的整体运营效益，对公司而言大有裨益。

参考文献

[1] 陈泯融, 邓飞其. 一种基于自组织特征映射网络的聚类方法[J]. 系统工程与电子技术, 2004, 26(12): 1864-1866.

[2] 李戈, 邵峰晶, 朱本浩. 基于神经网络聚类的研究[J]. 青岛大学学报, 2001, 16(4): 21-24.

[3] SHUO D, CHANG X H, WU Q H. Approximation performance of BP neural networks improved by heuristic approach[J]. Applied Mechanics and Materials, 2013, 411/412/413/414: 1952-1955.

[4] 赵闯, 刘凯, 李电生. SOFM 神经网络在物流中心城市分类评价中的应用[J]. 中国公路学报, 2004, 17(4): 119-122.

[5] 曹云忠. 基于 SOM 和粗糙集理论的客户分类研究[J]. 商场现代化, 2009(1): 43-44.

[6] 倪步喜, 章丽芙, 姚敏. 基于 SOFM 网络的聚类分析[J]. 计算机工程与设计, 2006, 27(5): 855-856.

[7] GHOSH A, PAL S K. Neural network, self-organization and object extraction[J]. Pattern Recognition Letters, 1992, 13(5): 387-397.

[8] 李戈, 邵峰晶, 朱本浩. 基于神经网络聚类的研究[J]. 青岛大学学报(工程技术版), 2001, 16(4): 21-24.

[9] HAGAN M T, DEMUTH H B, BEALE M H. Neural network design[M]. Beijing: China Machine Press, 2002.

施工模拟分析方法的回顾与进展

陈 璞[†]，孙树立

(北京大学 工学院力学与工程科学系，北京 100871)

摘要 与一次性加载分析相比，施工模拟分析能够更为合理地反映建筑结构在不同施工阶段逐层施工、逐层加载的力学行为与响应，对于高层建筑、桥梁等结构的分析可取得更准确、可靠的结果。施工模拟分析作为设计要求已写入相应的国家规程，在工程应用中非常重要。本文首先回顾了有限元施工模拟分析在不同时期所发展的各种方法，并结合工程设计软件的发展过程对这些方法进行了衡量；然后将施工过程看作结构的拓扑修改，给出了基于增加自由度与删减自由度的拓扑修改施工模拟方法，在稀疏矩阵求解技术的支持下，实现了极高效率的施工模拟分析。

关键词 施工模拟分析；结构拓扑修改；有限元法；稀疏矩阵求解技术

1 施工模拟分析的特点及方案

传统的结构分析方法，即一次性加载方法，其分析对象是完工后的整体结构，所有的竖向荷载都施加到竣工后的结构上，一次性完成结构计算。设整体结构的刚度矩阵为 K，位移向量为 u，荷载向量为 f，建立整体结构受力分析的控制方程：

$$Ku = f \tag{1}$$

进行求解得到竖向荷载作用下的位移向量 u，再进而获得构件内力。虽然一次性加载方法的力学模型简单直观，但与实际情况相比，这一模型的计算结果具有以下两个缺陷：

（1）在实际施工过程中时，荷载是在施工过程中随着逐层施工而逐层加载的，不是一次性地作用于整体结构。当第 r 层结构施工完成时，其自重和顶部荷载就已经对下面的 r 层产生作用，结构发生了变形。第 r 层的完工之后，再进行下一层施工时，第 r 层的竖向荷载是不会对第 $r+1$ 层乃至更高层的变形产生影响的。由于每层竖向荷载分层施加，下层结构所受荷载并不会对上层结构产生影响。但是如果在结构计算时采用一次性加载模型，各层的自重和荷载都会影响到其他层的变形，这样的计算结果明显与工程实际不符[1-3]。

（2）在实际施工中还会实施逐层"标高找平"，即每完成一层后，都对那些因竖向荷载原因未达到楼层标高的构件，进行人为的找平修改。如果不进行找平，由于轴压比不一致等原因，各层的柱以及剪力墙等构件将会积累竖向变形差，最终将导致顶部水平构件的剪

---

[*] 国家重点研发计划资助项目（2017YFC0803300）；国家自然科学基金资助项目（11521202）

[†] 通信作者：chenpu@pku.edu.cn

力和弯矩出现较大的偏差。事实上，竖向位移差的影响由于"标高找平"已尽可能地减少了。但在对结构进行计算时，一次性加载模型无法体现施工过程中"标高找平"这一措施，因此从根本上影响了结果的合理性[2-3]。对一次性加载方法计算结果的研究表明，这种方法得到的结果和工程实际相去甚远，与实际情况相悖。因此规程建议进行施工模拟分析[1-2]。

施工模拟模型是按照分层施工的顺序，在每个施工步完成后，根据当前结构的刚度矩阵和所受荷载进行静力计算（图1）。假设第 r 个施工步完成后，对方程(2)进行求解。

$$K_r u_r = f_r \tag{2}$$

式中：K_r 为自第 1 层到第 r 层结构完成时的刚度矩阵；f_r 为第 r 个施工步完成后，施加到当前结构的竖向荷载向量；u_r 为自第 1 层到第 r 层的结构位移向量。在计算时，仅考虑第 r 层竖向荷载，其下的荷载不予考虑。随着施工步的推移，当前结构总是在不断更新、修改。当最后一个施工步完成后，应当把每一次计算得到的内力和位移进行叠加。

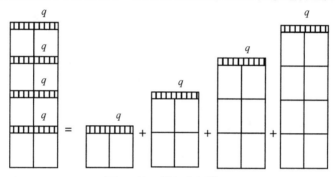

图 1　施工模拟分析模型

归纳而言，施工模拟分析可以认为是由如下循环构成：当第 r 层施工完成后，继续施工第 $r+1$ 层时，作用于第 r 层的竖向荷载 f_r 包括第 r 层结构自重和第 $r+1$ 层的施工荷载两部分。通过求解方程(2)可以得到第 r 个施工步的位移向量 u_r，再利用刚度矩阵即可计算构件内力。整体结构施工完毕后，构件内力和结点位移分别为各施工步求得的相应内力及位移之和，但结点位移则不具有明确的物理意义。从以上计算过程可以看到，施工模拟模型每次只增加一层结构与荷载，体现了逐层施工、逐层加载的影响。采用施工模拟模型对施工过程进行计算时，可以弥补一次性加载模型的不足之处，从而得到比一次性加载方法更令人信服的结果，同时也为结构设计提供了更为可靠的依据。随着高层建筑与桥梁建筑规模的增长，施工模拟模型的重要性日益体现，人们迫切希望分析软件能高效率地实现施工模拟这一功能。

然而，妨碍施工模拟模型在实际工程分析中广泛应用的原因之一，是其巨大的计算代价。对于高层建筑结构，一般需要分为多个施工步进行计算。假设有一个 n 层的结构，如果每搭建一层就设置一个施工步来计算，则每个施工步都需要重新组装刚度矩阵，并求解相应的线性方程组，于是整个施工模拟过程需要的计算量相比于一次性加载所耗将成倍增长。对于大型结构而言，施工模拟的巨大分析代价是让人难以接受的。在有限元分析的进程中，人们提出了多种计算方案，试图在精度和效率上获得平衡。

1.1 有限元软件早期的施工模拟方案

事实上,施工模拟分析可以回溯至 1983 年。Safarini 与 Wilson 提出了一个称为施工模拟模型的方案,来计算静载作用下逐层施工、逐层找平、逐层加载的高层建筑结构中各层的位移以及各构件的内力[3]。稍晚一些,1985 年 Choi 与 Kim 独立提出了一个称为活动层(active floor)的相同模型[4]。求解的过程不考虑施工的过程,或者说不考虑结构修改,相当于建立与求解自由度从低到高的多个结构模型。我们称这种方法为经典施工模拟分析。由于计算机条件的限制,经典施工模拟分析只能限制在数层数十自由度的问题。

为了扩大求解规模,喻永声引入了借助外存的子结构方法[5],试图以时间换取规模。

1.2 减少计算量的施工模拟方案

鉴于逐层施工模拟分析的计算量巨大,2011 年 Kim 提出了一种减少计算量的集聚方案(lumped strategy)。Kim 将结构的 3 层合为一个施工单位进行计算,从而使计算量下降到经典方案的 1/3,而结果对于规则的高层结构并无太大的出入。2012 年 Kim 还提出了另一种减少计算量的柱缩短方案(column shorten)[6]。他将施工模拟分为两步:①略去结构的横向构件,仅考虑各结点所分配的竖向荷载产生的纵向构件逐层缩短;②将竖向构件的应变荷载施加于整体结构,近似获得逐层加载意义下的位移与横向构件内力。显然,Kim 的这两个变化都只适用于相当规则的结构。

1.3 修正模型

在施工模拟方案的发展史上,曾出现过许多不同的计算模型。较早的有基于施工模拟计算的修正因子法(correction factors method)[7]和最近的更新修止因子法(modified correction factors method)[9],国内也出现了施工影响系数法[8]。他们的修正方法是根据施工模拟计算的统计结果,简单地把一次性加载分析得到的结果进行修改或乘以一个经验因子。虽然这样的处理手段较易实现,但是其缺点相当明显。因为从理论上来说,对于竣工后同样的结构,其施工过程可以不同,这种简单的处理手段,难以反映施工过程的复杂性和特殊性。对于不同的结构,仅单纯依靠几个因子进行修正,还有可能得到更大的偏差。

1.4 伪施工模拟

为了在一次性加载和施工模拟分析之间平衡,人们提出了"伪施工模拟"的计算方案,只采用竣工后整体结构的总刚,然后分别施加各层所受的荷载进行计算[10]。在这一计算模型中,第 r 层的荷载 g_r 只影响到第 r 层及其之下的结构,若假定方程号自下往上排列,计算式为

$$K(u_1 u_2 \cdots u_n) = \begin{pmatrix} g_1 & & & \\ g_2 & g_2 & & \\ \vdots & \vdots & \ddots & \\ g_n & g_n & \cdots & g_n \end{pmatrix} \tag{3}$$

式中:K 为完整结构的刚度矩阵;g_r 为第 r 层位移变量对应的荷载向量;$(u_1\ u_2\ \cdots\ u_n)$ 为

整体的位移向量组，第 r 层的位移仅取 u_r 中对应的量。这一方法的最大缺点是内力与外载的平衡不易解释。

1.5 北京大学的相关工作

在计算机技术快速发展的今天，实现完整的施工模拟分析，反复求解静力控制方程所需要的计算量并非是不可接受的。为了在工程设计软件中真正实现施工模拟分析，我们进一步将施工的物理特点考虑进来，在 2010 年之前实现了 2 种不同的快速施工模拟方案。

我们利用标准高层建筑结构逐层施工条件下每层构件只与其相邻层的构件有重合结点的特征，建立了一个多重有限元模型。首先，在采用传统的变列高方法求解线性方程组时，将方程号按竖向坐标（z 坐标）升序排列，这一编号顺序恰好与施工顺序一致。和通常的有限元分析程序一样，我们首先将方程编号按施工顺序升序排列。如果有 m 个施工步，那么有方程编号的分割 $0 < n_1 < n_2 < \cdots < n_m = neq$。全部单元可以分成 m 个子集 $E^{(r)}$（$r = 1, 2, \cdots, m$），它们对应于每个施工步所增加的单元；同样，总体刚度矩阵也可以分为 m 个子集 $K^{(r)}$（$r = 1, 2, \cdots, m$），它们对应于每个施工步所增加的刚度。记 K_r 为第 r 步的总刚度矩阵，K^e 为刚度矩阵中的元素，注意到

$$K_r = \sum_{e \in E^{(1)}}^{E^{(r)}} K^e = \sum_{k=1}^{r} \sum_{e \in E^{(k)}} K^e = \sum_{k=1}^{r} K^{(k)} \tag{4}$$

考虑分步刚度矩阵 $K^{(k)} = \sum_{e \in E^{(k)}} K^e$。由于施工顺序的限定，第 r 个施工步所对应的单元集合 $E^{(r)}$ 的方程号区间为 $(n_{r-2}, n_r]$（$n_{-1} = n_0$），也就是说 $K^{(k)} = \sum_{e \in E^{(k)}} K^e$ 在上总体刚度矩阵中只对应 $n_{r-2} + 1$ 到 n_r 列，因此 $K^{(r-2)}$ 与 $K^{(r)}$ 在结构的总体刚度矩阵的上三角部分中没有交叉，这将是我们的快速计算方案需要利用的重要性质。

在刚度矩阵的存储方面，利用这一性质，我们可以分别组装奇数层的总体刚度矩阵 K_{odd} 与偶数层总体刚度矩阵 K_{even}。在进行施工模拟时，按施工步依次从这两个刚度矩阵中提取相应的刚度组装为总体刚度矩阵。

1.5.1 预条件共轭梯度法(PCG)

在完整结构刚度矩阵 K 的 LDL^T 分解因子矩阵中删去第 r 步不活动的行列(inactive row/column)作为预优矩阵求解方程(2)，且用逆序施工的上一步删去不活动的位移获得每步的初始向量[12]。

众所周知，PCG 法求解线性方程组的速度很大程度上依赖于预优矩阵的选择。考虑每一个施工步都需要求解的控制方程(2)，使用 PCG 依次求解时，显然当前施工步总体刚度矩阵 K_r 的 $L_r D_r L_r^T$ 分解结果 L_r 就是最好的预优矩阵。然而，要得到 K_r 的因式需要付出相当大的代价。在我们的模型中 K 的 n_r 阶主子矩阵 $\tilde{K}_r$ 是这幢已完工结构中前 r 层结构自由度所对应的刚度矩阵，$\tilde{K}_r$ 的三角分解为 $\tilde{L}_r \tilde{D}_r \tilde{L}_r^T$。按线性代数的理论，$\tilde{L}_r$、$\tilde{D}_r$ 是 L 和 D 的前 n_r 阶主子矩阵。注意 $\tilde{K}_r \neq K_r$，这是因为第 r 层与第 $r+1$ 层有一些共同的自由度。在施工模拟的第 r 步形成刚度矩阵 K_r 时，$\tilde{K}_r$ 中第 $r+1$ 层刚度系数的贡献尚未加入 K_r 中。但由于第 r

层与第 $r+1$ 层只在交界上有耦合，也就是说耦合的方程数相对于方程总数来说是很小的，当 r 较大时更是如此。我们可以认为 $\tilde{K}_r$ 是 K_r 很好的近似，即 $\tilde{K}_r \approx K_r$，因而 $\tilde{L}_r \approx L_r$，$\tilde{D}_r \approx D_r$。用 $\tilde{L}_r$ 代替 L_r 作为每个施工步的预优矩阵，可以极大地提高迭代求解的速度。

1.5.2 扩张变列高直接解法

当时，有限元分析中求解线性方程组的首选解法是变列高直接求解法。我们知道，线性方程组直接解法的求解过程是先对刚度矩阵进行 LDL^T 分解，然后对右端荷载项进行向前约化和向后回代。传统的活动列解法则可以巧妙安排计算方案，减少不必要的重复三角分解。我们的直接施工模拟快速计算方案就是通过改进传统的活动列解法得到的[11-13]。

按照现有的活动列施工模拟算法，在第 r 步施工模拟时，需要从刚度矩阵的第 1 层到第 r 层元素按列进行 LDL^T 分解，可以预见，这种方法必定有很多重复计算量。如前所述，$K^{(r)}$ 在结构的总体刚度矩阵中只与 $K^{(r-1)}$ 和 $K^{(r+1)}$ 相交，与其他的层没有关联。因此，在进行第 r 步施工模拟计算时，刚度矩阵中第 $r-2$ 层及之前各层的元素将不再改变。如果我们把矩阵分解区域限定在刚度矩阵受影响的两层，即第 r 和第 $r-1$ 两层，重复利用第 $r-2$ 层及之前各层三角分解的结果，就能避免重复计算，大大提高每个施工步 LDL^T 分解的速度。研究表明，这一速度优势将随着建筑物层数的增加而越来越明显。

利用之前对方程、单元、刚度矩阵作分割，在第 r 步施工模拟可以写为

$$K_r = K_{r-2} + K^{(r-1)} + K^{(r)} = L_{r-2} D_{r-2} L_{r-2}^T + K^{(r-1)} + K^{(r)}$$
$$= \tilde{L}_{r-2} \tilde{D}_{r-2} \tilde{L}_{r-2}^T + K^{(r-1)} \bigcap (n_{r-2}, n_r] + K^{(r)} \qquad (5)$$

这里，$\tilde{L}_{r-2} \tilde{D}_{r-2} \tilde{L}_{r-2}^T$ 是刚度矩阵 K_r 的前 n_{r-2} 阶主子矩阵的三角分解结果，已经在第 $r-1$ 步施工模拟计算时得出。而第 r 层结构和第 $r-2$ 层及之前的各层没有重合的自由度，也就是说，$\tilde{L}_{r-2} \tilde{D}_{r-2} \tilde{L}_{r-2}^T$ 和 $K^{(r-1)} \bigcap (n_{r-2}, n_r] + K^{(r)}$ 没有耦合项。利用上面的等式，我们可以构造每个施工步只分解 $K^{(r-1)} \bigcap (n_{r-2}, n_r] + K^{(r)}$ 的算法，它三角分解的浮点运算量大约只是采用活动列解法单独求解第 r 层的两倍。因此，完成整个结构的施工模拟分析所需要的三角分解运算量只是相当于一次性加载算法的两倍左右，从而有效降低了三角分解所耗费时间。

2 基于结构拓扑修改施工模拟方案

前面回顾的施工模拟分析方法一般只能用于规则结构。2000 年前后，有限元方程组的求解逐步从变列高存储方案过渡到稀疏存储方案，虽然稀疏快速算法的求解速度比活动列解法快数倍到数十倍[11]，但由于每个施工步都必须要重新进行填充元优化，一般只能从第 1 层到第 r 层进行整体求解。当需要多次重复计算结构时，其速度优势将不再如此明显。另外，工程设计要求进行大型或超大型结构的施工模拟分析，传统的有限元活动列解法不再胜任，但稀疏矩阵快速算法不循自底向上的矩阵存储方案，之前我们发展的两个解法均告失效。每一步的施工模拟，都是在上一步的基础上根据实际工程设计把新的单元和位移考虑进来。这一过程事实上是一个结构的拓扑修改。

有限元分析中，结构修改从物理上看有不同的分类方式，如图 2 所示。

图 2　结构修改分类

首先，可以按照是否改变拓扑结构划分。非拓扑修改是指有限元分析中的单元-结点连接关系不改变，对应于单元材料性质的改变；拓扑修改的含义则是单元-结点连接关系改变，自由度数目也往往发生变化，其中的构架不变表示只增加或减少单元，不改变网格的剖分关系，而构架可变则表示局部可能实施网格细化与粗化。其次，可以按照修改的分布范围划分为局部修改和整体修改。局部修改又可根据修改幅值是否为小量分为小修改和大修改；而整体修改中大修改的情形很少见，往往都是小修改。与之相适应，结构修改也有不同的分析方法，但研究多集中在非拓扑结构修改方法，结构拓扑修改的重分析方法相对较少。目前已有的结构修改算法大致可分为两类：直接法和近似法。

直接法能求出精确解，但往往只适用于修改单元数量极少的情形。绝大多数直接法都基于著名的 Sherman-Morrison-Woodbury（SMW）公式[5]，即秩 1 修正，或秩 m 修正。

$$(K+UV^T)^{-1}=K^{-1}-K^{-1}U(I+V^TK^{-1}U)^{-1}V^TK^{-1} \tag{6}$$

该方法的核心是通过矩阵逆修改式非显式地求出修改方程的解，而不是去寻求修改后的矩阵逆或修改后的矩阵分解式，这里假定 $K^{-1}U=(LDL^T)^{-1}U=L^{-T}D^{-1}L^{-1}U$ 可以"高效地"得到。SMW 公式有多种多样的变体和改进，但核心思想并没有改变，均是将线性方程组的求解过程作为黑匣子使用。基于 SMW 公式直接法的计算量随修改秩 m 的平方增加，因此不适合计算大量单元的修改，即使修改是局部的。事实上结构修改一直是计算力学研究的热点之一，并且方法多样，但现有的研究基本上均未考虑现代有限元计算中的稀疏矩阵直接求解方案，未能在工程计算与研究中得到共识。

宋琦等[16]基于稀疏矩阵填充元的二叉树优化方案，深入三角分解的过程内部，通过对其进行解剖，提出了一个全新的结构修改求解的直接方法。由于二叉树的存在，局部的结构修改等价于 LDL^T 分解矩阵中的元素从叶沿回溯路径到根的数值修改，从而能在不影响矩阵其他元素的基础上，高效地构建修改后的 LDL^T 分解。与 SMW 公式相比，新的结构修改方法适应于大规模的修改。

在宋琦等[16]发展的非拓扑结构修改算法的基础上，增加了结构的拓扑连接置换，实现了增加/减少单元以及位移变量的拓扑修改。假设拓扑修改时，无论增加还是减少单元以及自由度，单元间的相对连接关系是不变的，即拓扑架构不变。在这种意义之下，所有的拓扑修改结构都是整体结构的部分结构，也就是子结构。从刚度矩阵的角度上看，子结构的刚度矩阵相当于整体结构刚度矩阵的顺序主子矩阵加相应的边界修正，我们称它为修正顺序主子矩阵。现在可以这样理解结构拓扑修改，减少单元以及自由度相当于修正顺序主子矩阵的缩减，增加单元以及自由度相当于修正顺序主子矩阵的扩张[14-16]。

现在从子结构出发设计拓扑修改算法。减少单元以及自由度可视为相应子结构"先材料后拓扑改变"，增加单元以及自由度可视为"先拓扑后材料改变"。在矩阵处理中，减少单元以及自由度时，首先需要将移出的单元刚度按非拓扑修改算法的方式改为零，并更新刚度矩阵因子；然后再删去修正顺序主子矩阵中多余的行列。数学上，它们均是修正顺序主子矩阵之间的运算。拓扑修改的增加单元相当于整体刚度矩阵顺序主子矩阵的扩张与部分元素的数值改变。

以图 3 所示的结构为例，假定现在从整体结构删去子结构 3，刚度矩阵变为

$$K = \begin{pmatrix} \tilde{K}_{LL} & & \tilde{K}_{LM} \\ & K_{RR} & K_{RM} \\ \tilde{K}_{ML} & K_{MR} & \tilde{K}_{MM} \end{pmatrix} = \begin{pmatrix} \mathbf{0}_{33} & & & \mathbf{0}_{32} & & & & & \mathbf{0}_{31} \\ & K_{44} & K_{42} & & & & & & K_{41} \\ \mathbf{0}_{23} & K_{24} & \tilde{K}_{22} & & & & & & \tilde{K}_{21} \\ & & & K_{66} & & K_{65} & K_{61} \\ & & & & K_{77} & K_{75} & K_{71} \\ & & & & & K_{57} & K_{55} & K_{51} \\ \mathbf{0}_{13} & K_{14} & \tilde{K}_{12} & K_{16} & K_{17} & K_{15} & \tilde{K}_{11} \end{pmatrix} \quad (7)$$

这样删除修改在矩阵分解中必须要进行数值修改，在矩阵中沿图 4 的分裂树的枝 3-2-1 传递。在确定了修改影响的传递路径后，将删除修改看成是数值上非零到零的修改，其余的流程与非拓扑修改相同。更新分解矩阵及其图子后将子结构 3 对应的行列删除，这样就完成了删除了结构 3 的拓扑修改分析。

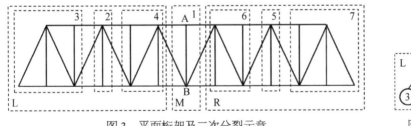 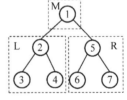

图 3 平面桁架及二次分裂示意　　　　图 4 二层分裂树

增加单元可以看成上述过程的逆过程。假定在式(7)所示的结构上添加子结构 3，由整体结构的分裂树可知，子结构 3 是子结构 2 的子树。首先对数据进行前处理，根据分裂树连接关系在矩阵对应位置插入为零的行列，即式(7)，为刚度矩阵的新增非零元留出空位。由式(7)出发，增加修改可以看成是数值上由零到非零的修改，在矩阵中仍沿分裂树的枝 3-2-1 传递，则其余的流程与非拓扑修改相同。这样就完成了增加子结构 3 的拓扑修改重分析。这样得到的施工模拟方案综合了稀疏矩阵三角分解与结构拓扑修改的优点，在数值计算中取得了极高的时间与空间效率。同时，施工模拟分析也可以采用逆序的方法进行。

这一方法同样也适用于结构施工中支护结构的建造与拆除。

3 工程算例（略）

4 小结

本文回顾了结构设计软件中施工模拟分析方法的发展历程，并给出了目前实际工程实用的方法。该方法是基于稀疏矩阵直接求解方案的结构修改算法，适用于工程设计中的非拓扑与拓扑修改。算法利用图剖分进行填充元优化，深入挖掘了稀疏矩阵求解特点，利用分解因子矩阵中修改的传递规律，通过计算分解因子矩阵的改变来代替重新分解，极大地减少矩阵分解过程中的重复计算。与前面的施工模拟分析方法相比，该方法对非拓扑修改和拓扑修改形成了统一的理论与算法流程，可解决实际工程设计中的几何非规则建筑的施工模拟。算例表明，新的方法在不损失计算精度的前提下，极大地提高了施工模拟分析的效率。该方法具有良好的通用性与高效性，可推广应用到结构优化设计、结构抗倒塌分析等广泛工程设计问题中。

参考文献

[1] ACI COMMITTEE 318. Building code requirements for structural concrete and commentary[J]. American Concrete Institute, Detroit, MI, 2005.

[2] 中国建筑科学研究院. JBJ 3-2002: 高层建筑混凝土结构技术规程[S]. 北京: 中国建筑工业出版社, 2002.

[3] SAFFARINI H S, WILSON E L. New approaches in the structural analysis of building systems[J]. Research Report No. UCB/SEMM-83/08.

[4] CHOI C K, KIM E D. Multistory frames under sequential gravity loads[J]. Journal of Structural Engineering, 1985, 111: 2373-2384.

[5] 喻永声. 考虑建造过程的多重子结构分析矩阵位移法[J]. 计算结构力学及其应用, 1990, 7: 36-44.

[6] KIM H S, JEONG S H, SHIN S H. Column shortening analysis with lumped construction sequences[J]. Procedia Engineering, 2011, 14: 1791-1798.

[7] CHOI C K, CHUNG H K, LEE L G, et al. Simplified building analysis with sequential dead loads[J]. Journal of Structural Engineering, 1992, 118: 944-954.

[8] 李志刚. 高层框架在恒载作用下考虑施工进程的简化计算[J]. 福建建筑, 1998, 1: 30-32.

[9] AFSHARI M J, KHEYRODDIN A, GHOLHAKI M. Simplified sequential construction analysis of buildings with the new proposed method[J]. Structural Engineering & Mechanics, 2017, 63: 77-88.

[10] 特殊多高层建筑结构分析与设计软件 PMSAP 用户手册及技术条件[S]. 北京: 中国建筑科学研究院 PKPMCAD 工程部, 2002.

[11] 聂春戈, 孙树立, 陈斌, 等. 快速实用施工模拟分析的实现[J]. 土木工程学报, 2006, 39: 21-26.

[12] 李浩, 唐胜业, 陈璞. 两种高层建筑施工模拟快速计算方案[J]. 工程力学, 2006, 23: 87-92.

[13] CHEN P, LI H, SUN S L, et al. A fast construction sequential analysis strategy for tall buildings[J]. Structural Engineering & Mechanics, 2006, 23: 675-689.

[14] SONG Q, CHEN P, SUN S L. An exact reanalysis algorithm for local non-topological high-rank structural modifications in finite element analysis[J]. Computers & Structures, 2014, 143: 60-72.

[15] 苏铭森. 有限元分析中施工模拟的快速解法[D]. 北京: 北京大学, 2014.

[16] 宋琦, 杨任, 陈璞. 一种新的结构修改算法及其在工程设计中的应用[J]. 工程力学, 2016, 33: 1-6.

海洋信道环境中结构声辐射的简单源分析方法[*]

邹明松[†]，蒋令闻，黄 河

（中国船舶科学研究中心，江苏 无锡 214082）

摘要 海洋水声信道环境中存在海面、海底边界以及海水声速分层（声速剖面）等影响因素，此时已不能将水域处理成无界的均匀理想声介质。计算海洋水声信道环境中弹性结构的远场声辐射时，边界积分方法将具有显著的天然优势。Helmholtz 积分方法和简单源积分方法是求解声学问题的两种常用边界积分方法。本文将论述采用简单源方法实现海洋水声信道环境中弹性结构流固耦合振动、声辐射以及声传播（辐射传递到远场的声波）集成计算的基本过程，同时也将说明简单源方法特别适用于计算该类问题。

关键词 流固耦合；声弹性；水声信道；简单源方法

1 引言

对于水中弹性结构的流固耦合振动与声辐射问题以及声波在海洋环境中的传播问题，长期以来是作为两个学科方向来进行研究的。前者在进行计算时，通常将水介质处理成理想的声介质，并常常忽略水面和水底边界的影响；后者在进行计算时，通常将声源作为一个单极子点声源，研究单极子引起的声波在海洋信道环境中的传播规律。实际上，这是两个交叉关联的问题。例如在研究海洋水声信道环境中弹性结构的流固耦合振动与声传播时，研究意义已经不能将水域处理成简单的理想声介质；特别是要计算其辐射到远场的声波时，海面和海底边界以及海水声速剖面等因素将具有不可忽略的影响。

文献[1]和文献[2]中论述了将船舶三维水弹性力学理论与海洋水声传播理论相结合，建立起海洋信道环境中的船舶三维声弹性理论以及相应计算方法的主体思路，并率先实现了 Pekeris 水声波导环境中三维弹性船舶流固耦合振动与声辐射的数值计算。整体思路是以 Green 函数（对应了单极子点声源在海洋信道环境中的水声传播模型）为纽带，基于简单源方法实现流固耦合振动、声辐射与声传播的集成计算。简单源方法的主要优势在于其积分方程中只有 Green 函数项，没有 Green 函数的偏导数项（对应偶极子）。关于单极子在海洋水声信道环境中的声传播计算问题，已有一批较成熟的计算方法可直接应用[3]；而关于偶极子在海洋水声信道环境中的声传播计算问题，目前的研究还相对较少。

采用边界积分方法计算声学问题都会遇到不规则频率的问题，在不规则频率附近计算结果会失真。如何消除不规则频率是声学边界元研究中的一项重要议题。简单源方法也同

---

[*] 国家自然科学基金资助项目（11772304）

[†] 通信作者：zoumings@126.com

样存在不规则频率的问题。文献[4]提出了 CVIS-α 方法，该方法可较好地消除简单源方法中的不规则频率，同时又能保持简单源方法实现海洋水声信道环境中三维浮体声辐射与声传播计算的天然优势。

本文作者提出了建立浅海水声环境中船舶三维声弹性理论与计算方法的设想，得到了国家自然科学基金项目的资助，基于简单源方法的边界元数值计算是其核心内容。该项计算的实现具有潜在的系列重要工程应用价值，下面简要介绍其基本内容。

2 海洋信道环境中结构声辐射的简单源分析方法

基于现有的船舶三维声弹性理论[1]，实现船舶流固耦合振动与水中声辐射计算，形成如下以干模态主坐标 $q_r(\omega)$（$r=1,\cdots,m$；m 为模态截断阶次）为待求量的频域内的广义流固耦合动力学方程：

$$-\omega^2([a]+[A])\{q\}+\mathrm{i}\omega([b]+[B])\{q\}+([c]+[C])\{q\}=\{f_e(\omega)\} \tag{1}$$

式中：$[a]$、$[b]$ 和 $[c]$ 分别为结构干模态广义质量矩阵、广义阻尼矩阵和广义刚度矩阵；$[A]$、$[B]$ 和 $[C]$ 分别为干模态附连水质量、附连水阻尼和广义恢复力系数矩阵；$\{q\}$ 为干模态广义主坐标向量；$\{f_e(\omega)\}$ 为机械外激励力引起的广义力列向量。

基于模态叠加法，求解上述方程获取主坐标响应后，可进一步计算出船体振动响应、水中场点声压以及辐射声功率：

$$\{U\}=\sum_{r=1}^{m}\{D_r\}q_r \tag{2}$$

$$p(x,y,z)=-\rho_0\left(\mathrm{i}\omega-U\frac{\partial}{\partial x}\right)\phi_R=-\rho_0\left(\mathrm{i}\omega-U\frac{\partial}{\partial x}\right)\sum_{r=1}^{m}\phi_r(x,y,z)q_r \tag{3}$$

$$P_s(\omega)=\frac{1}{2}\mathrm{Re}\left\{\sum_{j=1}^{m}\sum_{r=1}^{m}\mathrm{i}\omega q_r B_{rj}(\mathrm{i}\omega q_j)^*\right\} \tag{4}$$

在现有的船舶三维声弹性流固耦合计算中，采用简单源数值方法计算模态声波速度势和广义水动力系数，简单源边界积分方程的表达形式为

$$\phi(\boldsymbol{r})=\frac{1}{4\pi}\iint_{\bar{S}}\sigma(\boldsymbol{r}_0)G(\boldsymbol{r},\boldsymbol{r}_0)\mathrm{d}s,\quad \boldsymbol{r}\in\tau\cup\bar{S} \tag{5}$$

式中：$\phi(\boldsymbol{r})$ 为声波速度势；$\sigma(\boldsymbol{r}_0)$ 为浮体湿表面上的源强；$G(\boldsymbol{r},\boldsymbol{r}_0)$ 为与水声信道环境模型相适应的 Green 函数。将浮体湿表面流固耦合边界条件代入式（5），可求解出源强 $\sigma(\boldsymbol{r}_0)$，具体计算公式为

$$\frac{\partial\phi(\boldsymbol{r})}{\partial n(\boldsymbol{r})}=-\frac{1}{2}\sigma(\boldsymbol{r})+\frac{1}{4\pi}\iint_{\bar{S}}\sigma(\boldsymbol{r}_0)\frac{\partial G(\boldsymbol{r},\boldsymbol{r}_0)}{\partial n(\boldsymbol{r})}\mathrm{d}s,\quad \boldsymbol{r}\in\bar{S} \tag{6}$$

通过引入合适的 Green 函数（对应单极子点声源在该海洋信道环境中的声传播模型，可直接采用计算海洋声学领域已有的研究成果），基于简单源数值计算方法，将浮体湿表面

划分成湿面元（边界元），将每个湿面元的作用等效在其几何中心点上（相当于是一个单极子），见图1。每个湿面元单极子的源强可通过式(6)的离散矩阵方程求解得到，整个声场可看成一系列不同强度和相位的单极子点声源声场叠加而成，见式(7)。该计算式即是简单源边界积分方程(5)的离散形式。

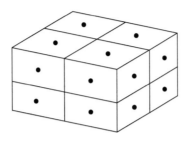

图1　将浮体湿表面离散成一系列湿面元

$$\phi(r) = \frac{1}{4\pi} \sum_{j=1}^{N} \sigma_j(r_0) G(r,r_0) \Delta S_j, \quad (7)$$

式中：$\sigma_j(r_0)$ 为由声弹性方法求解得到的源强；N 为离散的四边形湿面元数；r_0 和 r 分别为源点和场点；ΔS_j 为第 j 个湿面元的面积。

由式(6)可见，计算源强的方程中包含有 Green 函数的偏导数。如果是在计及海水声速剖面的环境中计算 Green 函数的偏导数（偶极子），将是比较困难的。为了降低整个计算的复杂度，同时提高计算效率，将声场分成近区和远区进行处理，采用不同的方法计算 Green 函数，如图2所示。

在近区，浮体辐射的声场对海水声速剖面的变化不敏感，可近似处理成均匀声速剖面；此外，在近区的海底可近似看成具有固定声反射系数的平面[1]。因此，近区可用镜像法得出的如下级数形式的 Green 函数进行计算：

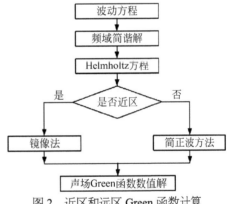

图2　近区和远区 Green 函数计算处理的基本流程

$$G(r,r_0) = \sum_{l=0}^{\infty} (\gamma\gamma_1)^l \left[\frac{e^{-ikR_{l1}}}{R_{l1}} + \gamma \frac{e^{-ikR_{l2}}}{R_{l2}} + \gamma_1 \frac{e^{-ikR_{l3}}}{R_{l3}} + \gamma\gamma_1 \frac{e^{-ikR_{l4}}}{R_{l4}} \right] \quad (8)$$

式中 γ 和 γ_1 分别为海底和海面的声反射系数，海面作为压力释放边界可取 $\gamma_1 = -1$。通过计算发现，当海底声反射系数 $\gamma = 0.1 \sim 0.6$ 时，只要取式(8)的前9项就能保证足够的收敛精度。在进行船舶三维声弹性计算求解湿表面源强以及计算近区的声辐射时，采用该级数形式的 Green 函数。该级数形式的 Green 函数可以得到具有解析形式的偏导数计算公式，避免了对海洋水声信道环境中 Green 函数偏导数的复杂计算。

计算远区的声辐射（声传播）时，根据具体选用的海洋水声信道环境模型，采用简正波方法计算相应的 Green 函数，代入式(7)可获取远区任意场点处声波速度势及相应的声压结果。简正波方法在计算海洋声学领域已经较为成熟并得到了广泛的应用[3]，可以很好地处理远区声传播问题。

3 算例考核

通过一个浅海环境中弹性球壳声辐射的算例验证本文所述计算方法的正确性。球壳的半径为 1 m，厚度为 1 mm，材料密度为 7800 kg/m³，杨氏模量 2.1×10^{11} N/m²，泊松比 0.3，结构阻尼因子 0.02。水深设为 20 m，分别取正、负梯度两种海水声速剖面，正梯度声速剖面的声速范围为 1507～1519 m/s、负梯度为 1513～1501 m/s，如图 3 所示；海水密度为 1025 kg/m³；海底密度和声速分别为 2600 kg/m³ 和 1620 m/s。令球壳的潜深为 5 m（球心离海面的距离为 5 m），分析坐标系的原点取在球心处，如图 4 所示。在球壳底部作用一个法向简谐集中激励力，幅值为 1 N。

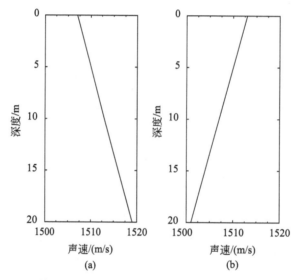

图 3 计算采用的海水正梯度声速剖面和海水负梯度声速剖面

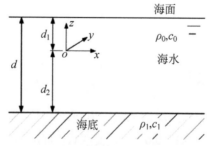

图 4 计算采用的坐标系示意
注：坐标系原点与球心重合。

分别选取近区和远区两个场点获取其声压级（SPL）结果，近区场点的坐标为(2, 0, -1)，远区场点的坐标为(1000, 0, -5)。同时采用 COMSOL 软件进行计算，根据模型的轴对称性，在 COMSOL 软件计算时建立的是一个二维平面模型，有限元建模的整个水域的长度为 1250 m。

COMSOL 软件直接对水域划分有限元，水域范围越大则计算量越大；即使是本文根据轴对称性建立的二维平面模型，计算量已经很大。使用 COMSOL 三维模型计算声学问题更是鲜见报导，原因在于其计算量十分庞大（即使只计算近场小的区域[5]）。而本文中所述的简单源方法（边界元）是在浮体湿表面上布置单极子点声源，然后通过 Green 函数计算远场声传播，其计算效率不受水域大小和空间距离远近的限制。可以说，目前为止边界元方法是实现海洋水声信道环境中三维复杂结构流固耦合振动、声辐射与声传播集成计算的一种最有效的数值方法。

图 5 给出了两种计算方法的场点声压级比对结果，其中"Presented method（或 PM）"是指采用简单源方法的计算结果，"FEM"是指采用 COMSOL 软件的计算结果。可见：两种方法计算的声压级结果吻合良好，验证了本文所述方法的正确性；近区场点的声压级计算结果显示，海水声速剖面的变化对球壳附近区域的辐射声压没有影响，这也验证了本文所述的近、远场分区计算，其中近区采用镜像法 Green 进行计算的设想的正确性。远区场点处两种方法的声压级计算结果存在小量差异，这主要是由于简正波方法计算 Green 函数的误差以及 COMSOL 软件的水域边界截断误差引起的。

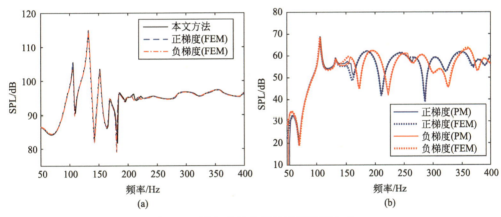

图 5 两个场点的声压级计算结果比对
(a) 场点坐标(2, 0, −1)；(b) 场点坐标(1000 ,0, −5)
注：参考声压为 1×10^{-6} Pa。

4 小结

相比于分别研究无界理想声介质环境中三维弹性浮体的声辐射以及海洋水声信道环境中单极子点源的声传播，本文论述了一种可计及任意海水声速剖面的有限水深环境中三维弹性浮体流固耦合振动、声辐射与声传播的集成计算方法。通过理论推导和算例分析，本文认为简单源方法（边界元）相较于有限元方法，在实现该类计算中具有天然的优势，是最有效的数值方法之一。当然，还有一些与边界元类似的方法，比如源点是设置在浮体内部的波叠加法等也会有类似的计算优势。该领域计算方法、物理规律及工程应用的相关研究还有很多工作可以进一步开展。

参考文献

[1] 邹明松. 船舶三维声弹性理论[D]. 无锡: 中国船舶科学研究中心, 2014.

[2] ZOU M S, WU Y S, LIU S X. A three-dimensional sono-elastic method of ships in finite depth water with experimental validation[J]. Ocean Engineering, 2018, 164: 238-247.

[3] JENSEN F B, KUPERMAN W A, PORTER M B, et al. Computational Ocean Acoustic[M]. 2nd. New York: Springer, 2011.

[4] ZOU M S, JIANG L W, LIU S X. A transformation of the CVIS method to eliminate the irregular frequency[J]. Engineering Analysis with Boundary Elements, 2018, 91: 7-13.

[5] JIANG L W, ZOU M S, HUANG H, et al. Integrated calculation method of acoustic radiation and propagation for floating bodies in shallow water[J]. J. Acoust. Soc. Am., 2018, 143(5): 430-436.

Crystal plasticity finite element simulation of fretting fatigue crack formation in Ni-base single-crystal superalloys[*]

Han Qinan[1,2], Li Shaniu[1], Shi Huiji[1†]

(1. Department of Engineering Mechanics, Tsinghua University, Beijing, 100084
2. Aircraft Strength Research Institute of China, Xian, 710065)

Abstract Fretting fatigue behavior of Ni-base single crystal (NBSX) superalloys was investigated based on crystal plasticity finite element method (CPFEM) simulation. Crystal plasticity constitutive model considering cyclic hardening effect was employed. CPFEM simulation showed the activations of crystallographic slip systems at contact region. The slip plane with the maximum plastic slip was determined as dominate slip plane. Equivalent plastic strain was proved effective to predict crack initiation. The simulation results including predicted slip lines, crack initiation locations and orientations were in good agreements with observations.

Key words fretting fatigue; crystal plasticity; slip lines; single-crystal superalloy

1 Introduction

Fretting occurs when two contact surfaces are subjected to small amplitude oscillatory motion which is usually tangential and in micrometer range. The failures caused by fretting are major concerns in a wide range of industries. These include the dovetail joints between compressor blades and disks in gas turbines and aircraft engines. According to the survey of US Air Force, fretting fatigue is responsible for about one-sixth of the high-cycle-fatigue failures in engines, and this leads to high maintenance costs (about six million dollars per annum)[1-3].

Dissimilar anisotropic fretting contact theory based on Stroh formalism and singular integral equations (SIE) was developed by Rajeev and Farris[4]. Their study indicates that the surface contact tractions do not vary substantially with crystal orientation under a quasi-static fretting load, which has also been reported by Fleury et al[5]. However, the subsurface stress distribution is a strong function of crystal orientation[6]. SIE theory takes consideration of anisotropic elasticity, Coulomb friction and partial slip. Matrix equations are obtained containing the stress as unknown value to be solved. To obtain the stress solution, complex numerical integration and

---

[*] 国家自然科学基金资助项目（91860101，11632010，11572171）
† 通信作者：shihj@tsinghua.edu.cn

iteration should be undertaken. This theory has a few limitations because of its rigorous hypothesis including plain strain and semi-infinite condition, and it loses sight of plasticity. Many investigations suggest the contact regions come up with obvious plastic deformation and plasticity plays a significant role in crack formation[7-8]. In light of the shortcomings of current research, crystal plasticity theory is developed. With the advent of finite element method and computing technology, crystal plasticity finite element method (CPFEM) starts to be employed on the simulation of fretting. Considerable efforts have been made on the modeling of polycrystalline and texture[9-12]. Meanwhile, there have been several studies which focus on the CPFEM simulation of microstructure evolution in a single crystal. These including the simulation of crystallographic slip patterns, plastic zones, activated and dominate slip systems[13-15]. Combined with the experimental observations of slip lines, the simulation was found to be an effective method to predict the crack initiation, and it can well explain the effect of crystal orientation on crack initiation. Sabnis et al. studied cylindrical indentation on a NBSX superalloy[14] and notched NBSX tensile specimens[13], and they used Visibility Index to measure the visibility of different slip systems. Biswas et al. investigated interaction between a notch and cylindrical voids under a tensile loading. These loading forms are quasi-static (tensile or indentation). However, the simulation of crystallographic slip in a single crystal under fretting fatigue load is seldom studied. Besides, in these studies only postmortem SEM observations were conducted to obtain the images of slip lines. With the development of real-time fatigue observation technique, in-situ fatigue microscopic image can show the formation and evolution of slip lines, which opens up a whole new range of possibilities to reveal the deformation mechanisms during fretting fatigue process.

To summarize, it is the purpose of this paper to provide further insight into the formation and evolution of fretting slip lines and short cracks, using CPFEM method. The prediction approach of crack formation and propagation will be discussed. The paper is structured as following. We will introduce the description of crystal plasticity constitutive model considering cyclic hardening effect. The computational aspects are presented next, followed by the dominant slip plane approach. We will present the observations of slip lines and the comparisons with simulation results. Crack formation and propagation is also discussed in this paper.

2 Implementation of CPFEM simulation

2.1 Crystal plasticity constitutive model considering cyclic hardening effect

The framework of elastic-plastic constitutive theory is proposed and developed mostly by Hill and Rice[16], Asaro and Rice[17], Asaro[18], Pierce, Asaro and Needleman[19]. As the kinematics part is taken over from the above-mentioned work without change, we here mainly present the hardening of rate-dependent properties of the material used in this paper.

NBSX superalloys consist of typical FCC lattice structure and slips occur on 4 {111} octahedral slip planes along 3 <110> slip directions[14]. The plastic deformation is largely attributed to crystallographic dislocation slip[16, 18]. The slip rate of the αth slip system $\dot{\gamma}^{(\alpha)}$ is given in a power law form[20]:

$$\dot{\gamma}^{(\alpha)} = \dot{\gamma}_0 \, \text{sgn}(\tau^{(\alpha)} - X^{(\alpha)}) \left| \frac{\tau^{(\alpha)} - X^{(\alpha)}}{g^{(\alpha)}} \right|^n \quad (1)$$

where $\dot{\gamma}_0$ is the reference strain rate, $\tau^{(\alpha)}$ is the corresponding resolved shear stress, $g^{(\alpha)}$ represents the current strength, n is the rate exponent, and the rate of back stress $\dot{X}^{(\alpha)}$ is given according to Chaboche model[21]:

$$\dot{X}^{(\alpha)} = \zeta^{(\alpha)} \left(r^{(\alpha)} \dot{\gamma}^{(\alpha)} - X^{(\alpha)} \left| \dot{\gamma}^{(\alpha)} \right| \right) \quad (2)$$

where $\zeta^{(\alpha)}$ and $r^{(\alpha)}$ are material dependent coefficients. The Chaboche model takes the effect of cyclic loading into consideration, allowing it to well characterize the material behavior under fatigue load.

The evolution of current strength is given as[20]

$$\dot{g}^{(\alpha)}(\gamma) = \sum_{\beta}^{n} h_{\alpha\beta}(\gamma) \left| \dot{\gamma}^{(\beta)} \right|$$
$$h_{\alpha\beta}(\gamma) = h(\gamma)[q + (1-q)\delta_{\alpha\beta}] \quad (3)$$

where $h_{\alpha\beta}$ is the latent hardening modulus, q is the latent hardening parameter, $h(\gamma)$ is the self-hardening moduli and is given by the relation

$$h(\gamma) = h_0 \text{sech}^2 \left(\frac{h_0 \gamma}{\tau_s - \tau_0} \right) \quad (4)$$

where h_0 is the initial hardening modulus, τ_0 and τ_s denotes the initial and saturation slip resistances respectively, while γ is the Taylor cumulative shear strain on all the slip systems:

$$\gamma = \int \sum_{n}^{\beta=1} \left| d\gamma^{(\beta)} \right| \quad (5)$$

The material parameters used in this paper are presented in Table 1. The parameters characterizing the elastic properties, latent-hardening laws and back stress hardening law of slip systems are fitted results from the experimental work of Ma et al.[22].

Table 1 Material parameters used in this paper

C_{11}/GPa	C_{22}/GPa	C_{44}/GPa	$\dot{\gamma}_0$	n	$\zeta^{(\alpha)}$	$r^{(\alpha)}$	$h_{\alpha\beta}$/MPa	h_0/MPa	τ_0/MPa	τ_s/MPa	q
187.85	99.64	129.49	10^{-6}	3.6	210.87	1960	1	548	60.64	100.64	1

2.2 Computational aspects

A 3D finite element model is investigated in this paper. The geometries of computational model are the same as the experimental assembly illustrated in Fig. 1. In consideration of the symmetry of the assembly, a half-model is undertaken in the actual modeling to reduce the computational cost (Fig. 2(a)). The boundary and load conditions are also kept consistent with the experimental conditions. The 3 degrees of freedom of left side of specimen is constrained as fixed boundary. The plane of symmetry on specimen is imposed with a symmetry boundary condition. Two load steps are set. First, a constant normal force is applied on the pad along y direction in global coordinates, thus the contact interaction between the specimen and pad takes effect. Then in the second load step, a bulk load is applied on the right side of specimen along x direction in global coordinates. In order to simulate the actual fatigue load, namely, to study the material behavior under reciprocating fretting motion, the bulk load is set as an alternating loading spectrum, and the loading period, maximum and minimum forces are identical with the experimental set-up. Due to the computational cost, the number of fatigue loading cycle should be a limited value, but it should ensure the back-stress parameter $X^{(\alpha)}$ evolution to reach an equilibrium state. In this paper the loading cycle number is chosen as 10. Convergence is an important issue to be solved in a contact problem because contact is a highly-nonlinear problem[23]. To ensure the convergence of the solution, a small displacement load is applied on

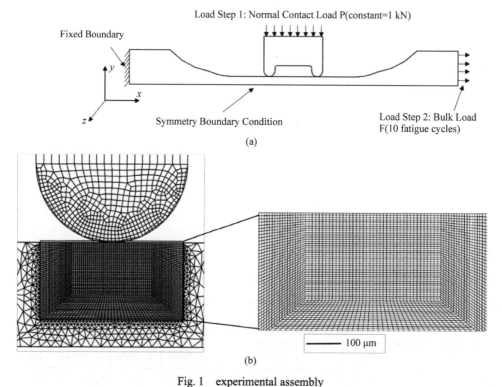

Fig. 1   experimental assembly

(a) Boundary and load conditions of the CPFEM model; (b) FE mesh used for simulation

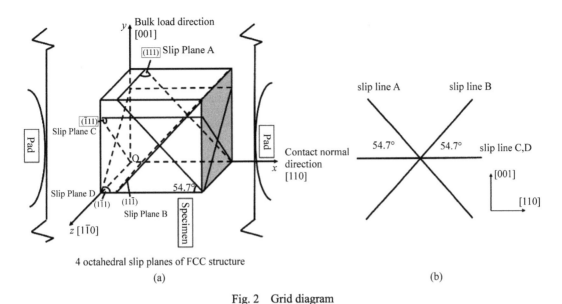

Fig. 2　Grid diagram

(a) Schematic representation of octahedral slip systems in specimen; (b) slip lines on free surface of specimen

the pads to establish the contact interaction between pads and specimen before the normal force and bulk load are applied. Besides, the time increment is set to be small enough to ensure the convergence. More than 100 increments are used to apply the bulk fatigue load. The mesh convergence is ensured by the criteria that the contacting compression stress change is less than 5% when the mesh size is reduced by half.

The interaction between specimen and pad is implemented as finite sliding surface-to-surface contact to avoid possible numerical divergence especially when friction is taken into consideration[12]. Frictional contact is imposed using penalty technique and the friction coefficient is set to be 0.3 referring to Steijn's friction test data[24] and Matlik et al[25]. As is reported by Frederic et al, the results of penalty method are close to the results of Lagrange multipliers method [26]. The penalty method is used because it is much more economical in computational cost of the analysis than the Lagrange multipliers method and the latter method often causes severe convergence problems. The contact master surface is applied on the pad and the specimen side surface to be the slave surface, because the mesh on the pad is coarser than the specimen. Fig. 2(b) illustrates the FE mesh used for simulation. At contact region both specimen and pad surface are arranged with refined high-density mesh to catch the stress concentration. In x direction, the element size of the innermost layer is in micron dimension. 10 seeds are applied uniformly along the thickness using sweep mesh technique. This element size can not only meet the computational requirements but also be concordant with the smallest recognizable crack size in common SEM observation. The specimen contains a total number of 41 076 elements. At the contact region 32 000 eight-node linear brick elements with incompatible modes are used because this element type is conformed to have better performance in contact circumstances[27].

The pad contains 6015 elements of the same element type.

The specimen and pad are assigned with the material property using a user material subroutine (UMAT) of the FE platform. The computation was performed with ABAQUS 6.13. Incremental line search is used in the constitutive update and Newton-Raphson (N-R) iteration scheme is employed to determine the shearing rates on each slip system[7, 12, 28].

3 Numerical results of slip behaviors

Fig. 3(a) is predicted γ-maps of slip systems on contact foot C1. It is necessary to point out that Fig. 3(a) represents the last frame of the FE computation, but the γ-map pattern stays similar during 10 loading cycles. The different color of block indicates different slip system which has been labeled on each region. The blue blocks on contact pad and outer part of specimen represents regions with no crystallographic slip on all the 12 slip systems. Each colored element means within this element the slip system of this color has the maximum plastic slip among 12 slip systems, i.e. this slip system is the dominant slip system at the region. Focused on the contact region of specimen free surface, a butterfly wing pattern can be seen from the Fig. 3(a), and the wing root is at about the center of contact region. Obviously, there are 6 colored regions containing 6 different dominant slip systems. At the center of contact area the 4 dominant slip system are $(111)[0\bar{1}1]$, $(111)[10\bar{1}]$, $(11\bar{1})[101]$ and $(11\bar{1})[011]$ respectively from left to right side. These four slip patterns are nearly symmetric about the (001) plane. At the edge of contact area there are 4 branches with different proportions, where the dominant slip system are $(1\bar{1}1)[10\bar{1}]$ and $(\bar{1}11)[0\bar{1}1]$.

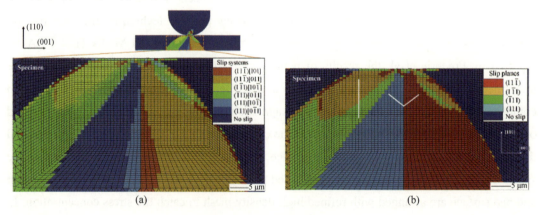

Fig. 3 Predicted γ-maps
(a) dominant slip systems; (b) dominant slip planes

In Fig. 3(a) some adjacent color blocks have the same slip plane, i.e. $(111)[0\bar{1}1]$ and $(111)[10\bar{1}]$. It is reasonable to assume that in these two regions the same slip line may be induced on free surface. So dominant slip plane γ-map is plotted as shown in Fig. 3(b). There are mainly 4 dominant slip plane regions in contact area, i.e. $(1\bar{1}1)$, $(\bar{1}11)$, $(11\bar{1})$ and (111)

from left to right. The traces each slip plane will leave on free surface [Fig. 3(a)] is marked in the γ-map with white lines. At the edge of contact area, slip plane $(1\bar{1}1)$ and $(\bar{1}11)$ are the most possible to activate according to CPFEM simulation, hence according to Fig. 3(b), slip lines perpendicular to contact plane will be left on free surface [Fig. 3(b)]. While in the contact center area, simulation shows there will be two oblique types of slip lines with 54.7° angle of inclination with the horizontal direction.

Above are the predicted results of CPFEM simulation. Combining these simulation results with the experimental observations, comparisons are illustrated in Fig. 4. The slip plane γ-map is superposed on the SEM image under the same scale. It can be seen that at the contact edge there are a large amount of slip lines perpendicular to the contact surface, while in the contact center region, two series of oblique slip lines are successfully predicted with CPFEM simulation and the angle of inclination match well with the observed slip planes. Good agreements are achieved between experimental and simulation results.

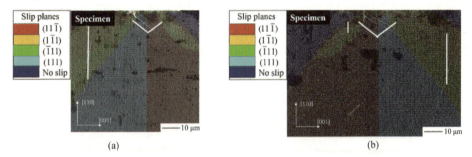

Fig. 4 Comparisons between experimental observations and simulation results
(a) C1 foot, N=234444; (b) C3 foot, N=402931

4 Analysis of crack formation behavior

Equivalent plastic strain is defined by:

$$\bar{\varepsilon}^{eq} = \sqrt{\frac{2}{3}\varepsilon_{ij}^{p}\varepsilon_{ij}^{p}} \qquad (6)$$

where $\varepsilon^{p} = \sum_{\alpha}\gamma^{(\alpha)}\left(s^{(\alpha)}\otimes m^{(\alpha)}\right)$. $\bar{\varepsilon}^{eq}$ is calculated in CPFEM UMAT and the map is superposed on the slip plane γ-map at the same scale to identify the dominant slip system of each region [Fig. 5(a)]. The map shows $\bar{\varepsilon}^{eq}$ reaches the maximum value at the edge of contact region, while it is at this location initiates short crack [Fig. 5(b)]. This indicates equivalent plastic strain is a reasonable value to predict the crack initiation site, followed by the propagation of short crack. According to the crack initiation site in Fig. 5(a), we can determine the corresponding slip plane of this region is $(1\bar{1}1)$. So it is reasonable to suggest the crack will follow the track of plane $(1\bar{1}1)$, which is confirmed in experimental observations [Fig. 5(b)]. Accordingly, CPFEM is effective in predicting the crack formation and propagation behavior.

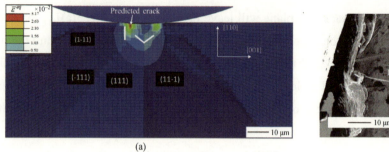
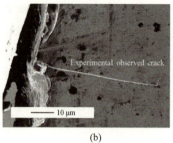

Fig. 5　Crack diagram

(a) Superposition of equivalent plastic strain map and slip plane γ-map; (b) crack observed in experiment

Fig. 6 illustrates the predicted evolution of slip planes under cyclic loading. In the first frame the bulk load has not been applied, which is similar to an cylindrical indentation, and a nearly symmetrical pattern is obtained and similar with the results of Sabnis et al.[14]. Then the first cycle of bulk load is applied and the branch of slip plane begin to expand. This suggests crystallographic slip happens on more regions, which potentially indicates the propagation of an existing slip line. The expansion goes on with the increasing cycles until to a steady pattern when N is 10. Asymmetry of the branch pattern goes up during fatigue loading, and at the contact edge the slip region has a remarkable expansion, indicating dramatic plastic slip at this area. This is related to the crack formation and propagation at the edge of the contact region [Fig. 5(b)].

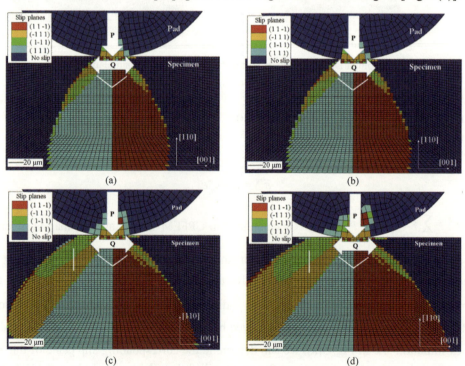

Fig. 6　The evolution of slip plane γ-map from simulation

(a) N=0 (only normal contact force is applied); (b) N=2; (c) N=5; (d) N=10

(Note: N represents fatigue loading cycles)

5 Concluding remarks

This paper focus on the simulation of slip lines and short cracks in fretting fatigue. CPFEM simulation with an elastic-plastic crystallographic constitutive formula is applied on the fretting fatigue finite element model. Dominate slip systems and planes are obtained from simulation. The predicted slip lines are found to be in good agreements with those observed in the experiment. The visibility of slip lines are analyzed according to the visibility of slip systems and plastic deformation which is quantified by equivalent plastic strain.

Simulation shows that dramatic plastic slip occurs at the edge of contact region where the crack initiates. Equivalent plastic strain is confirmed as an effective value to characterize the local plastic deformation and can be a criterion to predict the crack initiation location. CPFEM considering cyclic hardening effect shows the slip evolution under fatigue loading. The slip region expands dramatically at the contact edge, which is corresponding to the crack formation and propagation in the experiment.

References

[1] CIAVARELLA M, DEMELIO G. A review of analytical aspects of fretting fatigue, with extension to damage parameters, and application to dovetail joints[J]. International Journal of Solids and Structures, 2001, 38(10/11/12/13): 1791-1811.

[2] FARRIS T, SZOLWINSKI M, HARISH G. Fretting in Aerospace Structures and Materials[M]. New York: ASTM special technical publication, 2000: 523-537.

[3] THOMSON D. The National High Cycle Fatigue (HCF) Program[C]//3rd Nat. Turbine Engine High Cycle Conference, 1998.

[4] RAJEEV P T, FARRIS T N. Numerical analysis of fretting contacts of dissimilar isotropic and anisotropic materials[J]. Journal of Strain Analysis for Engineering Design, 2002, 37(6): 503-517.

[5] FLEURY R, PAYNTER R, NOWELL D. The influence of contacting Ni-based single-crystal superalloys on fretting fatigue of Ni-based polycrystalline superalloys at high temperature[J]. Tribology International, 2014. 76: 63-72.

[6] ARAKERE N K, et al. Subsurface stress fields in face-centered-cubic single-crystal anisotropic contacts[J]. Journal of Engineering for Gas Turbines and Power, 2006, 128(4): 879-888.

[7] GOH C H, MCDOWELL D L, NEU R.W. Plasticity in polycrystalline fretting fatigue contacts[J]. Journal of the Mechanics and Physics of Solids, 2006, 54(2): 340-367.

[8] HUANG X, et al. Fretting on the cubic face of a single-crystal Ni-base superalloy at room temperature[J]. Tribology International, 2009, 42(6): 875-885.

[9] GOH C H, et al. Polycrystal plasticity simulations of fretting fatigue[J]. International Journal of Fatigue, 2001, 23: S423-S435.

[10] MAYEUR J R, MCDOWELL D L, NEU R W. Crystal plasticity simulations of fretting of Ti-6Al-4V in partial slip regime considering effects of texture[J]. Computational Materials Science, 2008, 41(3): 356-365.

[11] NEU R W, et al. Applications of crystal plasticity in contact mechanics[J]. Proceedings of the Stle/Asme International Joint Tribology Conference, 2009, 561-563.

[12] ZHANG M, MCDOWELL D L, NEU R W. Microstructure sensitivity of fretting fatigue based on computational crystal plasticity[J]. Tribology International, 2009, 42(9): 1286-1296.

[13] SABNIS P, et al. Effect of secondary orientation on notch-tip plasticity in superalloy single crystals[J]. International Journal of Plasticity, 2012, 28(1): 102-123.

[14] SABNIS P A, et al. Crystal plasticity analysis of cylindrical indentation on a Ni-base single crystal superalloy[J]. International Journal of Plasticity, 2013, 51(0): 200-217.

[15] BISWAS P, NARASIMHAN R, KUMAR A. Interaction between a notch and cylindrical voids in aluminum single crystals: experimental observations and numerical simulations[J]. Journal of the Mechanics and Physics of Solids, 2013, 61(4): 1027-1046.

[16] HILL R, RICE J. Constitutive analysis of elastic-plastic crystals at arbitrary strain[J]. Journal of the Mechanics and Physics of Solids, 1972, 20(6): 401-413.

[17] ASARO R J, RICE J. Strain localization in ductile single crystals[J]. Journal of the Mechanics and Physics of Solids, 1977, 25(5): 309-338.

[18] ASARO R J. Micromechanics of crystals and polycrystals[J]. Advances in Applied Mechanics, 1983, 23: 1-115.

[19] PEIRCE D, ASARO R J, NEEDLEMAN A. Material rate dependence and localized deformation in crystalline solids[J]. Acta metallurgica, 1983, 31(12): 1951-1976.

[20] PEIRCE D, ASARO R J, NEEDLEMAN A. An analysis of nonuniform and localized deformation in ductile single crystals[J]. Acta Metallurgica, 1982, 30(6): 1087-1119.

[21] CHABOCHE J L. Constitutive equations for cyclic plasticity and cyclic viscoplasticity[J]. International Journal of Plasticity, 1989, 5(3): 247-302.

[22] MA X F, et al. Temperature effect on low-cycle fatigue behavior of nickel-based single crystalline superalloy[J]. Acta Mechanica Solida Sinica, 2008, 21(4): 289-297.

[23] DOCUMENTATION. ABAQUS analysis user's manual[R]. Simulia Corporation, 2012.

[24] STEIJN R. Friction and wear of single crystals[J]. Wear, 1964, 7(1): 48-66.

[25] MATLIK J F, et al. Prediction of fretting crack location and orientation in a single crystal nickel alloy[J]. Mechanics of Materials, 2009, 41(10): 1133-1151.

[26] LANOUE F, VADEAN A, SANSCHAGRIN B. Finite element analysis and contact modelling considerations of interference fits for fretting fatigue strength calculations[J]. Simulation Modelling Practice and Theory, 2009, 17(10): 1587-1602.

[27] SELAMET S, GARLOCK M. Guidelines for modeling three dimensional structural connection models using finite element methods[C]//International symposium: steel structures: culture and sustainability, 2010.

[28] HUANG Y. A user-material subroutine incorporating single crystal plasticity in the ABAQUS finite element program[D]. Cambridge: Harvard Univ, 1991.

稳态模式与瞬态模式下斜式轴流泵流动数值计算差异研究*

汤 远[1]，王超越[1]，王福军[1,2]†

(1. 中国农业大学 水利与土木工程学院，北京 100083；
2. 北京市供水管网系统安全与节能工程技术研究中心，北京 100083)

摘要 叶轮旋转部件内的流动数值计算方法分为稳态 MRF 模式和瞬态 SMM 模式两类。对叶轮叶片数较少的斜式轴流泵而言，受稳态模式对动静区域和其交界面流动参数处理方式影响，数值计算结果与瞬态模式计算得到的平均结果有一定差异。本文基于 SST k-ω 湍流模型，分别采用 RANS 和 URANS 方法开展了稳态模式和瞬态模式下的斜式轴流泵内部流动计算，分析了两种模式下所得斜式轴流泵扬程、轴功率、过流部件水力损失和流态分布。结果表明，稳态模式比瞬态模式下获得稳定收敛结果的时长少 84.6%，但瞬态模式下水泵扬程的计算精度更高，比稳态模式高约 3.93%；稳态模式计算得到的出水流道旋涡强度比瞬态模式低，但稳态模式所得到的流道内平均流速较高，瞬态模式下出水流道有明显偏流及局部低流速区；稳态模式所预测出的流道水力损失在大流量工况时偏高，瞬态模式所预测出的流道水力损失在设计工况及小流量工况时偏大。

关键词 斜式轴流泵；稳态模式；瞬态模式；数值计算；水力性能

1 引言

雷诺平均 Navier-Stokes 模型（RANS）是轴流泵等叶轮机械内部复杂流动数值计算的主要模型之一。该模型对 Navier-Stokes 方程进行时间平均滤波，并构建雷诺应力封闭方程以开展湍流流动的预测。依据对瞬态参数的处理模式，可将数值计算模式分为稳态模式和瞬态模式，分别称为 RANS 模式和 URANS 模式[1]。当叶轮转速恒定时，可将流动控制方程转换为运动坐标系下的方程，从而实现稳态的运动参考系（MFR）计算及瞬态的滑移网格模型（SMM）计算[2]。稳态模式和瞬态模式具有不同的计算特点，所得到的计算结果有较大不同。稳态模式具有计算效率高的优势，而瞬态模式则能提供更为丰富的流动细节，如能够获取叶轮内部压力脉动特征及复杂涡结构演变过程[3]。

在叶轮机械性能参数的数值预测中，Gao 等[4]讨论了立式离心泵采用稳态模式与瞬态模式对计算结果的影响，发现瞬态模式所得扬程、效率等外特性参数与实验几乎吻合，而

---

* 北京市自然科学基金资助项目（3182018）；国家自然科学基金资助项目（51836010，51779258）
† 通信作者：wangfj@cau.edu.cn

稳态模式所得扬程和效率分别在大流量和小流量等偏工况时比实验高约15%和12%。对斜式轴流泵而言，相关学者也多采用稳态模式或者将部分过流部件单独计算的方法以研究其流动特性。徐磊等[5]采用三维稳态湍流数值计算方法，分别对泵轴倾斜15°、30°和45°的斜式进水流道的水力性能进行预测，其结果表明流道水力损失等参数计算结果有显著差异。陆林广等[6]则采用分段式稳态计算模式，对大型轴流泵中虹吸式和直管式出水流道水力损失开展数值研究，获得了与实验较为接近的结果，但数值计算结果略偏小。梁金栋等[7]借助于稳态三维湍流数值计算方法，通过给定平均环量分布的方式研究了大型泵站导叶出口环量对出水流道水力性能的影响规律，结果表明导叶出口环量分布对出水流道水力性能影响巨大。

目前对大型轴流泵水力性能预测多采用稳态模式，然而稳态模式通常无法反映流动参数随时间空间变化的情况，而且稳态 MRF 模式对转子域和固定域的计算分别采用不同的坐标系进行转换，并且在动静交界面对流动参数处理后进行网格节点数值传递，如混合面方法即采用交界面参数面积加权平均等方式以保证守恒[8]。然而，对于叶轮叶片数较少且转子倾斜布置后受重力因素导致流动不对称的斜式轴流泵而言，稳态模式与瞬态模式计算得到的扬程等外特性参数存在差异。因此，分析两种计算模式的计算效率和精度，对大型输水泵站建设具有特定的工程参考价值。

本文基于 SST $k\text{-}\omega$ 湍流模型，分别采用 RANS 模型和 URANS 模型，对斜—斜式轴流泵模型装置开展稳态模式与瞬态模式计算效率和计算精度研究，对比两种计算模式下的斜式轴流泵扬程、轴功率、过流部件水力损失和流态分布等特性，以期为特定条件下选用稳态模式或瞬态模式提供借鉴及参考。

2　计算域对象

本文研究对象为一斜式轴流泵装置模型，叶轮轴与水平夹角为15°，沿流向该装置依次为进水流道、叶轮、导叶和出水流道，计算域及各过流部件位置关系如图1所示。其中，叶轮叶片数为4，转轮直径为300 mm，转速为1450 r/min，导叶叶片数为7。取该斜式轴流泵装置模型在叶轮叶片安放角–2°、流量335.38 L/s 时的流量为设计流量（Q_0），全部计算工况为 0.8Q_0、1.0Q_0 及 1.2Q_0 3个流量工况。

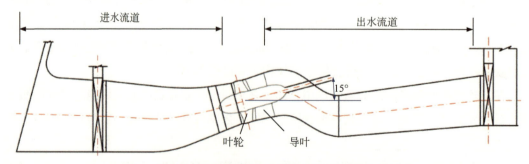

图1　斜式轴流泵装置模型正视图及各过流部件位置关系

3 数值计算模型

3.1 稳态模式与瞬态模式

1）MRF 方法

叶轮机械中常用的稳态模式可基于 MFR 方法来实现，叶轮域内流动速度将通过相对速度从固定坐标系转化为旋转坐标系[9]。此时，

$$v_r = v - u_r, \quad u_r = v_t + \omega \times r \tag{1}$$

旋转坐标系下质量守恒和动量守恒方程可分别写为

$$\frac{\partial \rho}{\partial t} + \nabla \cdot \rho v_r = 0 \tag{2}$$

$$\frac{\partial}{\partial t}(\rho v_r) + \nabla \cdot (\rho v_r v_r) + \rho(2\omega \times v_r + \omega \times \omega \times r + \alpha \times r + a) = -\nabla p + \nabla \cdot \overline{\overline{\tau_r}} + F \tag{3}$$

式中：$\alpha = \dfrac{d\omega}{dt}$；$a = \dfrac{dv_t}{dt}$。

此时，动静区域流动控制方程各自依据其对应的坐标系给出，交界面两侧的矢量变量如速度和速度梯度随参考坐标系各自求出，压力及湍动能等标量值则直接通过局部网格节点传递。若交界面采用 MRF 混合面方法，则对 interface 面两侧法流动参数进行一定形式的周向平均化，如质量平均、面积加权平均或混合平均，再按照流动域上下游进行赋值传递[10]。

2）SMM 方法

叶轮机械的瞬态模式可基于 SMM 方法实现。各过流部件均在固定坐标系下对速度进行处理，此时动量守恒方程[11]为

$$\frac{\partial}{\partial t}\rho v + \nabla \cdot (\rho v_r v) + \rho[\omega \times (v - v_t)] = -\nabla p + \nabla \cdot \overline{\overline{\tau_r}} + F \tag{4}$$

在 SMM 方法中，动静区域只需保证彼此接触，并定义刚性旋转区域网格运动规律，interface 面组即可随着网格移动而更新，从而保证流动参数在公共边界网格节点间传递。

3.2 湍流模型及网格、边界层条件

SST k-ω 湍流模型考虑了湍流主切应力输运的影响，对叶轮机械内强旋转湍流及具有高逆压梯度的流动计算具有较好的适用性，而且 SST k-ω 模型在旋转机械流动计算中得到许多的验证[12]，越来越多的学者认为 SST k-ω 模型是水力机械领域数值模拟应优先选用的模型[13]。本研究采用该模型作为 RANS 与 URANS 计算的湍流模型，该模型相关参数见参考文献[14]。

图 2 为本研究所生成的计算域网格。其中进水流道、喇叭管、弯管和出水流道采用六面体网格，叶轮和导叶采用六面体核心混合网格。通过网格无关性验证保证计算的可靠性，最终方案的总网格数约 382 万。

装置模型的进口边界条件采用总压进口（1atm），出口边界条件采用质量流量出口，各

固体壁面均按无滑移壁面处理，且近壁区采用与 SST k-ω 湍流模型相适应的 Automatic 近壁处理模式，该模式可实现低雷诺数模型与壁面函数的光滑转换[14]。

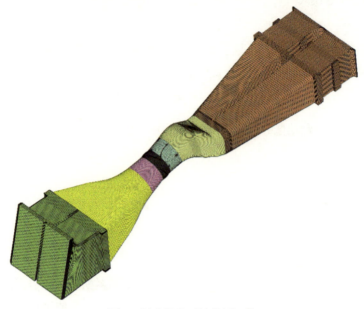

图 2 斜式轴流泵计算域网格

4 计算结果分析

4.1 计算效率对比

在进行物理量时间积分时，瞬态项可采用隐式与显式两种积分方案。理论上隐式方案无条件稳定，而显式方案具有计算效率高的特点，但时间步长受到限制[15]。本研究中，为了对比时间步长对瞬态模式计算结果的影响，分别按照叶轮旋转 2°和 0.5°所用时间为时间步长，对应时间分别为 5.75×10^{-5} s 和 2.30×10^{-4} s。以设计工况为例，稳态迭代达到收敛与瞬态不同时间步长达到收敛所得计算结果如表 1 所示，其中 CPU 处理速度为 2.2 GHz，CPU 核数为 54，计算内存为 128 G。

表 1 稳态与瞬态计算模式的计算效率对比

方案		时间步长	计算耗时/h	扬程模拟值/m	相对误差/%
稳态		—	约 4	7.55	+6.32
瞬态	T_1	1/3n（每步内旋转 2°）	（5 圈）约 26	7.27	+2.39
	T_2	1/12n（每步内旋转 0.5°）	（5 圈）约 60	7.20	+1.41

对比不同时间步长的试算结果可以发现，以叶轮旋转 2°时间步长与叶轮旋转 0.5°时间步长计算得到的扬程相差 0.963%。以叶轮旋转 2°时间步长的扬程比实验结果高 2.39%，基本能够满足外特性计算精度要求。同时，稳态模式的扬程计算结果比实验值高 6.32%，但是在计算收敛的耗时上却相对瞬态叶轮旋转 2°时间步长的结果降低了 84.6%。

4.2 斜式轴流泵外特性计算结果

1）扬程及轴功率

图 3 为采用稳态模式与瞬态模式（叶轮旋转 2°时间步长）计算得到的斜式轴流泵外特性，其中包括稳态模式与瞬态模式计算得出的扬程 H 和轴功率 P，图 3 中还给出了实验结果。可以看出，在小流量 $0.8Q_0$ 工况时，扬程的瞬态模式计算结果比实验值小 3.12%，稳态模式计算结果比实验值小 11.41%；在设计流量 $1.0Q_0$ 工况时，瞬态模式计算所得扬程与实验结果吻合，而稳态结果仍有 6.32%的误差；在大流量 $1.2Q_0$ 工况时，瞬态模式计算所得扬程比稳态结果小约 0.6m，此时，瞬态模式和稳态模式所得扬程均比实验结果高，其相对误差分别为 6.35%和 12.21%。

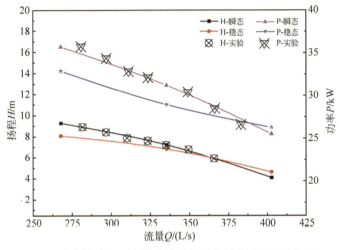

图 3 稳态模式与瞬态模式计算得到的斜式轴流泵外特性

从图 3 中还可以看出，小流量 $0.8Q_0$ 工况下两种计算模式得到的轴功率，相对实验结果的误差分别为-3.42%和-12.65%；在设计流量 $1.0Q_0$ 工况下，瞬态模式预测所得斜式轴流泵轴功率与实验结果误差为-2.70%，而稳态模式误差则高达-7.92%；随着流量增大至 $1.2Q_0$ 工况时，瞬态模式与稳态模式所得轴功率相对实验的误差则分别为+3.31%和+6.35%，即此时无论瞬态模式还是稳态模式所预测的轴功率均比实验略大，但稳态模式的误差约为瞬态的 2 倍。

造成稳态模式与瞬态模式下斜式轴流泵扬程和功率差异的原因，一方面是两种模式对计算域流动参数处理方式不同，另一方面是两种模式计算外特性参数的方法不同。稳态模式通常将得到的稳定的监测结果作为分析结果，瞬态模式则是对一段时间内波动的监测量的统计平均。图 4 为稳态模式与瞬态模式下不同时刻叶轮出口速度分布，由于稳态模式下叶轮叶片与导叶的相对位置固定，叶轮出口平面产生了与叶轮流道出口几何对应的高低流速分布区。而瞬态模式下，叶轮出口相同半径位置圆周方向速度分布均匀性提高，但由于不同时刻叶轮叶片与导叶相对位置不同，它们的局部非均匀速度分布位置也有所不同，导致瞬态结果呈现出时间序列特征。

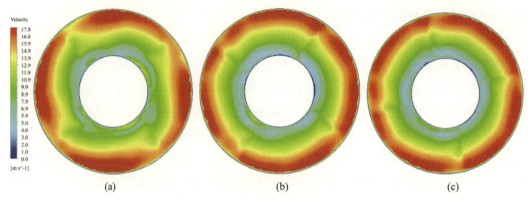

图 4 稳态与瞬态不同时刻叶轮出口流速分布

(a) 稳态模式；(b) 瞬态模式 T_1；(c) 瞬态模式 T_2

2）水力损失分布特性

图 5 给出了稳态模式与瞬态模式计算所得斜式轴流泵进水流道、叶轮、导叶及出水流道等过流部件能量水头分布。可以发现，当流量分别为 $0.8Q_0$ 和 $1.0Q_0$ 时，瞬态模式所得叶轮能量变化绝对值均比对应流量下稳态模式所得值大，当流量为 $1.2Q_0$ 时则与之相反。

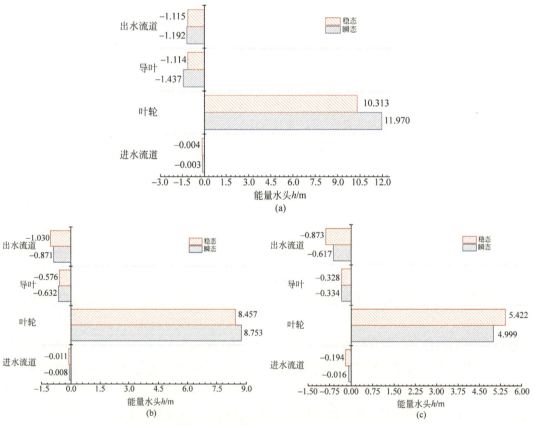

图 5 稳态模式与瞬态模式所得各过流部件能量水头分布

(a) $0.8Q_0$；(b) $1.0Q_0$；(c) $1.2Q_0$

导叶水头损失在 3 个流量工况下均表现出瞬态模式比稳态模式略大的特点，稳态模式和瞬态模式时 $0.8Q_0$ 流量工况下其占叶轮能量水头的比例均为各流量工况中最大，分别为 10.80% 和 12.01%。

而对于进水流道及出水流道，稳态模式所得水力损失比瞬态模式大。如出水流道，稳态模式下 $0.8Q_0$ 和 $1.2Q_0$ 时水力损失约占叶轮水头的 10.81% 和 16.10%，瞬态模式下 $0.8Q_0$ 和 $1.2Q_0$ 时水力损失约占叶轮水头的 9.96% 和 12.34%。

水力损失与流动分布有密切关系。以 $1.0Q_0$ 为例，两种模式下弯管及出水流道内流线及采用 Omega 方式识别的涡结构[16]分布特征如图 6 所示，其中对涡量（Omega 涡量，阈值 0.75）采用湍动能分布进行染色。可以看出，稳态模式所得到的出水流道流线相对光顺，平均流速 4.0～7.0 m/s；而瞬态模式所得流线则在中墩两侧流线分布极不对称，且出现显著的弯曲波折，这表明在流道内有一定的压力脉动特征，但流道内出现大范围 0.5～2.0 m/s 的低流速区，降低了局部水力损失。图 6(c)～6(d) 为两种模式下得到的出水流道涡结构，稳态模式不但无法得到中间隔墩两侧大尺度涡结构，且弯管段涡强度及湍动强度也比瞬态模式预测的低。

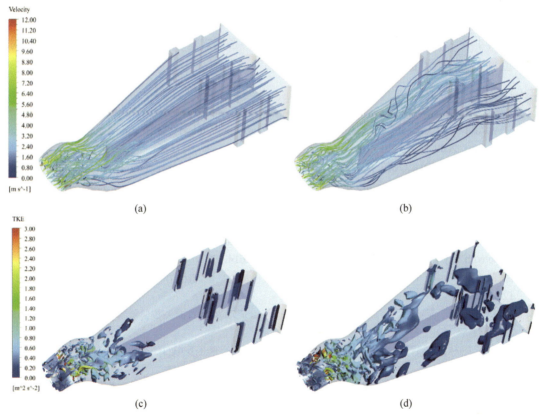

图 6　稳态模式与瞬态模式下出水流道流动参数分布

(a) 稳态模式流线；(b) 瞬态模式流线；(c) 稳态模式涡量（湍动能染色）；(d) 瞬态模式涡量（湍动能染色）

因此，对斜式轴流泵等复杂计算域开展稳态或瞬态计算时，其流量工况对不同过流部件的能量变化分布有一定影响，数值计算的可靠性应结合流量等具体工况分析，整体上瞬态模式能够提供较精确计算结果，当工程中对精度要求不高时稳态模式可以快速获取复杂叶轮机械外特性分布趋势。

5 结论

本文分别采用稳态模式与瞬态模式计算了斜式轴流泵在典型流量工况下的水力性能及主要流态，得到如下主要结论：

（1）稳态模式比瞬态模式得到稳定收敛结果的计算时长大幅减少；而受稳态模式与瞬态模式对转子域及交界面流动参数处理方式差异的影响，稳态模式扬程计算结果在各流量下均比瞬态模式计算的偏差略大，大流量工况下稳态模式扬程计算结果与实验值的偏差可达 12.2%。对斜式轴流泵内湍流特征较强的流动，采用瞬态模式计算能够获得更接近实验结果的扬程等外特性。

（2）稳态模式所得到出水流道内流态相比瞬态模式更加光顺，稳态模式抹平了部分流道涡信息，但平均流速整体上较大，瞬态模式可以发现出水流道内偏流特征，能够给出更加精细的漩涡结构。

（3）对于进水流道和出水流道的水力损失，稳态模式在偏离设计流量工况时计算结果偏大；对于叶轮和导叶等过流部件的水力损失，瞬态模式在小流量工况和设计流量工况时计算值偏大、在大流量工况时计算值偏小的特点。

参考文献

[1] SPALART P R. Strategies for turbulence modelling and simulations[J]. International Journal of Heat and Fluid Flow, 2000, 21: 252-263.

[2] RAMÍREZ L, FOULQUIÉ C, NOGUEIRA X, et al. New high-resolution-preserving sliding mesh techniques for higher-order finite volume schemes[J]. Computers & Fluids, 2015, 118: 114-130.

[3] KITANO M. Numerical study of unsteady flow in a centrifugal pump[J]. Journal of Turbomachinery, 2005, 127: 363-371.

[4] GAO Z X, ZHU W R, LU L, et al. Numerical and experimental study of unsteady flow in a large centrifugal pump with stay vanes[J]. Journal of Fluids Engineering, 2014, 136: 071101.

[5] 徐磊, 刘荣华, 陈伟, 等. 3 种泵轴倾角斜式进水流道水力性能的比较[J]. 水力发电学报, 2011, 30(2): 128-132.

[6] 陆林广, 刘军, 梁金栋, 等. 大型泵站出水流道三维流动及水力损失数值计算[J]. 排灌机械, 2008, 26(3): 51-54.

[7] 梁金栋, 陆林广, 徐磊. 中隔墩对大型泵站进水流道水力性能的影响[J]. 南水北调与水利科技, 2013, 11(6): 102-105.

[8] AGUERRE H J, DAMIÁN S M, GIMENEZ J M, et al. Conservative handling of arbitrary non-conformal interfaces using an efficient supermesh[J]. Journal of Computational Physics, 2017, 335: 21-49.

[9] LUO J Y, ISSA R I, GOSMAN A D. Prediction of impeller-induced flows in mixing vessels using multiple frames of reference[J]. IChemE Symposium Series, 1994, 136: 549-556.

[10] BEAUDOIN M, NILSSON H, PAGE M, et al. Evaluation of an improved mixing plane interface for OpenFOAM[C]//27th IAHR Symposium on Hydraulic Machinery and Systems, 2014.

[11] UTOMO A, BAKER M, PACEK A W. The effect of stator geometry on the flow pattern and energy dissipation rate in a rotor-stator mixer[J]. Chemical Engineering Research and Design, 2009, 87: 533-542.

[12] YIM E, CHOMAZ J M, MARTINAND D, et al. Transition to turbulence in the rotating disk boundary layer of a rotor-stator cavity[J]. Journal of Fluid Mechanics, 2018, 848: 631-647.

[13] 王福军. 流体机械旋转湍流计算模型研究进展[J]. 农业机械学报, 2016, 47(2): 1-14.

[14] MENTER F R. Review of the shear-stress transport turbulence model experience from an industrial perspective[J]. International Journal of Computational Fluid Dynamics, 2009, 23(4): 305-316.

[15] 王福军. 计算流体动力学分析: CFD 软件原理与应用[M]. 北京: 清华大学出版社, 2004.

[16] LIU C Q, WANG Y Q, YANG Y, et al. New omega vortex identification method[J]. Science China (Physics, Mechanics & Astronomy), 2016, 59(8): 684-711.

基于瞬态响应的汽车车身结构疲劳分析

王朋波[†]

(北京长城华冠汽车科技股份有限公司,北京 101300)

摘要 本文对某轿车车身进行疲劳仿真。在强化路面上实车采集道路荷载谱,再通过多体动力学模型进行虚拟迭代,得到车身各接附点的荷载历程。建立车身有限元模型,用模态叠加法计算车身的瞬态响应,并利用模态应力恢复法得到车身的动应力。采用 S-N 方法得到全车身的疲劳损伤分布,在疲劳分析中用临界平面法处理多轴应力,用材料赫氏图进行平均应力修正。

关键词 车身;道路荷载谱;瞬态响应;模态叠加法;疲劳分析

1 引言

车身是汽车的主要承载部分,是乘员的活动空间和货物的存放空间,也是悬架部件、底盘部件和车身附件的安装基础。车身承受各种动荷载,其抗疲劳性能十分重要[1-2]。

车身的疲劳寿命可通过一定量车身样件的耐久试验而得到的。在日趋激烈的竞争环境下,各汽车企业十分重视缩短产品开发周期。耐久试验不但试验周期长、耗资巨大,而且只能试制出车身样件之后才能进行,试验结论还可能受许多偶然因素的影响。随着计算机技术发展而诞生的现代仿真分析技术,使企业可在耐久试验之前,有效地预估车身的寿命,从而极大降低制造物理样车和进行试验所导致的巨额研发费用。

汽车在实际行驶过程中车身受到的荷载非常复杂,主要包括由地面不平度引起的垂直荷载、汽车转向或侧向风引起的侧向荷载和由汽车加速、制动引起的纵向荷载。这些荷载无法用理论方法推算,只能通过实车试验或虚拟试验来获取。

车身疲劳仿真分析通常是先采集轴头位置的加速度或者力信号,然后建立整车多体动力学模型进行虚拟迭代,根据轴头信号分解得到车身各接附点的动荷载历程,进而进行有限元分析,得到车身各部位的动应力时间历程,然后进行疲劳分析,得到车身各部位的疲劳寿命或者损伤值[3]。

虽然利用虚拟路面和数字样车能够模拟车辆行驶过程并获取荷载历程[4-5],但真实道路试验才最符合实际状态,因此实车路试目前仍然是整车企业最常用的道路荷载谱获取方案。

汽车的耐久性分析中,动应力的分析方法通常包括准静态叠加法和瞬态动力学法。前者是用单位静荷载取代实际动荷载施加于有限元模型,静力分析后获得的应力场即为各荷

[†] 通信作者: wangpb05@aliyun.com

载分量的应力影响因子；将应力影响因子与对应的荷载时间历程相乘叠加，即可得到结构的动应力时间历程[6-7]。该方法忽略了荷载频率影响，无法考虑某些频率成分的激励下结构发生共振的情况，只适用于固有频率远高于荷载频率的零部件[8]。车身结构的最低固有频率只有几十赫兹，应采用瞬态动力学法进行动应力的计算。

根据车身在实际使用中的受载情况可知，车身在绝大部分工况下其应力是低于其材料的屈服极限的，因此车身的疲劳寿命可采用高周疲劳方法进行计算[5]。

本文通过实际路试来采集轴头加速度信号，虚拟迭代分解得到车身各接附点的时域荷载谱，再实施瞬态有限元分析得到某轿车车身各部位的应力时间历程，然后采用 S-N 方法对车身进行疲劳损伤值估计，找出车身的风险部位并进行结构改进。

2 路谱采集和荷载分解

2.1 实车路谱采集

在如图 1 所示的试验场强化道路上进行实车路试，涵盖比利时路、碎石路、沙石路等 11 种路面，得到了各种路面所对应的轴头加速度信号。路谱采集并不要求试验车完全符合设计状态，只需选择一辆与设计车型接近的参考车进行改制，保证前后轴荷、轮距、轴距、底盘硬点参数与设计状态接近，因此该项工作可以在车型开发的概念阶段进行。

图 1　试验场强化路面

整套路谱采集工作主要包含采集方案制定、试验准备、路谱采集、数据校核确认和数据后处理等五项工作，最终得到可用于虚拟迭代的路谱数据[3]。

路谱采集方案需要根据设计车的市场定位和结构特点制定，至少要包含采集内容、采集设备、传感器要求、传感器布置位置、行驶线路及驾驶要求等项。

路谱采集前的试验准备包含零部件打磨加工、传感器粘贴、传感器标定、测试系统调试、车辆配重等工作项。

采集的原始信号必须经过严格的数据处理才能使用。数据处理首先要在专业软件中进行去除尖峰、去除干扰、修正漂移和平移等操作，而后根据路面类型及特殊需求把路谱进行分割或组合，以满足后续虚拟迭代的使用需求。

2.2 荷载迭代分解

道路试验只能测量轴头加速度信号，不能直接测量车身各接附点的荷载，因此还要建立如图 2 所示的整车多体动力学模型，将轴头信号分解到车身各接附点，得到接附点的力和力矩时间历程。如果直接把实测的轴头加速度信号施加在整车多体模型上，由于力系不平衡的问题，将导致无法求解，因此需要通过虚拟迭代的方法，将轴头加速度信号转换为轴头位移驱动信号，然后再进行荷载分解。

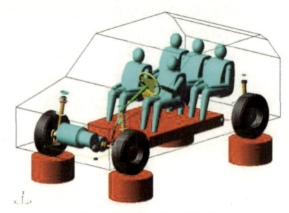

图 2　整车多体动力学模型

虚拟迭代的原理如图 3 所示。首先，需要将整车多体模型看作一个系统，轴头位移 A 为输入信号，轴头加速度 U 为输出信号。利用白噪声信号作为输入，对输出信号进行频谱分析，可得到传递函数 $H(f)$，它代表了不同频率的简谐激励下输入信号和输出信号之间的比值，利用其倒数 $1/H(f)$ 即可由输出反求输入。但由于所建立的整车多体模型是一个非线性的系统，而传递函数是基于线性化处理得到的，因此需要反复迭代输入信号，来逐渐逼近输出信号的实测值，最终求得较精确的输入信号。

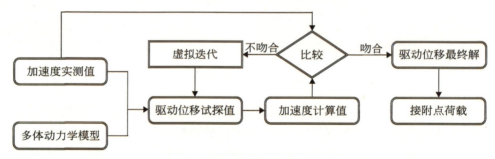

图 3　多体动力学虚拟迭代过程

传递函数定义为

$$H(f) = A(f)/U(f) \tag{1}$$

试验采集得到的轴头加速度时域信号，利用傅里叶变换可转换为频域信号 $A_m(f)$，再利用传递函数 $H(f)$，可求得初始的轴头驱动位移信号 $U_0(f)$ 如下：

$$U_0(f) = A_m(f)/H(f) \tag{2}$$

将 $U_0(f)$ 施加给多体模型，计算得到输出响应，即轴头加速度信号 $A_0(f)$。将 $A_0(f)$ 与 $A_m(f)$ 比较，如果吻合良好，$U_0(f)$ 就是最终的位移驱动信号，可用其获得疲劳分析所需

的车身接附点荷载;如果无法良好吻合,则进行第 1 次迭代计算得到修正后的位移驱动信号:

$$U_1(f) = U_0(f) + [A_m(f) - A_0(f)]/H(f) \tag{3}$$

然后将$U_1(f)$施加给多体模型,得到输出响应$A_1(f)$,再与$A_m(f)$比较。按这种方式反复迭代,直到输出响应的计算值与实测值良好吻合。

输出响应迭代计算值与实测值的比较主要包括两个方面:时域信号与频域功率谱密度信号。判断迭代是否可结束主要依靠主观评价。如果迭代效果可以接受,便结束迭代,将求得的位移驱动信号再输入多体动力学模型,即可得到车身和底盘件各接附点的荷载。车身接附点在全局坐标下的荷载时间历程用来进行后续车身有限元分析和疲劳分析。

3 瞬态动力学有限元分析

3.1 车身有限元模型

分解出车身各接附点的动荷载后,建立如图 4 所示的有限元模型进行瞬态动力学分析,可得到车身各处应力分布及其随时间的变化。

采用壳单元模拟整个白车身,节点总数为 1 897 845 个,单元总数为 1 866 466 个,以四边形单元为主,三角形单元比例小于 5%。在车辆运行过程中,车身上附加的任何质量都会对整体结构的动态响应产生重要的影响,因此在进行动力学分析之前,须采用分布质量或集中质量来模拟内外饰、乘员、行李等,并连接到白车身上相应的部位。

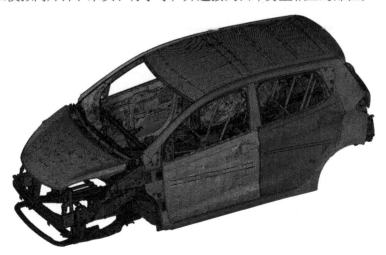

图 4 车身有限元模型

3.2 模态叠加法瞬态分析

有两种不同的数值方法可用于瞬态动力学分析,即直接积分法和模态叠加法[9]。对大模型和大量时间步的情况,通常采用模态叠加法更为高效,因为该方法利用结构振型来缩减问题求解空间,解耦运动方程,从而使数值求解更为高效。因此,本文采用模态叠加法进行瞬态动力学求解。

模态叠加法瞬态响应分析是常规模态分析的自然扩展。它将先把有限元节点的位移即物理坐标变为模态坐标，

$$\{u\} = [\Phi]\{\xi\} \tag{4}$$

式中：$\{u\}$为各节点位移构成的矢量；$[\Phi]$为各阶模态振型构成的矩阵；$\{\xi\}$为模态坐标矢量。

无阻尼的有限元动力学方程为

$$[M]\{\ddot{u}\} + [K]\{u\} = \{p\} \tag{5}$$

式中：$[M]$、$[K]$和$\{p\}$分别为质量矩阵、刚度矩阵和外荷载矢量。

将式(4)代入式(5)，然后前乘$[\Phi^T]$，得

$$[\Phi^T][M][\Phi]\{\ddot{\xi}\} + [\Phi^T][K][\Phi]\{\xi\} = [\Phi^T]\{p\} \tag{6}$$

式中：$[\Phi^T][M][\Phi]$为模态质量矩阵；$[\Phi^T][K][\Phi]$为模态刚度矩阵；$[\Phi^T]\{p\}$为模态力矢量。

模态质量矩阵和模态刚度矩阵均为对角阵，因此动力学方程可写成一系列非耦合的单自由度方程，

$$m_i \ddot{\xi}_i(t) + k_i \xi_i(t) = p_i(t) \tag{7}$$

求解这些单自由度方程，得到各阶模态坐标ξ_i后，利用式(4)，即可得到各节点的位移响应，进而可得到各部位的应力和应变响应。

在实际有限元分析中，如果车身各部位的应力时间历程都在结果中输出，相当于每个时间步输出一次全场应力，必然会因结果文件过于庞大而无法处理，因此常规计算条件下通常只能针对预估的风险部位进行局部应力结果输出和疲劳寿命分析[10]。

为实现全车身的疲劳寿命分析，本文并未在瞬态动力分析中直接输出动应力结果，而是采用模态应力恢复法计算动应力[11]。有限元分析只输出各阶模态坐标的时间历程和各阶模态应力，然后在后续的疲劳分析环节进行相乘求和得到全车身的动应力时间历程如下：

$$\{\sigma(t)\} = \sum_{i=1}^{}\xi_i(t)\{\sigma_i\} \tag{8}$$

式中：$\{\sigma_i\}$为第i阶模态所对应的模态应力。

4 车身疲劳分析

4.1 S-N 曲线方法

根据车身各部位的动应力计算结果，车身的应力低于材料的屈服极限时，应按高周疲劳处理，所以采用传统的应力寿命法即 S-N 曲线方法进行疲劳分析。S-N 曲线描绘了材料的应力幅值和加载次数之间的对应关系。图 5 展示了白车身总成所采用的几种冷轧钢板的 S-N 曲线。

目前的成熟疲劳分析方法都是基于单轴疲劳理论。但车辆行驶时车身承受的是随机变化的荷载，车身材料承受多轴应力，且无法保持比例加载，即主应力的幅值和主轴方向均随荷载发生变化，因此需要设法将各方向的应力分量合成为一等效单轴应力。传统的多轴

应力修正方案如 von Mises 应力法、最大主应力法等仅适用于比例加载情况，对此种情况已不适用。本文采用临界平面（critical plane）法来处理非比例变化的多轴应力，将复杂应力转化为最危险平面上的等效应力，然后采用成熟的单轴疲劳分析方法来计算疲劳损伤和寿命[12]。

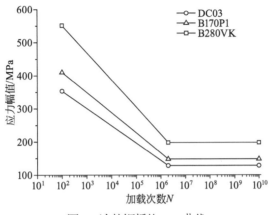

图 5　冷轧钢板的 S-N 曲线

因为材料的 S-N 曲线通常是在对称循环加载试验中测得，试件的平均应力为零。而实际上绝大部分工况下车身的平均应力都是非零的。对于疲劳强度而言，平均拉应力是有害的，而平均压应力是有利的。本文通过材料的赫氏图(Haigh diagram)实现平均应力修正，赫氏图定义了疲劳极限应力幅值与平均应力之间的关系，如图 6 所示。

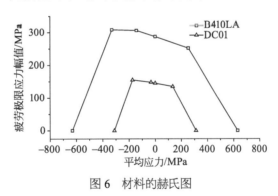

图 6　材料的赫氏图

此外，应力梯度、表面粗糙度和表面加工工艺对疲劳寿命均有影响，这些因素的影响通过适当修正 S-N 曲线来体现。

材料的 S-N 曲线是根据恒幅加载试验得到，然而车身承受的是随机变化的应力，一个循环的构成及其幅值就难以确定，因此需要选择合适的循环计数方法，将复杂的变幅加载历程转换为一系列离散的简单恒幅加载历程。本文采用雨流法来进行循环计数[13]，对应力时间历程进行再造，作为疲劳损伤计算的输入。

4.2　Miner 累积损伤准则

当前，汽车行业内广泛应用 Miner 线性累积损伤准则进行疲劳损伤计算。Miner 准则认为材料受到随时间变化的应力作用时，其总损伤为每单个应力循环所造成的损伤值之和，当总损伤达到 1 时，疲劳破坏发生[14]。

加载过程中，材料经历 $\sigma_1,\sigma_2,\cdots,\sigma_l$ 这样 l 种不同的应力水平的加载循环，如果各种应力水平下的疲劳寿命依次为 $N_1,N_2,\cdots,N_l$，各种应力水平下的循环次数 n_i 依次为 $n_1,n_2,\cdots,n_l$，则总损伤值为

$$D=\sum_{i=1}^{l}\frac{n_i}{N_i} \tag{9}$$

当总损伤值 $D=1$ 时，结构寿命达到极限，发生破坏。

4.3 疲劳分析计算结果

本文模拟车辆在试验场 11 种强化路面上的 7500km 耐久试验，各段路面的重复行驶次数为 90～270。

根据瞬态有限元分析给出的各段路面的应力时间历程，进行疲劳分析获得每种路面单次行驶的损伤值，再累加得到整轮耐久试验的损伤值，其分布云图如图 7 所示。

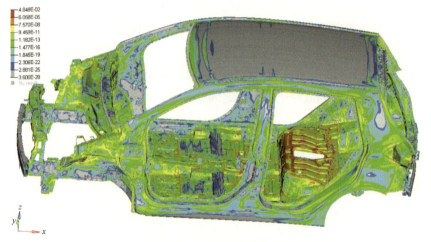

图 7　车身疲劳损伤值云图

计算结果显示，经历 7500km 耐久试验后最大损伤出现在后地板后段，数值仅为 0.048，远小于 1，表明该车身疲劳耐久性能良好，符合设计要求。

5　结论

本文提出了一套涵盖路谱采集、多体动力学荷载分解、瞬态动力学有限元分析、应力寿命法疲劳分析等环节的车身振动疲劳仿真方案，在车型开发前期即可对车身进行疲劳损伤计算，发现风险部位并优化改进，对整车开发具有重要意义。

本文采用实车路试方案采集路谱，相比基于数字样车和虚拟路面的方案更精确可靠；采用瞬态动力学方法计算车身动应力，能够考虑荷载频率的影响，与准静态叠加法相比计算精度更高。

本文采用模态应力恢复法计算车身动应力，无须在有限元瞬态分析中直接输出庞大的车身动应力结果文件，从而使全车身多路况的疲劳损伤分析变得简单易行。

参考文献

[1] 黄金陵. 汽车车身设计[M]. 北京: 机械工业出版社, 2007.
[2] 郦明. 郭鲁比希奇, 费雪凯, 等. 汽车结构抗疲劳设计[M]. 合肥: 中国科学技术大学出版社, 1995.
[3] 毛显红, 肖攀, 陈建华. 基于道路谱的汽车车身疲劳分析[J]. 计算机辅助工程, 2011, 20(2): 78-81.
[4] 孙宏祝, 陈循, 梁科山, 等. 基于整车虚拟道路行驶试验的车辆零部件疲劳分析[J]. 国防科技大学学报, 2007, 29(4): 121-125.
[5] 高云凯, 李翠, 崔玲, 等. 燃料电池大客车车身疲劳寿命仿真分析[J]. 汽车工程, 2010, 32(1): 7-12.
[6] 缪炳荣, 张卫华, 肖守讷, 等. 应用多体有限元法预测车体结构疲劳寿命[J]. 机械强度, 2008, 30(6): 1003-2007.
[7] 缪炳荣, 肖守讷, 张卫华, 等. 动载作用下柔性车体结构疲劳寿命的仿真[J]. 西南交通大学学报, 2007, 42(2): 217-222.
[8] 张林波, 柳杨, 瞿元. 有限元疲劳分析法在汽车工程中的应用[J]. 计算机辅助工程, 2006, 15(S1): 195-198.
[9] 王勖成. 有限单元法[M]. 北京: 清华大学出版社, 2003.
[10] 夏秀岳, 索小争, 胡玉梅, 等. 微型客车车身疲劳破坏 CAE 仿真[J]. 计算机辅助工程, 2008, 17(4): 46-50.
[11] 孙宏祝, 丛楠, 尚建忠, 等. 基于模态应力恢复的汽车零部件虚拟疲劳试验[J]. 汽车工程, 2007, 29(4): 274-278.
[12] 王英玉, 姚卫星. 材料多轴疲劳破坏准则回顾[J]. 机械强度, 2003, 25(3): 246-250.
[13] 徐灏. 疲劳强度[M]. 北京: 高等教育出版社, 1986.
[14] 姚卫星. 结构疲劳寿命分析[M]. 北京: 国防工业出版社, 2003.

力学在页岩气开发中的应用[*]

周志宏[†]

(长江大学，湖北 荆州 434023)

摘要 过去十几年中，水平井和多段压裂等新技术保证了低渗透性的页岩气藏的经济性开采，史称页岩气革命。本文介绍了作者应用力学理论在连续油管水平井的延伸技术、内压下连续油管弯曲校正循环中直径的变化的机制、连续油管表面损伤的机制、连续油管低周疲劳寿命的预测以及预防大型压裂中管道振动等方面所做的研究工作。研究结果表明，应用力学的基本理论对工程问题进行分析，可以指导实际工作，在工程中采取适当的措施，提高施工的安全性，减少不必要的损失，提高经济效益。

关键词 连续油管；共振；犁构形损伤；多轴疲劳；夹持力学

1 引言

页岩气是致密气藏，渗透率非常低，用传统方式钻井开采页岩气在经济上是不可行的，必须大幅扩大产气岩层与井眼的联系，这就形成了水平井和多段压裂技术。水平井使得井眼纵向与气藏的通道增加，压裂使得沿厚度方向气藏与井眼联系更顺畅，使这种气藏的开采成为可能，在北美形成了页岩气革命。这些技术近年也由北美传入中国大陆，在我国形成了重庆涪陵、四川长宁威远页岩气田的开采局面。随着水平井和多段压裂完井技术的不断发展，页岩气的产出成本也越来越低。一般来说，水平井的水平段长度越长，分段压裂数越多，单井产量也就越大，每立方米气产量的成本也就越低。水平段长度越长，不但对钻井是一个挑战，对于压裂完井同样是挑战。在分段压裂完之后，通常需要用连续油管将用于分段的桥塞磨铣掉，保持全井的通畅。由于连续油管的运输的限制，其尺寸不可能太大，而小尺寸的连续油管容易产生螺旋屈曲，直接影响延伸长度。为尽量保证连续油管水平井的延伸长度，需要根据连续油管的特点，采用各种方法，减少轴向摩擦力，涉及连续油管的变形、表面摩擦系数的降低等力学问题。连续油管在作业前卷绕在滚筒上，工作时，需要将连续油管展开，经注入头注入井中作业，连续油管经历循环大应变，会产生低周疲劳破坏。连续油管在运行中，也有各种情况可能导致连续油管表面损伤，表面损伤会进一步导致连续油管的疲劳寿命进一步降低。连续油管的制造成本很高，延长连续油管的使用寿命可以进一步降低工程费用，降低页岩气成本。在压裂过程中，压力管线有非常高的压力，达 90 MPa。压裂管线会产生振动，严重影响到施工的安全，力学分析

---

[*] 国家重大专项资助项目（2016ZX05038-006）
[†] 通信作者：zhouzhh394@126.com

是安全生产的重要保障。本文是以作者多年在页岩气领域中的力学问题的研究经验撰写而成。

2 连续油管水平段延伸

在分段压裂完成之后，需要用连续油管将用于分段的桥塞磨铣掉。目前，国内钻井的水平段长度为3000 m左右，但连续油管磨铣的桥塞仅能到2000 m左右，已经达到了2″连续油管（国内常用）延伸的极限，要继续延伸，需要考虑采取一定的措施，如在钻磨液中添加降低金属和金属间摩阻的金属减摩剂、应用井下振动器减阻等。

连续油管在井下进行磨铣桥塞和其他作业需要向前延伸时，连续油管的轴向力 F_a 可以用下式进行计算，

$$\frac{dF_a}{ds} = mg\cos\theta \pm \mu F_{1c} \tag{1}$$

式中：m 为连续油管单位长度的质量（kg）；θ 为井眼轨迹的井斜角；g 为重力加速度（m/s²）；μ 为摩擦系数，在下放操作时为正，在起升操作时为负，即压力为正，拉力为负；F_{1c} 为连续油管与井壁单位长度接触力（N/m）。

F_{1c} 为连续油管与井壁的单位长度接触力，与连续油管的变形状态有关。如果连续油管的轴向力小于某一临界值，则连续油管没有发生屈曲，F_{1c} 只与井眼轨迹和连续油管的轴向力 F_a 线性相关；当轴向力为大于某个值后，连续油管进入屈曲状态。此时，F_{1c} 是轴向力 F_a 的平方函数。所以，在连续油管在理想直管时，接触力可以写为

$$F_{1c} = \begin{cases} \sqrt{(mg\sin\theta + F_a a_i)^2 + (F_a \sin\theta a_\varphi)^2}, & F_a < F_{icr} \\ \dfrac{F_a^2 r}{4EI}, & F_a > F_{icr} \end{cases} \tag{2}$$

式中：a_i 为井斜角变化率（1/m）；a_φ 为方位角变化率（1/m）；r 为井眼内壁与连续油管之间的间隙（m）；EI 为连续油管的抗弯刚度（N·m²）；水平段连续管的临界力 F_{icr} 可以根据下式计算：

$$F_{icr} = -\beta\sqrt{wEI/r} \tag{3}$$

式中：w 为连续油管的单位重量；β 为系数，不同的屈曲模式，β 值不同。屈曲模式的轴向力条件见表1。

表1 屈曲模式的轴向力条件

轴向力条件	屈曲模式
$\beta \geq 4\sqrt{2} = 5.56$	完全螺旋屈曲
$2.83 \leq \beta < 5.56$	部分正弦，部分螺旋屈曲
$2 \leq \beta < 2.83$	正弦屈曲
$\beta < 2$	无屈曲

从式(1)可以看出，连续油管的轴向力 F_a 取决于摩擦系数 μ 和接触力 F_{1c}。如果能够降低摩擦系数，我们就能延伸连续油管所能达到的水平段的长度。降低摩阻的方法有在磨铣液中添加金属-金属减摩剂，或者进行连续油管表面的改性处理。也能使井眼轨迹更加光滑，即 a_i 和 a_φ 更小，使接触力减小来延伸连续油管，所以，钻井的质量与延伸长度也是相关的。此外，连续油管从滚筒表面展开并通过注入头初步校正后，连续油管还是具有一定程度的残余变形，据研究表明，残余变形的曲率半径为 6~7 m。连续油管残余变形会在井眼中产生额外接触力。周志宏等的实验表明，具有残余变形的连续油管的接触力约为完全矫直的连续油管的接触力的 2 倍，这与实际中钢与钢的摩擦系数为 0.12，以及井下的连续油管实际轴向摩擦力拟合的 0.24~0.3 的摩擦系数是吻合的。因此，若在入井前将连续油管进行矫直，可以延伸连续油管水平段作业长度。

3　连续油管的直径变化

在作业过程中，连续油管要经历多次弯曲-校正的大应变变形。如果弯曲-校正过程中连续油管内还有较大的压力，则连续油管的直径会增长；相反，如果连续油管在大内压下直径增长后，再在无内压下进行弯曲-校正循环，则连续油管的直径不但不增长，反而减小。这可以由材料的塑性变形的路径相关性得到解释。众所周知，多轴荷载情况下，金属材料塑性变形是沿应力空间的屈服面的法线方向。对于一般的塑性材料，可以用 Ramberg-Osgood 幂硬化材料模型，在循环过程中，考虑 Bauschinger 效应，应力应变曲线如图 1 所示。如果我们在受内压的连续油管中忽略径向应力，可以用二维的应力空间描述屈服面，当荷载变化时，等效应力增加时，用图 2 所示的同心椭圆描述。

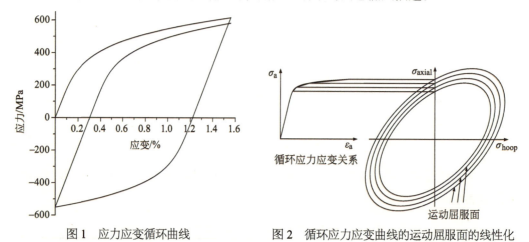

图 1　应力应变循环曲线　　　图 2　循环应力应变曲线的运动屈服面的线性化

假设连续油管在受到内压情况下弯曲-校正，内压产生的环向应力为 $\Delta\sigma_h$，如图 3 所示。如果等效应力变小，则材料处于卸载，应力应变曲线沿卸载方向变化，直到沿卸载方向达到屈服，此时屈服面应当是与刚卸载椭圆（红色椭圆）在卸载处相切的椭圆（深蓝虚线小椭圆），椭圆的中心向右上移动了一定的距离，即背应力发生了变化；当反向加载达到屈服后，同样由一系列的同心椭圆确定其屈服面的变化。当达到反向加载最大值，即深蓝虚线大椭圆所描述的屈服面后，再卸载和正向加载，分别用绿色的点虚线的大小椭圆表示其开始屈服面和最大屈服面，中心又向左上方移动，但移动的距离变小。在弯曲-校正过程中，屈服面的法线方向总的变化在 σ_h 有净的正值，即连续管直径增长。背应力 σ_h 分量移动的距离与循环次数的关系如图 4 所示。如果经过多次加较大内压情况下弯曲-校正循环，屈服面中心已经移动到了较高的背应力 σ_h，此时，卸内压再经过弯曲-校正循环，每次循环屈服面法线方向的净 σ_h 分量是沿向下的，即直径是减小的，同时，屈服面中心也向下移动，如图 5 和图 6 所示。这个分析与 Rolovic 和 Tipton 的连续油管变内压弯曲校正试验结果[1]和现场的模拟结果[2]是一致的。

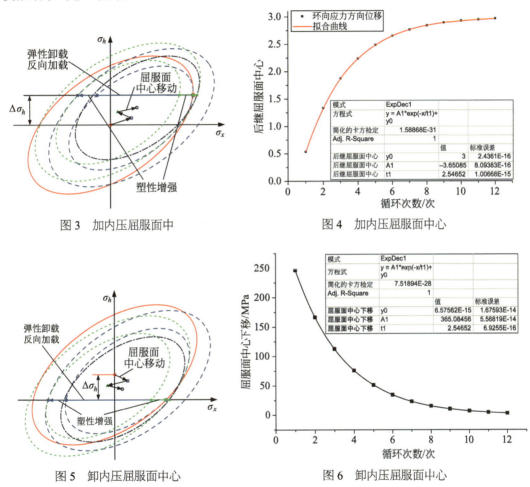

图 3 加内压屈服面中　　图 4 加内压屈服面中心

图 5 卸内压屈服面中心　　图 6 卸内压屈服面中心

连续油管的直径变化的这种特点可以用来减缓连续油管直径增大。例如，可以在高内压的作业（如磨铣桥塞作业）之间，穿插进行一些低内压的作业（如打捞获冲洗作业），使连续油管直径得到一定程度的恢复。

4 连续管的表面损伤机制

在连续油管的运行过程中，表面有可能产生机械损伤。由于应变集中，这些缺陷直接影响到连续油管的疲劳寿命。弄清楚这些机械损伤产生的机理，可以通过适当的措施，减少连续油管表面缺陷产生的概率，从而提高连续油管的综合使用寿命。

Padron 和 Craig 统计了历年来表面损伤的数据，发现犁构形损伤缺陷占所有机械缺陷的 46%[3]。犁构形损伤缺陷的外貌如图 7 所示。从外观上可以看出，在缺陷的右边有一个塑性瘤，在瘤的左侧是鱼鳞状的损伤。可以推论，最先产生的塑性瘤并不大，通过一次又一次的推动塑性瘤运动，运动中塑性瘤的累积和长大，塑性瘤变成切屑工具，在表面留下逐步增大的鱼鳞状伤痕和较大的塑性瘤。因此，振动是犁构形缺陷的原因之一。最开始的塑性瘤从何而来呢？从 Padron 和 Craig 的统计数据发现，作业压力高的作业多时，因犁构形损伤缺陷而导致的连续油管失效比例就高，推测连续油管的直径增长是导致缺陷形成的因素之一。为此，研究连续油管直径增长后，夹持块对连续油管的夹持力，如图 8 所示。夹持块的夹持力在连续油管表面产生的第一主应力达到了近 600 MPa。如果此时有一个岩屑或砂粒（压缩强度 200 MPa）正好压在第一主应力较大的地方，产生的等效应力就会超过连续油管表面的屈服应力造成连续油管表面损伤，如图 9 所示。如果连续油管与夹持块没有滑动，在连续油管表面会形成压痕，如果有滑动，就会在连续油管表面形成切削，留下来塑性瘤。

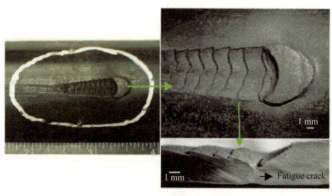

图 7　犁构形损伤缺陷外貌

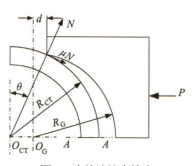

图 8　连续油管夹持力

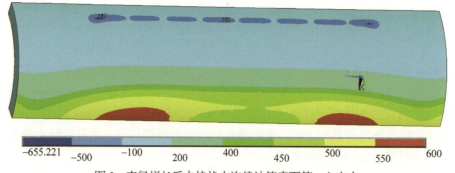

图 9　直径增长后夹持状态连续油管表面第一主应力

另一个需要弄清楚的问题是振动，首先要有激振源，其次需要有足够强度的振幅。如果激振源幅度较小，就需要产生共振。为了寻找激振源，我们分析由连续油管、注入头链条和夹持块组成的系统，如图 10 所示，假设每个夹持块 J_n 与链条之间都用弹簧支承，夹持块与连续油管之间没有滑动，与连续油管接触的夹持块的总的副数为 n。由力和位移之间的关系，很容易导出夹持块与链条之间的位移满足的方程。当连续油管注入时，

$$\Delta x_{i-1} = \Delta x_i + \frac{P_i}{k_{CT}} + \frac{P_i}{k_{Ch}}, \quad i = n, n-1, \cdots, 2 \tag{4}$$

式中：k_{CT} 和 k_{Ch} 分别为连续油管和链条节的弹性常数，可以很容易用弹性杆和有限元计算出来。

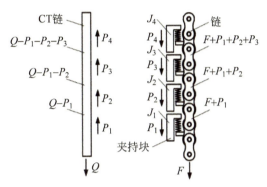

图 10　连续油管夹持运动系统

当将连续油管起出井口时，

$$\Delta x_i = \Delta x_{i-1} + \frac{P_{i-1}}{k_{CT}} + \frac{P_{i-1}}{k_{Ch}}, \quad i = 2, 3, \cdots, n \tag{5}$$

分别求解方程(4)和方程(5)，得到夹持块的轴向力的分布情况如图 11 和图 12 所示。

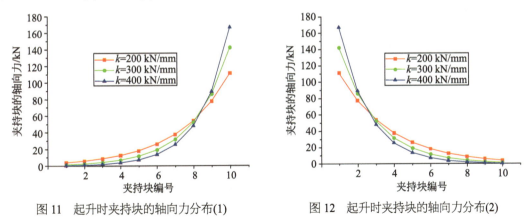

图 11　起升时夹持块的轴向力分布(1)　　　图 12　起升时夹持块的轴向力分布(2)

很明显，夹持块的轴向力是不均匀的。当起升连续油管时，与连续油管接触的最上一副夹持块承担的轴向力最大；当注入连续油管时，最下面一副夹持块承担的轴向力最大。当链条带动夹持块携带连续油管上提下放时，夹持块会有进入与连续油管接触的时刻和脱离与连续油管接触的时刻。来看看脱离接触时刻会发生什么。以下放为例，当承担轴向力最大的一副夹持块脱离接触时，轴向力重新分配，原来第 2 副承担刚脱离接触夹持块的轴

向力，类似地，上面的夹持块副承担下面夹持块副的轴向力，这样就会在连续油管运动中产生一个突然向下沉的位移，即一副夹持块脱离接触，同时产生一个下挫的位移。如果链条的速度是均匀的，位移激励是周期性的，周期是两副夹持块之间的纵向距离在链条速度下运行的时间。

从图 9 可以看出，最下面的夹持块与它上面的夹持块的轴向力之差只有 70 kN，产生的位移周期激励的幅度不大，小于 1 mm，这么小的位移激励只有共振的情况下才会产生较大的损害。为此，我们考虑悬挂在垂直井中的连续油管的振动问题可以用主控方程和边界条件表示。

$$\rho_{ct}A_{ct}dx\frac{\partial^2 y}{\partial t^2} - A_{ct}Edx\frac{\partial^2 y}{\partial x^2} + hdx\tau(x,t) = 0 \tag{6}$$

$$y(0,t) = B\sin(\omega t), \ -T_{ct}(l,t) - m\frac{d^2 y(l,t)}{dt^2} + mg = 0 \tag{7}$$

主控方程和边界条件可以化为频率方程，

$$\sqrt{\lambda}\tan\sqrt{\lambda}l = \frac{A_{ct}\rho_{ct}}{m} \tag{8}$$

从式(8)中解出 λ，得到固有频率 $\omega = c\sqrt{\lambda} = \sqrt{\lambda E/\rho_{ct}}$。垂直井中连续油管的振动可以用差分格式化为

$$y_j^{i+1} = r^2\left(y_{j+1}^i + y_{j-1}^i\right) + 2(1-r^2)y_j^i - y_j^{i-1} - \alpha\Delta t\left(y_j^i - y_j^{i-1}\right) \tag{9}$$

和起步条件

$$y_n^{i+1} = 2y_n^i - y_n^{i-1} + g\Delta t^2 - \frac{A_{ct}E\Delta t^2}{m}\frac{y_n^i - y_n^{i-1}}{\Delta x} \tag{10}$$

解出。靠近注入头附近的连续油管的应力用 $\sigma_a = E\frac{y_2^i - y_1^i}{\Delta x}$ 计算。

设长 3000 m、2″×0.188″ 的连续油管以 40.142 rad/s 的频率共振，振动曲线如图 13 所示，

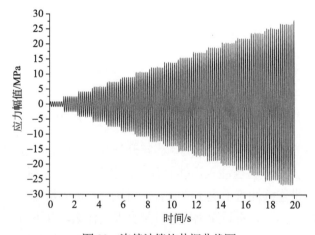

图 13　连续油管的共振曲线图

在前 20 s 中，σ_a 振幅达到 25 MPa。如果共振持续 200 s，振幅将达 250 MPa。当然长时间共振的概率不大，但在现场数据记录中，仍然可以看到疑似的共振，如图 14 所示，连续油管在以 38.3 m/min 速度下放过程中，在 2930~3100 m 发生了共振，持续时间 4.4 min，如图 14 中的红色椭圆标记处。

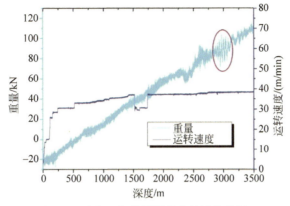

图 14　实际现场数据疑似连续油管共振

连续油管的表面损伤机理阐述如下：在内压下连续油管进行弯曲-校正循环，连续油管的直径会逐渐增长。当连续油管直径增长了某个值后，比如，4%，在夹持块夹持力的作用下，连续油管表面会出现较大的应力。如果此时有岩屑或压裂支撑剂颗粒卡在夹持块槽中，在平常不会对连续油管表面产生任何损伤的颗粒可以轻易地在表面产生压痕；如果夹持块和连续油管之间产生滑动（这种滑动在共振条件下极有可能产生），颗粒就有可能刮伤连续油管表面，留下塑性瘤，随着连续油管的振动，塑性瘤长大，犁构形损伤就发生了。

为了减少犁构形损伤，我们需要从两个方面采取措施。一是减缓连续油管直径的增长：①选择合适作业压力和连续油管的钢级相匹配；②进行高低压作业的交替进行，即在高压下进行一些作业后，这盘连续油管需要在低压下进行一些作业来部分恢复直径。二是减少连续油管的共振的概率和影响，可以采取限制起升和下放速度，或不用恒定速度起升或下放，即在常速下加上一个低频的扰动，如图 15 所示。有无扰动的振动幅度的曲线如图 16 所示。显然，加上扰动后，振动幅度大幅度降低了。

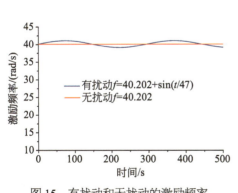

图 15　有扰动和无扰动的激励频率

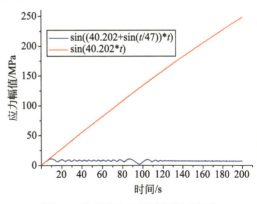

图 16　有扰动和无扰动的振动幅度

5 连续管的低周疲劳

连续油管运行中，经历应力循环过程，每次循环都会产生损伤，损伤积累起来会造成材料的疲劳裂缝，最后导致连续油管的穿孔或断裂失效。由于循环过程中部分材料经历大应变，因此是低周疲劳，又由于既有连续油管弯曲-校正的轴向应力，又有内压产生的环向应力，属于多轴疲劳。应用多轴低周疲劳中常用的临界面方法，用二维广义平面问题计算应变，考虑 Manson-Coffin 关系式及平均应变对寿命的影响，采用常规疲劳参数，可以估算出连续油管寿命，大幅减少昂贵的连续油管疲劳寿命测试，降低成本。应用本文方法计算疲劳寿命与文献疲劳测试数据[4]比较如图 17 和图 18 所示，横轴是环向应力与屈服应力之比，符合得很好。

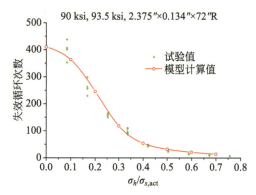

图 17 QT-900 连续油管寿命试验与预测的对比

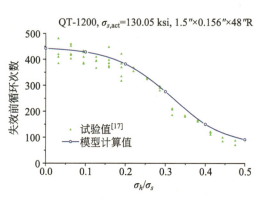

图 18 QT-1200 连续油管寿命试验与预测的对比

6 大型压裂中压裂管线的振动与预防

开发低渗透的页岩气时，压裂是必需的工序。大液量压裂中，通常需要 8~16 台以上的压裂车分两组管线同时向井中注入压裂液，有时在施工中压裂管线会产生强烈的振动，严重影响施工安全。（图 19、图 20）

图 19 压裂上台管线悬垂部分

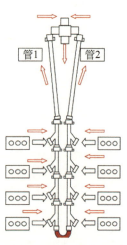

图 20 八泵双管线压裂

为了解决这个问题，我们分析振动的产生与特点：压裂用的泵为往复式柱塞泵，流量有周期性脉动，弯头处会有周期性的激励；管内有流体流动，为输流管线的振动。（图21）

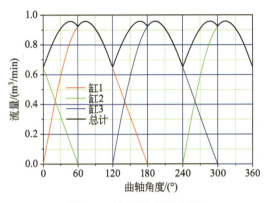

图 21　三缸泵流量示意图

激振的基频与压裂泵的转速有关，应用傅里叶分析，可以得出激振的各谐波分量。上台管线的固有频率可以通过输流管线的运动方程，经简化化为二次特征值问题，计算其固有频率如图22和图23所示。

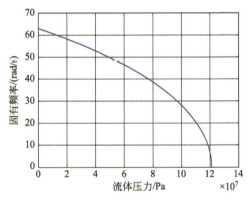

图 22　长度6米上台管线第一阶固有频率与
压力的关系

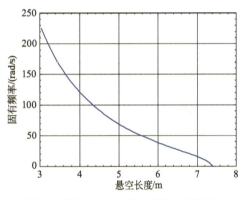

图 23　压力80 MPa第一阶固有频率与
管线长度的关系

在压力为85 MPa时，6 m 上台管线的第一阶固有频率为34左右，正好与三缸泵的二次谐波频率相同，产生共振。将上台管线长度降至4 m，80 MPa时，固有频率为120，可以成功避开激振频率34。我们还可以进一步通过在尾部加上一小节弯管（图20红色弯管）减小激励幅度，因为可以使大部分不均匀流量从弯管经过。

7　结论

通过上述例子说明，在页岩气工程中灵活应用力学知识分析问题，并提供相应的解决措施，为施工的安全、减少不必要的损失、提高经济效益提供坚实的支撑和保障。

参考文献

[1] ROLOVIC R, TIPTON S M. Multiaxial cyclic ratcheting in coiled tubing, part Ⅱ: experimental program and modeling evaluation[J]. J. Eng. Mater. Technol, 2000, 122(2): 162-167.

[2] ROLOVIC R, NGUYEN T, GRIMALDO C, et al. Field performance of new coiled tubing manufacturing technology and comparisons with laboratory performance[C]// SPE-179048, 2016.

[3] PADRON T, CRAIG S H. Past and present coiled tubing string failures-history and recent new failures mechanisms[C]// SPE-189914-MS, 2018.

[4] TIPTON S M, BEHENNA F R, MARTIN J R. An investigation of the effects of the physical properties of coiled tubing on fatigue modeling[C]//SPE-89571, 2004.

单向碳纤维增强树脂基复合材料蜕变模型研究进展[*]

赵丽滨[†]，骈 瑢，曹天成

(北京航空航天大学 宇航学院，北京 100083)

摘要 先进复合材料的失效机制和破坏理论是安全使用复合材料亟须解决的关键问题，而先进复合材料在破坏过程中表现出多尺度/多模式耦合扩展的渐进失效特点，对其损伤后性能的蜕变是复合材料结构渐进损伤分析的关键。在深入了解单向碳纤维增强树脂基复合材料失效机制的基础上，建立了具有统一表述形式的模式相关的单向碳纤维增强树脂基复合材料性能蜕变模型，可用于复合材料渐进损伤分析中，为复合材料结构的分析与设计提供理论依据和技术支持。

关键词 单向碳纤维增强复合材料；渐进失效机理；蜕变模型；细观力学

1 引言

先进复合材料因其具有高比强度、高比刚度、良好的耐久性、铺层可设计等优点，在飞行器结构中的应用日益广泛。随着复合材料用量的不断增加，深入理解复合材料失效机制，建立准确有效的复合材料结构评价方法，对复合材料进一步应用有重要意义。

20世纪末、21世纪初逐渐发展成熟的渐进损伤方法基于先进的有限元分析技术和损伤力学原理，通过建立适当的损伤材料力学模型模拟复合材料结构损伤过程，揭示复合材料结构的失效机制，成为当前复合材料结构分析的一种重要手段。复合材料渐进损伤方法包括应力分析、失效准则和材料蜕变模型3个部分。其中，材料蜕变模型是渐进损伤模型的核心和渐进损伤分析基本思想的集中体现，材料蜕变模型描述损伤出现后材料力学性能的衰减，决定着结构中损伤的扩展和新损伤的产生，对结构的刚度和强度性能的衰减具有重要影响[1-3]。由于复合材料结构在破坏过程中多种模式损伤发生和扩展规律复杂[4-5]，因此，建立合理、完整的材料蜕变模型十分困难。材料性能的蜕变通常采用材料的工程常数来描述，以往模型[6-8]一般通过试算法或者经验设定，理论依据不足，很难准确描述复合材料在破坏过程中哪些工程常数需要蜕变，以及这些常数如何蜕变的问题，导致难于摸清结构失效机理和建立准确的力学模型[9-12]。有鉴于此，我们采用细观力学方法，考虑复合材料纤维拉伸、纤维压缩、基体拉伸、基体压缩、纤维-基体剪切、层间拉伸和层间压缩7种失效模式，从理论和有限元模拟两方面来建立具有统一表述形式的模式相关的单向纤维增强树脂基复合材料蜕变模型，为准确描述复合材料结构的失效提供理论支持。

---

[*] 国家自然科学基金资助项目（11772028）
[†] 通信作者：lbzhao@buaa.edu.cn

2 基于细观力学的材料蜕变模型

2.1 解析方法[9]

为方便建立理论模型,假设纤维和基体均为各向同性体,纤维截面形状为正方形而不是圆形,周围为基体填充,纤维与基体面积比由纤维体积分数确定。针对复合材料渐进损伤分析常用的纤维拉伸、纤维压缩、基体拉伸和层间拉伸、基体压缩和层间压缩以及纤维-基体剪切 7 种典型失效模式,分别假设损伤发生后的代表性体积单元形式,如图 1 所示。在假设的各失效模式代表性体积单元的基础上,通过复合材料细观力学解析公式计算得到复合材料退化模型如表 1 所示,表中系数由式(1)计算得到。

$$\begin{cases}
\text{纤维拉伸失效:} \ d_{\text{ft}} = E_{11}^d / E_{11} = c_m E_m / E_{11} \\
\text{纤维压缩失效:} \ d_{\text{fc}} = \min\left(\dfrac{E_{11}^d}{E_{11}}\right) = \min\left[\begin{array}{l} \left[\dfrac{1}{\sqrt{\tan^2\theta+1}} + \left(1 - \dfrac{1}{\sqrt{\tan^2\theta+1}}\right)\right]S_{22}E_{11} + \\ \displaystyle\int_0^\theta \dfrac{\sin^2\varphi}{\sqrt{\tan^2\theta - \tan^2\varphi}}d\varphi(2S_{12} + S_{66} - S_{11} - S_{22})E_{11}\end{array}\right]^{-1} \\
\text{基体拉伸和层间拉伸失效:} \ d_{\text{mt}} = d_{\text{dt}} = 0 \\
\text{基体压缩和层间压缩失效:无约束:} \ d_{\text{mc}} = d_{\text{dc}} \approx 0; \text{有约束:} \ d_{\text{mc}} = 1, \ d_{\text{dc}} \approx 0 \\
\text{纤维-基体剪切失效:} \ d_{\text{fm1}} = \dfrac{G_{12}^d}{G_{12}} = \dfrac{G_{13}^d}{G_{13}}, \ d_{\text{fm2}} = \dfrac{G_{23}^d}{G_{23}}
\end{cases} \quad (1)$$

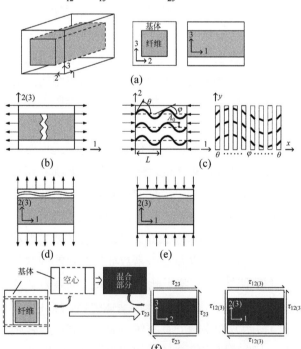

图 1 各失效模式破坏形态的细观力学模型

(a) 代表性体积单元;(b) 纤维拉伸;(c) 纤维压缩;(d) 基体拉伸和层间拉伸;(e) 基体压缩和层间压缩;(f) 纤维-基体剪切

注:据参考文献[9]。

表 1 基于细观力学的解析方法材料蜕变模型

失效模式	退化系数								
	E_{11}	E_{22}	E_{33}	G_{12}	G_{13}	G_{23}	v_{12}	v_{13}	v_{23}
纤维拉伸	d_{ft}	1	1	1	1	1	1	1	1
纤维压缩	d_{fc}	1	1	1	1	1	1	1	1
基体拉伸	1	d_{mt}	1	d_{mt}	1	d_{mt}	d_{mt}	1	d_{mt}
基体压缩	1	d_{mc}	1	d_{mc}	1	d_{mc}	d_{mc}	1	d_{mc}
层间拉伸	1	1	d_{dt}	1	d_{dt}	d_{dt}	1	d_{dt}	d_{dt}
层间压缩	1	1	d_{dc}	1	d_{dc}	d_{dc}	1	d_{dc}	d_{dc}
纤维–基体剪切	1	1	1	d_{fm1}	d_{fm1}	d_{fm2}	d_{fm1}	d_{fm1}	d_{fm2}

（1）**纤维拉伸失效**：假设纤维断裂失去承载能力，基体仍然保持完好并继续承载，如图 1(b)所示。

（2）**纤维压缩失效**：假设纤维发生正弦函数形式的变形，将屈曲变形状态下的单层板离散成为无数长度相同但纤维角度连续变化的子结构，如图 1(c)所示。将每个子结构看作偏轴板，通过偏轴板模量计算公式和串联模型计算公式获得纤维微屈曲状态下复合材料的纵向弹性模量。

（3）**基体拉伸和层间拉伸失效**：横向拉伸荷载作用下，复合材料层合板的失效形式包括基体开裂，纤维与基体界面开裂以及纤维中沿纤维方向的裂纹，将导致荷载方向的弹性模量和相关的剪切模量完全蜕变。

（4）**基体压缩和层间压缩失效**：假设没有侧向约束材料会失去荷载方向所有承载能力，因此对横向和纵向压缩弹性模量进行蜕变。但是如果有侧向约束则能够继续承载，不对压缩弹性模量进行蜕变。

（5）**纤维-基体剪切失效**：将纤维基体剪切失效定义为在纤维方向压缩应力和剪切应力作用下纤维和基体界面所发生的开裂或脱粘，通过计算得到退化系数。

2.2 有限元法[10]

由于解析方只能针对简单情况进行分析，仅通过复合材料细观力学公式获得部分材料属性的变化，不能全面评估损伤对复合材料所有性能的影响。进一步采用有限元方法对不同模式失效发生后，哪些参数需要蜕变和性能蜕变程度的问题进行研究。在图 1 假设的含损伤代表性体积单元模型的基础上，建立各失效模式的代表性体积单元有限元模型，其中纤维截面为更接近真实情况的圆形，纤维为横观各向同性，如图 2 所示。采用有限元方法的得到的材料蜕变模型如表 2 所示，通过图 3 所示的简单荷载下有限元应力分析获得各模型的力学性能，与初始材料性能进行比较。由式(2)确定表 2 中系数。

$$d_{E_{ij}} = \frac{E_{ij}^d}{E_{ij}}, \quad d_{Gij} = \frac{G_{ij}^d}{G_{ij}}, \quad d_{vij} = \frac{v_{ij}^d}{v_{ij}} \qquad (2)$$

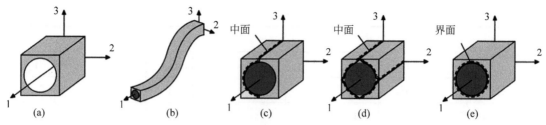

图 2　各失效模式破坏形态有限元模型

(a) 纤维拉伸；(b) 纤维压缩；(c) 基体拉伸和层间拉伸；(d) 基体压缩和层间压缩；(e) 纤维-基体剪切

注：据参考文献[10]。

表 2　基于细观力学的有限元方法材料蜕变模型

失效模式	退化系数								
	E_{11}	E_{22}	E_{33}	G_{12}	G_{13}	G_{23}	v_{12}	v_{13}	v_{23}
纤维拉伸	$d^{ft}_{E_{11}}$	1	1	$d^{ft}_{G_{12}}$	$d^{ft}_{G_{12}}$	1	$d^{ft}_{v_{12}}$	$d^{ft}_{v_{12}}$	1
纤维压缩	$d^{fc}_{E_{11}}$	1	1	$d^{fc}_{G_{12}}$	$d^{fc}_{G_{12}}$	1	$d^{fc}_{v_{12}}$	$d^{fc}_{v_{12}}$	1
基体拉伸	1	$d^{mt}_{E_{22}}$	1	$d^{mt}_{G_{12}}$	1	$d^{mt}_{G_{23}}$	$d^{mt}_{v_{12}}$	1	$d^{mt}_{v_{23}}$
基体压缩	1	$d^{mc}_{E_{22}}$	1	$d^{mc}_{G_{12}}$	1	$d^{mc}_{G_{23}}$	$d^{mc}_{v_{12}}$	1	$d^{mc}_{v_{23}}$
层间拉伸	1	1	$d^{mt}_{E_{22}}$	1	$d^{mt}_{G_{12}}$	$d^{mt}_{G_{23}}$	1	$d^{mt}_{v_{12}}$	$d^{mt}_{v_{23}}$
层间压缩	1	1	$d^{mc}_{E_{22}}$	1	$d^{mc}_{G_{12}}$	$d^{mc}_{G_{23}}$	1	$d^{mc}_{v_{12}}$	$d^{mc}_{v_{23}}$
纤维-基体剪切	1	$d^{fms}_{E_{22}}$	$d^{fms}_{E_{22}}$	$d^{fms}_{G_{12}}$	$d^{fms}_{G_{12}}$	$d^{fms}_{G_{23}}$	$d^{fms}_{v_{12}}$	$d^{fms}_{v_{12}}$	$d^{fms}_{v_{23}}$

注：d 的上标表示表示相应的失效模式，下标则是发生退化的材料参数。

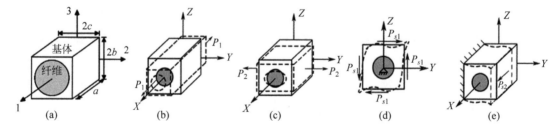

图 3　蜕变系数计算的荷载与边界条件

(a) RVE 模型；(b) E_{11} 与 v_{12}；(c) E_{22} 与 v_{23}；(d) G_{23}；(e) G_{12}

注：据参考文献[10]。

（1）**纤维拉伸失效**：当纤维发生拉伸断裂后，纤维无法继续承受荷载，纵向拉伸荷载转而由基体全部承受。因此，纤维拉伸失效下的 RVE 模型一个中空的模型，它只含有基体部分，如图 2(a)所示。

（2）**纤维压缩失效**：假设纤维压缩失效后，纤维发生正弦函数形式的变形，考虑到正弦函数本身的周期性，RVE 模型仅保留半个周期，如图 2(b)所示。

（3）**基体拉伸和层间拉伸失效**：在横向拉伸荷载下，复合材料的失效是由纤维与基体界面脱粘以及基体开裂组成的。由于界面强度一般较低，横向拉伸荷载会导致复合材料中纤维与基体的界面发生脱粘，形成一条垂直于荷载方向的裂纹面。因此，基体拉伸失效后的 RVE 模型由两部分组成的，这两部分在界面与中面处发生接触，如图 2(c)所示。

（4）**基体压缩和层间压缩失效**：与受横向拉伸荷载时情况相似，复合材料在横向压缩荷载下的失效模式也由纤维基体界面脱粘和基体开裂组成。不同的是，基体在横向压缩荷载下发生开裂是由于受到了剪应力的作用，最终裂纹面与压缩方向的垂向会形成 53°的裂纹角。考虑到相对较弱的界面强度，界面会先发生脱粘，然后引起的应力集中会导致基体被剪开，与脱粘界面贯通形成一条宏观的裂纹带。为了能表现出基体受剪开裂的特性，RVE 模型中构建了 4 对具有 53°裂纹角的裂纹面，如图 2(d)所示。

（5）**纤维–基体剪切失效**：由于纤维与基体界面的强度低于纤维与基体的强度，复合材料在剪切荷载的作用下，通常先发生界面脱粘，故认为纤维基体剪切失效的损伤模式为界面脱粘。由此定义的该失效模式下的 RVE 模型由两部分组成（纤维与基体），纤维与基体之间为接触关系，如图 2(e)所示。

3 基于失效机制的材料蜕变模型[11]

虽然上述基于细观力学理论获得的蜕变模型对复合材料结构的破坏预测展现出了比较高的预测精度[9-10]，但是其对复合材料失效后形态采用了大量的简化和假设，并不符合复合材料的真实失效机理，例如忽略了复合材料拉压模量的不同，没有考虑同一种损伤形式下，拉伸和压缩弹性模量的蜕变方式区别；忽略了应力反转情况下裂纹闭合或张开的影响。本节基于复合材料细观失效机理以及复合材料试验现象，进一步完善了基于细观力学理论的复合材料蜕变模型。对纤维拉伸、纤维压缩、基体拉伸和层间拉伸、基体压缩和层间压缩 6 种主要失效模式提出基于失效机制的材料蜕变模型，如表 3 所示，表中系数由式(3)～式(8)确定。

表 3 基于失效机制的材料蜕变模型

失效模式		E_{11T}	E_{11C}	E_{22T}	E_{22C}	E_{33T}	E_{33C}	G_{12}	G_{13}	G_{23}
纤维拉伸		0	0	0	0	0	0	0	0	0
纤维压缩		0	d_{fc}	0	1	0	1	0	0	0
基体拉伸		d_{mt}	0	0	1	1	1	0	1	0
基体压缩	无约束	d_{mc1}	d_{mc2}	0	0	0	0	0	0	0
	有约束	d_{mc1}	1	0	1	0	1	1	1	1
层间拉伸		d_{mt}	0	1	1	0	1	1	0	0
层间压缩	无约束	d_{mc1}	d_{mc2}	0	0	0	0	0	0	0
	有约束	d_{mc1}	1	0	1	0	1	1	1	1

（1）**纤维拉伸失效**：复合材料在纵向拉伸荷载作用下首先产生基体微裂纹并逐渐扩展

到纤维–基体界面，从而形成大量损伤。由于纤维方向荷载主要由纤维承担，基体损伤并不会对复合材料沿纤维方向的拉伸弹性模量产生影响。随着荷载增加，少量薄弱纤维断裂引起荷载重新分配到邻近纤维，引起更多的纤维断裂，并迅速导致最终断裂失效。复合材料纤维拉伸失效断裂瞬间释放出大量能量，呈现出如图 4 所示的爆炸式的破坏形态，材料完全破碎。因此，一旦发生纤维拉伸失效，材料将失去所有承载能力。当失效准则预测到纤维拉伸失效，在蜕变模型中将所有的工程常数均蜕变为 0。纤维拉伸失效蜕变模型为

$$E_{11T}^d = E_{11C}^d = E_{22T}^d = E_{22C}^d = E_{33T}^d = E_{33C}^d = G_{12}^d = G_{13}^d = G_{23}^d = 0 \tag{3}$$

（2）**纤维压缩失效**：在纵向压缩荷载作用下，首先出现基体和纤维–基体界面的剪切变形和损伤。当损伤扩展到一定程度，发生纤维失稳并最终失效。图 5 所示的偏折带失效模式是纤维压缩失效主要的失效形态。在偏折带边界发生的纤维断裂导致复合材料不能承担纤维方向拉伸荷载。伴随着偏折带内的大量基体损伤，复合材料失去垂直纤维方向拉伸荷载以及剪切荷载的承载能力。随着荷载继续增加，偏折带内的纤维进一步转动导致压缩刚度的降低。因此，假设纤维压缩失效后的纤维方向压缩模量为横向压缩模量，而垂直纤维方向压缩模量不变。纤维压缩失效蜕变模型为

$$E_{11T}^d = E_{22T}^d = E_{33T}^d = 0, E_{11C}^d = E_{22C}, E_{22C}^d = E_{22C}, E_{33C}^d = E_{33C}, G_{12}^d = G_{13}^d = G_{23}^d = 0 \tag{4}$$

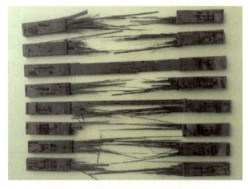 

图 4　典型纤维拉伸失效形式　　　　　　　图 5　典型纤维压缩失效形式
注：据参考文献[13]。　　　　　　　　　　　注：据参考文献[14]。

（3）**基体拉伸和层间拉伸失效**：在横向拉伸荷载作用下，复合材料内部的初始微缺陷会逐渐萌生并耦合扩展，迅速导致界面脱粘或者基体开裂，最终形成垂直荷载方向的裂纹面，如图 6 所示。裂纹张开导致复合材料失去荷载方向的拉伸承载能力以及相应的剪切承载能力，但是对横截面平行裂纹面方向的拉压性能没有影响。考虑复杂荷载下应力由拉伸转为压缩时，裂纹上下表面完全接触导致裂纹闭合，裂纹表面恢复传递压缩荷载的能力，因此假设横向拉伸失效后仍然能够承载垂直裂纹的压缩荷载，如图 7 所示。另外，因为横向拉伸所产生的基体裂纹通常平行于纤维并且很少引起纤维损伤，而且会在横向裂纹面附近形成大量的纤维–基体开裂和基体损伤，所以在纤维方向只有纤维承载而基体不承载。一旦基体损伤发生，会造成纤维方向易于在压缩荷载下发生纤维失稳而发生纤维压缩失效，

因此纤维压缩弹性模量的蜕变模型与纤维压缩失效相同。基体拉伸失效和拉伸分层失效的蜕变模型分别为

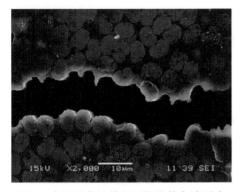

图 6　典型基体拉伸和层间拉伸失效形式
注：据参考文献[15]。

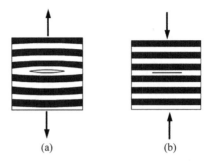

图 7　基体拉伸和层间拉伸失效裂纹状态
(a) 裂纹张开状态；(b) 裂纹张闭合状态

a. 基体拉伸失效：

$$E_{11T}^d = E_f V_f, E_{22T}^d = 0, E_{33T}^d = E_{33T}, E_{11C}^d = E_{22C} \\ E_{22C}^d = E_{22C}, E_{33C}^d = E_{33C}, G_{12}^d = G_{23}^d = 0, G_{13}^d = G_{13} \tag{5}$$

b. 层间拉伸失效

$$E_{11T}^d = E_f V_f, E_{22T}^d = E_{22T}, E_{33T}^d = 0, E_{11C}^d = E_{22C} \\ E_{22C}^d = E_{22C}, E_{33C}^d = E_{33C}, G_{13}^d = G_{23}^d = 0, G_{12}^d = G_{12} \tag{6}$$

（4）**基体压缩和层间压缩失效**：横向压缩失效实际上是由于基体和纤维–基体界面剪切失效引起的。试验获得的断裂面平行于纤维方向，与垂直荷载的方向成 50°～56°倾角，如图 8 所示。考虑有侧向约束和无侧向约束两种情况。如图 9 所示，在压缩荷载下，如果没有侧向约束材料会失去荷载方向所有承载能力，因此对横向和纵向压缩弹性模量进行蜕变。但是如果有侧向约束则能够继续承载，则不对压缩弹性模量进行蜕变。对复合材料基体压缩失效的细观模拟发现压缩荷载造成大量基体损伤和纤维–基体界面损伤，因此基体压缩失效后纤维方向拉伸性能只与纤维有关。基体压缩失效和压缩分层失效的蜕变模型为

图 8　典型基体压缩和层间压缩失效形式
注：据参考文献[16]。

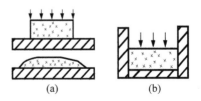

图 9　侧向约束影响
(a) 无侧向约束；(b) 有侧向约束

a. 横向压缩失效：

$$E_{11T}^d = E_f V_f, E_{22T}^d = 0, E_{33T}^d = 0$$
$$有约束: E_{11C}^d = E_{11C}, E_{22C}^d = E_{22C}, E_{33C}^d = E_{33C}, G_{12}^d = G_{12}, G_{13}^d = G_{13}, G_{23}^d = G_{23} \quad (7)$$
$$无约束: E_{11C}^d = E_{22C}, E_{22C}^d = 0, E_{33C}^d = 0, G_{13}^d = G_{23}^d = G_{12}^d = 0$$

b. 压缩分层失效：

$$E_{11T}^d = E_f V_f, E_{22T}^d = 0, E_{33T}^d = 0$$
$$有约束: E_{11C}^d = E_{11C}, E_{33C}^d = E_{33C}, E_{22C}^d = E_{22C}, G_{12}^d = G_{12}, G_{13}^d = G_{13}, G_{23}^d = G_{23} \quad (8)$$
$$无约束: E_{11C}^d = E_{22C}, E_{33C}^d = 0, E_{22C}^d = 0, G_{12}^d = G_{23}^d = G_{13}^d = 0$$

4 结论

本文首先从细观力学角度出发，介绍了基于解析法和有限元法的模式相关的单向碳纤维增强树脂基复合材料蜕变模型，随后结合复合材料失效机制，考虑复合材料拉压模量不等、裂纹闭合效应以及侧向约束的影响，进一步改进了基于细观力学的复合材料蜕变模型，用于描述复合材料基本材料性能在不同失效模式发生后的衰减行为。3 种模型仅需要以复合材料基本材料性能作为输入条件，简单易用。并已经在不同材料体系的多种复合材料结构中进行了验证。该系列模型为复合材料结构的渐进损伤分析提供了理论依据，并进一步为复合材料结构设计提供有力支持。

参考文献

[1] DANO M L, KAMAL E, GENDRON G. Analysis of bolted joints in composite laminates: strains and bearing stiffness predictions[J]. Composite Structures, 2007, 79: 562-570.

[2] DANO M L, GENDRON G, PICARD A. Stress and failure analysis of mechanically fastened joints in composite laminates[J]. Composite Structures, 2000, 50: 287-296.

[3] TSERPES K I, LABEAS G, PAPANIKOS P, et al. Strength prediction of bolted joints in graphite/epoxy composite laminates[J]. Composite Part B, 2002, 33: 521-529.

[4] MAY M, NOSSEK M, PETRINIC N, et al. Adaptive multiscale modeling of high velocity impact on composite panels[J]. Composite Part A, 2014, 58: 56-64.

[5] ZHAO L B, ZHI J, ZHANG J Y, et al. XFEM simulation of delamination in composite laminates[J]. Composites Part A, 2016, 80: 61-71.

[6] MCCARTHY C T, MCCARTHY M A, LAWLOR V P. Progressive damage analysis of multi-bolt composite joints with variable bolt-hole clearances[J]. Composites Part B, 2005,36: 290-305.

[7] TSERPES K I, PAPANIKOS P, KERMANIDIS T H. A three-dimensional progressive damage model for bolted joints in composite laminates subjected to tensile loading[J]. Fatigue and Fracture of Engineering Materials and Structures, 2001, 24: 663-675.

[8] CHANG F K, LESSARD L B. Damage tolerance of laminated composites containing an open hole and subjected to compressive loading: part 1: Analysis[J]. Journal of Composite Materials, 1991, 25: 2-43.

[9] ZHANG J Y, ZHOU L W, CHEN Y L, et al. A micromechanics-based degradation model for composite progressive damage analysis[J]. Journal of Composite Materials, 2016, 50(16): 2271-2287.

[10] ZHAO L B, LI Y, ZHANG J Y, et al. A novel material degradation model for unidirectional CFRP composites[J]. Composite Structures, 2018, 135: 84-94.

[11] 周龙伟, 赵丽滨. 基于失效机制的单向纤维增强树脂基复合材料蜕变模型[J]. 复合材料学报, 2019, 36(6): 1389-1397.

[12] 周龙伟. 碳纤维增强复合材料结构失效的宏-细观分析方法研究[D]. 北京: 北京航空航天大学, 2018.

[13] 李伟东, 张金栋, 刘刚, 等. 国产 T800 碳纤维/双马来酰亚胺复合材料的界面及力学性能[J].复合材料学报, 2016, 33(7): 1484-1491.

[14] SCHAPERY R A. Prediction of compressive strength and kink bands in composites using a work potential[J]. International Journal of Solids Structures, 1995, 32(6/7): 739-765.

[15] BARAL N, GUEZENOC H, DAVIES P, et al. High modulus carbon fibre composites: correlation between transverse tensile and model I interlaminar fracture properties[J]. Materials Letters, 2008, 62: 1096-1099.

[16] TANG Z W, WANG C C, YU Y L. Failure response of fiber-epoxy unidirectional laminate under transverse tensile/compressive loading using finite-volume micromechanics[J]. Composite Part B, 2015, 79: 331-341.

金安金沙江大桥隧道锚设计

陈永亮[†]

(云南省交通规划设计研究院有限公司,云南 昆明 650011)

摘要 金安金沙江大桥主桥为 1386 m 的单跨板桁结合加劲梁悬索桥,是中国西部山区最大跨径悬索桥。金安金沙江大桥隧道锚为目前国内缆力最大的隧道锚,设计施工均面临着巨大的挑战。首先介绍了锚隧冲突问题的处理方式、复杂地形地质条件下的锚碇选型;其次阐述了锚碇结构、整束挤压钢绞线成品索锚固系统及后锚室排水等设计要点;最后用公式估算了隧道锚的抗拔安全系数并通过数值仿真模型分析了围岩稳定安全系数,均满足规范要求。可以为同类建设条件下的山区悬索桥隧道锚设计提供参考。

关键词 悬索桥;隧道锚;整束挤压钢绞线成品索;锚固系统;排水

1 工程概况

金安金沙江大桥位于华丽高速公路 K114+695 处,丽江市东偏南约 20 km,金安桥水电站大坝上游 1.38 km 处,为跨越金沙江而设[1]。

在初步设计阶段对各桥型方案进行比选,推荐悬索桥方案,经交通部审查,同意主桥采用 1386 m 的单跨板桁结合加劲梁悬索桥方案。华坪岸引桥采用 6 m × 41 m 钢混组合梁,丽江岸引桥采用 1 m × 40 m 钢混组合梁。根据地形、地质条件,两岸均采用隧道式锚碇。金安金沙江大桥总体布置见图 1。

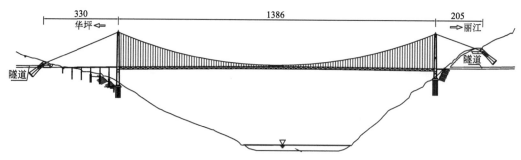

图 1 金安金沙江大桥总体布置(单位:m)

2 锚隧关系处理

金安金沙江大桥两岸引桥均与隧道相接,不可避免地需要处理锚隧冲突的难题。经调

[†] 通信作者:chenyongliangkm@qq.com

研，主要有 3 种方式：

（1）锚隧交叉方式，在山体中，沿主缆路径设置满足主缆施工及运营阶段空间需求的通道，从整体式隧道两侧下穿后，于公路隧道下方设置隧道式锚碇，公路隧道与隧道式锚碇存在构造交叉；

（2）主缆外偏方式，从主索鞍开始将主缆外偏，仅见于自锚式或小跨径悬索桥；

（3）锚隧避让型方式，使接线公路隧道采用整体平转或分幅平转方式，从平面上实现锚隧的分离设置。

初设阶段，依据多方面研究，并结合专家会议论证结论"选择锚固于中、微风化岩层的非交叉式（整幅偏转）隧道式锚碇结构是适宜的"，推荐采用接线隧道整体偏转的锚隧平面分离方案以解决锚隧冲突问题。锚碇与公路隧道的位置关系见图 2，可见丽江岸锚碇离公路隧道更近。丽江岸锚碇位于公路隧道右上方，锚塞体到隧道顶面的最小竖直距离为 12 m。

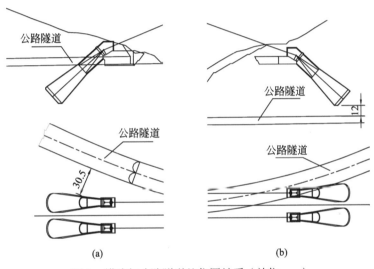

图 2　锚碇与公路隧道的位置关系（单位：m）
(a) 华坪岸；(b) 丽江岸

3　锚碇选型

隧道式锚碇根植于基岩，可充分发挥岩石岩性，以其开挖量小、造价低、利于环境保护等优点，成为山区悬索桥锚碇的首选形式。从结构安全性来说，重力锚设计施工经验成熟，由于其基底面积巨大，对基底持力层的围岩质量、抗剪断参数、破碎程度、承载力以及参数可靠性的要求相对较低，在复杂的地质条件下安全性高于隧道锚。

丽江岸地形陡峻，不适合采用重力锚。对于岸坡较缓的华坪岸，设计中提出了重力锚方案和隧道锚方案进行比选。如采用重力锚，将存在以下问题：

（1）即使将锚体锚固长度降低至 25 m，尽可能减小重力式锚锭的平面尺寸后，华坪岸重力锚方案仍达 9.2 万方，略高于隧道锚方案，经济性及工程量方面没有优势；

（2）基岩走势为顺层坡，主缆与岩层夹角仅为 33°，锚体自重及主缆拉力均对岸坡稳定性提出更高要求，地质特点不利于重力式锚碇；

（3）按重力锚与公路隧道最小间距 7 m 控制时，边缆水平角仅 15.3°，将进一步减小华坪岸索塔相对刚度，同时锚碇结构高度较大，两者均不利于桥梁抗震。

因此，两岸均采用隧道式锚碇。

4 锚碇区地质概况

两岸锚碇区地层岩性类似，锚塞体持力层均为中风化玄武岩，但受地质构造影响丽江岸地质情况更复杂，围岩更破碎，丽江岸锚碇是设计、施工的难点。

（1）华坪岸。

锚塞体位于Ⅲ级围岩。混凝土与岩体剪切强度取值：$c' = 1.1 \sim 1.3$ MPa、$\Phi' = 40° \sim 45°$。散索鞍基础持力层为中风化玄武岩（$[f_{ao}] = 2000$ kPa）及中风化火山角砾岩（$[f_{ao}] = 1800$ kPa）。

（2）丽江岸。

锚塞体主要位于Ⅲ级围岩，少量位于Ⅳ级围岩。混凝土与岩体剪切强度取值：$c' = 0.9 \sim 1.1$ MPa、$\Phi' = 35° \sim 45°$。散索鞍基础位于中风化玄武岩（$[f_{ao}] = 2000$ kPa）及中风化杏仁状玄武岩（$[f_{ao}] = 2000$ kPa）。

丽江岸左侧锚碇地质纵断面见图 3，由此可见：

① 锚碇中心线与构造面夹角较小，约为 30°；

② 在玄武岩层中存在凝灰岩软弱夹层。

以上两点均对锚塞体抗拔安全性有不利影响。

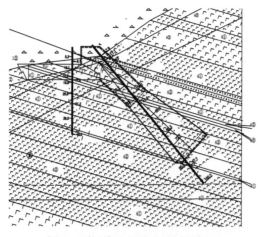

图 3　丽江岸左侧锚碇地质纵断面

5 隧道锚设计

5.1 锚体结构

隧道锚从结构受力和功能上可分为锚塞体、散索鞍基础、前锚室、后锚室四部分。锚塞体主要承受锚固系统传递的主缆索股拉力；散索鞍基础主要承受由散索鞍传递的主缆压力；前锚室指前锚面到洞门间的部分，为封闭空间，内设除湿系统，对主缆索股起保护作用；后锚室指后锚面之后的空间。

前锚室洞口尺寸为 11.6 m × 10 m（宽 × 高），顶部为圆弧形，圆弧半径 5.8 m。前锚面尺寸为 11.6 m × 14 m（宽 × 高），顶部为圆弧形，圆弧半径 5.8 m。后锚面尺寸为 17 m × 24 m（宽 × 高），顶部圆弧半径为 8.5 m。锚塞体长度为 40 m，左右锚塞体最小净距为 10 m。后锚室端部尺寸为 17 m × 21.299 m（宽 × 高），长 3 m。初期支护厚度为 30 cm，二次衬砌厚度为 45cm。散索鞍基础采用扩大基础，为适应地形地质，两岸锚碇基础采用不同的尺寸。

支护：隧洞初期支护采用 C30 聚丙烯合成纤维喷射混凝土，二次衬砌采用 C30 混凝土。

锚塞体：采用 C40 微膨胀聚丙烯合成纤维抗渗混凝土（抗渗等级 P10）。

散索鞍基础：第一部分采用 C30 混凝土，第二部分采用 C40 抗渗混凝土（抗渗等级 P10）。

锚碇立面构造见图 4 和图 5。

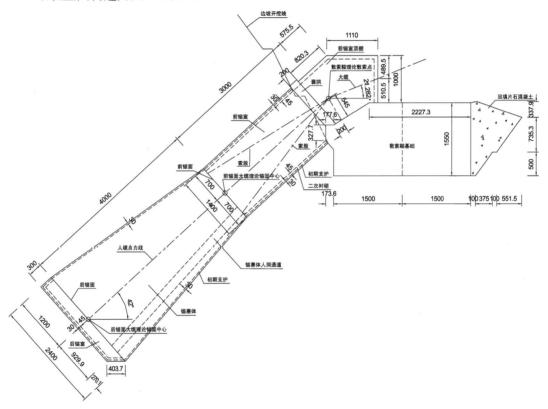

图 4　华坪岸锚碇立面构造（单位：cm）

5.2　锚固系统

悬索桥锚碇锚固系统主要分为型钢锚固系统和预应力锚固系统两种类型。悬索桥主缆采用预应力锚固系统的工程远远多于采用型钢锚固系统的工程，我国修建的主跨超过 800 m 的悬索桥主缆大部分都采用了预应力锚固系统[2]。对于山区大跨悬索桥，预应力锚固系统具有施工方便、造价经济等优势，故金安金沙江大桥锚碇也采用预应力锚固体系。

预应力锚固体系主要分为预应力钢绞线体系和预应力钢拉杆体系。本桥如采用钢拉杆体系，存在以下问题：

（1）锚塞体长度为 40 m，每根钢拉杆至少需分成三段制造，接头数量多，施工难度大。

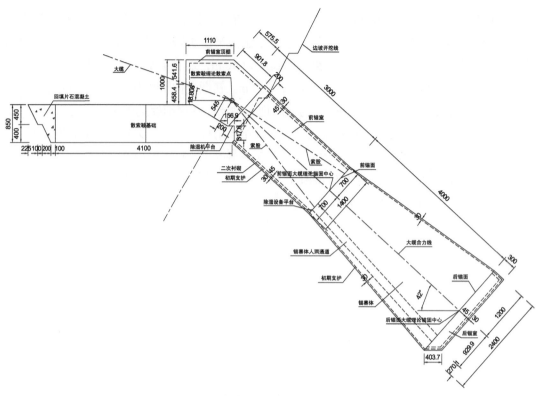

图 5 丽江岸锚碇立面构造（单位：cm）

（2）钢拉杆在锚塞体内需保持直线，经过 40 m 长度的扩散，后锚面尺寸需大幅增加；而左右幅锚塞体在后锚面处最近距离仅为 10 m，考虑到隧道开挖的安全性，后锚面尺寸不具备增加的条件。

受限于建设条件，金安金沙江大桥隧道锚采用预应力钢绞线锚固体系。

隧道锚后锚室深埋于地下，即使采取了防水措施，传统钢绞线锚固系统的耐久性风险依然很高。设计对锚固体系防腐进行了深入研究，最终采用了整束挤压钢绞线成品索锚固系统[3]，通过多重防腐措施保障锚固系统和桥梁主体结构同寿命。成品索索体截面见图 6。

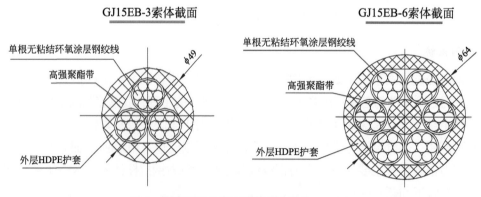

图 6 钢绞线成品索索体截面（单位：mm）

锚固系统由索股锚固连接构造和预应力锚固构造组成。在前锚面拉杆一端与索股锚头上的锚板相连接,另一端与被预应力钢束锚固于前锚面的连接器相连接。

索股锚固连接构造分为单索股锚固单元和双索股锚固单元,单索股锚固单元由2根直径为85 mm的连接拉杆和单索股联接器平板构成,双索股锚固单元由4根直径为85 mm的连接拉杆和双索股联接器平板构成。预应力锚固构造由预应力钢束和锚具组成,单、双索股锚固类型分别采用GJ15EB-21和GJ15EB-42钢绞线整束挤压成品索及其相应的锚具,每根大缆每端设37个单索股锚固连接和66个双索股锚固连接。

每根主缆共有169根通长索股,每根索股含127根直径为5.25 mm、抗拉强度为1770 MPa的高强度镀锌钢丝。前锚面布置见图7。

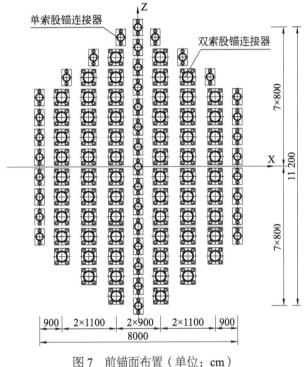

图7 前锚面布置(单位:cm)

5.3 后锚室排水兼检修通道

桥位区气候具有干湿季分明的特点,冬干夏雨。5—10月为雨季,平均降雨量890~950 mm而降雨多集中在雨水集中于7—9月,占全年降雨量75%,蒸发量2100~2400 mm。11月至次年4月为干季,雨雪量少,天晴日暖,日照时数长,光能充足。可见金安金沙江大桥隧道锚在雨季的防排水工作压力巨大。

隧道锚防排水遵循"防、排、截、堵"相结合的原则,保证结构和后期设备的正常使用和结构耐久性。通过布置在初期支护和二次衬砌的防排水设施,将水引入后锚室底部,难点在于如何将积水及时排出后锚室。常规隧道锚后锚室排水采用抽水泵抽水方式,后期维护费用高[4]。万州驸马长江大桥隧道锚采用了一种新型的后锚室自然排水形式[4]。金安金沙江大桥隧道锚后锚室排水设计过程中，借鉴了万州驸马长江大桥的先进理念，也采用了自然排水形式。

丽江岸隧道锚后锚室位于公路隧道右上方，最小竖直距离为 12 m，可以方便地通过管道将积水引入公路隧道的排水系统，比较容易实现，不再赘述。难点在于华坪岸隧道锚，后锚室位于公路隧道右下方，积水无法自然排入公路隧道。从华坪岸隧道锚到华坪岸主塔之间的岸坡比较平缓，查看地形图并结合现场踏勘可知排水通道出水口至少要到达华坪岸主塔边坡才能实现自然排水，结合边坡设计，最终确定出水口位于一、二级边坡之间的碎落台，排水进入截水沟。排水通道纵坡为 –5.57%，总长 340 m，为净空 1.5 m × 2.0 m（宽 × 高）的小隧洞，兼排水与检修通道的功能。通道底部角落位置采用盖板排水沟明槽排水。

6　隧道锚结构计算

6.1　锚塞体长度计算

主缆拉力通过预应力钢绞线锚固系统传递到后锚面，再由锚塞体传递到围岩，围岩和锚塞体之间的剪应力合力和主缆拉力平衡，但剪应力分布不均匀，存在峰值剪应力[5]。文献[5]中推导了按峰值剪应力确定的隧道锚长度公式，

$$L_\mathrm{m} \geqslant \frac{3\sqrt{3}PK}{8\sqrt{C}U_\mathrm{P}[\tau]} \tag{1}$$

式中：P 为最大主缆拉力；K 为安全系数；C 为常数；U_P 为峰值剪应力处的锚体周长；$[\tau]$ 为锚体与岩体间抗剪断强度的推荐值。

C 的取值范围为 0.10 ~ 0.12，本桥确定为 0.11。根据锚固系统构造要求确定前后锚面尺寸，拟定锚塞体长度为 L_m = 40 m，则 U_P = 69 m。最大主缆拉力 P 由总体计算确定，抗剪断强度 $[\tau]$ 由地勘资料确定，则由上述公式可得安全系数 K，见表 1。可见，在锚塞体长度相同时，由于地质条件不同，丽江岸的安全系数更小。

表 1　隧道锚安全系数

位置	P / MN	$[\tau]$ / MPa	K
华坪岸	310	1.1	5.0
丽江岸	306	0.9	4.1

6.2　锚体抗拔安全度计算

参照水工结构混凝土坝体抗滑移稳定验算的公式，可按下式估算锚塞体抗拔安全系数，验算隧道锚的整体稳定性[6]。

$$K = \frac{f' \cdot W_F + C' \cdot A + W_L}{P} \tag{2}$$

式中：K 为抗滑(拉拔)稳定系数；f' 为接触面抗剪断摩擦系数；C' 为接触面(或结合面)的抗剪断黏聚力(kPa)；A 为接触面积(m^2)；P 为主缆拉力设计值(kN)；W_F 为结构自重垂直于滑动面的分量(kN)；W_L 为结构自重沿拉拔方向的分量(kN)。

接触面积取为锚塞体底面积，$A = 577\ m^2$。主缆拉力设计值 P 由总体计算确定，f' 和 C' 由地勘资料确定。则由上述公式可得抗拔稳定系数 K，见表 2。锚塞体抗拔安全系数不应小于 2.0[6]，本桥隧道锚满足要求。

表 2　隧道锚抗拔稳定系数

位置	P/kN	f'	C'/kPa	K
华坪岸	310 000	0.84	1100	3.1
丽江岸	306 100	0.7	900	2.6

6.3　围岩稳定安全系数计算

以上用公式估算了隧道锚的抗拔安全系数，但考虑到锚塞体受力较为复杂，且每个工程的岩体参数差异非常大，难以采用统一的公式进行合理估算，围岩稳定安全系数需要通过数值仿真模型进行分析后确定[6]。

计算采用有限差分软件 FLAC3D，考虑到锚碇受拉拔荷载的作用，锚碇周围岩体的破坏类型为拉-剪破坏，故选用考虑拉-剪破坏的摩尔-库伦模型。

华坪岸地质模型尺寸为：沿着桥轴线长度为 215 m，垂直桥轴线宽度为 200 m，竖向从锚碇底部向下扩展 55 m。丽江岸地质模型尺寸为：沿着桥轴线长度为 225 m，垂直桥轴线宽度为 200 m，竖向从锚碇底部向下扩展 54 m。模型中考虑了强风化、中风化岩体以及凝灰岩夹层。数值分析时采用四面体和五面体网格进行剖分，边界条件采用底面固定约束，侧面法向约束，地表自由。

考虑塑性区的贯通时施加的荷载作为极限承载力，参照一般荷载试验的规定，取设计荷载为极限承载力的 1/2，得到华坪岸隧道锚的设计荷载为 7 倍设计缆力，丽江岸隧道锚的设计荷载为 6 倍设计缆力。即两岸隧道锚的围岩稳定安全系数分别为 7.0 和 6.0。围岩稳定安全系数不应小于 4.0[6]，本桥隧道锚满足要求。

7　结论

金安金沙江大桥主桥为 1386 m 的单跨板桁结合加劲梁悬索桥，是中国西部山区最大跨径悬索桥。金安金沙江大桥隧道锚为目前国内缆力最大的隧道锚，设计施工均面临着巨大的挑战。从锚隧关系处理、锚碇选型、到隧道锚设计、计算，本文详细介绍了金安金沙江大桥隧道锚的设计过程及重要成果，可以为同类建设条件下的山区悬索桥隧道锚设计提供参考。在各方的密切配合下，金安金沙江大桥已与 2020 年年底建成，成为横跨金沙江的美丽风景。

参考文献

[1] 刘斌, 马健, 汪磊, 等. 云南金安金沙江大桥总体设计[J]. 桥梁建设, 2018, 48(1): 82-87.
[2] 苏强, 王强, 曾诚, 等. 我国悬索桥主缆预应力锚固系统设计探讨[C]//第十六届全国混凝土及预应力混凝土学术会议暨第十二届预应力学术交流会, 2013.
[3] 黄颖, 朱万旭, 杨帆, 等. 钢绞线整束挤压式拉索锚具抗滑性能的试验研究[J]. 预应力技术, 2008(6): 7-9.
[4] 王茂强, 曾宇. 万州驸马长江大桥隧道锚防排水系统研究[J]. 公路, 2018(9): 181-184.
[5] 朱玉. 隧道锚设计体系中的关键问题研究与实践[D]. 武汉: 华中科技大学, 2005.
[6] 中交公路规划设计院有限公司. 公路悬索桥设计规范: JTG/T D65-05-2015[S]. 北京: 人民交通出版社, 2015: 40-49.

一种拉压转换时泊松比符号反转的超材料

吴 昊，钟荣昌，富明慧†

(中山大学 航空航天学院，广东 深圳 518107)

摘要 几乎所有的材料，在拉压转换时其泊松比符号是不变的。通过在内凹六边形蜂窝材料的胞孔中嵌入菱形单元，并使菱形单元与内凹胞孔处于非对称接触状态，构造了一种新型的二维力学超材料。该材料在拉伸时保持内凹蜂窝材料固有的负泊松比效应，而在压缩时表现出正泊松比效应。利用能量法给出了该材料等效弹性参数的解析公式。有限元数值结果表明，该解析公式具有很高的精度。利用解析解研究了几何参数和基材参数对泊松比的影响。该材料机理简单，可设计性强，有望在机械传感器和弹性波调控等领域得到应用。

关键词 力学超材料；内凹蜂窝；泊松比符号反转；非对称接触；经典梁理论

1 引言

天然材料的泊松比大都为正，但也存在一些例外，如单晶砷、黄铁矿以及一些沸石等材料具有负的泊松比。此类材料在单向拉伸时侧向会发生膨胀，因此也被称为拉胀材料。负泊松比材料具有优良的吸能能力[1-2]、抗剪切能力[3-4]、较大的抗压痕能力[5]和较高的断裂韧性[6]等优良性能，因而在航空航天、机械交通和生物医学工程等领域[7-10]显示出巨大的潜在应用价值。

从实现机制上，负泊松比材料可分为凹角机制[11-12]、手性机制[13-14]、刚性转动机制[15]，以及折纸机制[16]、弹性失稳机制[17]等，其中凹角机制是最为常见的一类。

现有负泊松比材料中，在拉压转换时其泊松比符号通常是不变的。但也存在个别泊松比符号发生反转的材料。例如，Lim[18]设计了两类在大变形条件下拉压均会收缩的结构，从而实现拉压转换时泊松比符号由正到负的转变。Lim[19]还提出了另外两种相似的材料，区别是在拉压转换时其泊松比由负变正。以上几种材料实现泊松比符号反转的前提是大变形，因此这种符号反转是渐变的，而不是突变的。为实现小变形条件下材料泊松比符号的反转，Wu 等[20]通过在内凹六边形蜂窝结构中添加刚度非对称弹簧，设计了一种拉压转换时泊松比由负到正的材料，但此类结构加工过于复杂。Chen 等[21]利用杆件和绳索设计了一种拉压转换时由正到负的材料，但绳索与杆件的连接也导致了加工的难度。

本文将菱形单元嵌入于内凹蜂窝胞孔中，设计了一种在拉压转换时能实现泊松比符号反转的新型力学超材料。本设计的独特之处在于，菱形单元的两个顶点与蜂窝孔的内凹点

---

† 通信作者：stsfmh@mail.sysu.edu.cn

完全相连，而菱形单元的另外两个顶点与内凹胞孔的两个直边处于接触状态。在拉伸时菱形发生收缩并与内凹胞孔分离，材料表现出原有的拉胀效应；而在压缩时，菱形单元发生膨胀并与直边完全接触，当菱形的正泊松比效应超过内凹蜂窝的负泊松比效应时，材料便表现出正泊松比效应。此外，本文材料还具有不同的拉伸和压缩模量，并且二者相差悬殊。这些特殊性质使该材料具有良好的机械敏感性，有望在机械传感器、弹性波的调控等领域获得应用。

2 材料设计

内凹六边形蜂窝材料如图1(a)所示，这是一种典型的负泊松比材料。现在在蜂窝胞孔中嵌入菱形结构，如图 1(b)所示，其中菱形结构左右两个顶点与两个内凹点完全连接，而菱形的上下两个顶点与内凹结构的水平杆没有连接，但处于接触状态。根据实际情况的需要，菱形内还可添加一根对角杆，用以提高菱形结构的刚度。

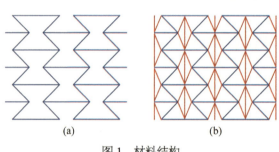

图 1 材料结构
(a) 内凹六边形蜂窝；(b) 本文蜂窝结构

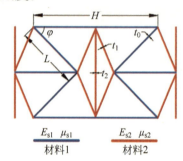

图 2 本文结构的几何参数和材料参数

本文所提出的结构有 6 个独立的几何参数：水平杆的长度(H)，内凹斜杆的长度(L)，内凹结构的厚度(t_0)，菱形斜杆的厚度，菱形对角杆的厚度(t_2)和内凹角(φ)。内凹结构和菱形结构可以采用两种不同的组成材料，其中内凹结构和菱形结构的材料分别记为材料一和材料二，它们的杨氏模量为 E_{s1} 和 E_{s2}，泊松比为 μ_{s1} 和 μ_{s2}。图 2 显示了所提出的蜂窝结构的这些几何参数和材料参数。

3 理论分析

下面基于铁摩辛柯梁理论，利用能量法推导材料的等效杨氏模量和泊松比的解析公式。为此研究单向加载时材料的变形。考虑到结构变形的对称性，可选取单胞的 1/4 为分析模型，如图 3(a)所示。其中杆 AB 和 CD 的厚度为($t_0/2$)，杆 AF 和 DE 的厚度为($t_2/2$)，分析模型的水平长度 $l_x = H - L\cos\varphi$，竖直长度 $l_y = L\sin\varphi$。各杆的长度可以表达成 H、L 和 φ 的函数：$l_{AB} = l_{CD} = H/2$，$l_{BC} = L$，$l_{AC} = l_{BD} = \sqrt{H^2/4 + L^2 - HL\cos\varphi}$，$l_{AF} = l_{DE} = L\sin\varphi$。

受力时，该模型有两种状态：一种是接触对处于分离状态(沿 x-方向或 y-方向单向拉伸)，如图 3(b)所示，记为状态一；另一种是接触对处于完全接触状态(沿 x-方向或 y-方向单向压缩)，如图 3(c)所示，记为状态二。以下分别讨论这两种状态。

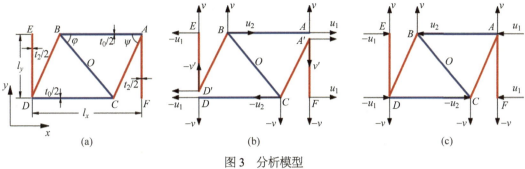

图 3　分析模型
(a) 几何尺寸；(b) 状态一；(c) 状态二

首先，计算当分析模型处于状态一［图 3(b)］时的等效杨氏模量和泊松比。假设材料的均匀宏观 ε_x 应变为 ε_x 和 $\varepsilon_y(\gamma_{xy}=0)$。考虑到结构和加载的对称性，所有杆件端点的转角均为零。应该注意，分析模型图中某些杆件是在中点处被截断的。由于分析模型的变形关于斜杆 BC 的中点 O 具有旋转对称性，所以选取 O 点为坐标原点，分析单元的端点位移有如下运动学关系：

$$\begin{cases} u_A = u_{A'} = u_F = u_1 = \dfrac{\varepsilon_x l_x}{2} \\ u_D = u_{D'} = u_E = -u_1 \\ v_A = v_B = v_E = v = \dfrac{\varepsilon_y l_y}{2} \\ v_D = v_C = v_F = -v \\ u_B = -u_C = u_2, \quad v_{A'} = -v_{D'} = v' \end{cases} \quad (1)$$

该状态下杆 AB，$A'F$，CD 和 $D'E$ 仅承受轴力，斜杆 BC，$A'C$ 和 BD' 同时承受轴力、剪力和弯矩。各杆的轴力可以表达为

$$\begin{cases} F_{AB}^N = F_{CD}^N = E_{s1} \dfrac{bt_0(u_1 - u_2)}{2l_{AB}} \\ F_{A'F}^N = F_{D'E}^N = E_{s2} \dfrac{bt_2(v + v')}{2l_{AF}} \\ F_{A'C}^N = F_{BD'}^N = E_{s2} \dfrac{bt_1\left[(u_1 + u_2)\cos\psi + (v + v')\sin\psi\right]}{l_{AC}} \\ F_{BC}^N = E_{s1} \dfrac{2bt_0(v\sin\varphi - u_2\cos\varphi)}{l_{BC}} \end{cases} \quad (2)$$

式中：$\psi = \arctan \dfrac{2L\sin\varphi}{H - 2L\cos\varphi}$；$b$ 为所提出超材料的深度。

下面推导斜杆剪力与端点位移的关系。根据斜杆 BC 变形的反对称性，其中点 O 处的弯矩为零，仅存在轴力和垂直于 BC 杆的剪力，故该点的侧向位移最易求解。点 O 处与 BC

杆剪力同方向的单位力引起的位移 $\delta_Q = \sum\int\dfrac{\overline{M}M}{EI}\mathrm{d}s + \sum\int\dfrac{\kappa\overline{Q}Q}{GA}\mathrm{d}s = \dfrac{l_{BC}^3}{2E_{s1}bt_0^3} + \dfrac{\kappa l_{BC}}{2G_{s1}bt_0}$，其中 G_{s1} 是斜杆 BC 的剪切模量，κ 是剪切修正因子，对于矩形截面，$\kappa = 6/5$。点 O 处沿 BC 杆剪力方向的位移为 $u_Q = u_2\sin\varphi + v\cos\varphi$。因此，斜杆 BC 的横向剪力为

$$F_{BC}^Q = \dfrac{u_Q}{\delta_Q} = \dfrac{u_2\sin\varphi + v\cos\varphi}{\dfrac{l_{BC}^3}{2E_{s1}bt_0^3} + \dfrac{\kappa l_{BC}}{2G_{s1}bt_0}} \tag{3}$$

同理，菱形斜杆 $A'C$ 和 BD' 的横向剪力为

$$F_{A'C}^Q = F_{BD'}^Q = \dfrac{(u_1 + u_2)\sin\psi - (v+v')\cos\psi}{\dfrac{l_{AC}^3}{E_{s2}bt_1^3} + \dfrac{\kappa l_{AC}}{G_{s2}bt_1}} \tag{4}$$

基于 C 点沿 x-方向以及 A' 点沿 y-方向的力平衡，可得

$$F_{BC}^Q \sin\varphi - F_{BC}^N \cos\varphi + F_{A'C}^Q \sin\psi + F_{A'C}^N \cos\psi - F_{CD}^N = 0 \tag{5}$$

$$F_{A'C}^Q \cos\psi - F_{A'C}^N \sin\psi - F_{A'F}^N = 0 \tag{6}$$

将式(1)～式(4)代入式(5)和式(6)，可以将位移 u_2 和 v' 表达为 ε_x 和 ε_y 的函数，即

$$\begin{cases} u_2 = f_1(\varepsilon_x, \varepsilon_y) \\ v' = f_2(\varepsilon_x, \varepsilon_y) \end{cases} \tag{7}$$

现计算分析模型的应变能密度，各杆的应变能为

$$\begin{cases} V_\varepsilon^{AB} = V_\varepsilon^{CD} = \dfrac{\left(F_{AB}^N\right)^2 l_{AB}}{E_{s1}bt_0} \\[2mm] V_\varepsilon^{BC} = \dfrac{\left(F_{BC}^N\right)^2 l_{BC}}{2E_{s1}bt_0} + \dfrac{\left(F_{BC}^Q\right)^2 l_{BC}^3}{2E_{s1}bt_0^3} + \dfrac{\kappa\left(F_{BC}^Q\right)^2 l_{BC}}{2G_{s1}bt_0} \\[2mm] V_\varepsilon^{A'C} = V_\varepsilon^{BD'} = \dfrac{\left(F_{A'C}^N\right)^2 l_{AC}}{2E_{s2}bt_1} + \dfrac{\left(F_{A'C}^Q\right)^2 l_{AC}^3}{2E_{s2}bt_1^3} + \dfrac{\kappa\left(F_{A'C}^Q\right)^2 l_{AC}}{2G_{s2}bt_1} \\[2mm] V_\varepsilon^{A'F} = V_\varepsilon^{D'E} = \dfrac{\left(F_{A'F}^N\right)^2 l_{AF}}{E_{s2}bt_1} \end{cases} \tag{8}$$

应变能密度为

$$\upsilon_\varepsilon = \dfrac{V_\varepsilon}{V} = \dfrac{2V_\varepsilon^{AB} + V_\varepsilon^{BC} + 2V_\varepsilon^{A'C} + 2V_\varepsilon^{A'F}}{l_x l_y b} \tag{9}$$

由此可写出分析模型的刚度矩阵 $\boldsymbol{C} = \begin{bmatrix} c_{11} & c_{12} \\ c_{21} & c_{22} \end{bmatrix}$，其中 $c_{11} = \dfrac{\partial^2 \upsilon_\varepsilon}{\partial \varepsilon_x^2}$，$c_{12} = c_{21} = \dfrac{\partial^2 \upsilon_\varepsilon}{\partial \varepsilon_x \partial \varepsilon_y}$，

$c_{22} = \dfrac{\partial^2 v_\varepsilon}{\partial \varepsilon_y^2}$，进而可得柔度矩阵

$$S = C^{-1} = \begin{bmatrix} s_{11} & s_{12} \\ s_{21} & s_{22} \end{bmatrix} \tag{10}$$

最终得到状态一下该超材料的等效杨氏模量和泊松比分别为

$$E_x^+ = \dfrac{1}{s_{11}}, \quad E_y^+ = \dfrac{1}{s_{22}}, \quad \mu_{xy}^+ = -s_{21}E_x^+, \quad \mu_{yx}^+ = -s_{12}E_y^+ \tag{11}$$

状态二的分析步骤与状态一相似，唯一值得注意的是接触对此时处于接触状态。具体推导过程不再赘述。

4 算例分析

为验证解析解的精度，使用 ANSYS 有限元软件进行数值模拟。有限元模型的几何参数如下：$H = 20$ mm，$L = 10$ mm，$t_0 = t_1 = t_2 = 1$ mm。分析了 5 个不同内凹角 φ 的情况：30°，40°，50°，60°，70°。基础材料采用光固化树脂 C-UV 9400，杨氏模量和泊松比分别为 $E_{s1} = E_{s2} = 1.74$ GPa，$\mu_{s1} = \mu_{s2} = 0.41$。使用基于 Timoshenko 梁理论的 beam 189 单元，每根梁被划分成 20 份。

图 4 显示了内凹角 φ 对该超材料等效弹性常数的影响，图中实线代表解析结果，实心圆代表数值结果。可以看出解析结果与数值结果吻合良好，计算最大误差小于 1%，说明该解析公式具有很高的精度。另外，从图 4(a) 可以看出该超材料在受拉时泊松比始终为负值，而在受压时泊松比始终为正值，说明该超材料具有拉压转换时泊松比从负到正反转的性质。图 4(b) 显示出该超材料具有明显不同的拉压弹性模量，且压缩弹性模量明显高于拉伸弹性模量，通过该性质，可以将此材料应用于弹性波的调控。

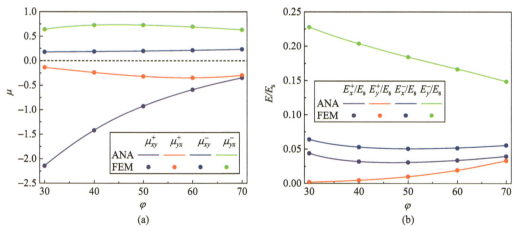

图 4　等效弹性常数随内凹角 φ 的变化曲线
(a) 泊松比；(b) 无量纲化杨氏模量

5 结论

基于内凹六边形蜂窝的负泊松比效应和菱形单元的正泊松比效应，设计了一种新型力学超材料。给出了该材料的等效杨氏模量和泊松比的解析公式。数值结果表明解析公式具有极高的精度。分析结果表明，适当选取基材和几何参数，该材料能实现拉压转换时泊松比符号的反转；此外，该材料还具有显著不同的拉压模量。这些性质使该材料有望应用于机械传感器和弹性波的调控等领域。

参考文献

[1] SCARPA F, YATES J R, CIFFO L G, et al. Dynamic crushing of auxetic open-cell polyurethane foam[J]. J Mech Eng Sci, 2002, 216(12): 1153-1156.

[2] HUANG C, CHEN L. Negative Poisson's ratio in modern functional materials[J]. Adv Mater, 2016, 28(37): 8079-8096.

[3] Evans K E, Alderson A. Auextic materials: functional materials and structures from lateral thinking[J]. Adv Mater, 2000, 12(9): 617-628.

[4] LAKES R. Advances in negative Poisson's ratio materials[J]. Adv Mater, 1993, 5(4): 293-296.

[5] HU L L, DENG H. Indentation resistance of the re-entrant hexagonal honeycombs with negative Poisson's ratio[J]. Mater Res Innovations, 2015, 19(S1): 442-445.

[6] LAKES R. Foam structures with a negative Poisson's Ratio[J]. Science, 1987, 235: 1038-1040.

[7] CARNEIRO V H, MEIRELES J, PUGA H. Auxetic materials: a review[J]. Mater SciPOLAND, 2013, 31(4):561-571.

[8] WANG Z, HU H, WANG Z. Auxetic materials and their potential applications in textiles[J]. Text Res J, 2014, 84(15): 1600-1611.

[9] MIR M, ALI M N, SAMI J, et al. Review of mechanics and applications of auxetic structures[J]. Adv Mater Sci Eng, 2014.

[10] HOU X, HU H, SILBERSCHMIDT V. A novel concept to develop composite structures with isotropic negative Poisson's ratio: effects of random inclusions[J]. Compos Sci Technol, 2012, 72(15): 1848-1854.

[11] LIM T-C. A 3D auxetic material based on intersecting double arrowheads[J]. Phys Status Solidi, 2016, 253(7): 1252-1260.

[12] LI Y, HARRYSSON O, WEST H, et al. Modeling of uniaxial compression in a 3D periodic re-entrant lattice structure[J]. Journal of Materials Science, 2013, 48(4): 1413-1422.

[13] ALDERSON A, ALDERSON K L, ATTARD D, et al. Elastic constants of 3-, 4- and 6-connected chiral and anti-chiral honeycombs subject to uniaxial in-plane loading[J]. Compos Sci Technol, 2010, 70(7): 1042-1048.

[14] PRALL D, LAKES R S. Properties of a chiral honeycomb with a Poisson's ratio of - 1[J]. Int J Mech Sci, 1997, 39(3): 305-314.

[15] GRIMA J N, EVANS K E. Auxetic behavior from rotating squares[J]. J Mater Sci Lett, 2000, 19(17): 1563-1565.

[16] EIDINI M, PAULINO G H. Unraveling metamaterial properties in zigzag-base folded sheets[J]. Sci Adv, 2015, 1(8): e1500224.

[17] SHEN J, ZHOU S, HUANG X, et al. Simple cubic three-dimensional auxetic metamaterials[J]. Phys Status Solidi, 2014, 251(8): 1515-1522.

[18] LIM T C. Composite microstructures with Poisson's ratio sign switching upon stress reversal[J]. Compos Struct, 2019, 209: 34-44.

[19] LIM T C. Metamaterials with Poisson's ratio sign toggling by means of microstructural duality[J]. SN Appl Sci, 2019, 1(2): 176.

[20] WU W, LIU P, KANG Z. A novel mechanical metamaterial with simultaneous stretching- and compression-expanding property[J]. Materials & Design, 2021, 208: 109930.

[21] CHEN M, FU M, HU L. Poisson's ratio sign-switching metamaterial with stiffness matrix asymmetry and different elastic moduli under tension and compression[J]. Compos Struct, 2021, 275: 114442.

层状软组织弹性成像方法研究进展

马世育，曹艳平[†]

(清华大学 航天航空学院生物力学研究所，北京 100084)

摘要 软组织弹性成像是过去十多年来在临床领域广受关注的新的医学成像技术，力学在这一成像技术的发展和应用中扮演了关键角色。本文介绍了弹性成像的基本原理。考虑到软组织多具有分层结构，本文重点介绍层状软组织弹性成像方法近期研究进展，讨论了从软组织对激励的响应反演其本构参数过程的关键力学问题。

关键词 层状软组织；弹性成像；力学反演

1 引言

健康是人类永恒的话题，各种医学成像技术的发明和不断进步为人体健康状态评估和相关疾病诊疗提供了有力工具。例如，得益于 X 射线成像、B 超成像、磁共振成像（MRI）、光学相干层析成像（OCT）等医学影像技术的发展，人们可以无创地观察体内组织的生理状况，判断其结构和位置是否异常、声学性质和光学性质是否有明显改变，从而进行相关疾病诊断。除了传统的医学成像技术，新的人体组织成像方法和技术一直是临床领域广受关注的焦点问题。例如，软组织弹性成像便是基于一些组织病变会导致其力学性质的改变这一事实而建立并不断发展的。

众所周知，组织的力学性质与其健康状况具有非常紧密的联系。比如，恶性肿瘤往往比良性肿瘤更硬[1]，肝脏纤维化程度和其弹性模量大小紧密相关[2]，拉伤可能导致肌纤维偏离其初始状态，从而导致拉伸模量上升[3]。疾病会导致软组织力学性质变化这一事实很早就已被应用于临床实践中。例如，自千年之前医生就已开始通过"触诊"判断疾病的严重程度（图 1）。但是，"触诊"方法严重依赖医生的经验，缺少客观标准，且对位置较深的组织无能为力。

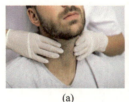 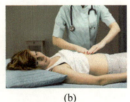

(a)   (b)

图 1 触诊示意图
(a) 颈部触诊；(b) 腹部触诊

[†] 通信作者：caoyanping@tsinghua.edu.cn

自 20 世纪 90 年代起发展起来的弹性成像方法，以传统医学影像技术为基础，通过在体测量软组织的静态或动态变形特征表征软组织力学性质，从而助力医学诊断。不同于传统触诊，弹性成像的目标是定量表征软组织的力学性质[4]。

2 软组织弹性成像的基本原理

软组织力学成像一般需要对待测组织施加激励，然后基于医学影像手段检测软组织对激励的响应，进而通过合适的力学反演方法获得组织的力学性质，测量得到的软组织弹性性质的变化可用于临床疾病诊疗。如图 1 所示，上述成像过程具体可以归结为以下 4 个步骤[13]。

（1）对软组织施加荷载，引起组织形变。该荷载可以是静态的[14]，也可以是动态的[15-22]；可以是稳态谐波激励[15-19]，也可以是瞬态激励[4, 21]。激励方式可以是机械激励[15-19]，也可以采用声辐射力[20-22]；除了外源性的激励[15-22]，激励也可以是内源性的生理噪声[23-25]，如心跳和脉搏等[26]。总之，弹性成像的激励是多种多样的。

（2）用成像手段测量软组织的形变。常用的医学影像手段，包括超声成像、光学相干层析成像、磁共振成像和 CT 成像等，都可以用于弹性成像的响应检测。除了上述传统医学成像方法，也有一些新型成像手段用于弹性成像信息采集，比如连续扫描激光多普勒测振仪、电子全息成像[24]等。事实上，所有能够在体测量应变场或波动传播过程的成像技术，都是弹性成像的潜在信息采集方法。

（3）根据测量得到的变形场反演软组织的力学性质。这一步骤中，需要求解力学反问题，是弹性成像中最为核心、也是最具有挑战性的一步。建立反方法过程中，需要对正问题有足够透彻的了解，建立合理的力学模型，分析边界条件、本构参数等对求解的影响。一个适定的反问题需要满足解的存在性、唯一性、稳定性[13]。除了解的存在性和唯一性，解的稳定性也关重要，其决定了反问题解对误差的敏感性[13]，直接关系到弹性成像结果的鲁棒性，因此值得仔细探究。

（4）基于反演得到的软组织力学性质可进行临床疾病诊断。这一步需要开展大量的临床测量，将疾病发生的发展与组织力学特征关联起来，从而进行疾病诊断。比如，根据临床经验，恶性肿瘤组织的硬度往往大于周围组织[1]，从而可以根据弹性成像确定恶性肿瘤的存在性、大小和位置。目前，弹性成像已经被应用于肝纤维化分期、乳腺损伤评估、甲状腺结节诊断等诸多领域。

基于体波理论的弹性成像方法已经广泛用于肝脏等块体软组织的在体检测。针对层状软组织的弹性成像方法需要更复杂的生物力学模型基于软组织对激励的响应反演其本构参数。本文针对层状软组织弹性成像研究现状综述如下。

3 层状软组织弹性成像研究现状

层状软组织广泛存在于人体中，针对层状软组织的弹性成像在疾病诊断、治疗效果评估等领域有着广阔的应用场景。因此，不少学者针对这一问题开展了研究工作。

最早投入使用的弹性成像方法是 Ophir 等[14]提出的静态弹性成像，通过向软组织施加压力并测量位移场、应变场来测量软组织的力学性质。静态弹性成像也最早被用于层状软组织的弹性参数测量，但是由于相应反问题的复杂性，基于静态弹性成像定量反演层状软组织的力学特性参数较为困难。也有弹性成像方法使用动态激励作用于软组织，但通过测量该激励产生的位移幅值或速度幅值信息反演软组织力学性质。该类弹性成像方法尽管使用动态激励，但是使用的力学模型和静态弹性成像相似，因此称之为准静态弹性成像。静态弹性成像和准静态弹性成像原理简单、方便使用，但是软组织的弹性变形不仅和弹性性质有关，也和边界条件紧密相关。在体测量中获取软组织正确的边界条件和界面条件信息是很困难的，尤其是多层的软组织。因此，静态弹性成像往往只能测得弹性模量的相对大小，也有一些研究使用弹性模量已知的声垫作为参考，试图获得软组织模量的大小。

相比之下，动态弹性成像可以直接测量出弹性参数的大小，近年来得到了更多的关注。其中，剪切波弹性成像（shear wave elastography，SWE）是一种应用广泛、技术成熟度较高的动态弹性成像方法。在大块各向同性软组织中，由于生物软组织的近不可压缩性，泊松比近似等于 0.5，其杨氏模量与剪切波波速的关系为：$E=3\rho c^2$，该关系式与剪切波频率无关，这一经典解在剪切波弹性成像中得到广泛应用。然而许多研究者意识到，该公式对于层状软组织不再适用。对于厚度与剪切波波长处于相近数量级或比之更小的层状软组织，弹性波波在其中经过多次反射、折射，以导波的形式传播，前述的体波理论给出的简单关系式不再成立，且导波波速与频率相关，即具有频散效应。有些工作采用了最简单的层状软组织弹性成像分析模型，即两侧浸泡在无限大液体中的弹性薄层，使用 Lamb 波理论解拟合频散曲线，求得弹性薄层力学性质。在生物体中，血管壁（arterial wall）和腹壁（abdominal wall）可以近似简化为这种简单模型。

对于更加复杂、更加普遍的多层软组织体系，使用最为广泛的方法是测量弹性薄层中波动传播的频散曲线，再从频散曲线反演各层弹性参数。在反演之前，需要建立该问题的正向模型（forward model），即由各层的弹性参数计算频散曲线。目前，主要有两种经典的分析模型：

（1）基于多层体系波动传播理论的力学模型。

该类模型基于弹性力学基本方程和边界条件，得到层状弹性体系的系统矩阵（system matrix），系统矩阵行列式的零点即对应着该层状弹性体系的频散曲线解。将实验解与理论解对比，可以反演出各层的力学性质。本文即采取这种分析模型。

（2）基于穿透深度加权的力学分析模型。

该类模型最初由地球科学领域的研究人员提出。该模型认为不同波长的波具有不同的穿透深度（penetration depth），即可以影响到的深度范围不同。各频率成分的大部分能量，集中于波长大小的层厚范围内。因此，在固定频率 f 下，各层的弹性模量或其中的剪切波速对该频率下导波传播的相速度的贡献程度也不同。由此可写出表达式如下：

$$c(\lambda) = \sum_i W_i(\lambda) C_{ti}$$

式中：W_i 为权重；C_{ti} 为各层的剪切波波速。通过该方法求出频散曲线并与实验曲线对比，可以反演出各层力学性质。该计算方法相比于传统多层模型计算速度更快，但是在求权重的过程中使用数值方法进行了近似，所以与基于精确解反演的结果相比，误差更大。在实际求解过程中，本文使用层状模型计算频散曲线精确解的时间约为 0.3 s；使用加权模型有更快的计算速度，但是需要以牺牲精度为代价。综合考虑，本文使用基于多层体系波动理论的力学模型建立反演方法。

除上述方法外，也有研究者提出了其他层状软组织弹性成像方法。通过一种贴片式的聚偏二氟乙烯（poly vinylidine diFluoride）传感器测量层状软组织表面振动信号，并未提取频散曲线，而是将多个频率的谐波激励下测量点数据之间的响应函数（response function）作为实验输出数据，并使用波动传播理论计算各层取特定弹性常数时的响应函数的理论解，使用最小二乘法拟合出各层的弹性参数。这种方法没有提取频散曲线，其反演不具备普适性，且贴片式的传感器也可能影响对于表层力学性质的测量。

采用声辐射力激励，并使用相位敏感 OCT 采集响应，可测量不同声辐射力持续时间下，软组织振动的主要频率成分。该方法易受噪声影响，并且其力学模型不够简洁。也有学者使用相位敏感 OCT 测量层状软组织中的混响场，直接测得各层组织内的剪切波波长，直接得到剪切波波速。该方法分辨率高，不仅可以测量层状深度方向分层的软组织，对于具有任意边界的分块软组织也可以很好地测量。但是，他们施加的剪切波波长小于层状软组织厚度，此时各层内波长是否会受到层厚影响仍然缺少系统分析。

4 小结

综上所述，层状软组织弹性成像相对于大块组织的弹性成像而言，具有其特有的模型复杂性和力学反演的挑战性，需要建立合理的力学模型，在考虑反问题解的性质的基础上发展可靠的反分析方法分析实验数据，目前仍是颇具挑战性的问题，还需开展系统的基础性研究工作。

参考文献

[1] ASTERIA C, GIOVANARDI A, PIZZOCARO A, et al. US-elastography in the differential diagnosis of benign and malignant thyroid nodules[J]. Thyroid, 2008, 18(5): 523-531.

[2] ZIOL M, HANDRA-LUCA A, KETTANEH A, et al. Noninvasive assessment of liver fibrosis by measurement of stiffness in patients with chronic hepatitis C[J]. Hepatology, 2005, 41(1): 48-54.

[3] NELISSEN J L, SINKUS R, NICOLAY K, et al. Magnetic resonance elastography of skeletal muscle deep tissue injury[J]. Nmr in Biomedicine, 2019, 32(6).

[4] SANDRIN L, FOURQUET B, HASQUENOPH J M, et al. Transient elastography: a new noninvasive method for assessment of hepatic fibrosis[J]. Ultrasound in Medicine and Biology, 2003, 29(12): 1705-1713.

[5] HOLZAPFEL G A, GASSER T C, OGDEN R W. A new constitutive framework for arterial wall mechanics and a comparative study of material models[J]. Journal of Elasticity, 2000, 1(1/2/3): 1-48.

[6] NENADIC I, MYNDERSE L, HUSMANN D, et al. Noninvasive evaluation of bladder wall mechanical properties as a function of filling volume: potential application in bladder compliance assessment[J]. Plos One, 2016, 11(6): 12-17.

[7] QU Y, HE Y, SAIDI A, et al. In vivo elasticity mapping of posterior ocular layers using acoustic radiation force optical coherence elastography[J]. Investigative Opthalmology & Visual Science, 2018, 59(1): 45-55.

[8] MENON G K. New insights into skin structure: scratching the surface[J]. Advanced Drug Delivery Reviews, 2002, 54: S3-S17

[9] MEISSNER S, BREITHAUPT R, KOCH E. Fingerprint fake detection by optical coherence tomography. Proceedings of the SPIE BiOS, F 2013-3-20, 2013[C]. 2013.

[10] 刘蜀凡, 翦新春, 沈子华, 等. 口腔粘膜下纤维性变系列研究[J]. 医学研究通讯, 2002(8): 18-19.

[11] 赵凯, 屠文震. 硬皮病研究进展[J]. 中华风湿病学杂志, 2003(6): 356-359.

[12] BACKHOUSE S, GENTLE A. Scleral remodelling in myopia and its manipulation: a review of recent advances in scleral strengthening and myopia control[J]. Annals of Eye Science, 2018, 3: 5-9.

[13] LI G Y, CAO Y. Mechanics of ultrasound elastography[J]. Proceedings of the Royal Society a-Mathematical Physical and Engineering Sciences, 2017, 473: 20160841.

[14] OPHIR J, CESPEDES I, PONNEKANTI H, et al. Elastography: a quantitative method for imaging the elasticity of biological tissues[J]. Ultrasonic Imaging, 1991, 13(2): 111-134.

[15] GAO L, PARKER K, ALAM S, et al. Sonoelasticity imaging-theory and experimental-verification[J]. Journal of the Acoustical Society of America, 1995, 97(6): 3875-3886.

[16] PARKER K J, FU D S, GRACESWKI S M, et al. Vibration sonoelastography and the detectability of lesions[J]. Ultrasound in Medicine and Biology, 1998, 24(9): 1437-1447.

[17] LEVINSON S, SHINAGAWA M, SATO T. Sonoelastic determination of human skeletal-muscle elasticity[J]. Journal of Biomechanics, 1995, 28(10): 1145-1154.

[18] WU Z, TAYLOR L S, RUBENS D J, et al. Sonoelastographic imaging of interference patterns for estimation of the shear velocity of homogeneous biomaterials[J]. Physics in Medicine and Biology, 2004, 49(6): 911-922.

[19] WU Z, HOYT K, RUBENS D J, et al. Sonoelastographic imaging of interference patterns for estimation of shear velocity distribution in biomaterials[J]. Journal of the Acoustical Society of America, 2006, 120(1): 535-545.

[20] SARVAZYAN A P, RUDENKO O V, NYBORG W L. Biomedical applications of radiation force of ultrasound: historical roots and physical basis[J]. Ultrasound in Medicine and Biology, 2010, 36(9): 1379-1394.

[21] PALMERI M L, NIGHTINGALE K R. Acoustic radiation force-based elasticity imaging methods[J]. Interface Focus, 2011, 1(4): 553-564.

[22] SONG P, ZHAO H, MANDUCA A, et al. Comb-push ultrasound shear elastography (CUSE): a novel method for two-dimensional shear elasticity imaging of soft tissues[J]. Ieee Transactions on Medical Imaging, 2012, 31(9): 1821-1832.

[23] GALLOT T, CATHELINE S, ROUX P, et al. Passive elastography: shear-wave tomography from physiological-noise correlation in soft tissues[J]. Ieee Transactions on Ultrasonics Ferroelectrics and Frequency Control, 2011, 58(6): 1122-1126.

[24] MARMIN A, CATHELINE S, NAHAS A. Full-field passive elastography using digital holography[J]. Optics Letters, 2020, 45(11): 2965.

[25] BRUM J, BENECH N, GALLOT T, et al. Shear wave elastography based on noise correlation and time reversal[J]. Frontiers in Physics, 2021, 9: 617445.

[26] VAPPOU J, LUO J, KONOFAGOU E E. Pulse wave imaging for noninvasive and quantitative measurement of arterial stiffness in vivo[J]. American Journal of Hypertension, 2010, 23(4): 393-398.

高温气冷堆核电站工程中的力学问题

王海涛[†]

(清华大学核能与新能源技术研究院，教育部先进核能技术协同创新中心，先进反应堆工程与安全教育部重点实验室，北京 100084)

摘要 高温气冷堆堆芯出口温度高，具有固有安全特性，是国际第四代核能系统中有望最早实现商业化的堆型之一。本文介绍近年来我国高温气冷堆核电站示范工程领域关注的几个重要力学问题，包括石墨堆内构件辐照结构安全、反应堆压力容器地震易损性和核岛构筑物抵御飞机撞击能力评估等。

关键词 高温气冷堆；石墨堆内构件；地震易损性；飞机撞击

1 引言

高温气冷堆（high temperature gas-cooled reactor, HTGR）采用氦气作为冷却剂、石墨作为中子慢化剂和反射层。由于堆芯出口温度高（700 ℃以上），高温气冷堆核电站的发电效率可达 40%以上，相比传统压水堆核电站有较大优势。更为吸引人的是，高温可以带来多种热应用场景，包括海水淡化、区域供暖、石油化工、热电联产、煤液化乃至高温制氢等，从而为核能从发电扩展到更广泛的应用领域提供了一个重要选项[1]。在美国三哩岛核事故与苏联切尔诺贝利核事故后，国际核能界致力于发展更加安全的革新性核能系统，其中在传统高温气冷堆基础上发展起来的现代模块式高温气冷堆因其具有的固有安全特性而备受瞩目[2]。国际上先后开展了多个模块式高温气冷堆项目的研发，主要包括德国的 HTR-MODUL、美国的 GT-MHR 和 NGNP、日本的 HTTR、南非的 PBMR 等[3]。2000 年后，高温气冷堆被列入国际第四代核能系统的六个堆型之一[4]。

我国高温气冷堆技术的发展始于 20 世纪 70 年代，清华大学核能与新能源技术研究院（Institute of Nuclear and New Energy Technology, INET）开展了高温气冷堆技术的一系列前期基础性研究工作。1986 年后，通过国际合作，我国高温气冷堆研发的进程加快，先后开展了多项关键技术攻关，为建造实验反应堆奠定了基础。1992 年，10 MW 热功率的球床模块式高温气冷实验堆（简称 HTR-10）的建造获得批准；1995 年，HTR-10 开工建造；2000 年，HTR-10 建成并达到临界[5]，该实验堆位于清华大学昌平校区。从 2003 年开始，INET 利用 HTR-10 开展了一系列重要的安全验证实验，成功利用真实的反应堆验证了高温气冷堆的固有安全性。

在 HTR-10 实验堆成功建造和运行后，后续商业示范电站的研发、设计与建造逐步提

[†] 通信作者：wanght@tsinghua.edu.cn

上日程。2006年，高温气冷堆与大型先进压水堆一起，列入我国中长期科学和技术发展规划纲要（2006—2020年）[3]，成为十六个国家科技重大专项之一。作为重大专项的预期标志性成果之一，单模块250 MW热功率、双模块共211 MW电功率的高温气冷堆核电站示范工程（High Temperature Gas-cooled Reactor Pebble-bed Module, HTR-PM）于2012年年底在山东威海荣成石岛湾开工建设，2021年9月首次达到临界，2021年12月实现首次并网。HTR-PM成为国际首座商业规模的模块式高温气冷堆核电站[6]。在此基础上，更大规模的600 MW级电功率高温气冷堆核电站HTR-PM600正在发展中，其基本设计思想是：保持示范工程HTR-PM的反应堆模块设计不变，从2个模块复制到6个模块，共同连接一台汽轮发电机组。该模块化思想在提高高温气冷堆机组功率的同时，保持了单个模块的固有安全特性。图1给出了我国高温气冷堆技术发展的路线，图2是已建成的示范工程HTR-PM现场。

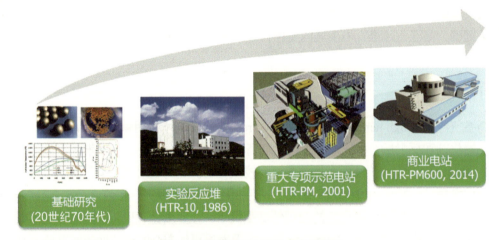

图1　我国高温气冷堆技术发展路线

图2　高温气冷堆核电站示范工程HTR-PM现场

安全级构筑物、系统和部件的力学分析是核电站安全评价的重要基础。高温气冷堆的反应堆特征、系统配置、构筑物布置与目前主流的压水堆核电站有较大差异，因此高温气冷堆重点关注的力学问题也有所不同。此外，近年来在核安全法规层面对核电站的结构安全提出了更高的要求，由此引入了新的力学问题。本文分别从问题背景和力学模型与评价两个角度，介绍我国高温气冷堆核电站示范工程中的 3 个重要的力学问题，包括：石墨堆内构件高温辐照结构安全问题、反应堆压力容器侧向支承结构地震易损性问题、核岛厂房抵御商用飞机撞击问题。

2 石墨堆内构件高温辐照结构安全问题

2.1 问题背景

与压水堆的金属燃料包壳和金属堆内构件不同，高温气冷堆的堆芯及其支撑结构包含大量石墨材料。石墨不仅以燃料元件基体材料的形式作为高温气冷堆的堆芯中子慢化剂，同时也以反射层堆内构件的形式作为堆芯的主体结构材料。因此，石墨堆内构件的结构安全对高温气冷堆反应堆的安全运行非常重要。图 3 是我国 HTR-10 在安装阶段的石墨堆内构件，由数量众多的石墨砖体通过石墨键连接为一体，中心容纳燃料球床。

图 3　HTR-10 的石墨堆内构件

反应堆用核级石墨是经过特殊加工工艺制备的人工石墨，在宏观上表现为近似各向同性。在堆芯环境中，石墨结构承受多种类型的荷载，包括机械荷载、热荷载与快中子辐照荷载。石墨材料呈现典型的高温快中子辐照效应。辐照将导致石墨产生变形，在辐照初期表现为宏观收缩，而在达到最大收缩变形后开始出现膨胀现象，直至恢复的原始尺寸后继续膨胀。辐照也将导致石墨诸多材料性能的显著变化，如弹性模量、热膨胀系数、导热系数、强度等。以弹性模量为例，辐照导致石墨弹性模量快速上升，最高可达未辐照模量的 4 倍左右；辐照后期弹性模量又呈现快速下降的趋势。不同辐照温度下石墨的辐照变形程度和材料性能变化程度也有较大差异，图 4 给出了德国挤压成型核级石墨 ATR-2E 的辐照变形和弹性模量随快中子辐照注量和温度的变化趋势[7]。

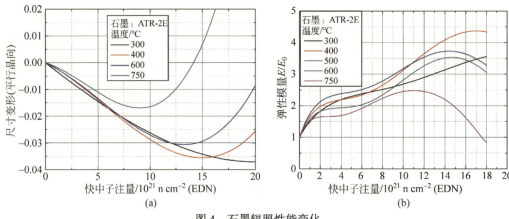

图 4 石墨辐照性能变化
(a) 辐照变形；(b) 弹性模量
注：据参考文献[7]。

石墨材料最独特的辐照效应是高温辐照蠕变现象，且试验表明，蠕变变形受快中子注量、温度和加载状态的影响。蠕变可以有效缓解石墨堆内构件的辐照应力，从应力分析的角度是有益的。因此，在进行高温气冷堆石墨堆内构件高温辐照力学分析时，必须考虑上述石墨材料的辐照效应。

在力学评价方面，石墨属于偏脆性的材料，不同厂家、不同制备工艺（挤压成型、振动成型、等静压等）生产的核级石墨牌号材料性能差异较大，材料本身的性能偏差也显著大于常见的金属材料。目前针对金属类材料的基于确定性许用应力强度的应力评价方法并不完全适用于石墨结构。历史已有的（如德国的 KTA 系列针对石墨的规范草案）和当前有效的规范（如美国的 ASME 锅炉与压力容器规范）中，概率论评价方法被引入石墨结构的安全性评价。我国的示范工程 HTR-PM 即对石墨堆内构件的结构安全采用了概率论评价方法[8]。

2.2 力学模型与评价

考虑温度与辐照效应的石墨材料增量型本构关系[8]可以表达为

$$d\sigma = E\left(d\varepsilon - d\varepsilon^T - d\varepsilon^R - d\varepsilon^{PC} - d\varepsilon^{SC}\right) + \varepsilon^E dE \tag{1}$$

式中：$d\sigma$ 为应力增量；$d\varepsilon$ 为总应变增量；$d\varepsilon^E$ 为弹性应变增量；$d\varepsilon^T = \alpha dT$，为热应变增量，其中热膨胀系数 α 是温度 T 与快中子注量 N 的函数；$d\varepsilon^R$ 为辐照应变增量，是 T 与 N 的函数（图 4）；$d\varepsilon^{PC}$ 和 $d\varepsilon^{SC}$ 分别为第一和第二辐照蠕变应变增量，实验表明 ε^{PC} 在数值上近似等于弹性应变，且卸载后可恢复；ε^{SC} 卸载后近似不可恢复，为 σ、T 和 N 的函数；E 为弹性模量，是 T 和 N 的函数（图 4）。以上参数随 T 和 N 的变化规律通常来源于高通量堆的堆内辐照实验数据，实验费用昂贵，周期长（通常为 3 年左右），且不具备普遍代表性，每一种核级石墨牌号均需单独做高温辐照实验。最困难的是辐照蠕变实验，需实现在反应堆的辐照孔道内实现辐照试样的拉伸或者压缩力加载，在辐照温度点、加载方式和荷载大小选择上收到诸多约束。历史上有效的石墨辐照蠕变实验数据很有限，学者们因此开发了一系列不依赖于辐照蠕变实验的石墨辐照蠕变模型，其共同特点是建立石墨辐照蠕变与其他参数（如弹性模量、辐照变形等）的近似定量关系，以间接建立辐照蠕变与 T 和 N 的关联[9]。

在获取石墨结构的高温辐照应力后，其失效概率可基于石墨材料强度的 Weibull 分布假设，根据修正后的等效应力 σ_{eq}[10]获得。σ_{eq} 的定义为

$$\sigma_{eq} = \sqrt{\bar{\sigma}_1^2 + \bar{\sigma}_2^2 + \bar{\sigma}_3^2 - 2\mu(\overline{\bar{\sigma}_1\bar{\sigma}_2} + \overline{\bar{\sigma}_1\bar{\sigma}_3} + \overline{\bar{\sigma}_2\bar{\sigma}_3})} \tag{2}$$

式中：μ 为泊松比；$\bar{\sigma}_i(i=1,2,3)$ 为修正的主应力，公式为

$$\bar{\sigma}_i = \begin{cases} \sigma_i, & \sigma_i \geqslant 0 \\ \sigma_i\sigma_T/\sigma_C, & \sigma_i < 0 \end{cases} \tag{3}$$

式中：$\sigma_i(i=1,2,3)$ 为主应力；σ_T 和 σ_C 分别为石墨的拉伸和压缩强度。

由于石墨高温辐照力学行为高度的非线性，国际各气冷堆研发机构均利用商用软件或者其二次开发功能发展各自的石墨辐照蠕变有限元分析模块，包括美国 INL 基于 COMSOL、日本 JAEA 的 VIENUS、英国曼彻斯特大学基于 ABAQUS 的 MAN UMAT、法国 CEA 的 Cast3M 和我国 INET 基于 MSC.MARC 的 INET-GRA3D[11]。图 5 是我国 INET-GRA3D 的石墨辐照力学分析与评价流程。图 6 是利用 INET-GRA3D 计算得到的德国

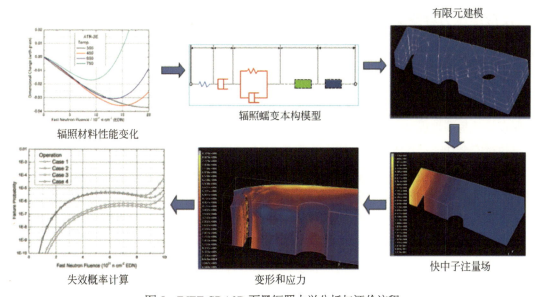

图 5　INET-GRA3D 石墨辐照力学分析与评价流程

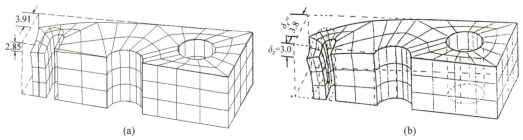

图 6　典型高温气冷堆侧反射层石墨结构寿期末变形结果对比（单位：mm）

(a) INET-GRA3D 结果；(b) 文献[10]结果

高温气冷堆侧反射层石墨结构寿期末变形结果及其与文献[10]的对比。图 7 是利用 INET-GRA3D 计算得到的 HTR-PM 侧反射层石墨结构的服役期末应力分布和全服役期失效概率[8]。

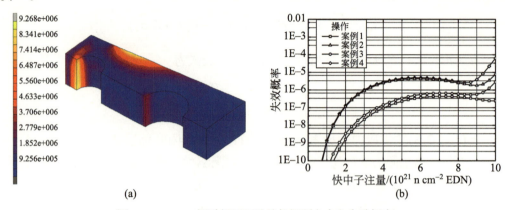

图 7　HTR-PM 侧反射层石墨结构辐照应力和失效概率
(a) 服役期末等效应力分布(单位：Pa)；(b) 全服役期失效概率（参数敏感性分析）
注：据参考文献[8]。

3　反应堆压力容器侧向支承结构地震易损性问题

3.1　问题背景

核电站的工程抗震设计通常设定确定的设计基准地震动，包括设计地面运动峰值加速度 PGA 和设计地面运动加速度反应谱。核电站的构筑物、系统和设备的工程抗震设计要求确保在设计基准地震动下确保结构完整性，其中安全重要的物项还需确保地震中或地震后能够执行安全功能。我国核电站的设计基准 PGA 值通常为 0.2～0.3 g。

而 2011 年日本东海大地震和福岛核事故表明，超出核电站设计基准的极端外部事件是可能发生的。因此核电站抵御超出其确定性设计基准的外部事件、特别是超设计基准地震的能力收到国际广泛关注。对于在建或在运核电站，基于确定性方法的传统核电抗震分析评估体系不再适用于超设计基准事件，采用风险分析更为合理。

福岛事故后，我国国家核安全监管机构要求所有在建和运行核电厂开展针对极端外部事件的综合安全评估。在应对超设计基准地震方面，监管机构原则认可抗震裕度分析法[12]（seismic margin analysis，SMA）和地震概率风险评估法[13]（seismic probabilistic risk assessment，SPRA）两种方法。随后，我国多个核电站先后完成了基于 SMA 法的抗震裕度评估，并部分开展了基于 SPRA 法的抗震风险评估。高温气冷堆核电站示范工程 HTR-PM 是国内最早完成 SMA 评估的核电项目之一，SPRA 评估正在开展中。

在基于风险分析的核电站地震安全评估中，地震易损性（seismic fragility）的概念用于衡量核电站中的物项乃至整个电站的抗震能力，具体表示为一组易损性曲线（fragility curvies，FC），描述物项条件失效概率 P_f 随地震水平 a（通常为 PGA）的变化，通常用双对数正态分布表示，基本参数为中值 $\hat{a}$、随机性对数标准差 β_r 和不确定性对数标准差 β_u。

利用FC可以进一步获得高置信度下的物项低失效概率值(high confidence, low probability of failures，HCLPF)，即在95%置信度下物项失效概率不超过5%对应的地震水平[13]。HCLPF的计算方法见式(4)，图8给出了典型物项地震易损性曲线。

$$HCLPF = \hat{a}e^{-1.65(\beta_r+\beta_u)} \tag{4}$$

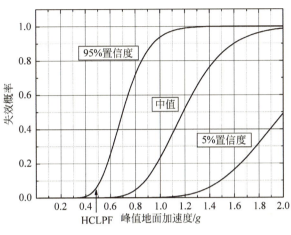

图8 典型物项易损性曲线

HTR-PM最重要的安全物项是反应堆压力容器及其包容的堆芯和堆内构件。反应堆压力容器的抗震支承结构包括底部支承和侧向支承。其中侧向支承位于反应堆压力容器所在厂房的较高标高位置，见图9，是影响HTR-PM抗震能力的关键物项之一。为综合评估HTR-PM抵御超出设计基准地震的能力，有必要研究HTR-PM反应堆压力容器侧向支承的地震易损性以及基于HCLPF的抗震能力。

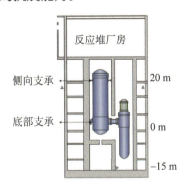

图9 HTR-PM的反应堆压力容器支承位置

3.2 力学模型与评价

HTR-PM单个反应堆压力容器设置4个在同一水平面高度均布的侧向支承。每个侧向支承由两个水平面上相互垂直的支承杆构成，可以约束压力容器在周向的运动，但是不约束其沿径向的膨胀，见图10[14]。设单个侧向支承承担的周向力为F_C，则两个支承杆承担大小相等、方向相反的轴向力$F_{rod} = F_C/\sqrt{2}$。

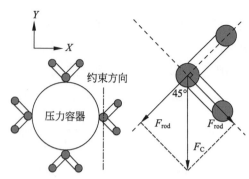

图 10　HTR-PM 反应堆压力容器单个侧向支承受力分解

注：据参考文献[14]。

为了评估侧向支承的地震易损性，选择一个参考地震动，其反应谱可以采用厂址相关谱的谱型，其零周期加速度 a_{ref} 可以选择在设计基准地震动的基础上放大 50%。假设侧向支承抗震能力的中值 $\hat{a}$ 为参考地震动 a_{ref} 与放大系数 SF 的乘积，即 $\hat{a}=\text{SF}a_{\text{ref}}$。SF 受若干因素的影响，每个因素可以看作一个地震易损性变量。对于第 i 个易损性变量，其随机性 β_{r}^i 和不确定性 β_{u}^i 可以由近似二阶矩方法得到。

$$\beta_{\text{r}}^i = \left| \ln \frac{\text{SF}_{\text{m}}}{\text{SF}_{-1\sigma_r^i}} \right|, \quad \beta_{\text{u}}^i = \left| \ln \frac{\text{SF}_{\text{m}}}{\text{SF}_{-1\sigma_u^i}} \right| \tag{5}$$

其中：$\text{SF}_{-1\sigma}$ 为由第 i 个变量取中值减 1 倍标准偏差、其他变量取中值时计算得到的 SF；SF_{m} 为所有变量取中值时计算得到的 SF。在易损性变量为对数正态分布的假设前提下，可以方便计算得到地震易损性总的对数标准差。

$$\beta_{\text{r}} = \sqrt{\sum \left(\beta_{\text{r}}^i\right)^2}, \quad \beta_{\text{u}} = \sqrt{\sum \left(\beta_{\text{u}}^i\right)^2} \tag{6}$$

根据 HTR-PM 反应堆压力容器工程抗震分析模型的参数与分析步骤，识别了侧向支承的一系列地震易损性变量，部分变量参见文献[14]。计算了每个易损性变量的对数标准差，见表 1。最后根据中值和对数标准差，可以得到侧向支承地震易损性曲线，见图 11，从而进一步根据式(4)计算得到其在 HCLPF 意义下的抗震能力为 0.32 g，大幅超出 HTR-PM 的设计基准地震动 0.2 g，说明侧向支承有较大的抗震裕度。

表 1　反应堆压力容器侧向支承地震易损性变量

序号	易损性变量及其物理意义	β_{r}^i	β_{u}^i
1	地震反应谱谱形	0.2	0.0
2	水平方向峰值响应	0.07	0.0
3	垂直分量响应	0.0	0.0
4	阻尼	0.0	0.13
5	频率	0.0	0.035

续表

序号	易损性变量及其物理意义	β_r^i	β_u^i
6	振型	0.0	0.1
7	振型叠加	0.1	0.0
8	时程模拟	0.0	0.03
9	地面运动不一致	0.0	0.0
10	地震分量结合	0.0	0.0
11	强度	0.0	0.12
12	能力方程	0.0	0.24

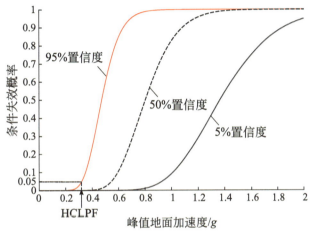

图 11 侧向支承地震易损性曲线

4 核岛厂房抵御商用飞机撞击问题

4.1 问题背景

2016 年，国家核安全局颁布新的《核动力厂设计安全规定》[15]（以下简称《规定》）。该《规定》对我国核电站设计提出了必须遵循的安全要求，是我国核电站设计的顶层法规标准之一。与上一版本相比，新版的《规定》明确提出，新建核电站应考虑商用飞机恶意撞击的影响。压水堆核电站的主体构筑物是圆柱形的混凝土安全壳，目前有两种方法推荐用于安全壳抵御商用飞机撞击的动力分析[16]：①荷载-时程法，该方法将飞机撞击力和安全壳动力响应分成解耦的两步法计算；②飞机-安全壳撞击耦合动力分析法，该方法是一步耦合法。

HTR-PM 于 2012 年年底开始建造，相关设计工作于 2010 年前已完成，早于 2016 发布的新版《规定》。因此有必要按照新版《规定》的要求评估已建成的 HTR-PM 核岛构筑物、特别是安全壳抵御商用飞机撞击的能力。考虑到 HTR-PM 的两个反应堆模块各自有包容该模块的独立的厚壁钢筋混凝土安全壳，该安全壳的直径远小于压水堆核电站安全壳，而壁厚远大于后者，因此具备抵御商用飞机撞击、保护内部反应堆模块的天然优越的条件；另外，两个安全壳与外围的矩形反应堆厂房构成一体化构筑物结构，反应堆厂房的外墙壁厚与压水堆安全壳相当，为 HTR-PM 的安全壳额外提供了一层外围结构屏障，见图 9。

4.2 力学模型与评价

采用飞机-安全壳撞击耦合动力分析法对 HTR-PM 承受假想商用飞机撞击进行数值模拟。飞机模型选用文献[17]的双发商用客机模型，见图12[18]。模型考虑飞机主体结构的质量与刚度分布，机身框架、翼盒、地板、水平和垂直尾翼、发动机和蒙皮等结构部件由壳或梁单元建模；分布在飞机上的设备和乘客的有效荷载由分布质量表示。保守假设撞击时飞机的总重量为最大起飞重量的 90%。飞机主体结构材料为高强度铝合金和不锈钢，为模拟高速撞击过程中的飞机结构非线性大变形过程，选择 Johnson-Cook 塑性本构模型[19]。

$$\sigma = \left(A + B\varepsilon^n\right)\left(1 + C\ln\dot{\varepsilon}^*\right)\left(1 - T^{*m}\right) \tag{7}$$

式中：A、B、C 和 m 为材料常数；σ 为等效应力；ε^n 为等效塑性应变；$\dot{\varepsilon}^*$ 为正则化的等效塑性应变率；T^* 为温度的函数。采用 Johnson-Cook 动态失效模型描述飞机结构材料的损伤与失效。当损伤参数 $D > 1$ 时，假定为出现失效。

$$D = \sum \frac{\Delta\varepsilon}{\varepsilon_\mathrm{f}} \tag{8}$$

式中：$\Delta\varepsilon$ 为等效塑性应变增量；ε_f 为失效应变。

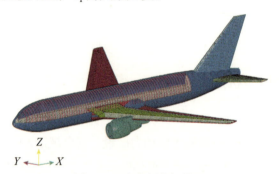

图 12 双发商用客机模型

安全壳模型的混凝土部分采用实体单元，钢筋增强部分分别采用模拟钢筋网的壳单元和模拟内外层钢筋连接的桁架单元。选择混凝土损伤塑性模型，以模拟动态撞击荷载下混凝土结构的非线性行为和损伤。分别定义压缩损伤系数 d_c 和拉伸损伤系数 d_t，以描述结构的损伤程度，范围为 0~1（0 表示没有损伤，1 表示完全损伤）。则材料单向拉伸/压缩的应力-应变曲线考虑损伤系数的影响[18]。

在进行飞机-安全壳动态耦合撞击模拟时，对于安全壳包容反应堆模块的圆柱形壳体部分，由于其壁厚大，保守忽略外层反应堆厂房外墙的保护作用，飞机直接撞击安全壳；对于安全壳包容蒸发器的矩形壳体部分，由于其壁厚相对较薄，采用飞机撞击反应堆厂房外墙+安全壳矩形壳体平行双墙体的等效动量假设：当飞机撞击反应堆厂房外墙后，假设飞机完好，维持原有结构和质量分布，但是选择撞击外墙后的结构平均剩余速度作为飞机撞击安全壳矩形壳体的初始速度。

图 13 是飞机直接撞击安全壳圆柱形壳体正面后的安全壳混凝土峰值损伤分布。可以看出，撞击仅仅在混凝土外表面的局部区域造成混凝土的完全损伤，而在大部分壁厚区域（>75%），混凝土的损伤程度较小。因此圆柱形壳体部分有能力单独抵御商用飞机的直接撞击而确保其结构完整性。图 14 是飞机撞击反应堆厂房外墙+安全壳矩形壳体的平行双墙体后的安全壳混凝土峰值损伤分布。可以看出，虽然矩形墙体厚度相对圆柱形墙体更薄，但是其撞击损伤仍然局限在外表面的局部区域，沿壁厚方向的大部分区域损伤程度较小。这是由于反应堆厂房外墙有效减缓了飞机的撞击速度，起到了保护安全壳的作用。

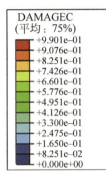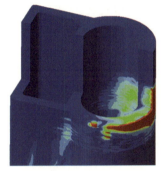

图 13　安全壳圆柱形壳体部分混凝土峰值损伤分布

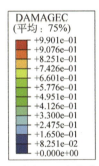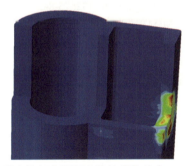

图 14　安全壳方形壳体部分混凝土峰值损伤分布

5　结论

本文回顾了我国高温气冷堆技术的发展历程，介绍了高温气冷堆核电站示范工程 HTR-PM 关注的几个重要力学问题，包括石墨堆内构件高温辐照结构安全问题、反应堆压力容器侧向支承结构地震易损性问题、核岛厂房抵御商用飞机撞击问题。这些力学问题一方面来源于高温气冷堆特有的结构特征、系统配置与厂房布置，另一方面也来源于核能行业近些年来遇到的新问题、新挑战和新要求。可以说，在高温气冷堆核电站示范工程的各个环节，包括设计、建造、设备制造、调试、运行和退役，力学在保障核电站安全方面已经并将继续发挥着重要的作用。

参考文献

[1] INL/EXT-10-19037. High temperature gas-cooled reactor projected markets and preliminary economics [R]. Idaho National Laboratory, 2010.

[2] REUTLER H, LOHNERT G H. Advantages of going modular in HTRs [J]. Nuclear Engineering and Design, 1984, 78: 129-136.

[3] ZHANG Z Y, WU Z X, WANG D Z, et al. Current status and technical description of Chinese 2×250 MWth HTR-PM demonstration plant [J]. Nuclear Engineering and Design, 2009, 239: 1212-1219.

[4] A Technology Roadmap for Generation IV Nuclear Energy Systems [R]. The United States Department of Energy's Nuclear Energy Research Advisory Committee (NERAC) and the Generation IV International Forum (GIF), 2002.

[5] WU Z, LIN D, ZHONG D. The design features of the HTR-10 [J]. Nuclear Engineering and Design, 2002, 218: 25-32.

[6] ZHANG Z Y, DONG Y J, LI F, et al. The Shandong Shidao Bay 200 MWe high-temperature gas-cooled reactor pebble-bed module (HTR-PM) demonstration power plant: an engineering and technological innovation [J]. Engineering, 2016, 2: 112-118.

[7] HAAG G. Properties of ATR-2E graphite and property changes due to fast neutron irradiation [R]. Institut für Sicherheitsforschung und Reaktortechnik, 2005.

[8] WANG H T, YU S Y. Uncertainties of creep model in stress analysis and life prediction of graphite component [J]. Nuclear Engineering and Design, 2008, 238: 2256-2260.

[9] KELLY B T, BROCKLEHURST J E. UKAEA reactor group studies of irradiation induced creep in graphite [J]. Journal of Nuclear Materials, 1977, 65: 79-85.

[10] SCHUBERT F, NICKEL H, BREITBACH G. Structural design criteria for HTR - a summary report [J]. Nuclear Engineering and Design, 1991, 132: 75-84.

[11] MOHANTY S, MAJUMDAR S. HTGR graphite core component stress analysis research program-Task 1 technical letter report [R]. Argonne National Laboratory ANL-11/04, 2011.

[12] EPRI NP-6041. A methodology for assessment of nuclear power plant seismic margin (Revision 1) [R]. Electric Power Research Institute, 1991.

[13] EPRI TR-103959. Methodology for developing seismic fragilities [R]. Electric Power Research Institute, 1994.

[14] 姜卓尔, 王海涛, 赵军, 等. 高温气冷堆压力容器侧向支承地震易损性的敏感性分析[J]. 核动力工程, 2018, 39(6): 53-58.

[15] HAF102-2016. 核动力厂设计安全规定 [R]. 北京: 国家核安全局, 2016.

[16] NEI07-13. Methodology for performing aircraft impact assessments for new plant designs [R]. Washington: DC, USA, 2011.

[17] LIN L, LU X Z, HAN P F, et al. Analysis of impact force of large commercial aircraft on rigid wall and nuclear power plant containment [J]. Journal of Vibration and Shock, 2015, 34: 158-163.

[18] WANG X X, ZHOU Q, SHI L, et al. An integral numerical analysis of impact of a commercial aircraft on nuclear containment [J]. Science and Technology of Nuclear Installations, 2019: 9417954.

[19] JOHNSON G R, COOK W H. Fracture characteristics of three metals subjected to various strains, strain rates, temperatures and pressures [J]. Engineering Fracture Mechanics, 1985, 21(1): 31-48.

高眼压作用下鼠眼胶质筛板变形研究[*]

钱秀清 [1,2†]

(1. 首都医科大学 生物医学工程学院，北京 100069;
2. 临床生物力学应用基础研究北京市重点实验室，北京 100069)

摘要 青光眼是全球常见不可修复致盲眼病，病理性眼压增高是其主要危险因素，高眼压作用将导致视乳头处的筛板变形，损害贯穿其中的视神经。基于激光共聚焦显微镜获取大鼠鼠眼视乳头区域断层图像，三维重建包含视神经和胶质筛板的鼠眼筛板区组织，分析不同眼压下筛板与视神经变形，为高眼压作用下视神经损伤的研究奠定基础。

关键词 胶质筛板；高眼压；力学特性；视神经

1 引言

青光眼是导致人类失明的三大致盲眼病之一，是一组以进行性视神经凹陷和视野缺损为共同特征的疾病，如不及时治疗，视野可能全部丧失。我国为青光眼高发国家，对青光眼发病机理、预防与治疗的研究刻不容缓[1]。

目前青光眼的发病机制尚不清楚，一般认为病理性眼压增高是其主要危险因素，但是关于眼压在青光眼病程发展中的作用还没有统一认识。当眼压间断或持续性升高的水平超过眼球所能耐受的程度时，会给眼球各部分组织和视功能带来损害。研究发现筛板（lamina cribrosa，LC）是眼球壁最薄弱的部位，眼内压升高可导致其变形，高眼压长期作用可导致筛板结构重塑及力学特性改变，挤压视神经，引起视神经轴索损伤和轴浆流中断[2-3]，进而造成视神经纤维丢失和视神经节细胞凋亡，最终将导致视野缺损、视力减退乃至失明。

早期对筛板结构的研究一般利用生理切片及扫描电镜成像[2,4-5]，研究发现正常人的巩膜筛板存在着区域性差别，其上下方结缔组织支架较稀疏，筛孔较大，鼻颞侧结缔组织较密集，筛孔较小，这与视神经纤维对高眼压易感性的分布类型恰好相对应，为青光眼视神经损害的机械学说提供了解剖学基础。有研究者利用Reissner的薄板理论[6]，提出了一种新的筛板力学模型，分析了眼压升高时筛板的应力和变形状态，研究结果证实了青光眼患者眼压升高时筛板中孔形状改变的推测，有助于深入了解青光眼的视神经损伤机制。

虽然青光眼LC形态利用组织学方法得到了有价值的结果，但组织学方法容易受到切片制作过程的影响，并且离体环境也会对形态产生一定的影响。随着光学相干断层扫描技术（optical coherence tomography，OCT）的不断发展，可以利用OCT获得筛板在体断层图

---

[*] 国家自然科学基金资助项目（31670964）
[†] 通信作者：qianxq@ccmu.edu.cn

像,分析不同情况下的筛板结构变化。Strouthidis 等[7]使用 SD-OCT 建立恒河猴眼急性高眼压动物模型,发现眼压升高使筛板前表面产生了显著的向后移位。Lee 等[8]用 OCT 在体图像检查发现青光眼患者的筛板向后移位及变形以"W"形最常见。Zhao 等[9]自行搭建眼压控制装置,利用深度增强的谱域 OCT(enhanced depth imaging spectral-domain optical coherence tomography,EDI SD-OCT)获得不同眼压下猫眼视乳头断层图像,测量筛板及筛板前组织的厚度,研究发现,筛板和筛板前组织的厚度随眼压增加均减少;且当眼压升高到 60 mmHg 后,筛板厚度变化与眼压升高显著相关。接下来,我们研究了猫眼视乳头各形态学参数的变化趋势,利用 Spearman 相关性分析视乳头形态学参数对压力的敏感性,研究发现 Bruch 膜开口距离与筛板深度对压力的敏感性最强,对研究青光眼病程的发展有一定的指导意义[10]。同时,基于临床测试数据,我们对青光眼患者和正常人视乳头结构进行个性化建模,分析视乳头形态学参数与力学特性参数对由眼压波动导致的 视乳头变形的影响,获得了影响视乳头变形的关键参数[11]。

虽然利用 OCT 可获得在体筛板形态变化,但由于筛板位于视乳头深层,由于激光穿透深度的影响,OCT 难以获得筛板的完整结构[12]。随着共聚焦显微技术的发展[13],Kang 等[14]利用荧光染色技术和激光共聚焦显微镜(laser scanning confocal microscopy,LSCM)研究了正常人眼筛板不同部位轴突细胞骨架蛋白分布。Zhang 等[15]利用荧光染色技术和激光共聚焦显微镜研究发现短期眼压升高或者脑脊液压力降低,都可以导致鼠眼视神经轴浆运输改变。马丽萍等[16]建立鼠眼急性高眼压动物模型,在玻璃体注射荧光染料后,利用激光共聚焦显微镜观察视神经轴浆运输,并利用苏木素-伊红染色,观察视乳头的形态变化。本文基于激光共聚焦显微镜,获取鼠眼视神经筛板处冠状面断层图像,三维重建包含视神经的筛板区组织几何模型,利用有限元方法分析不同眼压下胶质筛板与视神经的变形。

2 鼠眼视乳头图像获取

本研究选取健康大鼠 1 只,年龄为 1~2 岁,体重 250~350 g,实验大鼠由首都医科大学动物实验部提供。大鼠的饲养条件为室温 20~25 ℃,供给食物和水,并且让其自由活动饮食。在进行实验前对大鼠进行眼压的测量,确保排除眼压异常的大鼠。并且本实验方案中涉及对大鼠的处理方法均符合伦理学要求。

对大鼠注射乌拉坦进行深度麻醉,取视乳头,切除多余的结缔组织。视乳头组织经 4% 多聚甲醛固定液固定 48 h 后,放入 30% 蔗糖溶液中进行脱水,经过脱水处理可以减少冰冻切片中冰晶的形成。组织刚放入蔗糖溶液中时会处于漂浮状态,经过一段时间(约 12 h)的脱水作用后,组织会完全沉底,此时组织脱水完成。

将脱水后的视乳头组织平放入包埋盒中,用 OCT 包埋剂(optimal cutting temperature compound)将组织进行包埋处理,再使用液氮进行快速冷冻,最后,将冷冻的组织块装在 Leica 冰冻切片机,以视神经的冠状面为切面对大鼠的视乳头进行切片(图 1)。将切片粘在载玻片上,并用光学显微镜观察组织的平整情况,若出现褶皱、重叠、有气泡等不平整现象,进行平整处理。处理完后放在阴暗处晾干,然后进行封片,封片时需防止气泡产生。封片完后,放在-20 ℃的冰箱中进行避光保存,以备进行激光共聚焦成像。

本研究所使用的荧光染料为 3%罗丹明异硫氰酸（RITC），根据使用要求可知其激发波长为 543 nm，因此在成像时（图1），本研究选用的光源为波长为 543 nm 的氩激光。将图像格式将转换为 BMP 后即可导入 MIMICS 进行三维重建。

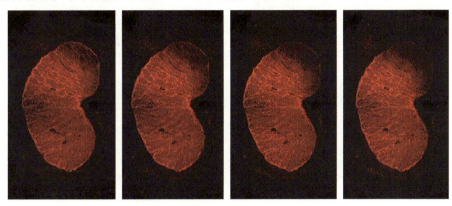

图1　鼠眼冠状面共聚焦扫描断层图

3　鼠眼有限元模型的建立与分析

首先利用 Mimics（Materialise Corporation，比利时）软件将基于激光共聚焦显微镜获取的断层图进行三重重建，利用 Geomagic（Raindrop Corporation，美国）软件对图像进行光滑处理，利用 Solidworks（Dassault Systemes S.A，法国）软件将模型实体化，导入 ANSYS（ANSYS Corporation，美国）软件进行有限元分析。

由于大鼠和小鼠等小型啮齿类动物没有成熟的筛板结构，其筛板区组织的主要组成部分是星形胶质细胞和 RGC 轴突[17-18]，其中星形胶质细胞的轴突起到与人眼筛板相同的作用，为便于理解，本文将这种类筛板结构称为胶质筛板。本研究中胶质筛板和视神经的材料特性均设为各向同性线弹性，泊松比设为 0.49，胶质筛板和视神经的弹性模量分别设为 300 kPa 和 30 kPa[19]，分析不同眼压下胶质筛板与视神经的变形与径向应变，结果如图2、图3所示。

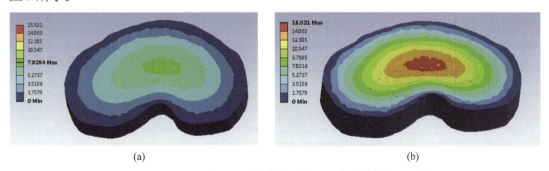

图2　不同眼压下鼠眼胶质筛板与视神经的变形（单位：μm）
(a) 20 mmHg；(b) 40 mmHg

由结果可以看出，筛板变形挤压视神经，视神经受到径向压力。另外，Spoerl 等研究了甘油醛、丙酮醛及胶原蛋白酶对筛板力学特性的影响，研究发现甘油醛和丙酮醛诱发细

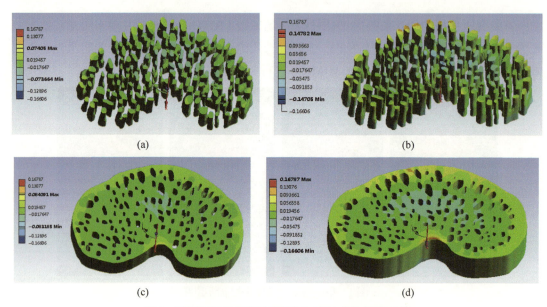

图 3　不同眼压下鼠眼胶质筛板与视神经的径向应变

(a) 视神经径向应变 20 mmHg；(b) 视神经径向应变 40 mmHg；(c) 胶质筛板径向应变 20 mmHg；(d) 胶质筛板径向应变 40 mmHg

胞外基质改变，提高筛板的刚度；而胶原蛋白酶降低了筛板刚度[20]。随着年龄的增长，筛板的力学特性也会发生改变[21]。也有研究发现青光眼患者的筛板力学特性会减小[22]，因此，本文设眼内压为 20 mmHg（2.67 kPa），改变胶质筛板和视神经的弹性模量：胶质筛板弹性模量 30～300 kPa，视神经 3～100 kPa，分析胶质筛板的最大变形与视神经所受最大径向压应变，结果如表 1 所示。由表中结果可以看出，随着胶质筛板与视神经弹性模量的减小，筛板变形增大，所受挤压应变也增大，视神经更易损伤。

表 1　不同材料力学特性对筛板与视神经力学响应的影响

序号	筛板弹性模量 / kPa	视神经弹性模量 / kPa	筛板最大位移 / μm	筛板最大径向压应变	视神经最大径向压应变
1	300	100	6.47	0.0756	0.0414
2	300	50	7.31	0.0808	0.0569
3	300	30	7.86	0.084	0.074
4	100	50	17.9	0.216	0.105
5	100	30	19.8	0.229	0.13
6	100	10	23.6	0.252	0.222
7	30	3	78.6	0.841	0.741

4　结论与讨论

本研究采用免疫组化荧光标记的方法对视神经进行标记。经取眼球、固定、脱水等操作，得到了鼠眼视乳头处冠状面的冰冻切片，进而得到共聚焦扫描断层图；三维重建鼠眼胶质筛板与视神经几何模型，利用有限元方法分析高眼压作用下胶质筛板与视神经变形。

研究发现高眼压作用下，筛板将产生变形，如果筛板内的应力与应变超出了组成筛板的胶原纤维的承载能力，胶原纤维会产生断裂，从而导致筛板重塑[2]。由于鼠眼尺寸小，目前的 OCT 设备难以得到鼠眼筛板区域的图像。Wei 等基于 SD-OCT 获取的恒河猴在不同压力下的视乳头断层图像，采用一种新的去噪技术对图像进行处理，并配准，研究发现从 10～15 mmHg 的轻度 IOP 升高导致 LC 等效应变高达 3%，并且在体比离体原位大约 50%[23]。本文研究结果在 20 mmHg（2.66 kPa）的压力作用下（胶质筛板和视神经的弹性模量分别设为 300 kPa 和 30 kPa 时），径向应变为 8.4%。而 Tran[24]等利用数字图像相关技术研究发现与基线正常水平的压力变化导致猴眼后极神经组织的拉伸和压缩，有时超过 20%。有限元分析的结果与胶质筛板和视神经的力学特性关系密切，因此，用实验方法确定胶质筛板与视神经的力学特性及其随高眼压作用时间的变化是我们下一步的研究工作。我们将建立慢性高眼压动物模型，利用激光共聚焦技术获取鼠眼在慢性高眼压作用下微观结构及力学特性的变化，获取微观结构与力学特性改变之间的关系，为青光眼致病机理的研究提供基础。

参考文献

[1] 葛坚. 中国原发性青光眼的患病率[C]//中华医学会第十二届全国眼科学术大会论文汇编, 郑州, 2007.

[2] QUIGLEY H A, ADDICKS E M, GREEN W R, et al. Optic nerve damage in human glaucoma. II: The site of injury and susceptibility to damage[J]. Arch. Ophthalmol, 1981, 99(4): 635-649.

[3] DOWNS J C. Optic nerve head biomechanics in aging and disease[J]. Experimental Eye Research, 2015, 133: 19-29.

[4] ELKINGTON A R, INMAN C B, STEART P V, et al. The structure of the lamina cribrosa of the human eye: an immunocytochemical and electron microscopical study[J]. Eye (Lond), 1990, 4 (Pt 1): 42-57.

[5] 傅培, 李美玉. 人眼巩膜筛板结构的研究[J]. 中华眼科杂志, 1994, 30(5): 369-372.

[6] TIAN H J, LI L, SONG F. Study on the deformations of the lamina cribrosa during glaucoma[J]. Acta Biomaterialia , 2017, 55: 340-348.

[7] STROUTHIDIS N G, GRIMM J, WILLIAMS G A, et al. A comparison of optic nerve head morphology viewed by spectral domain optical coherence tomography and by serial histology[J]. Invest Ophthalmol Vis Sci, 2010, 51 (3): 1464-1474.

[8] LEE E J, KIM A, WEINREB R N, et al. Three-dimensional evaluation of the lamina cribrosa using spectral-domain optical coherence tomography in glaucoma[J]. Invest Ophthalmol Vis Sci, 2012, 53 (1): 198-204.

[9] ZHAO Q Y, QIAN X Q, LI L, et al. Effect of elevated intraocular pressure on the thickness changes of cat laminar and prelaminar tissue using optical coherence tomography[J]. Bio-Medical Materials and Engineering, 2014, 24(9): 2349-2360.

[10] 王守欣, 孙伟健, 张昆亚, 等. 急性高眼压下猫眼视乳头形态变化[J]. 中国医学物理学杂志, 2017, 34(4): 399-403.

[11] WANG S X, LIU L, DAI W J, et al. Effect of geometrical parameters on the deformations of the human optic nerve head based on individual-specific models[J]. Journal of Mechanics in Medicine and Biology, 2018, 18(7): 1840015.

[12] WANG B, NEVINS J E, NADLER Z, et al. In vivo lamina cribrosa micro-architecture in healthy and glaucomatous eyes as assessed by optical coherence tomography[J]. Invest Ophthalmol Vis Sci., 2013, 54(13): 8270-8274.

[13] 唐郭强. 激光扫描共聚焦显微镜图像分析与三维重建[D]. 武汉: 华中科技大学, 2006.

[14] KANG M H, LAW-DAVIS S, BALARATNASINGAM C, et al. Sectoral variations in the distribution of axonal cytoskeleton proteins in the human optic nerve head[J]. Exp Eye Res., 2014, 128:141-50.

[15] ZHANG Z, LIU D L, JONAS J B, et al. Axonal transport in the rat optic nerve following short-term reduction in cerebrospinal fluid pressure or elevation in intraocular pressure[J]. Invest Ophthalmol Vis Sci., 2015, 56(8):4257-4266.

[16] 马丽萍, 刘浏, 郭学谦, 等. 急性高眼压作用下视神经轴浆运输与视网膜光学功能的关系[J]. 中国医学物理学杂志, 2017, 34(10): 1035-1040.

[17] MORRISON J C, JOHNSON E, CEPURNA W O. Rat models for glaucoma research[J]. Progress in Brain Research, 2008, 173(1): 285-301.

[18] SUN D, LYE-BARTHEL M, MASLAND R H, et al. The morphology and spatial arrangement of astrocytes in the optic nerve head of the mouse[J]. The Journal of Comparative Neurology, 2009, 516(2): 1-19.

[19] SIGAL I A, FLANAGAN J G, ETHIER C R. Factors influencing optic nerve head biomechanics[J]. Investigative Ophthalmology & Visual Science, 2005, 46(11): 4189-4199.

[20] SPOERL E, BOEHM A G, PILLUNAT L E. The influence of various substances on the biomechanical behavior of lamina cribrosa and peripapillary sclera[J]. Invest Ophthalmol Vis Sci, 2005, 46: 1286-1290.

[21] ALBON J, PURSLOW P P, KARWATOWSKI W S S, et al. Age related compliance of the lamina cribrosa in human eyes[J]. Br J Ophthalmol., 2000, 84: 318-323.

[22] BRAUNSMANN C, HAMMER C M, RHEINLAENDER J, et al. Evaluation of lamina cribrosa and peripapillary sclera stiffness in pseudoexfoliation and normal eyes by atomic force microscopy[J]. Invest Ophthalmol Vis Sci., 2012, 53: 2960-2967.

[23] WEI J C, YANG B, VOORHEES A P, et al. Measuring in-vivo and in-situ ex-vivo the 3D deformation of the lamina cribrosa microstructure under elevated intraocular pressure[C]// Proc. SPIE 10496, Optical Elastography and Tissue Biomechanics V, 2018, 1049611.

[24] TRAN H, GRIMM J, WANG B, et al. Mapping in-vivo optic nerve head strains caused by intraocular and intracranial pressures[C]// Optical Elastography and Tissue Biomechanics Ⅳ International Society for Optics and Photonics, 2017, 10067.